生命統計學

林開煥編著

中華書局印行

生命統計學序

　　林開煥君，早歲畢業台北帝國大學農學院，台灣光復，任職台灣省政府及內政部從事人口生命統計，歷有年所，自日據時期迄今，台灣居民生命表之編製，先後四次，林君始終參予其事。前年在內政部統計長任內，曾數度奉派赴日本，在其厚生省統計調查部研究生命表之編算學理及編製方法，深具心得，回國後，主持台灣居民生命表之編製，卓著成績。

　　林君長於生命統計學，對生命表之學理造詣，實務經驗，甚為豐富，為目前國內少數專家之一，此次以其畢生從事此項學術研究之心得為基礎，對於現代各國實際應用之有關學理方法，加以分析研究，著為本書，問序於余，余與林君，早年共硯，共事先後垂三十餘年，素欽其篤實，誠樸，學有專攻，此編之作，不惟為其學術研究之結晶，抑亦為數十年工作之心得，足可供習者之參考，而對斯學之發揚，貢獻尤可預卜，故樂為之序。

中華民國六十三年九月　　　**徐　慶　鐘　識**

序

　　近代世界各國學者致力研究於社會建設之促進，社會生活之改善，以謀求人類福祉之增加，醫藥衛生之改良，人壽保險事業之勃興，在在均以促進人類壽命之延長為目的。故近世紀來各國碩學先進，對於人口統計、生命事象之研究、靡不全力以赴，由此而發現之學說理論、實務方法、蔚成大觀、以之應用於國家社會之建設，人壽保險及人力發展者貢獻殊多。

　　目前國內生命統計學一類之著作尚尠，尤以生命統計學中，生命表所應用之各種公式，大都係以純粹數學之定理誘導而出者，因此必須以各種有關數學之理論與生命函數之諸公式等，作一聯繫分析，研究解說，始能獲該公式之徹底理解。惜以國內此項生命表之參考書籍尚不多見。

　　筆者早年潛心於生命統計之研究，三十年來于役台灣省政府及中央政府復從事此項工作，其間並數度攷察美日各國，對有關生命統計及生命表之編訂學理與實務，略獲心得，今以之與數學理論作一系統性之分析解說，著為此書，目的在貢獻讀者對生命統計及生命表編訂之學理概念與實務方法，並供學者及從事人力發展，人壽保險等工作之參考。

　　惟以筆者學殖淺陋，掛漏在所難免，尚祈海內方家，先進學者，不吝敎正，則幸甚焉。

中華民國六十三年八月四日　　　　　林　開　煥謹識

目　　次

第1章　緒　　論

1・1　　生命統計之意義……………………………　1

1・2　　生命統計之內容……………………………　1

1・3　　生命統計之重要性…………………………　1

第2章　戶口普查

2・1　　法律根據及戶口普查定義…………………　3

2・2　　普查範圍……………………………………　4

2・3　　普查對象……………………………………　4

2・4　　普查項目……………………………………　6

2・5　　戶口普查查記方法…………………………　7

第3章　生命登記

3・1　　生命統計與生命登記制度…………………　8

3・2　　生命登記制度之起源………………………　8

3・3　　美國英國生命登記制度……………………　9

3・4　　我國之戶籍登記制度………………………　10

第4章　人口估計

4・1　　人口估計之必要性…………………………　13

4・2　　根據人口動態資料之估計法………………　13

4.3　算術級數法 …………………………………………… 14

4.4　幾何級數法 …………………………………………… 15

4.5　配合拋物線法 ………………………………………… 15

4.6　配合羅吉斯曲線法 …………………………………… 16

第5章　人口靜態

5.1　人口靜態統計之分析 ………………………………… 22

5.2　人口靜態資料之時間數列與地理的數列 ………… 22

5.3　性分配 ………………………………………………… 23

5.4　年齡分配 ……………………………………………… 25

5.5　婚姻分配 ……………………………………………… 28

5.6　教育程度 ……………………………………………… 29

5.7　從業狀況 ……………………………………………… 30

第6章　出　　生

6.1　出生率 ………………………………………………… 34

6.2　生育率 ………………………………………………… 35

6.3　繁殖率 ………………………………………………… 38

6.4　標準化出生率及生育率 ……………………………… 40

第7章　死　　亡

7.1　粗死亡率 ……………………………………………… 44

7.2　特殊死亡率 …………………………………………… 44

7.3　標準化死亡率 ………………………………………… 49

第8章　婚姻、疾病及遷移率

8.1　婚姻率 …………………………………………………………… 52

8.2　疾病率 …………………………………………………………… 53

8.3　遷移率 …………………………………………………………… 55

第9章　人口增長

9.1　人口自然增加與繁殖之計量 ……………………… 57

9.2　更新指數 ……………………………………………………… 60

9.3　包括移民之總人口增長量數 …………………… 61

9.4　其他人口增長計量 ……………………………………… 63

9.5　人口總增長率 ……………………………………………… 63

第 10 章　常態分配

10.1　機率函數形態之決定 ……………………………… 65

10.2　常態分配之三形態 ……………………………………… 69

10.3　常態機率函數之圖解 ………………………………… 71

10.4　常態分配 ……………………………………………………… 73

10.5　標準常態分配 ……………………………………………… 76

10.6　依常態分配計算二項分配之近似值 ……………… 77

第 11 章　特殊分立分配

11.1　分配之平均值，期望值及動差 …………………… 83

11.2　二項分配 ……………………………………………………… 86

11.3　卜氏分配 ……………………………………………………… 92

11‧4　依卜氏分配求二項分配之近似值⋯⋯⋯⋯⋯⋯ 95

11‧5　二項分配與中心極限定理⋯⋯⋯⋯⋯⋯⋯⋯ 97

第 12 章　人口統計數理解説

12‧1　部分人口估計法⋯⋯⋯⋯⋯⋯⋯⋯⋯⋯⋯ 106

12‧2　人口統計之幾何學的解說⋯⋯⋯⋯⋯⋯⋯⋯ 112

12‧3　人口移動之解析的理論⋯⋯⋯⋯⋯⋯⋯⋯ 123

12‧4　人口統計誘導之死亡率公式⋯⋯⋯⋯⋯⋯⋯ 130

第 13 章　生命函數

13‧1　生命表之意義⋯⋯⋯⋯⋯⋯⋯⋯⋯⋯⋯⋯ 143

13‧2　生命表基本函數⋯⋯⋯⋯⋯⋯⋯⋯⋯⋯⋯ 143

13‧3　死力、生存數、死亡率、生存率之關係式⋯⋯⋯ 149

13‧4　死力之近值公式之誘導法⋯⋯⋯⋯⋯⋯⋯ 152

13‧5　平均餘命公式之誘導法⋯⋯⋯⋯⋯⋯⋯⋯ 161

13‧6　主要生命函數曲線⋯⋯⋯⋯⋯⋯⋯⋯⋯⋯ 165

13‧7　經驗表及其有彄生命函數⋯⋯⋯⋯⋯⋯⋯ 168

13‧8　死亡法則⋯⋯⋯⋯⋯⋯⋯⋯⋯⋯⋯⋯⋯ 171

13‧9　生命表表示的定常社會與統計⋯⋯⋯⋯⋯⋯ 172

第 14 章　死亡率之計算理論

14‧1　嬰兒死亡率⋯⋯⋯⋯⋯⋯⋯⋯⋯⋯⋯⋯ 177

14‧2　零歲死亡率 q_0 之計算⋯⋯⋯⋯⋯⋯⋯⋯ 190

14‧3　一歲以上之死亡率 q_x ⋯⋯⋯⋯⋯⋯⋯⋯ 193

14‧4　粗死亡率之補整原則⋯⋯⋯⋯⋯⋯⋯⋯⋯ 214

14.5　　高年齡死亡率之補整法……………………　214

第 15 章　台灣省居民生命表

15.1　　台灣居民生命表（第二次）……………………　221

15.1.1　台灣居民生命表總說………………………　221

15.1.2　觀察期始及期末之人口推計………………　222

15.1.3　死亡率第一近似值……………………………　224

15.1.4　死亡率第二近似值……………………………　227

15.1.5　死亡率第三近似值……………………………　230

15.1.6　粗死亡率之補整………………………………　231

15.1.7　未滿一歲之日齡別，月齡別死亡率………　233

15.1.8　高年齡之死亡率………………………………　235

15.1.9　生命表其他函數之計算……………………　237

15.2　　台灣省居民生命表（第三次）………………　240

15.2.1　基礎人口之推計………………………………　240

15.2.2　基礎死亡數之計算……………………………　242

15.2.3　死亡率之計算及補整………………………　242

15.2.4　嬰兒死亡率之計算……………………………　243

15.2.5　高年齡生存數之補整………………………　246

15.2.6　其他函數計算…………………………………　248

15.3　　台灣地區居民生命表（第四次）……………　254

15.3.1　台灣地區居民生命表總說…………………　254

15.3.2　未滿一歲生存率，死亡率…………………　255

15.3.3　一歲以上中央死亡率，粗死亡率之計算…………　258

15:3.4　粗死亡率之補整………………………………　260

15.3.5 高年齡死亡率之推算 ………………………… 261

15.3.6 生命表諸函數之計算 ……………………… 264

15.4 都市與鄉居民生命表 ……………… 267

15.4.1 編算期間，基礎資料 ……………………… 267

15.4.2 未滿一歲之生存率及死亡率 ……………… 268

15.4.3 一歲以上之中央死亡率，粗死亡率之計算 ……… 268

15.4.4 死亡率之插補及補整 …………………… 269

15.4.5 高年齡死亡率之推算 …………………… 272

15.4.6 生命表諸函數之計算 …………………… 273

第 16 章　簡略生命表

16.1 簡略生命表之意義 ……………………… 274

16.2 簡略生命表之編製公式 ………………… 274

16.3 基礎資料 ……………………………… 282

16.4 簡略生命表之計算 ……………………… 283

16.4.1 Greville 法 …………………………… 283

16.4.2 Reed-Merrell 法 ……………………… 294

16.4.3 Wiesler 法 ……………………………… 309

16.4.4 日本厚生省簡略生命表作成法 …………… 312

第 17 章　經驗生命表

17.1 國民生命表與經驗生命表之差異 …………… 322

17.2 經驗生命表之種類 ……………………… 322

17.3 契約異動之圖示法 ……………………… 324

17.4 死力、廢疾力、死亡數及廢疾數 …………… 327

17・5　經驗死亡率之算出式 …………………… 329

17・6　$l_i^{(i)}$ 與 $\mu_i^{(i)}$ 之關係 …………………… 332

17・7　死亡表各函數之計算 …………………… 334

17・8　經驗生命表編算方法 …………………… 335

17・9　安全增額論 …………………………… 343

17・10　粗死亡率之補整 ……………………… 350

17・11　高年齡死亡率之補外計算 ……………… 352

第 18 章　特定死因與生命表

18・1　特定死因生命表 ……………………… 356

18.1.1　死亡數之死因別構成 ………………… 356

18.1.2　特定死因之未必死亡公算（機率） …… 357

18.1.3　特定死因死亡群之生命表 …………… 357

18.1.4　各種死因之死亡率 …………………… 358

18・2　特定死因之死亡除外的生命表 ………… 360

18.2.1　水島治夫法 …………………………… 361

18.2.2　Farr法 ………………………………… 362

18.2.3　Dublin-Lotka 法 ……………………… 362

18.2.4　Jordan 法 ……………………………… 367

18.2.5　Wiesler 法 …………………………… 368

18.2.6　Greville法 …………………………… 369

第 19 章　人口學上生命表之應用

19・1　眞實人口自然增加率 ………………… 376

19・2　眞實出生率及眞實死亡率 …………… 382

19·3　　安定年齡構成之計算⋯⋯⋯⋯⋯⋯⋯⋯⋯　386

第 20 章　粗死亡率之補整式

20·1　　Blaschke　氏補整式（最小平方法公式）⋯⋯⋯　388

20·2　　Greville　氏補整式⋯⋯⋯⋯⋯⋯⋯⋯⋯⋯　400

20·3　　Woolhouse　氏補整式⋯⋯⋯⋯⋯⋯⋯⋯　412

20·4　　Spencer 氏二十一項公式⋯⋯⋯⋯⋯⋯⋯　413

20·5　　Karup 氏加合法公式⋯⋯⋯⋯⋯⋯⋯⋯⋯　413

20·6　　死亡率之插補法⋯⋯⋯⋯⋯⋯⋯⋯⋯⋯⋯　414

第 21 章　接觸插值法

21·1　　Sprague氏公式⋯⋯⋯⋯⋯⋯⋯⋯⋯⋯⋯　419

21·2　　Karup-King 氏公式⋯⋯⋯⋯⋯⋯⋯⋯⋯　421

21·3　　Shovelton氏公式⋯⋯⋯⋯⋯⋯⋯⋯⋯⋯　422

21·4　　Jenkins 氏公式⋯⋯⋯⋯⋯⋯⋯⋯⋯⋯⋯　423

21·5　　Jenkins 氏修正公式⋯⋯⋯⋯⋯⋯⋯⋯⋯　423

21·6　　Jenkins 氏修正接觸插補公式之誘導⋯⋯⋯⋯　424

21·7　　接觸插補公式與插補曲線之曲率之計算法⋯⋯⋯　428

第 22 章　保險料與計算基數

22·1　　予定生命表與予定利率⋯⋯⋯⋯⋯⋯⋯⋯⋯　432

22·2　　純保險料（費）計算之原則⋯⋯⋯⋯⋯⋯⋯　432

22·3　　單生命保險之一時繳付純保險料⋯⋯⋯⋯⋯　434

22·4　　計算基數公式⋯⋯⋯⋯⋯⋯⋯⋯⋯⋯⋯⋯　438

第23章　生命統計應用數理

23.1　　行列式……………………………………………　442

23.2　　最小平方法………………………………………　457

23.3　　Rolle 氏定理及中值定理………………………　465

23.4　　無窮級數…………………………………………　471

23.5　　函數之展開………………………………………　476

23.6　　Taylor 氏定理及 Maclaurin 氏定理…………　477

23.7　　指數函數及對數函數……………………………　484

23.8　　有限差……………………………………………　494

23.9　　插值法……………………………………………　498

23.10　　Euler-Maclaurin氏積分公式…………………　503

23.11　　平面積，曲線及曲率…………………………　507

附　錄

1－3　　台灣地區居民生命表……………………………　516

4　　　台灣地區居民生命表圖…………………………　528

5－13　　各種統計表………………………………………　533

14　　　希臘字母……………………………………………　545

參考書目………………………………………………………　547

索　引…………………………………………………………　551

第1章 緒 論

1·1 生命統計之意義

生命統計學係以人口之生命事項為對象從事研究分析的統計方法。所謂生命事項乃包含人口之全部動態，即出生、死亡、結婚、離婚、疾病………等。故生命統計學乃係應用統計方法研究與分析生命事項的應用統計學。

1·2 生命統計之內容

生命統計所用資料之來源有兩種一為靜態之人口統計數字：此項數字有賴於戶口普查為之供給。在非普查年則估計之方法以求其估計值。二為動態之人口統計數字：此項數字則有賴於經常不斷之生命登記。在靜態方面，為期對人口靜態統計做充分運用，必須對靜態統計數字做有系統之分析；在動態方面，則凡有關人口動態之出生、死亡、結婚、離婚、疾病及人口之增加，生命表之編製等的研究乃為生命統計之本體。

1·3 生命統計之重要性

生命統計為現代國家不可或缺之一要項，茲述其重要性如下：

(1)戶口普查每十年或若干年舉行一次，在普查年以外之各年，必須有賴於生命統計以提供經常性之估計數字，以作觀察人口現狀。

1

　　(2) 人口之成長與經濟之開發極有密切的關係，為求瞭解人口之增加或減少的真實情形，必須辦理生命統計。

　　(3) 依據戶口普查靜態資料，必須利用生命統計來預示未來人口之發展趨勢，以供釐訂各種計劃之參考。

　　(4) 生命統計所顯示之疾病率及死亡率，以做衛生各種改善措施之參考。

　　(5) 憑藉生命統計方法求得生命表，可窺人民健康之狀態，同時人壽保險事業由此取得準據。法庭裁判生命損害賠償之規準及社會福利計劃之基礎資料。對於國民保健，社會保險制度樹立等提供有力的基本資料。

第2章 戶口普查

人口統計資料分爲靜態資料及動態資料二類。

關於人口現象之在一定時刻或時點之統計資料爲靜態資料，各國普通每十年舉辦戶口普查取得此種資料。第二次大戰後，許多國家皆紛紛舉辦戶口普查（population census），至今未舉辦者甚少。

關於人口動態的出生、死亡、結婚、離婚、收養、認領、遷入、遷出等項資料則於發生登記之，此種經常不斷的登記即人口登記，由此取得之資料即爲人口動態資料。

玆因兩者實際應用分析研究時具有密切的關係，故將戶口普查，在本章作一簡略說明如下：

2·1 法律根據及戶口普查定義：

我國之戶口普查法係依據戶籍法第五十八條之規定制定之。戶口普查，謂全國戶口在指定時刻靜態下之普遍查記。我國戶口普查規定每十年舉辦一次，必要時舉辦臨時戶口普查或分區戶口普查。

台灣省光復後，以民國四十五年九月十六日爲實施普查標準日期並以午前零時爲普查標準時刻舉辦第一次戶口普查（全面普查），以民國五十五年十二月十六日午前零時爲普查標準日時刻舉辦第二次戶口普查（全面普查），以民國六十年十二月十六日午前零時爲調查標準日時刻舉辦第三次戶口調查（百分之五抽樣調查）。

2·2　普查範圍

1. 戶口普查區域包括台灣地區等。

2. 凡屬下列人口均予調查：

①普查標準時刻居住及適在本普查區域內之中華民國國民（包括現役軍人。）

②普查標準時刻居住及適在本普查區域內之外國人口。

③普查標準時刻派駐國外之文武公務人員及其眷屬，與短期旅居本普查區域外之中華民國國民。

④普查標準時刻前離開本普查區域港口之船舶乘載之人口，中途未停泊於其他港口，而於普查標準時刻起三日內返回原泊港口，或進入本普查區域其他港口者。

3. 凡屬下列人口不予調查：

①外國駐在本普查區域內之外籍文武公務人員及其眷屬。

②乘飛機船艇於普查標準時刻前，或適於該時刻，降落本普查區域機場，或進入本普查區域港口，仍乘原機或原船離境之過境旅客。

2·3　普查對象

1. 本普查之普通住戶及非普通住戶：普通住戶係以家庭各份子為主體（包括雇用人及寄居人），在同一處所同一主持人之下營共同生活所組成之戶；非普通住戶係以非家庭份子為主體聚居於同一公共處所（如公共宿舍、醫院、旅舍、機關、軍營、學校、寺廟、船舶、監獄等），在同一主持人或主管人之下營共同生活所組成之集體戶。單獨居住一處所而獨立生活者，亦為一普通住戶。以船為家之船戶仍

爲一普通住戶。經常居住於公共處所內之家庭，亦仍爲一普通住戶。

2．本普查應查常住人口，並查現在人口：

甲．常住人口謂在所查戶內經常居住之人口，凡有下列情形之一者，爲所查戶之常住人口：

①凡世居或在普查標準日以前，在所查戶內報有戶籍，並有經常居住之事實者。

②凡持有下列文件之一，而在所查戶內有經常居住之意思者：㈠本普查區域內他處遷出登記申請書副份或戶口名簿（全戶）；㈡退除役軍人離營申報戶籍證明文件；㈢准許申報戶籍之入境證件；㈣監所或管訓機關執行監禁或管訓期滿證明書之一。

③凡自本普查區域內他處遷出未及辦理遷出登記；而在現住地有六個月以上經常居住之事實者。本款人口在現住地接受預查填表時，應通報其戶籍所在地將其姓名自普查底册中剔除。

④經常居住於本普查區域內，從事流動性職業且全戶隨同流動者，或尚未辦理戶籍登記者。

⑤現役在營軍人（包括已設有戶籍之義務現役軍人及各軍事學校在校學生），視爲軍營所在地之常住人口。但在營外報有戶籍之現役軍人，仍視爲戶籍所在地之常住人口。

⑥離境之海員，漁民及商旅在台灣地區設有戶籍，並有繼續居住之意思者。

⑦赴國外留學之學生，短期離境未滿六個月，而保留戶籍者。

⑧受刑事或保安處分者，爲該監所或管訓機構戶內之常住人口。有下列情形之一者，不視爲所戶內之常住人口：

a．因服兵役遷出所查戶內之人口，而該戶之戶籍登記簿或戶口名簿，尚未註記遷出者。

　　　　b. 因受刑事或保安處分遷出所查戶內之人口，該戶之戶籍
　　　　　登記簿或戶口名簿尚未註記遷出者。

　　　　c. 已遷出所查戶內，但仍兼該戶戶長者。

　　　　d. 來自台灣地區以外之短期旅客。

　乙. 現在人口，謂普查標準時刻，適在所查處所之人口，其判定
方法如下：

　　　　①所查戶內之常住人口，普查標準時刻留在該戶內者，為該戶
內之現在人口。

　　　　②原非所查戶內之常住人口，普查標準時刻臨時在場者，為該
戶內之現在人口。

　　　　③戶外流動性人口，以普查標準時刻之所在地為準，視為該所
在地之現在人口。

2.4　普查項目

　普查應行調查之戶口項目如下：

　①戶別（普通住戶查居住現址已滿年月數；非普通住戶查其名稱。

　②姓名。

　③稱謂（戶長或與戶長之關係）。

　④性別。

　⑤出生年月日。

　⑥籍別及出生地。

　⑦居住之地點（查一年前居住地址）。

　⑧婚姻狀況（查未婚；有配偶，同居；離婚、分居及配偶死亡）。

　⑨已婚婦女生育力（結婚時年齡，現有子女數及活產總數）。

　⑩教育程度（查識字者，不識字者及失學兒童與青年。十二歲以

上者查其是否識字，對識字者查其修業程度，對初中以上程度者查其
所習科系，大學以上程度者另查畢業或肄業，六至三十四歲者查其是
否在學）。

⑪經濟特徵（查有工作者，無工作者及失業者。有工作者查其現
在之行業，職業及從業身分；失業者查其過去之行業，職業及從業身
分；無工作者查無工作之原因，並查家庭主要生計負責人）。

2·5　戶口普查查記方法

查記方法分爲自塡制及代塡制兩種，(A) 自塡制：由戶長領取普
查票塡寫普查標準日繳回。此種申報法稱爲自塡制，可節省普查員之
勞力，但須人民教育水準較高始可採用。(B) 代塡制：由被查者口頭
報告普查員代爲塡寫。此法稱爲代塡制。普查員負擔甚重，非短暫時
日所可完成，故須要多數普查員擔任普查工作。

我國普查採預查復核制，由普查員代爲塡寫或戶長自塡。預查期
間限爲七至十五天，各地區務須於普查標準日期前結束預查。普查復
核時間爲普查標準日午前零時起至午前六時止。此項工作，應於普查
標準日午前零時至午前六時內完成之。「普通住戶」及「非普通住戶
」內之人口，由原預查之普查員挨戶復查，校正爲普查標準時刻實況
之人口。

第3章　生命登記

3·1　生命統計與生命登記制度

生命事項乃包含人口之全部動態，故生命統計需要之資料，除少部分為靜態之人口調查資料外，主要部分乃為動態之人口登記資料。

關於動態人口之登記，現代各國家均有所謂戶籍登記或者法律需要對出生與死亡作有系統之登記。近年來以事實上之需求，人口登記事項包括活產、死產、死亡、結婚、離婚、收養、認領、撤消及別居等事項均依法登記，此即生命統計動態人口資料之來源。

3·2　生命登記制度之起源

生命登記工作最初起於教會，後來始由政府方面辦理，其發展情形概述如下：

生命登記工作為西班牙於 1497 年在 Toledo 地方之教會大主教所創始。英國 1536 年起開始辦理生命登記，1563 年羅馬教皇通令各國各地之主教，全面實施出生及結婚登記。加拿大之 Quebec 地方自 1621 年起在羅馬教士主持下辦理出生、死亡、婚姻等之登記。此為有系統生命登記最早之記錄。上述之登記，乃基於宗教設施下所辦理的。

至於由政府負責辦理生命登記工作，則 1639 年美國麻州地方曾由主持行政事務之殖民公司（Massachusetts Bay Company）

下令辦理結婚、死亡及出生登記，並實行報告制度，其記錄即作爲公民身份之權利證明。

至於有全國性之生命登記者，乃以 1748 年以後之瑞典爲最早。1836 年英格蘭威爾斯開始設置登記總監（registrar-general），始使生命登記工作，建立現代化之規模。

3·3　美國英國生命登記制度

英美兩國之生命登記制度說明如下：

1. 美國

美國立國以後，凡有關出生，死亡、婚姻等之生命登記工作，均由各州自行處理，嗣後分區建立「出生登記區」及「死亡登記區」辦理出生及死亡兩項登記工作。實施區逐漸推廣，至 1933 年始得於全國普遍建立登記區，各州登記結果，每年向聯邦普查局報告一次。至於婚姻登記制度，遲至 1940 年始設登記區。

1946 年美國聯邦政府安全機構（security agency）所屬公共衛生服務（public health service）之下設置聯邦生命統計局（national office of vital statistics）專司生命統計工作，從此美國始建立全國統一之生命登記制度。

2. 英國

英國 1538 年起設置英格蘭威爾斯登記總監，開始實施生命登記，1836 年正式制定生命登記法案，責成地方官員就出生，死亡及婚姻等事項辦理登記事宜，但因漏報及不報，資料有欠完整。1874 年另行制訂生命登記之修正法案，規定當事人或關係人應負申報登記責任，自此以後，生命登記制度始得完全建立；蘇格蘭及愛爾蘭二地亦先後實施登記，於是英國全國之生命登記制度遂告完成。英國全國之

出生、死亡及結婚登記事宜，自 1838 年起由登記總監按年發表統計報告以來，迄今一百餘年未曾間斷，爲資料最全數列最長之生命統計資料。

3·4　我國之戶籍登記制度

我國之戶籍登記制度係依據戶籍法設置之，而生命登記乃附屬於戶籍登記制度內。玆爲明瞭生命登記之情況，將戶籍登記制度之扼要說明如下：

1. 戶籍登記之程序

我國之戶政行政主管機關，在中央爲內政部，在省爲省政府，院轄市爲台北市政府，在縣，市爲縣，市政府，各縣市之下按鄉鎮市（區）之劃分，均設有戶籍部門（現爲戶政事務所）辦理戶籍登記事宜。

戶籍登記事項分爲①本籍登記：設籍登記及除籍登記，②身分登記：出生、死亡、結婚、離婚、認領及收養，③遷徒登記：遷出及遷入，④行業、職業登記，⑤教育程度登記等。

依照戶籍法及戶籍法施行細則之規定，凡有關規定應登記事項，均須由當事人或義務人於事項發生之日起若干日內（遷出一項則須於遷出前）向所在地戶籍機構申請登記，逾期則處以罰鍰。但所有各項登記於申請登記時必須提出證明文件，否則不予受理。基層之戶籍機構應就戶籍及其他動態登記之結果，每三個月塡造統計報告表，呈由所屬縣，市政府層轉上級主管戶籍行政機關，彙編全省市之戶籍統計。

2. 戶口調查，戶口校正

戶籍法所稱之戶口調查，謂非在普查時期，爲實施整理戶籍登記

而舉辦之戶口靜態調查，戶口調查，常住人口及現住人口均應調查。而調查日在所查戶內之人口為現住人口，此種人口之調查較為便利，故戶政機關每年年底公布的人口是現住人口，為一種靜態人口。

戶口調查之結果，應統計事項如下：①人口性別統計，②籍別統計，③年齡統計，④教育程度統計，⑤職業統計，⑥婚姻狀況統計。戶籍登記之結果分為每月統計及每年統計，每月應為第一款至第二款之戶籍登記統計，每年應為第三款至第六款之統計。此等統計事項均以現住人口為準。

又為加強戶籍登記及戶口校正工作，內政部民國五十六年十月三日頒布「辦理戶口校正實施要點」規定應於每年年終由基層戶籍人員辦理戶口校正，切實按戶查詢工作。必要時得由警察人員配合協助辦理。特注意下列重點①人口增減之動態。②戶內 6 足歲以上之教育程度變更，③戶內 15 足歲以上人口之行業，職業變更事項。鄉鎮(市)區公所辦竣該年度之戶口校正後，應即根據校正結果，編製成果統計表，呈報縣（市）政府轉呈內政部，該報告即為該年終靜態現住人口統計。

3. 戶籍登記與生命登記之關聯

戶籍登記是以戶籍法為基礎，其目的在依據法律之本義，就人民戶籍關係，法律身份，社會地位等做成合法之記錄，以供稽查取證之用。而生命登記係科學的研究為依歸，其目的依科學的方法，就人民生命事項發生之經過做詳密之查報，以供生命統計分析研究之用。故戶籍登記制度之建立着重於法律的觀點，而生命登記制度之重點，則觀察生命動態之真相，兩者之目的不同，觀點亦異。茲就登記事項之出生，死亡、結婚、離婚四事項為例略述之。出生申請登記書記載欄內均有「出生年月日」（事件發生年月日）及「申請登記年月日」，

而死亡申請書內有「死亡年月日」（事件發生年月日）及「申請登記
年　月　日」，結婚、離婚同樣類推。茲從戶籍登記觀點言之，其
戶籍登記報告表之編製，應以申請登記日期為準而統計，換言之，以
戶籍登記期間（或年度）為準所得的總件數與在同一期間（或年度）
內之戶籍簿上之異動總件數應相符合，卽遵行法律上之觀點。他方，
在生命統計觀點言之，世界聯合國對於生命統計之分類規準，早已規
定以「事件發生　年　月　日」為準而實施。在我國現因生命登記制
度是取得生命統計資料之最主要來源。故理應，生命登記資料以「事
件發生日期」為原則而分類統計，始能符合科學的分析研究之用。

　　4．建議政府「建立生命統計登記制度」

　　以上戶籍登記結果，雖可提供若干有關生命統計資料，但與生命
統計之要求仍甚多不同，因此我國對於生命統計工作，俾使趕上時代
符合國際水準，應建立生命統計所切需的生命登記制度。我國已費了
極大的人力財力，已建立了完整無比的戶籍登記制度。今後對於生命
統計工作，百尺竿頭更進一步積極規劃，以期早日完成整個的生命統
計登記制度。

第4章 人口估計

4·1 人口估計之必要性

各國之戶口普查大都每十年或若干年舉辦一次，故人口統計之靜態數量，僅能於舉辦普查之年取得之，至非普查之年，則無法直接取得。但現代諸國家之一般行政各部門之施政計劃，須以人口數量作為基礎，又有關事業各團體之各種建設計劃亦需要非普查年之每年人口量。

在上述情形下，不僅須經常就當時之人口數量儘可能作準確之估計，且尚須對於未來之人口數量作更適當的推測，故對人口之估計乃成為非常重要的事項。

在本章所述之人口估計，僅對總合性的人口數量之估計而已，至於特別性的部分人口之估計，因該部分人口數與生命表編製有關，故應另行估計之。

茲將時常採用的人口估計方法分述如下。

4·2 根據人口動態資料之估計法

人口數量變動之因素分為出生，死亡與遷入，遷出等。此法須每年人口之動態登記完整無缺始可穫得較確實的估計出某時期之人口數量，其公式如下：

估計人口＝上次普查人口＋（出生人口＋遷入人口）－（死亡人

口+遷出人口） (4.1)

此種估計方法，曾經瑞典，澳大利亞、紐西蘭及日本等國家所採用，結果尚稱正確，但人口異動頻繁，人口動態登記制度不健全之國家不宜採用此法。

我國台灣地區人口之估計法：從來未曾採用此估計法，而採用另一方法，即依據戶籍登記之出生、死亡、遷入、遷出之資料，每年推算年底現住人口。又近年來每年年底全省普遍地舉辦戶口校正工作，故所得現住人口數量極為接近實際的事實。各方面每年均利用此人口數量。

4·3 算術級數(arithmetical progression)法

算術級數法係假定每年人口增加成為算術級數，而據以兩個普查年之年中（七月一日）人口數量，以其差除以兩普查年間隔之年數，即得每年人口之增加量，由此可欲估計年份之人口數量。其公式：

$$P_t = P_o + \frac{t}{n} (P_n - P_o)$$ (4·2)

上式中 P_o ＝第一次普查年之年中人口

P_n ＝第二次普查年之年中人口

n ＝兩次普查年所間隔之年數

t ＝自第一次普查日計算之欲估計年份

P_t ＝所求估計年份之年中人口。

如普查人口並非年中之人口，則須先求出該普查年之年中人口，再按（4·2)公式進行估計始可。

年中人口 P 之計算公式：

$$P = h + ad \qquad (4 \cdot 3)$$

上式中 h = 該普查年普查日之人口。

　　d = 兩普查期間每日之平均人口增加數量。

　　a = 七月一日在普查日後所隔之日數（如在普查前，則 a 為
　　　　負數）。

4·4　幾何級數(geometrical progression)法

幾何級數法係每年人口數量之增加成幾何級數。擬此以推算而普查年間各年人口數量。此法等於將兩普查年人口以複利曲線估計。其公式為，

$$P_n = P_o (1 + r)^n \qquad (4 \cdot 4)$$

$$P_t = P_o (1 + r)^t \qquad (4 \cdot 5)$$

上式中 r = 人口增加率。先由（4·4）求 r，再由公式（4·5）求 P_t，以對數計算之。

4·5　配合拋物線法

配合二次拋物線或三次拋物線，以最小平方法，作內挿估計或外推估計，但外推不可推算過遠。

㈠配合二次拋物線

$$P_t = a + bt + ct^2 \qquad (4 \cdot 6)$$

其標準方程式（normal equations）如下：

$$\left. \begin{array}{l} na \qquad\quad + c\sum t^2 = \sum P \\ \quad b\sum t^2 \qquad\quad = \sum tP \\ a\sum t^2 \qquad + c\sum t^4 = \sum t^2 P \end{array} \right\} \qquad (4 \cdot 7)$$

㈡配合三次拋物線

$$P_t = a + bt + ct^2 + dt^3 \qquad (4 \cdot 8)$$

其標準方程式如下：

$$\left.\begin{array}{l} na \qquad\qquad + c \Sigma t^2 \qquad\qquad = \Sigma P \\ \quad b \Sigma t^2 \qquad\qquad + d \Sigma t^4 = \Sigma t P \\ a \Sigma t^2 \qquad + c \Sigma t^4 \qquad\qquad = \Sigma t^2 P \\ \quad b \Sigma t^4 \qquad\qquad + d \Sigma t^6 = \Sigma t^3 P \end{array}\right\} \qquad (4 \cdot 9)$$

以上諸式中　P_t ＝估計人口數，

P ＝觀察人口（普查人口數），

N ＝觀察（普查）次數，t ＝以時間數列中點為原點所計算之年次。a，b，c，d 均為常數。

4·6　配合羅吉斯曲線(logistic curve)法

羅吉斯曲線之方程式係 1838 年比人 Verhuls 所提出，嗣後Raymond Pearl 與 Lowell Reed 二人於 1920 年提出，故又稱為Pearl-Reed curve。其微分方程式為

$$\frac{dP_t}{dt} = a P_t (L - P_t) \qquad (4 \cdot 10)$$

上式中 a 與 L 為大於零之常數。

上式解之，則

$$\frac{dP_t}{dt} \quad a P_t (L - P_t)$$

$$\frac{dP_t}{P_t(L - P_t)} = a\, dt$$

$$\frac{1}{L}\left(\frac{1}{P_t} + \frac{1}{L - P_t}\right) dP_t = a\, dt$$

$$\left(\frac{1}{P_t} - \frac{1}{P_t - L}\right) dP_t = a\,L\,dt$$

$$\left(\frac{1}{P_t - L} - \frac{1}{P_t}\right) dP_t = -a\,L\,dt$$

$$\int\left(\frac{1}{P_t - L} - \frac{1}{P_t}\right) dP_t = -a\,L\int dt + C$$

$$\ln\,(\,P_t - L\,) - \ln\,P_t = -a\,L\,t + C$$

$$\ln\left(\frac{P_t - L}{P_t}\right) = -a\,L\,t + C$$

$$\frac{P_t - L}{P_t} = e^{-aLt}\,e^{c}$$

$$\frac{L}{P_t} = 1 - e^{c}\,e^{-aLt}$$

設　$-e^{c} = m$

$$\frac{L}{P_t} = 1 + m\,e^{-aLt}$$

$$P_t = \frac{L}{1 + m\,e^{-aLt}} \tag{4.11}$$

$m =$ 常數，由人口之性質可知其係爲正。

設　$\alpha = \dfrac{1}{aL}$，$m = e^{\beta/\alpha}$，（4.11）化爲

$$P_t = \frac{L}{1 + e^{(\beta - t)/\alpha}} \tag{4.12}$$

式中 β 係常數。

又此曲線之枴點（轉向點）檢討如下：

（4·10）式

$$\frac{dP_t}{dt} = a P_t (L - P_t)$$

再予以微分，則

$$\frac{d^2 P}{dt^2} = a \frac{dP_t}{dt} (L - P_t) - a P_t \frac{dP_t}{dt}$$

$$o = a \frac{dP_t}{dt} (L - 2 P_t)$$

$$o = (L - 2 P_t)$$

$$P_t = \frac{L}{2} \tag{4·13}$$

又（4·12）式之 $\beta = t$，則得

$$P_t = \frac{L}{2} \tag{4·13}$$

故曲線之拐點坐標爲（ β , $\frac{1}{2}$ ），而該曲線是以該點（ β , $\frac{1}{2}$ ）爲對稱中心之對稱曲線，即其對稱中心是其拐點。又公式（4·12）中 $P_t = L$ 爲上漸近線（ upper asymptote）, $P_t = o$ 爲下漸近線（ lower asymptote）。換言之，"羅吉斯曲線係以下漸近線爲出發點，按照幾何級數情勢逐漸上昇至轉向點，然後形成對稱形態向上漸近線進行，而形成「頗似狹長 S 形」之形態。G. U. Yule 稱 α 爲 standard interval（標準時間單位）。

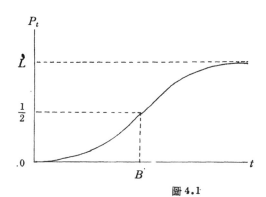

圖 4.1

（4·12）變形為

$$\frac{1}{P_t} = \frac{1 + e^{(\beta-t)/\alpha}}{L}$$

$$= \frac{1}{L} + \frac{1}{L} e^{\frac{\beta}{\alpha}} \cdot e^{-\frac{t}{\alpha}}$$

上式中

$$\frac{1}{L} = k \ , \ \frac{1}{L} e^{\frac{\beta}{\alpha}} = a \ , \ e^{-\frac{1}{\alpha}} = b \ , \ 則$$

$$\frac{1}{P_t} = k + ab^t \qquad\qquad (4\cdot14)$$

以此公式作爲配合估計公式：

　　P_t　＝估計年份之人口

　　t　＝估計之時期

　　a ， b ， k 爲常數

配合羅吉斯曲線來估計人口數量法；

　　今就美國戶口普查六次資料，卽 1940，1945，1950，1955，1960

，1965 年爲例，而估計 1966 年人口數量。每次之普查人口數量以

P_t 表示，t 時期各以 $0,5,10,15,20,25$ 年表示，以人口數量 P_t 而計算其 $\frac{1}{P_t}$ 值。將 $\frac{1}{P_t}$ 之各數量，依時序分爲相等之三部分，而分別爲其第一、第二、第三部分之總合，即以 $\Sigma_1\frac{1}{P_t}$，$\Sigma_2\frac{1}{P_t}$，$\Sigma_3\frac{1}{P_t}$ 表示，$n =$ 所分每部分之項數，（ $n = 2$ ）；$q =$ 二相鄰普查年之間隔年數（ 間隔年相等 ）（ $q = 5$ ）。

由（4.14）

$$\frac{1}{P_t} = k + a\,b^t$$

$$\Sigma_1\frac{1}{P_t} = (k+a) + (k+ab^q) + (k+ab^{2q}) + \cdots\cdots$$
$$+ (k+ab^{(n-1)q})$$
$$= nk + a(1+b^q+b^{2q}+\cdots+b^{(2n-1)q})$$
$$\doteqdot nk + a\frac{1-b^{nq}}{1-b^q} \tag{i}$$

$$\Sigma_2\frac{1}{P_t} = (k+ab^{nq}) + (k+ab^{(n+1)q}) + \cdots + (k+ab^{(2n-1)q})$$
$$= nk + ab^{nq}(1+b^q+b^{2q}+\cdots+b^{(n-1)q})$$
$$= nk + ab^{nq}\,\frac{1-b^{nq}}{1-b^q} \tag{ii}$$

$$\Sigma_3\frac{1}{P_t} = (k+ab^{2nq}) + (k+ab^{(2n+1)q}) + \cdots + (k+ab^{(2n+n-1)q})$$
$$\doteqdot nk + ab^{2nq}(1+b^q+b^{2q}+\cdots+b^{(n-1)q})$$

$$= nk + ab^{2nq}\ \frac{1 - b^{nq}}{1 - b^{q}} \qquad\qquad (\text{iii})$$

求上面 $\Sigma_1 \dfrac{1}{P_i}$，$\Sigma_2 \dfrac{1}{P_i}$，$\Sigma_3 \dfrac{1}{P_i}$ 之遞差，即

$$\Sigma_2 \frac{1}{P_i} - \Sigma_1 \frac{1}{P_i} = [\,nk + ab^{nq}\ \frac{1 - b^{nq}}{1 - b^{q}}\ ] - [\,nk + a\frac{1 - b^{nq}}{1 - b^{q}}\,]$$

$$= a \cdot \frac{(b^{nq} - 1)^2}{b^{q} - 1} \qquad\qquad (\text{iv})$$

$$\Sigma_3 \frac{1}{P_i} - \Sigma_2 \frac{1}{P_i} = [\,nk + ab^{2nq}\ \frac{1 - b^{nq}}{1 - b^{q}}\ ] - [\,nk + ab^{nq}\ \frac{1 - b^{nq}}{1 - b^{q}}\,]$$

$$= a \cdot \frac{b^{nq}(b^{nq} - 1)^2}{b^{q} - 1} \qquad\qquad (\text{v})$$

$$\left.\begin{array}{l} b^{nq} = \dfrac{\Sigma_3 \dfrac{1}{P_i} - \Sigma_2 \dfrac{1}{P_i}}{\Sigma_2 \dfrac{1}{P_i} - \Sigma_1 \dfrac{1}{P_i}} \\[2em] a = (\,\Sigma_2 \dfrac{1}{P_i} - \Sigma_1 \dfrac{1}{P_i}\,) \cdot \dfrac{b^{q} - 1}{(b^{nq} - 1)^2} \\[2em] k = \dfrac{1}{n}\left\{\Sigma_1 \dfrac{1}{P_i} - \dfrac{b^{nq} - 1}{b^{q} - 1} \cdot a\right\} \end{array}\right\} \qquad (4 \cdot 15)$$

上列之美國人口普查資料 $n = 2$，$q = 5$，故以此資料由 (4.15) 求出 k，a，b 之值，代入於 (4.14) 式，

$$\frac{1}{P_i} = k + ab^t$$

即得所配合之羅吉斯曲線估計公式。

第5章 人口靜態

5·1 人口靜態統計之分析

　　人口靜態統計乃在某時點之人口之統計，此種資料係由人口普查得來。人口普查乃在特定地區定期舉辦的人口靜態統計之全面普查。此項統計分析工作，可從地理（地域別），性別分配，年齡分配，婚姻分配，教育程度及就業狀況等各方面比較研究等以下分別說明之。

5·2 人口靜態資料之時間數列與地理的數列

　　將歷次之戶口普查所得人口靜態統計編成數列，可得每年之在人口動態諸因素影響下之人口變動趨向及得知其人口構造之變化之內容。

　　又將戶口普查結果之靜態資料編成地理數列，而觀察各地方人口之分布狀況。由其分布密度而區別都市與農村，研究人口現象及人口問題。此種區別甚為重要，因為此等對於人口之增殖以及人力資源之品質皆有重大影響。而人口密度（ population density）由下式計算之：

　　　　　普通人口密度＝人口÷地積
　　　　　普通人口密度＝地積÷人口
　　通常人口密度係前者表示之。

5·3 性分配(sex composition)

性比（或性比例）（ sex ratio)係表示性分配之數值，即女子每一百人所相當男子之人數，通常可分為下列幾種：普通性比例（ general sex ratio) ，年齡分組性比例（ sex ratio by age groups ），出生性比例（ sex ratio at birth) ，死亡性比例（ sex ratio at death)。其計算公式如下：

$$普通性比例 = \frac{該地該年總人口中之男子人數}{某地某年總人口中之女子人數} \times 100 \quad (5.1)$$

$$年齡分組性比例 = \frac{該地該年總人口中同一年齡組之男子人數}{某地某年總人口中某一年齡組之女子人數} \times 100 \quad (5.2)$$

$$出生性比例 = \frac{該地該年出生之男嬰人數}{某地某年出生之女嬰人數} \times 100 \quad (5.3)$$

$$死亡性比例 = \frac{該地該年死亡之男子人數}{某地某年死亡之女子人數} \times 100 \quad (5.4)$$

上式（5.1）及（5.2)中所用之靜態男，女人口數量係以該年之年中人口為準，而（5.3)及(5.4)所用之男，女人數係動態之人口數。

婦女於懷孕時男胎多於女胎，其性比例約在120至130％ 之間，而出生時之出生性比例104－110％，男性（男嬰及男子）死亡率皆高於女性，高齡人口之性比例因之常低於100(％)，故全部年齡人口之性比例大體近於100％。我國台灣地區各地人口，大多數為男多於女，性比例高，又因男子單身往都市外出工作者為多，故市人口性比率亦較高。

歐美各國人口之普通性比例約與100相接近，或有低於100之**趨**

之遲報等因素之影響，人口年齡數字之正確性乃有高低之差。爲求研判人口年齡資料差誤程度之大小，特舉列二測驗方法說明如下：

(1)集中指數：

此法爲將23－62歲人口中其年齡爲5的倍數之人口數除以23－62歲人口數的1/5，再以100乘其商，如此所得之百分比的數值稱爲年齡之集中指數（gathering index numbers），其公式如下：

$$集中指數 = \frac{自\ 23\ 至\ 62\ 歲\ 人\ 口\ 中\ 其年齡爲\ 5\ 的\ 倍\ 數\ 之\ 人\ 口\ 數}{\frac{1}{5} \times (\,自\,23 - 62\,歲之人口數\,)} \times 100\%$$

$$(5.5)$$

年齡資料愈正確，則此集中指數愈接近100%。

(2)聯合國之年齡資料測驗方法：

聯合國對於鑑定人口年齡之資料曾提議一項測驗方法，除測驗人口年齡資料之正確程度外，尚可用於測驗性別資料。利用此項方法所求得之數值，並無一定變動之範圍，而係以數值之大小，藉以判定資料準確性之高低，即此項測驗數值愈小者，表示其性別比例及年齡分配均愈正常，則資料之準確性亦愈高，反之此項測驗數值較大者，表示其性比例及年齡分配資料之誤差亦較大，則資料之準確性亦必較低。玆將聯合國所提測驗之計算方法之步驟如下：

①將人口按0－4，5－9，……70－74 及性別分組（取0至74歲人口）。設第 i 組之男人口爲 f_i'，女人口爲 f_i''。

②求各年齡組性比

$$r_i = \frac{f_i'}{f_i''} \quad 及性比差 \quad r_i - r_{i-1} \qquad (5 \cdot 6)$$

勢。但一般言之，生活水準愈高國家，其普通性比例常較生活程度較低之國家爲低。戰事使男子大量損失，可使性比率降低。

5·4　年齡分配(age composition or distribution)

人口之年齡分配資料用途甚廣，不僅人口靜態之分析研究，對於出生率，死亡率之觀察以及生命表編製等均需要此資料。此外政治上之各種選舉、軍服役、教育、衛生、經濟等之設施，社會安全制度之策劃等方面尤極需要人口之年齡分配資料。故人口之年齡分配之研討實爲生命統計之主要事項。茲將分述如下：

一、年齡之分組

(1)普通人口之年齡分組方法有三種，(甲)以一歲爲一組，(乙)以五歲爲一組，(丙)以十歲爲一組等，按其精密度之需求適宜採擇。

(2)標準人口之年齡分組，以此種人口爲研究出生及死亡率之眞實情況，而採用比較標準之正常人口稱爲標準人口（standard population）。在一般使用者，爲 1890 年瑞典之人口，其年齡分組法爲 0－1 歲，2－19 歲，20－39 歲，40－59 歲，60 歲以上。又 1901 年英格蘭及威爾斯，所謂標準百萬人口，請參看（李植泉：人口統計）。

(3)人口年齡分組類型：根據宋巴氏 Sundbary 之研究發現；遷移甚少之正常狀態人口中，壯年（15－59 歲）之人口佔半數，14歲以下及 50 歲以上人口在總人口中所佔百分比之變化爲根據，分爲三種類型；(甲)增加類型（progressive type），(乙)穩定類型（stationary type），(丙)減少類型（regressive type）。

茲將宋巴氏三種類型百分比列表如下：

年　齡　組	增加類型	穩定類型	減少類型
0－14	40	33	20
15－49	50	50	50
50	10	17	30

資料來源：自鄧善章：台灣人口問題轉錄

上表觀之，增加類型表示少年人口多，老年人口少，今後可能出生多而死亡少，則人口變動趨勢增加；減少類型表示少年人口少，老年人口多，今後可能出生較少而死亡較多，則人口減少之趨勢。

(4)變態人口之類型；分為兩種類型，某地因人口之移入而增加許多中年人謂之移入類型 (accessive type)，某地人口之移出而失去許多中年人謂之移出類型 (secessive type)。

於變態人口中，對於壯年人口 15－49 歲一組，根據 Whipple 氏之研究，15－49 歲之壯年人口所佔百分比超過 50 者表示移入人口甚多。此種人口類型稱為「移入類型」，若 15－49 歲之壯年人口所佔百分比不足 50 者表示移出甚多，此種人口類型均屬於「移出類型」。

(5)經濟立場之年齡分組：根據韓振學「生命統計學」提出：由於時代之進步，政治社會之變遷教育水準之提高，以及人民壽命之延長等，就經濟生產之立場而言，人口之年齡分組為 0－19 歲，20－59 歲，60 歲以上三組等。

二、人口結構

人口依照性別並年齡予以適當之分組，所顯出人口組成之型態稱為人口結構 (population composition)。依年齡分組並分別男女而

計算其各佔總人口之百分數（或以實際絕對數量），將年齡最小之一組置於底層，然後依次向上疊放得橫條圖繪成塔形之人口圖形，稱爲年齡塔（age-sex pyramid）。由於各國人口結構之型態不相同，故所構成之人口塔形圖亦因之相異。茲僅擇幾種型態列於如下：

(1)金字塔形：按年齡分組在底層之人口比例較大，隨年齡之增加向上逐漸收縮，形成金字塔形狀。最常見的人口結構型態，經濟落後地區及正常狀態人口爲增加類型之國家或地區，其人口結構多爲此型態。

(2)寬腰形：此種人口在底層之幼年人口較少，中間之壯年人口，反而較多，至上層之老年人口逐漸減縮，形成中間寬濶上下兩端狹短之形狀，凡移入類型國家，或經濟高度開發地區及工商業發達之都市，常屬此種形態。

(3)蜂腰形：在底層之幼年人口及上層之老年人口均呈突出的狀態，而中間壯年人口現出凹陷型態。凡屬移出類型國家形成此種型態。

(4)穩定形：在底層之幼年人口與中間之壯年人口之差異不大，上層之老年人口仍呈減退現象。此乃由於出生率及死亡率均已降低，現出不增加之靜止現象。高度開發地區或工業高度化國家趨向於此種型態。

三、人口平均年齡：

人口平均年齡即人口次數分配之平均數。通常工商業程度及生活水準較高之國家其人口之平均年齡亦較高，而開發落後之國家或地區之平均年齡亦較低，此乃由於人民之知識水準及環境衛生等各種因素所致。

四、年齡資料之差誤測驗法

年齡資料由年齡計算方法之不一致，出生登記之遲報，或者有意

③分別求男女人口各年齡組人數與上下鄰組平均人數之比率值如下：

$$r'_i = \frac{2f'_i}{f'_{i-1} + f'_{i+1}} \ , \quad r''_i = \frac{2f''_i}{f''_{i-1} + f''_{i+1}} \tag{5.7}$$

④分別求各項 $|\,r_i - r_{i-1}\,|$, $|\,r'_i - 1\,|$, $|\,r''_i - 1\,|$ 之絕對離差總計後，以項數除之，而計算絕對離差平均數，以 m, m', m'' 表示。

⑤求測驗值（ $= 3\,m + m' + m''$ ），此值愈小，則性比與年齡分配愈正常，資料亦愈可靠，否則，性比及年齡分配誤差較大，資料正確程度較低。

五、靜止人口（ stationary population）與穩定人口（ stable population）

出生數與死亡數相等，且具有同生命表的年齡分配之人口稱為靜止人口，此項人口再於生命表詳述之。

年齡別性別特殊死亡率，年齡別特種出生率，初生嬰兒之性比，三者皆為常數之人口，稱為穩定人口。此種人口自然增加率固定，年齡分配及性分配皆穩定不變。係基於生命表設定之一種非靜止的人口模式。其數學關係係由 Lotka 於 1939年所完成具有靜止人口模式。關於穩定人口之計算，將於第九章說明之。

5·5　婚姻分配

人口按婚姻狀況（marital status）之分配稱為婚姻分配。婚姻之分類如下：

　1·　已配

　　①有配偶

②無配偶

 a. 喪偶

 b. 離婚

2. 未婚：年幼原因之外之未婚可分爲下列 3 種

①遲婚

②不適婚：因心理或生理缺陷不適於結婚之謂。

③失婚：因種種原因尚未結婚而年已老大。

或簡單分類如下列

1. 有配偶

2. 無配偶

①未婚

②喪偶

③離婚

 可婚年齡（15 歲以上）人口中有配偶者之比率，尤其是妊娠可能年齡（15－49歲）女子之有配偶者之比率影響出生率。又根據美國 W. F. Willcox教授之研究，發現未婚男女之死亡率常較已婚男女之死亡率爲高，其解釋爲①已婚者生活舒適，生活有節制，夫妻互相照顧，②已婚者經濟狀況較佳，③結婚可使心理及生理獲得調適。

 人口之婚姻，依年齡言，凡年齡在 16 歲以上者稱爲可婚人口（Marriageable population)，依據人口之年齡分配情形，16 歲以上之人口約佔全部人口之三分之一，故可婚人口約佔全部人口之三分之二。

5·6　教育程度

 教育在現代世界各國均視爲最重要的事項之一。由人口教育程度

之分配情形，可以顯示一國知識水準之高低，亦可以窺視一國經濟狀況之良否。故世界各國皆於努力發展經濟，同時大力推行教育，以期提高國民之教育程度。因此各國普查機構多有有關教育程度之查記項目。

　　教育程度之衡量法中，文盲率（ rate of illiteracy）為文盲人數佔總人口之比率。一般而論，女性文盲率高於男性。而識字率（ rate of literacy）為識字人數佔總人口之比率。此識字者之教育程度應再以修業程度詳加細分。

　　近年來我國在台灣地區之國民教育已由六年延至九年，同時中等教育及高等教育至為發達。政府為明瞭其發展之趨勢，先後三次戶口普查時曾經舉辦教育程度調查，茲將列於如下：

　　1. 六歲至三十四歲查其在學，不在學。

　　2. 對於十二歲以上者，查其是否識字，對於識字者查其修業程度，對於初中以上程度者查其所習科系、大專以上程度者另查畢業或肄業。茲查記分類列於如下：

　　①自修或私塾（未經正式學校畢業者）。

　　②國民小學。

　　③初中、初職或簡師。

　　④高中、高職、五年制專科前三年，普師。

　　⑤大專以上學校。

5·7　從業狀況

　　人口之從業狀況在人口調查或在生命統計中均佔重要地位。故對於人口之從業狀況，不僅在戶口普查時應詳加查記外，在非普查年亦須經常以抽查方法舉辦調查。

一、從業狀況之分類

　　人口從業狀況視其是否屬於經濟性的就業可分爲經濟從業人口（economic active population）與非經濟從業人口（non-economic active population）。依照各國最新之標準，經濟從業人口者稱爲勞動力人口（labor force population），乃指於總人口在一定年齡（12歲）以上，提供勞役（勞心的或勞力的）以從事生產（廣義的生產）部分人口。非經濟從業人口亦稱爲非勞動力人口（non-labor force population）。勞動力人口之勞動力可分爲平民勞動力（civilian labor force）及武裝勞動力（armed force）二類。至於武裝勞動力是從事國防及有關服役之官佐士兵，而平民勞動力從事生產。平民勞動力按就業狀況分爲

　　(1)正在工作就業人口（包含有工作暫時休假之人口）。

　　(2)有工作能力而正在尋找工作之失業人口，以失業率表示之，失業率爲失業人數佔平民勞動力之比率。關於就業人數之多寡及失業率之高低不只爲一重要社會問題，且亦爲研討人力動員，促進經濟成長極爲重要的事項。

　　總人口中，除去勞動力人口，即爲非勞動力人口，亦即爲非經濟從業人口，非勞動力人口包含有：

　　(1)未達從事勞役年齡；例如十二歲以下者之兒童。

　　(2)無酬從事家務操作之人口；例如家庭主婦。

　　(3)正在求學期中之學生。

　　(4)依租金，年金收入者。

　　(5)被收容，被監禁者。

　　(6)殘廢久病，老衰者。

二、從業身份（industrial status, or occupational status）：

指就業人口在經濟從業中之地位而言，分爲：

(1)業主（employers）：爲自己工作並僱有帮手者，以經營企業者。

(2)受雇人員（employees）：受人僱用爲獲取工資或薪俸報酬，而貢獻勞役者，有私人僱用，政府機關，公立學校及公營事業任職。

(3)自營作業者（workers on own account）：
自己工作而未僱有帮助者。

(4)無酬工作之家屬（unpaid family workers）：
在其家庭之家長所經營之企業中工作而未領受報酬者。

三、行業之分類

行業爲就業人口從業所在應屬之業別。我國現行標準其大分類爲下列九項：

(1)農業：包括農林、畜牧及漁獵。

(2)礦業：包括礦物、土石之探勘及採取。

(3)製造業：包括各項工業製造。

(4)建築業：包括營建土木及有關各項工程。

(5)水電業：包括電氣、煤氣，自來水以及公共衛生服務業。

(6)商業：包括買賣、金融、保險及經紀業。

(7)交通：包括交通及運輸業。

(8)服務：包括政府服務、社會及工商服務、娛樂及人事服務。

(9)其他：不屬於上列各類之行業。

四、職業之分類

職業（occupation）爲就業人口按照擔任工作之性質所作之分類。依照我國職業分類標準，列舉其大分類如下：

(1)專門及技術工作者。

（2）管理監督人員。

（3）助理人員。

（4）買賣人員。

（5）農林漁獵及其有關工作者。

（6）礦物土石開採及有關工作者。

（7）運輸工作人員。

（8）技術工匠及體力工人。

（9）服務工作者。

（10）未列入他類及不能分類之職業。

第6章 出 生

6·1 出生率

　　某地某年全年出生活產嬰兒（不含死產）所佔該地該年年中人口之千分比謂之出生率（birth rate）。因出生嬰兒之多寡與人口數量之增減變遷，顯有極密切之關係。同時國民之經濟情況，文化水準，社會組織結構，風俗習尚等影響出生率不尠。故出生率之研究，不僅爲生命統計所需要，亦爲研究社會問題之重要事項。

一、粗出生率

　　粗出生率（crude birth rate）或稱普通出生率（general birth rate），乃一定期間內（通常爲一年）出生活嬰人數與平均總人口數（通常爲年中人口數）之比率；通常以千分率表示。

　　今 B＝活嬰出生數，P＝平均總人口（期中人口），b＝粗出生率，則

$$b = \frac{B}{P} \qquad (6.1)$$

　　上式之 P 中包括與出生無關之幼年及老年人口。依據專家之研究，發現文化水準較低及經濟情況較差的階層之出生率常較高，落後國家之出生率較高度工業化國家之出生率爲高，而同一國家內，鄉村地區之出生率亦較城市地區之出生率爲高。各國粗出生率約在 15 ‰至 50 ‰之間。

出生率資料之正確性，可以 W. F. Wertheim 所創「百分之四十審查法（forty percent test），審查之，其方法爲「十四歲以下人口佔全國人口總數約 40 ％左右之國家，其出生率至少在 40 ％以上」。

二、校正出生率

粗出生率僅可表示全國人口之出生概況，嬰兒之出生雖係由於男女雙方結合結果，因不夠詳細，須加以適當之校正，以女子人數爲推算之基準，似更較合理，故此計算之出生率稱爲校正出生率（correction of birth rate),亦稱爲簡單校正出生率（simple correction birth rate），通常以千分率表示之，其公式如下：

今 B ＝活嬰出生數，P''＝ 女性人口總數，b''＝校正出生率，則

$$b'' = \frac{B}{P''} \tag{6.2}$$

此 P'' 只爲 P 中剔除男性人口 P' 之結果，其中仍含有與生育無關之幼年及老年女性人口。

6·2 生育率

生育爲專屬於婦女，15 歲以下之婦女尚未成熟，45 歲以上之婦女其生育時期已過，此等婦女對於生育之影響甚少，故應此等幼力及老婦除去不計，而僅就 15 歲至 45 歲（有個學者採用 15 歲至49 歲，但此點應視實際情形採擇較爲適當）之婦女加以研討即可：此15 歲至 45 歲年齡間之婦女稱爲育齡婦女（women of child-bearing age）。

育齡婦女於一定期間內（普通爲一年），所生育之活嬰人數對該年育齡婦女人數比率稱爲生育率（fertility rate），通常以千分比表

示。

一、普通生育率

普通生育率（general fertility rate)為一定期間为（通常為一年），生育之活嬰人數與育齡婦女總人數之比率（通常千分比率），而一般所稱之生育率即係指此普通生育率，其公式如下：

令 B＝該地該年生育活嬰人數，F＝某地某年年中育齡婦女總人數，f＝普通生育率，則

$$f = \frac{B}{F} \tag{6.3}$$

二、年齡別生育率

生育雖專屬於婦女，但婦女因年齡之不同，其生育情形乃有顯著之差別，婦女之年齡愈高其生育力愈低，即婦女之生育力與年齡成反比；故為明瞭婦女生育之趨勢，則必須研討婦女之年齡別生育率。

年齡別生育率（age-specific fertility rate）為某一年齡婦女別生育之活嬰人數與該年齡婦女總人數之率，通常千分率。

今 $B(x)＝x$ 歲育齡婦女生育活嬰人數

$F(x)＝x$ 歲育齡婦女總人數

$f(x)＝x$ 歲婦女生育率，則

$$f(x) = \frac{B(x)}{F(x)} \tag{6.4}$$

年齡別生育率以就每一年齡計算較為合理，但為簡便，亦可合併計算。

三、總生育力

總生育力(total fertility rate)之概念乃由Kuczynski所創，係假定婦女在育齡中並不死亡，其一婦女平均一生所生子女數。

今 $r_t =$ 總生育力，$f(x) = x$ 歲婦女生育率，則

$$r_t = \sum_{x=15}^{45} f(x) \tag{6.5}$$

因其假定婦女在育齡中並不死亡，故不合理。

四、婚姻生育率

以上所述各種生育率，均係以育齡婦女爲計算之基準，不論其是否業已婚配均包含在內，但如婦女雖在育齡而尚未結婚，或雖已結婚而配偶並不存在者，則此等未婚或無偶之育齡婦女，對於生育事項，自然發生相當影響，乃降低其比較之價值，故吾人於研討生育時，對育齡婦女之婚姻狀況亦應加以注意，而所謂婚姻生育率隨從而產生。

婚姻生育率（married fertility rate）亦稱配偶生育率（legitimate fertility rate）乃以已婚有偶之育齡婦女爲計算生育率之基準，其公式如下：

今 $F_m =$ 已婚有偶育齡婦女人數

$B_m =$ 已婚有偶育齡婦女合法嬰兒生育數

$f_m =$ 婚姻生育率，則

$$f_m = \frac{B_m}{F_m} \tag{6.6}$$

爲求生育率之計算更能精確，以計算各年齡別之婚姻生育率，其公式如下：

$$\text{各年齡別之婚姻生育率} = \frac{\text{該年齡已婚有偶育齡婦女所生活嬰人數}}{\text{某年齡已婚有偶育齡婦女總人數}} \tag{6.7}$$

由前述各段可知

$$B = \sum_{x=15}^{45} B(x) = \sum_{x=15}^{45} f(x)\, F(x) \tag{6.8}$$

$$f = \frac{B}{F} = \frac{\sum\limits_{x=15}^{45} f(x)F(x)}{\sum\limits_{x=15}^{45} F(x)} \tag{6.9}$$

$$b = \frac{B}{P} = \frac{\sum\limits_{x=15}^{45} f(x)F(x)}{\sum\limits_{x=0}^{\infty} P(x)} \tag{6.10}$$

故 f 爲 $f(x)$ 之加權算術平均數，以下 $F(x)$ 爲權數。又因 P 値在 F 之二倍以上，故 f 値在 b 値之二倍以上。通常 f 値小於 1，b 値小於 $\dfrac{1}{2}$。

6·3　繁殖率(reproduction rate)

所謂繁殖（reproductivity）亦或稱再生（reproduction），乃人口一代一代的生殖繁衍，亦可知其增殖或減縮之情形。但前面所述之各種生育率，均係以一代婦女之及身爲止，故如測度下一代人口之繁殖情形，則必須計算繁殖率（reproduction rate）。繁殖率可分爲粗繁殖率（gross reproduction rate）及淨繁殖率（net reproduction rate）二種。

一、粗繁殖率

粗繁殖率係假定婦女在育齡中並無死亡，平均一婦女一生中生活女嬰數。茲設 x 代表育齡婦女之某一年齡，$B''(x)=$ 年齡 x 歲之育齡婦女所生女嬰之總數，$F(x)=$ 年齡 x 歲之育齡婦女人數，而 $f''(x)$ $= x$ 歲育齡婦女出生女嬰粗繁殖率，則

$$f''(x) = \frac{B''(x)}{F(x)} \tag{6.11}$$

若婦女之生育年齡設自 15 歲起始至 45 歲為止之粗繁殖率以 r_0'' 表示，則

$$r_0'' = \sum_{x=15}^{45} f''(x) \qquad (6 \cdot 12)$$

再令 B'' ＝女嬰出生數，B ＝嬰兒出生總數，則

$$r_m'' = \frac{B''}{B} \qquad (6 \cdot 13)$$

為出生性比，若各年齡組出生性比相同或極相近，則

$$r_0'' = r_m'' \sum_{x=15}^{45} f(x) = r_m'' \, r_t \qquad (6 \cdot 14)$$

由公式（6·8）及（6·9）可知粗繁殖率卽前節所述之總生育力減去男嬰人數之結果。

二、淨繁殖率

粗繁殖率之計算，假定婦女在育齡終了以前並無死亡，殊不合理，其值偏高。若計算考慮其死亡，則得淨繁殖率。

設　l_0'' ＝生命表女性人口基數（通常為100,000 人或 1,000,000人）

L'' ＝生命表女性人口

$l''(x) = \dfrac{L_x''}{l_0''} = x$ 歲育齡婦女之生存機率（平均數）

$f''(x) = x$ 歲育齡婦女出生女嬰粗繁殖率（同前）

r_n'' ＝淨繁殖率，則

$$\left.\begin{aligned} r_n'' &= \sum_{x=15}^{45} f''(x)\, l''(x) \\ &= \sum_{x=15}^{45} f''(x)\, \frac{L_x''}{l_0''} \end{aligned}\right\} \qquad (6 \cdot 15)$$

$r_n'' > 1$ 時，人口擴張；$r_n'' < 1$ 時，人口縮減；$r_n'' = 1$ 時，人口靜止。

6·4 標準化出生率及生育率

標準化出生率及標準化生育率係消除年齡分配影響的粗出生率及普通生育率。計算之目的係爲便於比較。計算方法有直接間接二法。

一、直接法

由（6·9）公式

$$f = \frac{B}{F} = \frac{\sum\limits_{x=15}^{45} f(x) F(x)}{\sum\limits_{x=15}^{45} F(x)}$$

可知普通生育率 f 爲年齡別生育率 $f(x)$ 之加權算術平均數，以年齡別女性人口 $F(x)$ 爲權數；若將其除數 $\sum\limits_{x=15}^{45} F(x)$ 換爲（年齡別）人口總數 $\sum\limits_{x=0}^{} P(x)$，則由（6·10）公式可知得粗出生率 b，則

$$b = \frac{B}{P} = \frac{\sum\limits_{x=15}^{45} f(x) F(x)}{\sum\limits_{x=0}^{\infty} P(x)}$$

茲假設有 N 個人口，其中第 i 個人口之普通生育率爲

$$f_{ii} = \frac{\sum\limits_{x=15}^{45} f_i(x) F_i(x)}{\sum\limits_{x=15}^{45} F_i(x)} \tag{6.16}$$

粗出生率爲

$$b_{ii} = \frac{\sum\limits_{x=15}^{45} f_i(x) F_i(x)}{\sum\limits_{x=0}^{\infty} P_i(x)} \qquad (6.17)$$

上式中各項符號之意義與以前者相同，只多加註下標 i 而已。

茲若選定一個人口（在 N 個人口之中或不在其中）作爲標準人口，加註下標 s 於其符號以區別之，則求 $f_i(x)$ 之加權算術平均數時，以 $F_s(x)$ 爲其權數，所得之生育率爲第 i 個人口之標準化生育率 f_{is}（standardizing fertility rate），即

$$f_{is} = \frac{\sum\limits_{x=15}^{45} f_i(x) F_s(x)}{\sum\limits_{x=15}^{45} F_s(x)} \qquad (6.18)$$

而其標準化出生率（standardizing birth rate）爲

$$b_{is} = \frac{\sum\limits_{x=15}^{45} f_i(x) F_s(x)}{\sum\limits_{x=0}^{\infty} P_s(x)} \qquad (6.19)$$

以上二式之標準人口可爲：①任選之標準人口；②靜止人口，$F_s(x) = L''_x$，$P_s(x) = L'_x + L''_x$，其中 L'_x 爲生命表男性人口，L''_x 爲女性人口；③穩定人口。

二、間接法

缺乏年齡別生育率資料，而欲求標準化出生率時，上法不能適用，可以用間接法估計之。

首先假定其人口之年齡別出生率與標準人口之年齡別出生率加以

計算，即

$$b_{si} = \frac{\sum\limits_{x=15}^{45} f_s(x) F_i(x)}{\sum\limits_{x=0}^{\infty} P_i(x)} \qquad (6 \cdot 20)$$

$$b_{ss} = \frac{\sum\limits_{x=15}^{45} f_s(x) F_s(x)}{\sum\limits_{x=0}^{\infty} P_s(x)} \qquad (6 \cdot 21)$$

b_{si} 稱爲指標出生率（index birth rate），b_{ss} 爲標準人口之（粗）出生率，由下式求標準化因子（standardizing factor）

$$c_i = \frac{b_{ss}}{b_{si}} \qquad (6 \cdot 22)$$

最後將此標準化因子乘該人口之粗出生率 b_{ii}，即得其標準化出生率 b_{is}。

$$b_{is} = b_{ii} c_i = \frac{b_{ii} b_{ss}}{b_{si}} \qquad (6 \cdot 23)$$

此法之理論係先設下列關係成立，即

$$\frac{標準化出生率}{標準人口出生率} = \frac{實際出生數}{理論出生數}$$

$$\frac{b_{is}}{b_{ss}} = \frac{\sum\limits_{x=15}^{45} f_i(x) F_i(x)}{\sum\limits_{x=15}^{45} f_s(x) F_i(x)} \cdot \frac{\sum\limits_{x=0}^{\infty} P_i(x)}{\sum\limits_{x=0}^{\infty} P_i(x)} = \frac{b_{ii}}{b_{si}}$$

故得（6·21）式。

其次欲求標準化生育率，亦可應用間接方法求之，其應用公式如下：

$$f_{si} = \dfrac{\sum\limits_{x=15}^{45} f_s(x) F_i(x)}{\sum\limits_{x=15}^{45} F_i(x)} \qquad (6 \cdot 24)$$

$$f_{ss} = \dfrac{\sum\limits_{x=15}^{45} f_s(x) F_s(x)}{\sum\limits_{x=15}^{45} F_s(x)} \qquad (6 \cdot 25)$$

f_{si} 稱指標生育率，f_{ss} 爲標準人口之（粗）生育率，再由下式求標準化因子 c_i'，

$$c_i' = \dfrac{f_{ss}}{f_{si}} \qquad (6 \cdot 26)$$

將此標準化因子乘該人口之普通生育率 f_{ii}，即得其標準化生育率 f_{is}。

$$f_{is} = f_{ii} \, c_i' = \dfrac{f_{ii} f_{ss}}{f_{si}} \qquad (6 \cdot 27)$$

第7章 死　亡

生命統計中，死亡率與出生率之研究有同等之重要，故對死亡率及出生率二者同時均有確切之瞭解，始能把握人口生命動態的全部狀況。現代國家之社會政策均以提高人民之知識程度，生活之水準爲其重要目標。

7.1　粗死亡率

粗死亡率（crude death rate）亦稱普通死亡率（general death rate），乃一定期間內（通常爲一年）死亡人數與平均人口總數（通常爲年中人口數）之比率，通常以千分比；而一般習稱之死亡率即係此粗死亡率。今 D ＝死亡數，P ＝平均總人口，m ＝粗死亡率，則

$$m = \frac{D}{P} \tag{7.1}$$

依照聯合國之研究，於正常情形下，各國之死亡率 8‰ 至 30‰ 之間，過低或過高其資料皆可疑。但各國粗死亡率相差甚大，近年有些國家竟低至 7‰ 至 10‰，而很多國家皆在 10‰ 至 15‰ 之間。

7.2　特殊死亡率

粗死亡率僅表示一地人口之死亡概況，但吾人時常須要明瞭各種情況之死亡率，例如年齡分配之各年齡別死亡率，性別分配之男女死亡率，職業分配之某種職業者死亡率，婚姻分配之已婚，未婚者死亡

44

率總稱為特殊死亡率（specific death rate or rate of mortality）。各種特殊死亡率之計算方法均甚簡單，且彼此亦大體相似，其基本通式如下：

某種特殊死亡率

$$= \frac{\text{該地該年特總情況死亡數}}{\text{某地某年年中某種情況總人數}} \tag{7.2}$$

一、年齡（或組）別死亡率

　　為求詳細之人口組死亡率，以便了解人口死亡之詳情，先將年齡別死亡率，通常更將之按性別求之。

　　今 $D'(x)=$ 某地某年年齡 x 歲男性之死亡數，$P'(x)=$ 該地該年年中年齡 x 歲男性人數，$m'(x)=$ 該地該年年齡 x 歲男性之死亡率，則

$$m'(x) = \frac{D'(x)}{P'(x)} \tag{7.3}$$

同女性之死亡率，

$$m''(x) = \frac{D''(x)}{P''(x)} \tag{7.4}$$

　　人口之死亡危險主要係年齡而異，故依年齡分析之，可將粗死亡率之因年齡而生之差異析出。此係消除人口年齡分配對死亡率影響之唯一辦法。消除人口年齡分配影響之死亡率，可用作人口群體間之比較（詳細參閱下節標準化死亡率）。

　　年齡別死亡率之計算甚有價值，通常此等死亡率係以生命表表列之，按一歲組表列或五歲組表列（詳細參閱下列生命表）。

　　年齡組之死亡率可分為嬰兒，童年，工作或生育年齡（working life or reproductive life）及老年四階段，分述如下：

二、嬰兒死亡率（infant death rate）

嬰兒即不滿1歲之人，在人口中佔相當大的比率，故仍有大量死亡數而影響整個粗死亡率。嬰兒死亡數不易計算正確，故嬰兒在死亡率不易正確。

關於嬰兒死亡機率有三：一、生命表嬰兒死亡率（infant mortality rate of the life table）二、年齡別死亡率之嬰兒年齡組死亡率（age-specific death rate）。三、嬰兒死亡率（infant death rate）。

生命表嬰兒死亡率即生命表中之 q_0（參閱生命表部分），年齡別死亡率之嬰兒年齡組死亡率為，

$$m(o) = \frac{D(o)}{P(o)} \tag{7.5}$$

其中 $m(o)$ 為 " o 歲組（即不滿一歲之嬰兒組）" 年齡別死亡率 $D(o)$ 為某年嬰兒死亡數， $P(o)$ 為年中嬰兒人數。

嬰兒死亡率為

$$m_i = \frac{D(o)}{B} \tag{7.6}$$

其中 m_i 為（某地）某年嬰兒死亡率， $D(o)$ 及 B 之意義與前述相同，為該地同年嬰兒死亡數及活嬰出生數。

嬰兒死亡率各國間差異甚大，同一人口群體男高於女。

因一年中所死亡一歲以下之嬰兒未必皆生於當年，故上式分子中一部分嬰兒與分母無關，故其算法不甚精確。為求分子與分母一致，可將分母或分子加以校正，如此求得之嬰兒死亡率為校正嬰兒死亡率

第一種校正法為分子不校正，將分母加以校正。

今 B_k＝第 k 年活嬰出生數， B_{k-1}＝第 $k-1$ 年活嬰出生數， D_k

$= D_k (o) =$ 第 k 年嬰兒死亡數，$D'_k =$ 第 k 年出生嬰兒在當年內死亡數，$D''_{k+1} =$ 第 k 年出生嬰兒在次年內死亡數，

$$f_k = \frac{D''_k}{D''_k + D'_k} = 第 k 年死亡嬰兒中上年出生者所佔之比率，$$

故　$1 - f_k = \frac{D'_k}{D''_k + D'_k} =$ 第 k 年死亡嬰兒中本年出生者所佔之比率，由此可知　$D_k = D'_k + D''_k$，$\overline{mi} =$ 第一種校正嬰兒死亡率，則

$$\overline{mi}'_k = \frac{D_k}{B_{k-1} f_k + B_k (1 - f_k)} \tag{7.7}$$

第二種校正法為分母不校正，將分子加以校正。今 $mi'' =$ 第二種校正嬰兒死亡率，則

$$\overline{mi}''_k = \frac{D'_k + D''_{k+1}}{B_k} \tag{7.8}$$

三、幼年兒童死亡率（mortality during childhood）

　　幼年兒童係指滿一歲而未滿 15 歲之兒童，通常其死亡率係按年齡組 $1 - 4$，$5 - 9$，$10 - 14$ 分別計算。以 L 表示年齡組之下限，U 為上限，$m(L-U)$ 為 L 至 U 歲之年齡組人口之死亡率，則

$$m(L-U) = \frac{\sum\limits_{x=L}^{U} D(x)}{\sum\limits_{x=L}^{U} P(x)} \tag{7.9}$$

若按性別，則

$$m'(L-U) = \frac{\sum\limits_{x=L}^{U} D'(x)}{\sum\limits_{x=L}^{U} P'(x)} \tag{7.10}$$

$$m''(L-U)=\dfrac{\displaystyle\sum_{x=L}^{U}D''(x)}{\displaystyle\sum_{x=L}^{U}P''(x)} \tag{7.11}$$

爲男性及女性 $L-U$ 年齡組人口之死亡率。

四、工作年齡或生育年齡死亡率（mortality of working or reproductive ages）

　　人之成年行爲對其成年後死亡率之影響，可由 15 至 60 或 65 歲各年齡組之死亡率見之。由於年齡之增高而死亡率漸增，兩性之差別亦漸巨。

　　男人在此階段負擔生活，冒險奮鬥，努力工作，故死亡率較高。

　　女人生活行爲與男人有異，再爲母哺育嬰兒，其死亡率亦受影響。15 至 40 歲間其生育最多之年齡中甚大之部分，其死亡率或高於男子。

五、老年死亡率（mortality at advanced ages）

　　人之高年齡死亡率與年齡俱增，至 65 歲時已甚高，高年之死亡率較嬰兒更高，此等年齡之死亡率，各國間差異極小。

六、其他特殊死亡率

　　除上述各種年齡別死亡率外，尚有多種其他特殊死亡率。例如婚姻狀況別，職業別、所得之多寡，城市鄉村別，死因別死亡率等。玆擇其重要者分別說明如下：

　　㈠婚姻狀況別死亡率

　　美國 W. F. Willcox 之研究，就美國紐約州人口資料，按年齡別與婚姻別死亡率，發現未婚男女之死亡率較已婚男女之死亡率爲高等因。

㈡職業別死亡率

從業狀況對人口健康有直接影響。工業方面危險性較大，各國政府對工業安全特別重視，目的即在維護其工業從業者之健康。

㈢都市鄉村別死亡率

近世工商業發達，人口多向城市內集中，根據英美等國之生命統計，都市化之程度與死亡率成正比例關係，即愈為都市化之地區其死亡率亦愈高，而愈近鄉村其死亡率亦常低等。

7·3　標準化死亡率(standardized death rate)

兩地衛生條件相同，自然環境相似，其粗死亡率仍未必一致，因其人口年齡別性別之分配有異時即有顯著之影響。為求正確之比較，應將此等影響消除而求「標準化」死亡率之必要。而死亡率之所以須用標準人口計算者，其目的乃在將不同之性別年齡別分配化為同一基礎，以剔除人口結構上之差異，俾各地之死亡率可以做公平確切之比較。標準化死亡率之計算方法有直接間接二法。

一、直接法

粗死亡率為性別年齡別特殊死亡率之加權算術平均數，以性別，年齡別人口數為權數。

設有 N 個人口，其中第 i 個人口之粗死亡率為

$$m_{ii} = \frac{\sum\limits_{x=0}^{\infty} m'_i(x)P'_i(x) + \sum\limits_{x=0}^{\infty} m'_i(x)P''_i(x')}{\sum\limits_{x=0}^{\infty} P'_i(x) + \sum\limits_{x=0}^{\infty} P''_i(x)} \qquad (7.12)$$

上式中符號加註下標 i 以區別之。為便於討論，將上式寫如下式

$$m_{ii} = \frac{\sum\limits_{x=0}^{\infty} m_i(x)P_i(x)}{\sum\limits_{x=0}^{\infty} P_i(x)} \tag{7.13}$$

其中 $\sum m_i(x)P_i(x) = \sum m_i'(x)P_i'(x) + \sum m_i''(x)P_i''(x)$

$\sum P_i(x) = \sum P_i'(x) + \sum P_i''(x)$

　　茲選定一人口（在 N 個人口中或不在其中）作爲標準人口，如註下標 s 於其符號以區別之，則求 $m_i(x)$ 之加權算術平均數，以 $P_s(x)$ 爲其權數，所得之死亡率爲第 i 個人口之標準化死亡率或標準死亡率 m_{is}。

$$m_{is} = \frac{\sum\limits_{x=0}^{\infty} m_i(x)P_s(x)}{\sum\limits_{x=0}^{\infty} P_s(x)} \tag{7.14}$$

　　上式中分子可謂爲標準死亡數總數，分母爲標準人口數總數。

二、間接法

　　缺乏年齡別死亡率資料，而欲求得一人口群體之標準化死亡率時，不能應用上法，可以用間接法估計之。其法首先計算標準人口之性別年齡別死亡率 $m_s(x)$ 之加權算術平均數，以其人口之性別年齡別人口數 $P_i(x)$ 爲權數，卽求，

$$m_{si} = \frac{\sum\limits_{x=0}^{\infty} m_s(x)P_i(x)}{\sum\limits_{x=0}^{\infty} P_i(x)} \tag{7.15}$$

　　上式中分子可謂爲理論死亡數總數，分母爲人口數總數。m_{si} 稱爲指標死亡率（index death rate）。m_{ss} 爲標準人口之（粗）死亡率爲

$$m_{ss} = \frac{\sum\limits_{x=0}^{\infty} m_s(x) P_s(x)}{\sum\limits_{x=0}^{\infty} P_s(x)} \qquad (7 \cdot 16)$$

m_{si} 除 m_{ss}，得標準化因子（standardizing factor）c_i，即

$$c_i = \frac{m_{ss}}{m_{si}} \qquad (7 \cdot 17)$$

再將此標準化因子乘當地人口之粗死亡率 m_{ii}，即得其標準化死亡率 m_{is}，則

$$m_{is} = m_{ii} \ c_i = \frac{m_{ii} m_{ss}}{m_{si}} \qquad (7 \cdot 18)$$

此法係先設下列關係成立，即

$$\frac{某人口標準化死亡率}{標準人口死亡率} = \frac{實際死亡數}{理論死亡數}$$

$$\frac{m_{is}}{m_{ss}} = \frac{\sum\limits_{x=0}^{\infty} m_i(x) P_i(x)}{\sum\limits_{x=0}^{\infty} m_s(x) P_i(x)} \cdot \frac{\sum\limits_{x=0}^{\infty} P_i(x)}{\sum\limits_{x=0}^{\infty} P_i(x)} = \frac{m_{ii}}{m_{si}}$$

則得（$7 \cdot 18$)式 。

標準化因子 $c_i > 1$ 時，少壯人口較標準人口多，人口之年齡分配使粗死亡率偏低；$c_i < 1$ 時，少壯人口較標準人口少，人口之年齡分配使粗死亡率偏高；$c_i = 1$ 時，人口之年齡分配近乎標準人口。

第8章 婚姻、疾病及遷移率

8·1 婚姻率

一、結婚率（marriage rate）

$$結婚率 = \frac{該地該年結婚人數}{某地某年年中人口總數} \times 1000 \qquad (8·1)$$

結婚率係以人口總數爲計算之基礎，但與各國結婚狀況比較時，因各國人口之年齡結構不同，可婚人口佔總人口之百分比亦不一致，故缺乏比較價值，而若以可婚人口數作計算結婚率之基礎，則較爲合理，如此計算所得之結婚率稱爲校正結婚率（correction marriage rate），其公式如下：

$$校正結婚率 = \frac{該地該年結婚人數}{某地某年年中可婚人數} \cdot 1000 \qquad (8·2)$$

二、特殊結婚率（specific marriage rates）

按性別依各年齡組所求之性別年齡別結婚率，即所謂特種結婚率。

三、標準化結婚率（standardized marriage rate）

人口群體間結婚率之比較，應先按性別年齡分配將爲標準化。其標準化之方法乃與出生率，死亡率之標準化方法相同。

四、離婚率（divorce rate）

離婚率爲一年內平均每千人口之離婚人數，因離婚事件之發生不若結婚之多，故或可以萬人或十萬人爲計算之基礎者，其公式如下：

$$離婚率 = \frac{該地該年離婚人數}{某地某年年中人口總數} \cdot 1000 \qquad (8 \cdot 3)$$

離婚事件乃發生於有配偶者之間，故欲求離婚情況，則離婚率之計算應以有配偶者爲計算之基礎始較爲合理，如此計算所得離婚率稱爲校正離婚率（correction of divorce rate），其公式如下：

$$校正離婚率 = \frac{該地該年離婚人數}{某地某年年中有配偶者人數} \cdot 1000 \qquad (8 \cdot 4)$$

將一年中之結合數與分離數相比稱爲結婚離婚比（marriage divorce ratio）：

$$某地結婚離婚比 = \frac{該地該年結婚件數}{該地某年離婚件數} \qquad (8 \cdot 5)$$

8·2 疾病率(disease rates)

疾病統計原爲衛生統計之範圍，但該統計之內容與生命統計具有連帶關係，因疾病之染患直接可影響死亡率之高低，茲就有關疾病之各種比率分述如下：

一、患病率（attack rate or morbidity rate）

患病率爲某地某年染患某種疾病者人數與該地年中人口總數之比率，

$$患病率 = \frac{該地該年染患某種疾病者人數}{某地某年年中人口總數} \cdot 1000 \qquad (8 \cdot 6)$$

某一定期間（通常爲一年），對於全體人口有若干次疾病發生，而可就該一定期間內之發病次數對全體人口之平均次之比率稱爲患病頻率（morbidity frequency），其公式如下：

$$患病頻率 = \frac{該地該年之患病總次數}{某地某年年中人口總數} \qquad (8 \cdot 7)$$

二、疾病致死率

某種疾病致死率（case·fatality or fatality）為死於某種疾病者之人數對染患某種疾病人數之比率，其公式如下：

$$某種疾病之致死率 = \frac{該地該年死於該種疾病之人數}{某地某年染患某種疾病患者總人數} \times 100$$

$$(8.8)$$

疾病致死率之高低，可說明某種疾病為害人類之嚴重程度。

三、某種疾病死亡率

某種疾病死亡率（mortality rate）為特殊死亡率之一種，為一地某年年中人口每十萬人中在該年全年中因該種疾病死亡之人數，其公式如下：

$$某地某種疾病死亡率 = \frac{該地該年全年因該疾病死亡人數}{該地某年年中人數} \times 100{,}000$$

$$(8.9)$$

四、對比死亡率（proportionate mortality）

死於某種疾病之人數與一切原因死亡人數之比率，其公式如下：

$$某地對比死亡率 = \frac{該地該年死於某疾病之人數}{某地某年一切原因死亡人數} \cdot 100 \quad (8.10)$$

五、死產率（foetal-death rate）

死亡乃指在腹中謂之死產（foetal death），則死產係指母體懷孕之結果在離開母體以前即已死去者，死產乃係一種病態，凡妊娠滿28個星期以上之死產，稱為息胎（still birth）。死產率（foetal-death rate）為某地某年之死產人數對該年出產人數（包含活產與死產）之比率，其公式如下：

$$死產率 = \frac{該地該年之死產人數}{某地某年出產人數（即活產人數＋死產人數）} \cdot 1000$$

(8·11)

玆爲了解死產與活產間之比的關係，計算死產比（foetal ratio）
，所謂死產比者乃爲死產人數與活產人數之比，其公式如下：

$$死產比 = \frac{該地該年死產人數}{某地某年出生活嬰人數} \times 1000 \qquad (8·12)$$

8·3　遷移率(migration rates)

在同一國內，將常住所由一地區遷往另一地區之人稱爲遷居者（
migrants）。以 M 表示某地某年遷居之總人數，O ＝該年遷出某地人
數，I ＝該年遷入某地人數，P ＝年中某地人口總數，則

一、遷移率（migration rate）i ：

$$i = \frac{M}{P} \times 1000$$

二、普通遷入率（general in-migration rate）i_i ：

$$i_i = \frac{I}{P} \times 1000$$

三、普通遷出率（general out-migration rate）i_o ：

$$i_o = \frac{O}{P} \times 1000$$

四、淨遷移率（net migration rate）i_n ：

$$i_n = \frac{I-O}{P} \times 1000$$

以上之二、三、四之三種比率，爲與粗出生率，粗死亡率及自然增
加率相對應之比率。

遷居人數乃按一定期間（一年，五年，或十年）所計算之流量（flow）。故有遷移流動率（rote of flow（velocity）of the migration stream）之計算：

五、遷移流動量V：

$$V = \frac{M}{P_o} \div \frac{P_d}{P_t} \times 100\% \text{ ，或} V = \frac{M}{P_d} \div \frac{P_o}{P_t} \times 100\%$$

上式中M為同前，P_o 為原住地年中人口，P_d 為遷住地年中人口，P_t 為各遷住地（包括原住地）年中人口總計。

以上係就國內人口遷移數之比率。若就國際人口遷移而言，仍可就移出國外（emigration）人數，移入國內（immigration）人數，及該國年中總數計算移出國外率，移入國內率，及淨移民率。其法與上述相同。

第9章 人口增長

　　人口不斷的變動，而形成人口增減之因素有二：其一為自然的，乃出生與死亡，其二為社會的，乃移入與移出；出生與死亡之差稱為自然增長（natural increase），移入與移出之差稱為社會增長（social increase）。

　　茲將有關人口增長事項分述如下。

9·1　人口自然增加與繁殖之計量

　　由於出生與死亡之影響，而產出之人口增加現象為自然增加，今 $l(x)$ 為出命表自出生生存至 x 歲之生存數，$f(x)$ 為年齡別生育率，則 Boackl 氏所提出之按年齡分配標準化的出生率為

$$\overline{b} = \int_0^\infty f(x)\, l(x)\, dx \Big/ \int_0^\infty l(x)\, dx \qquad (9.1)$$

其次生命表死亡率為

$$\overline{m} = \frac{1}{\overset{\circ}{e}_0} = l(o) \Big/ \int_0^\infty l(x)\, dx \qquad (9.2)$$

　　故按年齡分配標準化的自然增加率為

$$\overline{n} = \overline{b} - \overline{m} \qquad (9.3)$$

（9.1）與（9.2）兩式之分子比較時，分母共通，故得知生命表人口計算之出生數與靜止人口出生數 $l(o)$ 之比率為淨繁殖率，即

$$r_n = \int_0^\infty f(x)\, l(x)\, dx \Big/ l(o) \qquad (9.4)$$

上式中積分號以總和號代之。如將上列諸式中之生命表人口代之以觀察人口，則（9.1）式化爲前述之（6.10）式亦卽（6.15）式如下

$$b = \frac{B}{P} = \frac{\sum\limits_{15}^{45} f(x) F(x)}{\sum\limits_{x=0}^{\infty} P(x)}$$

$$或 \quad b_{ii} = \frac{\sum\limits_{15}^{45} f_i(x) F_i(x)}{\sum\limits_{x=0}^{\infty} P_i(x)}$$

（9.2）化爲前述（7.13）式，卽

$$m_{ii} = \frac{\sum\limits_{x=0}^{\infty} m_i(x) P_i(x)}{\sum\limits_{x=0}^{\infty} P_i(x)}$$

上式之生育率包括男，女性在內。因性比幾乎爲一常數，故欲只就女性而求繁殖率，應用性比卽可求得之。

若 r_m'' 爲女嬰出生性比，卽出生活女嬰數與出生嬰兒總數之比，則

$$r_n'' = r_m'' \sum\limits_{0}^{\infty} f_F(x) L''(x) \Big/ l(0)$$

$$= r_m'' \sum\limits_{0}^{\infty} f_F(x) l''(x) \qquad (9.5)$$

上式中 $f_F(x)$ 係女子生育率，卽 x 歲婦女生育活嬰總數佔 x 歲婦女總數之比率，$L''(x)$ 係女性生命表中 x 歲靜止人口數，若表中未列有此項數值，則 $K''(x) \doteq [\, l''(x) + l''(x+1)]$，依此式估計之，誤差

不大。

若一群女嬰在生育年齡結束前並無死亡，則其生育之結果，可以粗繁殖率 r_0'' 表示之，即 $f_F''(x)$ 爲女子生育女嬰之生育率時，

$$r_0'' = \int_0^\infty f_F''(x)\,dx \qquad (9.6)$$

或 $\quad r_0'' = r_m'' \sum_0^\infty f_F(x) \qquad (9.7)$

此式與（6.14）式同，即

$$r_0'' \doteqdot r_m'' \sum_{x=15}^{45} f(x) = r_m''\, r_t$$

由（9.5）式 $\quad r_n'' = r_m'' \sum^\infty f_F(x) l''(x)$

及由（9.7）式 $\quad r_0'' = r_m'' \sum_0^\infty f_F(x)$

兩式比較，由中值定理，則得

$$r_n'' = r_0''\, l''(\xi) \qquad (9.8)$$

式中 ξ 爲 x 之中值（mean value），約爲生育婦女分娩時年齡之平均數。由此求得 r_n'' 之近似值。

以上所述之繁殖率爲時間之長達「一代」，以靜止人口爲標準之標準化自然增加率。Lotka 以穩定人口代替靜止人口，其穩定人口之年淨增加率爲特定之數值 $l(x)e^{-r'x}$。其式中之 r'' 爲 Lotka 之眞實自然增加率（true rate of natural increase），由其基本方程式（Lotka's fundamental equation）定義爲：

$$1 = \int_0^\infty l(x)e^{-r'x} f(x)\,dx \qquad (9.9)$$

由此式計算 r'' 之方法另行詳述之【請參閱第19章各式】。Lotka 法係將 $l(x)f(x)$ 配以常態曲線，即將生命表中的新母親們之年齡分配配以一常態曲線，由此分配之一級動差可求得 r'' 之值（此等母親之淨繁殖率爲 r_n''）。S. D. Wicksell 氏於 1931 年提出一方法，即由下列複利公式所求之 r'' 與 Lotka 之眞實自然增加率相差甚微，可以忽略。其複利公式即由長達「一代」的世代淨繁殖率 r_n'' 計算年淨繁殖率 r'' 之公式如下：

$$r_n'' = e^{r''M''} \quad 或 \quad r_n'' = (1 + r'')^{M''} \tag{9.10}$$

式中 M'' 係，以估計生育數爲權數求得此等母親們之平均年齡。

繁殖率一般爲粗繁殖率，淨繁殖率，世代繁殖率，年繁殖率等幾種。此等繁殖率於前文只就女性下其定義。玆就男性下其定義，故可比較兩代男性之人數，以計算繁殖率，其公式與上述相同，只改爲

$$r_n' = r_m' \sum_0^\infty f_M(x) l'(x) \tag{9.11}$$

即可。但由實際之經驗所計算的兩性之繁殖率並不相同。男性與女性繁殖率之差異係因出生性比，性別死亡率及遷移率均不相同，新父母親年齡分配差異甚大。此等因素影響出生數而導出之生育率之差異，因而一代一代地交替影響成年男女性之人口數。

9·2　更新指數

淨繁殖率之計算，原來僅由年齡別生育率計算，但人口群體間之差異或一人口群體間持久性的婚姻之變動對其人口群體之大小及最後之繁殖力有極大之影響。又分娩年齡，婚姻期間，結婚年齡等用作計量繁殖率之因素。基於此等因素，W. S. Thompson 提出更新指數（replacement index）法如下：

由實際年齡分配估計觀察生育率，其估計値爲 f_1：

$$f_1 = \frac{P_{0-4}}{P_{20-44}} \qquad (9.12)$$

再由靜止人口求靜止人口生育率 f_2 ：

$$f_2 = \frac{L_{0-4}}{L_{20-44}} \qquad (9.13)$$

上式中 P_{0-4} 爲 0 至 4 歲人口數等。 L_{0-4} 爲 0 至 4 歲靜止人口數等，然後計算更新指數 I 如下：

$$I = \frac{f_1}{f_2} \qquad (9.14)$$

此更新指數係淨繁殖率之概略估計值。只用女性人口計算 f_1, f_2 及 I 亦可。此計算簡便，實可作繁殖力之指標。

9·3 包括移民之總人口增長量數

衡量一人口群體之一代被其後一代所代替之比率，若考慮其淨移民數，則其比率稱爲代替率（replacement rate）， 以下式表示，則

$$S = \int_0^\infty k(x)f(x)dx \doteq r_n'' \sum_0^\infty K(x)f(x) \qquad (9.15)$$

上式中， $k(x)$ 爲生存率，與 $l(x)$ 類似，但包括死亡率 $\mu(x)$ 及淨移民率 $v(x)$ 二者之影響：

$$k(x) = e^{-\int_0^x [\mu(z)+v(z)]\,dz} \qquad (9.16)$$

由此式計算 $K(x)$ 與由 $l(x)$ 求 $L(x)$ 方法相同。年代替率（annual rate of replacement）或年總增長率（annual rate of total increase）, s ，依 Lotka 所提，可依下式求之 [參閱 (9.9)式] ：

$$1 = \int_0^\infty k(x)e^{-sx}f(x)\,dx \qquad (9.17)$$

即 $S = e^{SM}$ 或 $S = (1+S)^{M'}$ (9.18)

玆將人口代替率之計算步驟分述如下：

首先依年初年末人口數字求 $k(x)$：

今 $P_{x, x+1}^{(0)} =$ 年初女性人口之滿 x 歲而未滿 $x+1$ 歲人數，

$\quad P_{x+1, x+2}^{(1)} =$ 年末女性人口之滿 $x+1$ 歲而未滿 $x+2$ 歲人數，

則穩定人口比率 $K(x)$ 可由 $k(x)$ 計算之，如下：

$$k(x) = P_{x+1, x+2}^{(1)} \Big/ P_{x, x+1}^{(0)}$$ (9.19)

而 $$K(x) = \prod_{y=0}^{x+1} k(y)$$ (9.20)

然後計算：

死亡率： $$m = \frac{\sum_0^\infty K(x) m(x)}{\sum_0^\infty K(x)}$$ (9.21)

式中　$K(x) =$ 穩定人口比率小計

$\quad m(x) =$ 死亡率（年齡別）

$\quad K(x) m(x) =$ 估計死亡數

出生率： $$b = r_m'' \frac{\sum_0^\infty K(x) f(x)}{\sum_0^\infty K(x)}$$ (9.22)

式中　$f(x) =$ 生育率

$\quad K(x) f(x) =$ 估計生育數

$\quad r_m'' =$ 女性婚姻出生性比

代替率： $$S = r_m'' \sum_0^\infty K(x) f(x)$$ (9.23)

由世代代替率 S 可估計年代替率 s，由估計生育數為權數可求得此等母親們之平均年齡 M''，然後依下式，

$$S = (1 + s)^{M''}$$

估計 s 值。

9·4 其他人口增長計量

一、生命指數 (vital index)

生命指數係一年中出生數與死亡數之比率，通常百分比：

$$生命指數 = \frac{全年出生數}{全年死亡數} \cdot 100 \% \qquad (9.24)$$

其數值大於 100%，則顯示人口增加，若小於 100，則人口為減少，為 0，則人口不變。

二、Bunle 氏法

此法依比較新生嬰兒可生存總年數與死亡者之總年數。今某年出生數為 B，死亡數為 D，新生嬰兒之平均餘命為 e，死亡率之平均壽命為 a，則 Bunle 公式如下：

$$L = e B - a D \qquad (9.25)$$

或化為相對數，以年中人口 P 為基數，得

$$\lambda = (e B - a D) / P \qquad (9.26)$$

由 L 或 λ 之正負及大小判斷其人口之增加力。

9·5 人口總增長率

以上計算所得各種數值而計算人口總增長率如下：

若 $b =$ 粗出生率，$m =$ 粗死亡率，$n = b - m =$ 粗自然增加率，$i =$ 淨移民率 = 淨移入數／人口總數，則 $t = n + i =$ 總增長率

。此皆爲粗計之比率。

精計之比率（按性別分別求之）：

r ＝年淨繁殖率（與 n 相比較），s ＝年淨代替率（與 t 相比較），及 $s-r$ ＝年淨標準化移民率（按年齡分配標準化）（與 i 相比較）。

第10章　常態分配

10·1　機率函數形態之決定

　　茲有二數 a , b ($a < b$)，其誤差在區間 (a , b) 內之機率以 $F(a, b)$ 函數表示，$F(a, b)$ 是 a 及 b 之連續函數。

　　設　$F(a, b) = \int_a^b f(x)\,dx$

　　此函數稱為機率函數。依據經驗 $f(x)$ 有下列性質：

　　(1)正誤差與負誤差之發生是時常同樣，故 $f(x)$ 認為是偶函數 (even number function)。

　　(2)絕對值小的誤差比大的誤差頻繁發生，故 $f(x)$ 是，x 之絕對值增加，隨之減少之函數。

　　(3)超越相當程度以上之誤差不可能發生，而最後 $f(x) = 0$。

　　依據上述之性質觀之，機率曲線之形態大概可由 (圖 10·1) 表示。

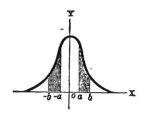

圖 10.1

　　茲有一量之 n 次測定值為 $M_1, M_2, \cdots M_n$，而此測定值之真值為 z，則各測定值之發生的誤差，$z - M_1$, $z - M_2$, $\cdots$, $z - M_n$，

其比較機率各為 $f(z-M_1), f(z-M_2), \cdots, f(z-M_n)$，故依據複合事象之機率計算法，在各次測定，把上述之一連的誤差發生之機率，即比較機率以 $f(z-M_1)f(z-M_2)\cdots f(z-M_n)$ 之積而表示。

由上述可知，對於函數 $f(x)$，可付給與如下性質：

$$f(z-M_1)f(z-M_2)\cdots f(z-M_n) \qquad (10\cdot1)$$

式之值，

$$z = \frac{M_1+M_2+\cdots+M_n}{n} \qquad (10\cdot2)$$

取得平均值時為最大值。

依此一性質 $f(x)$ 之形態可以決定如下：各觀測值之誤差各為，

$$z-M_1=x_1, z-M_2=x_2, \cdots, z-M_n=x_n$$

則 $(10\cdot1)(10\cdot2)$ 各為如下：

$$f(x_1)f(x_2)\cdots f(x_n), \qquad (10\cdot3)$$

$$x_1+x_2+\cdots+x_n=0 \qquad (10\cdot4)$$

z 作為變數，$(10\cdot3)$ 式取得對數後微分，其微分係數為零，則得

$$\frac{f'(x_1)}{f(x_1)}+\frac{f'(x_2)}{f(x_2)}+\cdots+\frac{f'(x_n)}{f(x_n)}=0$$

簡單地表示，$\dfrac{f'(x)}{f(x)}=F(x)$ $\qquad (10\cdot5)$

則得下列關係，

$$F(x_1)+F(x_2)+\cdots+F(x_n)=0 \qquad (10\cdot6)$$

此式即使 $(10\cdot3)$ 取得最大之 x 值，即以 $(10\cdot4)$ 式之值而滿足。

然而由（10·4）

$$x_n = -(x_1 + x_2 + \cdots + x_{n-1}),$$

於是　　$\dfrac{\partial x_n}{\partial x_1} = -1$ ，$\dfrac{\partial x_n}{\partial x_2} = -1$ ，$\cdots$

由（10·6）　$F'(x_1) + F'(x_n)\dfrac{\partial x_n}{\partial x_1} = F'(x_1) - F'(x_n) = 0$

同樣　$F'(x_2) + F'(x_n)\dfrac{\partial x_m}{\partial x_2} = F'(x_2) - F(x_n) = 0$

$$\cdots\cdots\cdots\cdots\cdots\cdots\cdots\cdots\cdots\cdots\cdots\cdots\cdots\cdots\cdots\cdots\cdots$$

結局，$F'(x_1) = F'(x_2) = \cdots = F'(x_n)$

　　上式不顧 $x_1, x_2, \cdots\cdots, x_n$ 值，必可成立，是故 $F'(x)$，事實上為常數，即

$$F'(x) = c_1$$

由此得　　$F(x) = c_1 x + c_2$

c_2 爲常數。

　　然而由（10·6），

$$(c_1 x_1 + c_2) + (c_1 x_2 + c_2) + \cdots + (c_1 x_n + c_2) = 0$$

即　　$c_1(x_1 + x_2 + \cdots + x_2) + n c_2 = 0$

於是由（10·4）$c_2 = 0$，

故由（10·5）

$$\frac{f'(x)}{f(x)} = c_1 x$$

此式加以積分，則得

$$f(x) = c_3 e^{\frac{c_1}{2} x^2} \tag{10·7}$$

c_8 爲常數，且爲正數，此可由機率函數之性質得明瞭。此函數爲偶函數。故爲使 x 之絕對值增加，而爲了函數值隨之減少，C_1 值應爲 < 0，於是通常

$$c_8 = k, \frac{c_1}{2} = -h^2, \text{則}$$

$$f(x) = k\, e^{-h^2 x^2} \tag{10.8}$$

實際上，x 之絕對值大的時候，（10.8）之函數值極爲接近於零，故（10.8）可作爲機率函數。

最後（10.8）式之另一性質爲誤差在，自 $-\infty$ 至 $+\infty$ 間之機率等於一，卽

$$\int_{-\infty}^{\infty} f(x)dx = 1$$

以（10.8）代入於上式，則

$$k \int_{-\infty}^{\infty} e^{-h^2 x^2} dx = 1 \tag{10.9}$$

此式表示 k 與 h 之關係式。

爲此積分值之計算，先求以下之定積分；

$$I = \int_0^{\infty} e^{-x^2} dx \tag{10.10}$$

今將積分變數代換爲 y，則

$$I = \int_0^{\infty} e^{-y^2} dy \tag{10.11}$$

（10.10）與（10.11）相乘，則得

$$I^2 = \int_0^{\infty} e^{-x^2} dx \int_0^{\infty} e^{-y^2} dy$$

$$I^2 = \int_0^\infty \left\{ \int_0^\infty e^{-x^2-v^2} dx \right\} dy \qquad (10 \cdot 12)$$

將（10·12）改換以極坐標而表示，則

$$I^2 = \int_0^{\frac{\pi}{2}} \left\{ \int_0^\infty e^{-r^2} r \, dr \right\} d\theta$$

$$I^2 = \int_0^{\frac{\pi}{2}} \left[-\frac{1}{2} e^{-r^2} \right]_0^\infty d\theta = \frac{1}{2} \int_0^{\frac{\pi}{2}} d\theta = \frac{\pi}{4} \qquad (10 \cdot 13)$$

由（10·10）及（10·13）即得，

$$\int_0^\infty e^{-x^2} dx = \frac{\sqrt{\pi}}{2}$$

由是即得

$$\int_{-\infty}^\infty e^{-x^2} dx = \sqrt{\pi}$$

又將 h^2 置換於上式，得

$$\int_{-\infty}^\infty e^{-x^2 h^2} dx = \frac{\sqrt{\pi}}{h} \qquad (10 \cdot 14)$$

由（10·9）及（10·14），得下列關係，

$$k = \frac{h}{\sqrt{\pi}}$$

故（10·8）式 $f(x)$ 之形態完全決定，即

$$f(x) = \frac{h}{\sqrt{\pi}} e^{-h^2 x^2} \qquad (10 \cdot 15)$$

上式中 h 稱為觀測精度係測驗觀測法之良否上使用之常數。故對於各觀測法，其 h 之值有所不同。

10·2　常態分配之三形態

常態分配之形態甚多，而通常則取下列三種，茲將與一般機率函數之關係互相對照列於如下：

(1)以 0 為原點之常態分配。

(2)以算術平均數為原點之常態分配。

(3)標準常態分配 (standard normal distribution)。

（一）以 0 為原點之常態分配

一般機率函數

$$f(x) = \frac{h}{\sqrt{\pi}} e^{-h^2 x^2}$$

若　　$h = \frac{1}{\sqrt{2}\,\sigma}$

$$h^2 = \frac{1}{2\,\sigma^2}$$

$$x^2 = (x-\mu)^2$$

$$\therefore \quad f(x) = \frac{1}{\sqrt{2\,\pi}\,\sigma} e^{-\frac{1}{2}\left(\frac{x-\mu}{\sigma}\right)^2} \qquad\qquad (10 \cdot 16)$$

　　式中　　μ ＝算術平均數

　　　　　　σ ＝標準差

（二）以算術平均數為原點之常態分配同樣機率函數式如下：

$$f(x) = \frac{h}{\sqrt{\pi}} e^{-h^2 x^2}$$

若　　　　$h = \frac{1}{\sqrt{2}\,\sigma}$

$$h^2 = \frac{1}{2\,\sigma^2}$$

$$\therefore \quad f(x) = \frac{1}{\sqrt{2\pi}\,\sigma}\, e^{-\frac{x^2}{2\sigma^2}} \tag{10.17}$$

（三）標準常態分配

　　機率函數式中

若　$\sigma = 1$

$$h = \frac{1}{\sqrt{2}}$$

$$h^2 = \frac{1}{2}$$

$$x^2 = \left(\frac{x-\mu}{\sigma}\right)^2 = u^2$$

$$\phi(u) = \frac{1}{\sqrt{2\pi}}\, e^{-\frac{u^2}{2}} \tag{10.18}$$

　　標準常態分配取 $u = \dfrac{x-\mu}{\sigma}$ 爲 x 之標準值（normal values），並以標準若 σ 爲單位（ $\sigma = 1$ ），則得上列標準常態分配公式 $\phi(u)$。上式中：$\phi(u)=$ 標準常態分配。此分配係以標準值 $u = \dfrac{x-\mu}{\sigma}$ 爲基準，公式中已不含 μ 及 σ ，而爲僅有一標準形態之常態曲線。現在統計上普遍採用者是此型態分配。

10·3　常態機率函數之圖解

　　玆爲配合用直坐標之圖示法，並一般利用上之便利，前項 $\phi(u)$ 式中之 u 改寫爲 x（此係標準值 u 之意，與機率函數及其他分配所用者不同，特此註明）。常態機率函數如下：

$$f(x) = y = \frac{1}{\sqrt{2\pi}} e^{-x^2/2}$$

(1)截距，當 $x = 0$，$y = (2\pi)^{-1/2}$；與 y 軸之截點為 $[0,(2\pi)^{-1/2}]$。

(2)對稱於 y 軸。

(3)當 $x \to \pm\infty$，$y \to 0+$；故 x 軸在曲線之下，且為其漸近線。

(4)$y' = -(2\pi)^{-1/2} x\ e^{-x^2/2}$，使 $y'=0$，得 $x = 0$。

(5)$y'' = (2\pi)^{-1/2} e^{-x^2/2}(x^2-1)$，使 $y'' = 0$，得 $x = \pm 1$ 故 $[\pm 1,(2\pi e)^{-1/2}]$ 為拐點，又 $y''(0) < 0$，

$y(0) = \dfrac{1}{\sqrt{2\pi}}$ 為極大值。

(6)列表（表中所列為 $x > 0$ 之部分）。

x	0		1		∞
y'	0				
y''	$-$		$+$		
y	$\dfrac{1}{\sqrt{2\pi}}$	↘	$\dfrac{1}{\sqrt{2\pi e}}$	↘	0

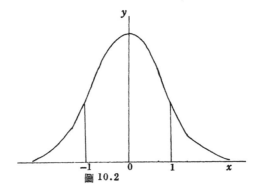

圖 10.2

10·4　常態分配

Gauss 分配或常態分配是 C．F．Gauss 所發見，常態分配是連續分配，而其中重要者有下列數種。

（1）在實際試驗或觀察的許多隨機變數均為常態分配。

（2）其他變數顯示近乎常態分配。

（3）某些變數雖不表現常態分配，但可能以簡單方法改變為常態分配變數。

（4）有些較複雜的分配可用常態分配求得近似值。

（5）統計測驗上作為基礎之變數表現常態分配。

1．Gauss 氏分配或常態分配

含有下列密度之連續分配

$$f(x) = \frac{1}{\sigma\sqrt{2\pi}}\, e^{-\frac{1}{2}\left(\frac{x-\mu}{\sigma}\right)^2} \qquad (\sigma > 0) \qquad (10\cdot19)$$

稱為常態分配（normal distribution）或 Gauss 氏分配（Gaussian distribution）。此種分配之隨機變數稱為常態分配。此 $f(x)$

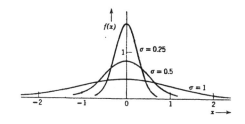

圖 10.3　$\mu = 0$，不同標準差 σ 值之 (10.19) 式之常態
分配之密度。

之曲線稱爲鐘形曲線（bell shaped curve）。該曲線對於 $x = \mu$ 爲對稱。 | x | $f(x)$ 之積分範圍爲 $-\infty \leq x \leq \infty$ ，而（10.19）式中之 μ 爲分配之平均值，σ 爲分配之標準差（standard deviation）。圖 10.3 表示 $\mu = 0$ 之 $f(x)$ 。若對於 $\mu > 0$（ $\mu < 0$ ），則曲線爲同型，但 | μ | 單位，前者移至右端，後者至左端。圖10.3 中，在 $x = 0$ 之曲線之峯（peak），如 σ^2 愈小，則峯顯示愈高，因此左右兩傍形成爲峻傾斜面。

2. 常態分配之分配函數

由前節所得（10.19）式之常態分配有下列分配函數，積分範圍（ $-\infty$ 至 x ），即得

$$F(x) = \frac{1}{\sigma \sqrt{2\pi}} \int_{-\infty}^{x} e^{-\frac{1}{2}\left(\frac{v-\mu}{\sigma}\right)^2} dv \qquad (10 \cdot 20)$$

上式中 v 表示積分變數，因 x 使用表示積分區間之右終點。

若隨機變數顯示常態分配，則在 $a < X \leq b$ 區間之 X 出現機率，如下：

$$P(a < X \leq b) = F(b) - F(a) = \frac{1}{\sigma \sqrt{2\pi}} \int_{a}^{b} e^{-\frac{1}{2}\left(\frac{v-\mu}{\sigma}\right)^2} dv$$

$$(10 \cdot 21)$$

（10.20）式之積分值由初步的方法不易求得，但是可以下列之積分表示，即

$$\Phi(z) = \frac{1}{\sqrt{2\pi}} \int_{-\infty}^{z} e^{-u^2/2} du \qquad (10 \cdot 22)$$

由（10.22）所計算的數值列於附錄9。此式是平均值 $\mu = 0$ ，$\sigma^2 = 1$ 時之常態分配之分配函數以圖 10.3 表示。

茲爲（10.20）式以（10.22）式表示，設

$$\frac{v-\mu}{\sigma} = u \quad, \text{ 則}$$

$$du/dv = \frac{1}{\sigma} \quad, \quad d\iota = \sigma\,du \quad 。$$

又積分範圍以前是（ $-\infty$ 至 v ）改換為（ $-\infty$ 至 $z=(x-\mu)/\sigma$ ），此等代入於（10.22），即得

$$F(x) = \frac{1}{\sigma\sqrt{2\pi}} \int_{-\infty}^{(x-\mu)/\sigma} e^{-u^2/2}\,\sigma\,du$$

消去 σ ，
$$= \frac{1}{\sqrt{2\pi}} \int_{-\infty}^{(x-\mu)/\sigma} e^{-u^2/2}\,du$$

$$z=(x-\mu)/\sigma$$

$$= \frac{1}{\sqrt{2\pi}} \int_{-\infty}^{z} e^{-u^2/2}\,du \qquad (10\cdot23)$$

∴上式之右端與（10.22）式相等，即得基礎的關係式如下：

$$F(x) = \Phi(z) \qquad (10\cdot24)$$

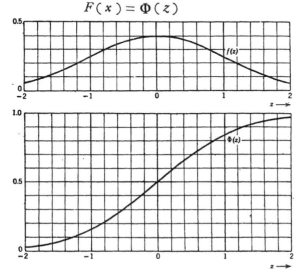

圖 10.4 $\mu = 0$ ，$\sigma = 1$ 之常態分配之密度 $f(z)$ 與分配函數 $\Phi(z)$

此等公式之應用說明如下：

由(10.21)及(10.24)式即得

$$P (a < x \leqq b) = F (b) - F (a)$$

$$= \Phi \left(\frac{b - \mu}{\sigma} \right) - \Phi \left(\frac{a - \mu}{\sigma} \right)$$

若 $a = \mu - \sigma$，$\sigma = \mu + \sigma$，上式之右端爲

$\Phi(1) - \Phi(1)$；若$a = \mu - 2\sigma$，$b = \mu + 2\sigma$，則右端爲

$\Phi(2) - \Phi(-2)$，等用附錄7計算之。

(a) $P (\mu - \sigma < X \leqq \mu + \sigma) \approx 68\%$

(b) $P (\mu - 2\sigma < X \leqq \mu + 2\sigma) \approx 95.5\%$

(c) $P (\mu - 3\sigma < X \leqq \mu + 3\sigma) \approx 99.7\%$

10·5 標準常態分配

取 $u = \dfrac{x - \mu}{\sigma}$

爲 x 之標準值（normal values），並以標準差 σ 爲單位，則得標準常態分配公式爲

$$\phi (u) = \frac{1}{\sqrt{2\pi}} e^{-\mu^2/2} \tag{10.25}$$

上式中 $\phi(u) =$ 標準常態分配。此分配係以標準值 $u = \dfrac{x - \mu}{\sigma}$ 爲基準，公式中已不含 μ 及 σ，且以 σ 爲單位，故爲以 μ 爲中心而其標準差 σ 1 之固定不變的常態分配，而爲僅有一條標準形態之常態曲線。

常態分配之性質如下

(1)二項分配爲變數 x 之不連續函數，而常態分配爲 x 之連續函數；

二項分配變數 x 所在之範圍爲由 0 至 n ，而常態分配 x 所在之範圍爲由 $-\infty$ 至 ∞ ；故凡求二項分配之總和時用 Σ ，而求常態分配之總和時須用積分 。

(2)常態分配各機率之總和等於 1 ；即常態曲線與橫軸所包圍之面積等於 1 。

(3)常態曲線有二個（拐點）（point of inflection）在 $\mu \pm \sigma$ 處，如爲標準常態分配之形態則在 ±1 處，

(4)若一群數值之分配完全合於常態分配時，

介於 $\mu \pm \sigma$ 二數間之數值的個數爲總數的 68·27％，

介於 $\mu \pm 2\sigma$ 二數間之數值的個數爲總數的 95·45％，

介於 $\mu \pm 3\sigma$ 二數間之數值的個數爲總數的 99·73％，

介於 $\mu \pm 4\sigma$ 二數間之數值的個數爲總數的 99·99％；

如爲標準形態之常態分配時，則

介於 ±1 二數間之數值的個數爲總數的 68·27％，

介於 ±2 二數間之數值的個數爲總數的 95·45％，

介於 ±3 二數間之數值的個數爲總數的 99·73％，

介於 ±4 二數間之數到的個數爲總數的 99·99％。

10·6　依常態分配計算二項分配之近似值

若 n 數非常大時，常態分配又可獲得二項分配之近似值 。

二項分配有下列機率函數，即

$$f(x) = \binom{n}{x} p^x q^{n-x} \qquad (x = 0, 1, 2, \cdots, n) \qquad (1)$$

平均值　$\mu = np$　　　　　　　　　　　　　　　　　　　　　（2）

變異數　$\sigma^2 = npq$　　　　　　　　　　　　　　　　　　　（3）

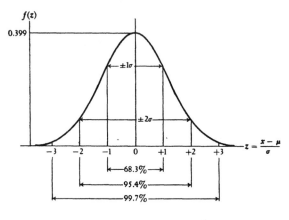

圖 10.6 標準常態分配　　$f(z) = \dfrac{1}{\sqrt{2\pi}} e^{-1/2z^2}$

［定理 1 ］　令 $0 < p < 1$ 。然而對於 n 之大數，上項分配，可由持有其平均值 $\mu = np$ 及變異數 $\sigma^2 = npq$ 之常態分配，獲得近似值，即

$$f(x) \sim f^* \quad (x = 0 , 1 , 2 \cdots)$$

上式中　　$f^*(x) = \dfrac{1}{\sqrt{2\pi}\sqrt{npq}} e^{-z^2/2}$　　　　　　　（4）

$$z = \dfrac{x - np}{\sqrt{npq}}$$

此式係常態分配之密度，而符號～表示，若 $n \to \infty$ ，則兩端之比例近似於 1 之意。

再者，$P (a \leqq X \leqq b)$

$$= \sum_{x=a}^{b} \binom{n}{x} p^x q^{n-x} \sim \Phi(\beta) - \Phi(\alpha) \tag{5}$$

$$\alpha = \frac{a - n\,p - 0.5}{\sqrt{n\,p\,q}} \ , \quad \beta = \frac{b - n\,p + 0.5}{\sqrt{n\,p\,q}}$$

此稱爲 De Moivre - Laplace 之限制定理（limit theorem）。

表 10·1 n 及 p 之任意值之機率函數（1）與近似值（4）之比較，圖 10·7 同。

表 10·1 機率函數（1）與近似值（4）比較（n , p任意值 ）

x	$n=8$, $p=0.2$		$n=8$, $p=0.5$		$n=25$, $p=0.2$	
	Approximation	Exact	A.	E.	A.	E.
0	0·130	0·168	0·005	0·004	0·009	0·004
1	0·306	0·336	0·030	0·031	0·027	0·024
2	0·331	0·294	0·104	0·109	0·065	0·071
3	0·164	0·147	0·220	0·219	0·121	0·136
4	0·037	0·046	0·282	0·273	0·176	0·187
5	0·004	0·009	0·220	0·219	0·199	0·196
6	0·000	0·001	0·104	0·109	0·176	0·163
7	0·000	0·000	0·030	0·031	0·121	0·111
8	0·000	0·000	0·005	0·004	0·065	0·062
9					0·027	0·029
10					0·009	0·012
11					0·002	0·004

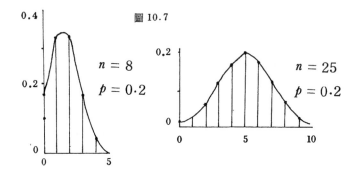

圖 10.7

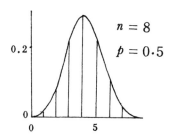

圖 10.7

定理 1 之證明如下 ：

由 Stirling 式

$$k\,! = \sqrt{2\,\pi\,k}\left(\frac{k}{e}\right)^{k} e^{\theta/12k} \qquad\qquad (\,0 < \theta < 1\,)$$

$$f(x) = \frac{n\,!}{x\,!\,(\,n-x\,)\,!}\,p^{x}q^{n-x}$$

$$= \frac{1}{\sqrt{2\,\pi\,n\overline{pq}}}\left(\frac{np}{x}\right)^{x+\frac{1}{2}}\left(\frac{nq}{n-x}\right)^{n-x+\frac{1}{2}} e^{r}$$

$$:= \frac{1}{\sqrt{2\,\pi\,n\,p\,q}}\,e^{-h}\,e^{r}$$

式中　$r = \dfrac{1}{12}\left(\dfrac{\theta_1}{n} - \dfrac{\theta_2}{x} - \dfrac{\theta_3}{n-x} \right)$　　　　（$0 < \theta_i < 1$）

$$h = (x + \tfrac{1}{2})\ln\dfrac{x}{np} + (n - x + \tfrac{1}{2})\ln\dfrac{n-x}{nq}$$

$$= (np + \tfrac{1}{2} + z\sqrt{npq})\ln\left(1 + z\sqrt{\dfrac{q}{np}}\right)$$

$$+ (nq + \tfrac{1}{2} - z\sqrt{npq})\ln\left(1 - z\sqrt{\dfrac{p}{nq}}\right),$$

於（4）所定義　$z = \dfrac{x - np}{\sqrt{npq}}$ or $z = \dfrac{x - \mu}{\sigma}$。

依照假定 $|z|$ 為一定，故 n 相當大的時，則得

$$\left| z\sqrt{\dfrac{q}{np}} \right| < 1 , \qquad \left| z\sqrt{\dfrac{p}{nq}} \right| < 1$$

使　$\ln(1 + u) = u - \dfrac{u^2}{2} + \dfrac{u^3}{3} - \dfrac{u^4}{4} + \cdots - \cdots$　（$|u| < 1$）

於是得其展開式

$$\ln\left(1 + z\sqrt{\dfrac{q}{np}}\right) = z\sqrt{\dfrac{q}{np}} - \dfrac{1}{2}z^2\dfrac{q}{np} + \cdots$$

及　$\ln\left(1 - z\sqrt{\dfrac{p}{nq}}\right) = -z\sqrt{\dfrac{p}{nq}} - \dfrac{1}{2}z^2\dfrac{p}{nq} - \cdots$

此等插入於 h 式內，加以乘之，且用 $p + q = 1$，即得

$$h = \dfrac{z^2}{2} + \dfrac{1}{\sqrt{n}}R$$

上式中 R 是 n 接近於無限大時，在絕對值，被限制殘留的一個函數。結局，$n \to \infty$ 時，在任一個有限的間隔 $\alpha \leqq z \leqq \beta$ 內，同樣地，

$$e^{-h} \rightarrow e^{-z^2/2}$$

由 $\alpha \leq z \leq \beta$ 及 $1 - p = q$ ，即得

$$x \geq np\left(1 + \alpha\sqrt{\frac{q}{np}}\right), n - x \geq nq\left(1 - \beta\sqrt{\frac{p}{nq}}\right)$$

由是 $|r| < \dfrac{1}{12}\left(\dfrac{1}{n} + \dfrac{1}{x} + \dfrac{1}{n-x}\right)$

$$\leq \frac{1}{12n}\left(1 + \frac{1}{p\left(1 + \alpha\sqrt{\dfrac{q}{np}}\right)} + \frac{1}{q\left(1 - \beta\sqrt{\dfrac{p}{nq}}\right)}\right)$$

於是，$n \rightarrow \infty$ 時，在 $\alpha \leq z \leq \beta$ 內，同樣地，$r \rightarrow 0$ 及 $e^r \rightarrow 1$

總之，此暗示

$$f(x) \rightarrow \frac{1}{\sqrt{2\pi npq}} e^{-z^2/2}$$

定理已得證明。

至於 $z = \dfrac{x - np}{\sqrt{npq}}$ 之證明在此從略。

通常 z 代表標準常態分配有關聯的變數，而 $N(0.1)$ 表示，持有 $\mu = 0$ ，$\sigma^2 = 1$ 之特殊常態分配。如果，n 愈大，則 $\dfrac{x - np}{\sqrt{npq}}$ 成為標準常態分配之近似值，即

$$\lim_{n \to \infty} \frac{x - np}{\sqrt{npq}} = N(0.1)$$

註．參閱 Erwin Kreyszig : Introductory Mathematical Statistics Appendix 1.
　　p. 396.

第11章　特殊分立分配

特殊分立分配（ special discrete distribution）係不連續的分配之意。

兹為解說程序之便利起見，先將分配（包括連續，不連續分配）之重要性質，即分配之平均值，變異數，期望值及動差等表示之重要公式略述如下：

11·1　分配之平均值，期望值及動差

一、分配之平均值

分配之平均值（mean）以 μ 表示，則在不連續分配（discrete distribution），可由下式定義，

$$\mu = \sum_{j} x_{j} f(x_{j}) \tag{11·1}$$

在連續分配（ continuous distribution），可由下式定義，

$$\mu = \int_{-\infty}^{\infty} x f(x) d x \tag{11·2}$$

此等式中 $f(x)$ 是機率分配或者隨機變數之密度（density）。

二、分配之變異數

分配之變異數（variance）以 σ^2 表示，則在不連續分配，可由下式定義，

$$\sigma^2 = \sum_{j} (x_{j} - \mu)^2 f(x_{j}) \tag{11·3}$$

而在連續分配由下式，

$$\sigma^2 = \int_{-\infty}^{\infty} (x-\mu)^2 f(x) dx \qquad (11 \cdot 4)$$

式中 $f(x)$ 各是該分配之機率函數或分配之密度（density）。σ^2 之平方根 σ 稱爲標準差（standard deviation）。

三、數學的期望值（mathematical expectation）

$g(X)$ 是 1 個隨機變數，其期望值以下式表示，即

$$E(g(X)) = \sum_j g(x_j) f(x_j) \qquad (11 \cdot 5)$$

此式稱爲函數之期望值。

同樣，在連續分配，$f(x)$ 爲密度，而函數 $g(X)$ 之期望值以下式表示，即

$$E(g(X)) = \int_{-\infty}^{\infty} g(x) f(x) dx \qquad (11 \cdot 6)$$

四、分配之動差（moments）

上述得知，平均及變異數是所謂動差（moments）之一種特例。

若取得 $g(X) = X^k$（$k=1, 2, \cdots$），則

$$E(X^k) = \begin{cases} \sum_j x_j^k f(x_j) & \text{（不連續分配）} \\ \int_{-\infty}^{\infty} x^k f(x) dx & \text{（連續分配）} \end{cases} \qquad (11 \cdot 7)$$

此數量稱爲隨機變數 X，或相當分配之第 k 動差。（$11 \cdot 7$）中 k $=1$，則

$$\mu = E(X) \qquad (11 \cdot 8)$$

此稱爲第一動差（1st moment）

若於（$11 \cdot 8$）取得 $g(X) = (X-\mu)^k$，則得

$$E([X-\mu^k]) = \begin{cases} \sum_j (x_j-\mu)^k f(x_j) & （不連續分配） \\ \int_{-\infty}^{\infty} (x-\mu)^k f(x)dx & （連續分配） \end{cases}$$

$$\tag{11.9}$$

此稱爲第 k 中央動差（kth central moment）。若第一中央動差（the 1st central moment）存在，則其值爲零。

第二中央動差是變異數（variance），卽

$$\sigma^2 = E([X-\mu]^2) \tag{11.10}$$

中央動差可以 $E(X),E(X^2),\cdots$ 表示，則

$$\sigma^2 = E([X-\mu]^2) = E(X^2-2\mu X+\mu^2)$$
$$= E(X^2)-2\mu E(X)+\mu^2$$

右端中，由（11·8） $E(X)=\mu$

$$\therefore \quad \sigma^2 = E(X^2)-\mu^2 \tag{11.11}$$

同樣 $\quad E([X-\mu]^3) = E(X^3)-3\mu E(X^2)+2\mu^3 \quad (11.12)$

以上係以直接的方法而計算動差。若使用一補助函數（auxiliary function）, e^{tx} 函數之期望値求之，較爲簡單。玆將其扼要說明，可作兩者之比較。

此函數 $E(e^{tx})$ 稱爲分配之動差產生函數（moment generating function of the distribution），以 $G(t)$ 表示：

$$G(t) = E(e^{tX}) = \begin{cases} \sum_j e^{tx_j} f(x_j) & （不連續的分配） \\ \int_{-\infty}^{\infty} e^{tX} f(x)dx & （連續的分配） \end{cases}$$

$$\tag{11.13}$$

假定在總合記號 Σ 下（或積分記號下）各自微分，卽得

$$G'(t) = \begin{cases} \sum_j x_j e^{tx_j} f(x_j) \\ \int_{-\infty}^{\infty} x e^{tx} f(x)dx \end{cases} \tag{11.14}$$

上式加以 k 次微分，則

$$\frac{d^kG}{dt^k}=\begin{cases} \sum_j x_j^k \, e^{tx_j} f(x_j) \\ \int_{-\infty}^{\infty} x^k e^{tx} f(x)dx \end{cases} \tag{11.15}$$

即 $G^{(k)}(t)=E(\mathrm{x}^k e^{tx})$

$t=0$ 時指數函數等於 1，而右端之式等於 K 次動差（moment）於是

$$E(X^k)=G^{(k)}(0) \tag{11.16}$$

$$\left[G^{(k)}(0)=\frac{d^kG}{dt^k}\bigg|_{t=0} \right]$$

特別地 $k=1$

$$\mu=E(X)=G'(0) \tag{11.17}$$

此式之方法，僅作在上述收斂分配而應用。若所與的分配之全體動差存在時，因（11.16）式，相當的動差產生函數取得 Taylor 展開式，即

$$G(t)=\sum_{k=0}^{\infty}\frac{G^{(k)}(0)}{k!}t^k=\sum_{k=0}^{\infty}\frac{E(X^k)}{k!}t^k \tag{11.18}$$

此式可得表示，若該級數列之收斂範圍不爲零，則該分配，獨特地，由 $G(t)$，即由動差式 $E(X^k)$（$k=0,1,\cdots$）而決定。

11.2 二項分配

統計上特別重要的三種分立的分配（discrete distribution）。此等爲二項分配（binomial distribution），卜氏分配（Poisson distribution）及超幾何學的分配（hypergeometric distribution）等。其中二項分配及 Poisson 分配與生命統計頗有密切的關係故在此，僅將兩項解說如下：

1. 二項分配（binomial distribution）公式

依據機率（probability）定理，某事象出現之機率爲 p，不出現之機率爲 q，則於 n 次試行中出現 x 次之機率爲 $P(x ; n, p)$，以下式表示，

$$f(x) = \binom{n}{x} p^x q^{n-x} \quad (x = 0, 1, 2, \cdots, n) \quad (11 \cdot 19)$$

由（11·19）式之機率函數所規定的分配稱爲二項分配（binomial distribution or Bernoulli distribution）。$f(x)$ 之各值（卽出現 $0, 1, 2, \cdots, n$ 次）之機率應爲二項展開式之各項：

$$(p+q)^n = \sum_{x=0}^{n} \binom{n}{x} p^x q^{n-x} = q^n + \binom{n}{1} pq^{n-1} + \binom{n}{2} p^2 q^{n-2}$$

$$+ \cdots\cdots + \binom{n}{n-1} p^{n-1} q + p^n \quad (11 \cdot 20)$$

$$(p+q)^n = \sum_{x=0}^{n} f(x) \quad (11 \cdot 21)$$

玆將擲銀元之正面出現爲例，

（$p = q = \dfrac{1}{2}$）展開式之各項列表如下：

表 11·1

正面出現枚數	機率 $P(x)$
0	q^n
1	npq^{n-1}
2	$\dfrac{n(n-1)}{2!} p^2 q^{n-2}$
⋮	....

r	$\dfrac{n\,(\,n-1\,)\,\cdots(\,n-r+1\,)}{r\,!}\,p^r q^{n-r}$
$\vdots$	....
$n-1$	$n\,p^{\,n-1}\,q$
n	p^n
總　計	1

$p = q = \dfrac{1}{2}$ 時成爲對稱分配，而當

$p \neq q$ 時成爲非對稱（卽偏斜）分配。

（11·21）式中符號 $\begin{pmatrix} n \\ x \end{pmatrix}$ 稱爲二項係數（ binomial coeffi-

cients）。

2. 階乘函數（factorial function）與二項係數（binomial coef-
   ficient）

階乘函數與二項係數之關係式說明如下：

先定義

$$0\,! = 1 \tag{11·22}$$

再者，計算下式

$$(\,n+1\,)\,! = (\,n+1\,)\,n\,! \tag{11·23}$$

對於 n 之大數，上式之函數值是甚大。而對於 n 之大數之合宜的
近似值可由Stirling 公式求之，卽

$$n\,! \sim \sqrt{2\pi\,n}\,\left(\dfrac{n}{e}\right)^n \quad (\,e = 2.718\cdots) \tag{11·24}$$

本公式之證明在此從略。(註)

二項係數以下式表示,

$$\binom{a}{k} = \frac{a(a-1)(a-2)\cdots(a-k+1)}{k!} \qquad (11 \cdot 25)$$

k 為正數,a 為實數。上式之分子有 k 個因子。再定義,

$$\binom{a}{o} = 1 \text{ , 特別地, } \binom{o}{o} = 1 \qquad (11 \cdot 26)$$

此等數值為二項級數之係數,即

$$(b+c)^a = \sum_k \binom{a}{k} b^{a-k} c^k \quad (|c| < |b|) \qquad (11 \cdot 27)$$

茲將 $\binom{a}{k}$ 不是零的 k 總計之。

表11·2 (11·24)式之計算值比較

n	(11·24)式之近似值	$n!$ 之正確值	差 異	
			絕對值	比 例
	23·5	24	0·5	2%
	710	720	10	1·4%
	39,902	40,320	400	1%
	3,598,696	3,628,800	30,000	0·8%

又二項係數之變形列於如下:

$$\binom{n}{x} = \frac{n(n-1)(n-2)\cdots(n-x+1)}{x!}$$

(註) Cramér. H. (1961) Mathematical Methods of Statistics. 9th Printing. Princeton University Press, Princeton, N. J.

$$= \frac{n(n-1)(n-2)\cdots(n-x+1)\cdot(n-x)!}{x!(n-x)!}$$

$$\therefore \binom{n}{x} = \frac{n!}{(n-x)!\,x!} = \frac{n!}{x!(n-x)!} = \binom{n}{n-x},$$

$$(\,n = 正數\,x = 0\,,\,1\,,\,\cdots or\, n)\quad(11\cdot28)$$

同樣 $\binom{n}{x} = \binom{n-1}{x} + \binom{n-1}{x-1},$ $\qquad(11\cdot29)$

$$(\,n = 正數\,x = 0\,,\,1\,,\,\cdots,\,or\,n-1\,)$$

$$\binom{n}{x+1} = \frac{n-x}{x+1}\binom{n}{x} \qquad (11\cdot30)$$

由上式，得

$$f(x+1) = \left(\frac{n-x}{x+1}\right)\frac{p}{q}f(x) \quad (\,x = 0\,,\,1\,,\cdots,\,n-1\,)$$

$$(11\cdot31)$$

此式應用上至爲有益。

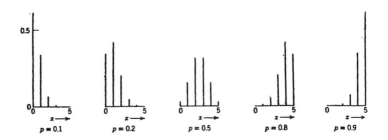

圖 11.1 二項分配之機率函數

註：Erwin Kreyszig: Introductory Mathematical Statistics P. 93.
Fig. 7.1.2.

3. 二項分配之平均値及變異數

動差直接由一般公式，即

$$E(X^k) = \sum_j x_j^k f(x_j) \tag{11.32}$$

求得，但是另一方面，使用補助函數，即 e^{tx} 之期望值，較簡單地得求之。此函數 $E(e^{tx})$ 稱為分配之動差產生函數（moment generating function of the distribution），以 $G(t)$ 表示，即

$$G(t) = E(e^{tx}) = \sum_j e^{tx_j} f(x_j) \tag{11.33}$$

由上式（11.33）式及（11.19）式，即得下式

$$G(t) = \sum_{x=0}^{n} e^{tx} \binom{n}{x} p^x q^{n-x} \tag{11.34}$$

$$= \sum_{x=0}^{n} \binom{n}{x} (p e^t)^x q^{n-x} \tag{11.35}$$

應用二項分配式（11.20）或（11.27）式，則得

$$G(t) = (p e^t + q)^n \tag{11.36}$$

上式加以微分且 $p + q = 1$，則得

$$G'(t) = n(p e^t + q)^{n-1} p e^t,$$

$$G'(0) = n p \tag{11.37}$$

前述（11.17）式列於如下：

$$\mu = \Sigma(X) = G'(0)$$

由上式與（11.37）式，即得

$$\mu = n p \tag{11.38}$$

同樣求變異數 σ^2 之方法如下：

上述（11.37）式之 $G'(t)$，再予以微分，則

$$G''(t) = n(n-1)(p e^t + q)^{n-2} (p e^t)^2$$

$$+ n (p e^t + q)^{n-1} p e^t \qquad (11 \cdot 39)$$

又（11·16）式列於如下，

$$E(X^2) = G^{(k)}(0),$$

$$k = 2，則$$

$$E(X^2) = G''(0) = n (n - 1) p^2 + n p \qquad (11 \cdot 40)$$

前述（11·11）式列於如下，

$$\sigma^2 = E(X^2) - \mu^2$$

將（11·40）式及（11·38）式代入於上式，則得

$$\sigma^2 = n p q \qquad (11 \cdot 41)$$

11·3　卜氏(Poisson)分配

1. Poisson 分配公式之誘導

　　Poisson 分配在機率分配中是另一重要的分配。設 $p \to 0$，$n \to \infty$ 及 $np = \mu$ 爲常數時，此分配是一種二項分配之限制型（limiting form）。 事實上在試行數 n 是極大及單一試行之成功機率 p 極小時，可以使用此分配來求得二項分配之近似值。此分配之應用範圍頗廣，而且二項分配不能使用之方面亦可應用。

　　該分配之誘導過程說明如下：

　　二項分配之一般項

$$\frac{n (n-1)(n-2) \cdots (n-x+1)}{x !} p^x (1-p)^{n-x} \qquad (11 \cdot 42)$$

爲消去上式中之 p，設 $np = \mu$，將以 $p = \dfrac{\mu}{n}$ 代入於上式，即得

$$\frac{n (n-1)(n-2) \cdots (n-x+1)}{x !} \left(\frac{\mu}{n} \right)^x \left(1 - \frac{\mu}{n} \right)^{n-x}$$

若　$\dfrac{n(n-1)(n-2)\cdots(n-x+1)}{n^x}=\left(\dfrac{n}{n}\right)\left(\dfrac{n-1}{n}\right)\cdots\left(\dfrac{n-x+1}{n}\right)$

$$=1\left(1-\dfrac{1}{n}\right)\left(1-\dfrac{2}{n}\right)\cdots\left(1-\dfrac{x-1}{n}\right),$$

又　$\left(1-\dfrac{\mu}{n}\right)^{n-x}=\left(1-\dfrac{\mu}{n}\right)^{n}\left(1-\dfrac{\mu}{n}\right)^{-x}$

$$=\left[\left(1-\dfrac{\mu}{n}\right)^{-n/\mu}\right]^{-\mu}\left(1-\dfrac{\mu}{n}\right)^{-x}，\text{則得}$$

$$\dfrac{1\left(1-\dfrac{1}{n}\right)\left(1-\dfrac{2}{n}\right)\cdots\left(1-\dfrac{x-1}{n}\right)}{x!}$$

$$\times(\mu)^{x}\left[\left(1-\dfrac{\mu}{n}\right)^{-n/\mu}\right]^{-\mu}\left(1-\dfrac{\mu}{n}\right)^{-x}$$

若 x 與 μ 固定，而 $n \to \infty$ 時，即

$$1\left(1-\dfrac{1}{n}\right)\left(1-\dfrac{2}{n}\right)\cdots\left(1-\dfrac{x-1}{n}\right)\to 1$$

$$\left(1-\dfrac{\mu}{n}\right)^{-x}\to 1$$

$$\left(1-\dfrac{\mu}{n}\right)^{-n/\mu}\to e$$

則得限制分配（limiting distribution）如下：

$$f(x\,;\,\mu)=\dfrac{\mu^{x}\,e^{-\mu}}{x!}\quad(x=0,1,2,\cdots\cdots)\qquad(11\cdot43)$$

此機率分配稱爲 Poisson 分配，於 1837 年由法國數學家 S. D.

Poisson（1781－1840）所發表，故以他爲名。Poisson 分配之分配函數如下：

$$\sum_{x=0}^{\infty} f(x;\mu) = \sum_{x=0}^{\infty} \frac{e^{-\mu}\mu^x}{x!} = e^{-\mu}\sum_{x=0}^{\infty} \frac{\mu^x}{x!} = e^{-\mu}(e^{\mu}) = 1$$

$$(11 \cdot 44)$$

但　$e^{\mu} = \sum_{x=0}^{\infty} \frac{\mu^x}{x!} = 1 + \mu + \frac{\mu^2}{2!} + \frac{\mu^3}{3!} + \cdots$

e^{μ} 之展開是 Maclaurin 氏級數。

2. Poisson 分配之平均值，變異數及歪斜

Poisson 分配之動差產生函數如下：

$$G(t) = e^{-\mu}e^{\mu e^t} \qquad (11 \cdot 45)$$

（11·45）式中 $t=0$，則 $G(0)=1$

將（11·45）加以反復微分，得

$$\left.\begin{array}{l} (a)\, G'(t) = e^{-\mu}e^{\mu e^t}\mu e^t = \mu e^t G(t) \\ (b)\, G''(t) = \mu e^t [G(t)+G'(t)] \\ (c)\, G'''(t) = \mu e^t [G(t)+2G'(t)+G''(t)] \end{array}\right\}$$

$$(11 \cdot 46)$$

由（a）

$$G'(0) = \mu，此是平均值。 \qquad (11 \cdot 47)$$

然而由（11·16），

$$E(X^2) = G''(0) = \mu + \mu^2$$

又由（11·11）

$$\sigma^2 = E(X^2) - \mu^2$$

於是由上述兩式算出 Poisson 分配之 σ^2 如下：

$$\therefore \quad \sigma^2 = \mu \qquad (11 \cdot 48)$$

此是 Poisson 分配之變異數。於是 Poisson 分配之平均值與變異數是相同。

其次 Poisson 分配之歪斜度之求法如下:

先由 (11.12) 式

$$E([X-\mu]^3) = E(X^3) - 3\mu E(X^2) + 2\mu^3$$

再由 (11.46) 式 (c) 及 (11.16) 式

$$E(X^3) = G'''(0) = \mu + 3\mu^2 + \mu^3$$

$$E(X^2) = G''(0) = \mu + \mu^2$$

於是 $E([X-\mu]^3) = \mu + 3\mu^2 + \mu^3 - 3\mu(\mu + \mu^2) + 2\mu^3$

$\therefore \quad E([X-\mu]^3) = \mu$

故 Poisson 分配之歪斜度 (skewness) 如下:

$$\gamma = \frac{1}{\sigma^3} E([X-\mu]^3) \tag{11.49}$$

而其正歪度為

$$\gamma = \frac{1}{\sqrt{\mu}} \tag{11.50}$$

由上式得知,$\mu \to \infty$,則 $\gamma \to 0$。故對於大的 μ 值,Poisson 分配幾乎顯示對稱。

11.4 依卜氏分配求二項分配之近似值

二項機率之計算為複雜且費時。可是在某種情形下,二項分配可由正常分配及 Poisson 分配求得近似值。以下先將 binomial 分配(以下簡稱 binomial)及 Poisson 分配(以下簡稱 Poisson)之關係說明如下:如果 n 是很大而且 p 不接近 $1/2$,則 Poisson 可得近值。

一般言之，二個分配中，一個機率分配近值於其他的分配，兩分配應該有同樣的特徵，尤其二個分配之平均值及變異數應該相等。於是 Poisson 取得 binbmial 時，則 Poisson 之平均值 $np=\mu$ 與 binomial 之平均值（$\mu=np$）相等即 $np=\mu$。但是關于變異數情形不同，即 binomial 之變異數 $\sigma^2=npq$，而 Poisson 之變異數 $\sigma^2=\mu$ 並不一致。可是 p 接近於零，即 $1-p=q=1$，則

binomial variance $= n\,p\,q = n\,p\,(1) = n\,p = \mu = $ Poisson variance

可是一般地表示，對於所與的 μ（$\mu=np=$常數）之 Poisson，事實上，是 $n\to\infty$ 時之 binomial 之極限，即

$$\lim_{n\to\infty}\binom{n}{x}p^x q^{n-x} = \frac{e^{-\mu}\mu^x}{x!} \quad (\,np=常數\,)$$

此關係式證得 $n\to\infty$ 時，Poisson 對 binomial 供得最良好的近值。根據實際經驗，$p\leq 0.10$ 與 $n\geq 30$ 時，其近似值為最好。設 $n=20$，$p=0.10$，$\mu=np=20(0.10)=2.0$，binomial 與 Poisson 機率列於下表。

表 11·3

x	$P(x)=\binom{20}{x}(0.10)^x(0.90)^{20-x}$	$P(x)=\dfrac{e^{-2.0}(2.0)^x}{x!}$
0	0.1216	0.1353
1	0.2702	0.2707
2	0.2852	0.2707
3	0.1901	0.1804
4	0.0898	0.0902
5	0.0319	0.0361
6	0.0089	0.0120
7	0.0020	0.0034
8	0.0004	0.0009
9	0.0001	0.0002

（註1）：Donald L. Harnett: Introduction to Statistical Methods p.128 Table 4.51

表 11·4　依 Poisson 分配求 Binomial 分配之近似值

x	Binomial Distribution			Poisson Distribution $\mu=1$
	$n=4, p=1/4$	$n=8, p=1/8$	$n=100,$ $p=1/100$	
0	0·316	0·344	0·366	0·368
1	0·422	0·393	0·370	0·368
2	0·211	0·196	0·185	0·184
3	0·047	0·056	0·061	0·061
4	0·004	0·010	0·015	0·015
5	—	0·001	0·003	0·003

（註 2 ）

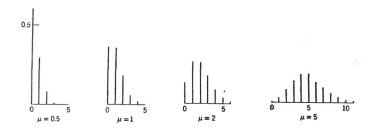

圖 11.2　Poisson　分配之機率函數

（註 2 ）

11·5　二項分配與中心極限定理

（註 2 ）： Erwin Kreyszig: Introductory Mathematical Statistics, p. 99, Table 7.4.1. p. 88. Fig 7.4.1.

　　中心極限定理在母集團及樣本集團死亡率之觀察上最重要的定理
之一。茲將該定理之內容容易理解，有關幾個定義及定理順序說明如
下：

1. 母集團與樣本

定義1. 目標母集團（target population）成爲議論之對象，而事象
所望要素之總體稱爲目標母集團。由母集團以隨機抽樣的方法所選出
的樣本稱爲單純隨機樣本（simple random sample）或者隨機樣本
（random sample）。

定義2. 隨機樣本；其機率變數 $x_1, x_2, \cdots, x_n$ 之結合密度爲

$$g(x_1, x_2, \cdots, x_n) = f(x_1) f(x_2) \cdots f(x_n)$$

此 $x_1, x_2, \cdots, x_n$ 可稱爲，由密度 $f(x)$ 之母集團所選出的「大小 n
個」（以下簡稱 n 個）之隨機樣本。但是隨機樣本，有時不能由目標
母集團選出，而由其他有關連或某母集團而選出，以下分別定義之。

定義3. 樣本母集團（sampled population）：$x_1, x_2, \cdots, x_n$ 是
由密度 $f(x)$ 之母集團抽出的隨機樣本。此母集團稱爲樣本母集團。

定義4. 樣本動差：$x_1, x_2, \cdots, x_n$ 爲由密度 $f(x)$ 所得隨機樣本，
而其 0 爲中心之 r 次之樣本動差如下：

$$m'_r = \frac{1}{n} \sum_{i=1}^{n} x_i^r$$

特別地，$r = 1$ 時，普通以 $\overline{x}$ 表示的樣本平均，即得

$$\overline{X} = \frac{1}{n} \sum_{i=1}^{n} x_i$$

定理1. $x_1, x_2, \cdots, x_n$ 爲，由密度 $f(x)$ 之母集團之隨機樣本。其
r 次之樣本動差之期待值等於 r 次之母集團動差，則

$$E = [m'_r] = \mu'_r$$

證明　由（11‧7）式得知，分配之動差（moment）爲所與的機率變數之期待值，通常 x 之 r 次 x 之動差以 μ'_r 表示，即

$$\mu'_r = E\,(\,x^r\,) = \int_{-\infty}^{\infty} x^r f(\,x\,)\,dx$$

又最初　$m'_r = \dfrac{1}{n}\,\Sigma x_i^r$ 及 m'_r 爲機率變數 x_i 之函數，則得

$$E[\,m'_r\,] = E\,[\,\frac{1}{n}\,\Sigma\,x_i^r\,] = \frac{1}{n}\,E\,[\,\Sigma\,x_i^r\,] = \frac{1}{n}\,\Sigma E[\,x_i^r\,]$$

然而，依據母集團動差之定義，

$$E\,[\,x_i^r\,] = \mu'_r$$

故　$E\,[\,m'_r\,] = \dfrac{1}{n}\,\sum_{i=1}^{n}\,\mu'_r = \mu'_r$

特別地 $r = 1$ 時，即得次式。

系 1‧1　$x_1,\,x_2,\,\cdots,\,x_n$　是由密度 $f(x)$ 之母集團之隨機樣本，μ　爲母集團之平均值即母平均，即（$E\overline{X}$）$= \mu$。

其次觀察隨機樣本之平均 $\overline{x}$ 之變異數（variance）如下：

定理 2．　$x_1,\,x_2,\,\cdots,\,x_n$ 是由密度 $f(x)$ 之 n 個隨機樣本，$\overline{x} = \dfrac{1}{n}\Sigma x_i$，假設密度 $f(x)$ 之有限的變異數爲 σ^2，此時 $\overline{x}$ 之變異數以 $\sigma_{\overline{x}}^2$ 表示，則 $\sigma_{\overline{x}}^2 = \dfrac{\sigma^2}{n}$ 。

證明

依據定義，

$$\sigma_{\overline{x}}^2 = E\,[\,\overline{x} - E\,(\,\overline{x}\,)\,]^2$$

$$\sigma_{\overline{x}}^2 = E\,(\,\overline{x} - \mu\,)^2$$

$$= E\,(\,\frac{1}{n}\,\Sigma\,x_i - \mu\,)^2$$

$$= E\left[\frac{1}{n}\Sigma\left(x_i-\mu\right)\right]^2$$

$$= \frac{1}{n^2}E\left[\Sigma\left(x_i-\mu\right)\right]^2$$

$$= \frac{1}{n^2}\sum_{i=1}^{n}E\left(x_i-\mu\right)^2$$

$$= \frac{1}{n^2}\Sigma\sigma^2$$

$$= \frac{\sigma^2}{n}$$

由上式，樣本平均之變異數，係母變異數除以樣本數 n 而得。此事實表示，母集團之分配，如果其變異數係有限時，則若樣本數增大，樣本平均之分配集中而接近於母平均。換言之，樣本越大，樣本平均值可作爲母平均值之最正確的推定值。此爲大數之法則。

2. 大數之法則

在密度 $f(x)$，$E(x)$ 以 μ 表示。問題是 μ 之推定。概略地言之，$E(x)$ 係機率變數 x 之無限個數值之平均。但現實之問題僅能觀察機率變數 x 之有限個的數值。卽使用 x 之有限個之數值（例之 n 個之隨機樣本）來推測信賴可靠之 $E(x)$ 值（ x 之無限個之數值之平均值）。吾人稱爲大數之弱法則（weak law of large numbers）之證明可得立證。此法則略述如下。n 或較大之隨機樣本，將由密度 $f(x)$ 之母集團［$E(x)=\mu$］抽出，其樣本之平均 $\bar{x}$ 與 μ 之偏差，儘可取得比任意規定的小數量爲小所佔機率使儘量接近於1，而可能決定 n 之數值。茲就大數之弱法則，若 $\varepsilon>0$，$0<\sigma<1$，而任意選擇的兩個小數值爲 ε，δ，又 n 或較大之隨機樣本，將由密度 $f(x)$

取得，而算出 $\bar{x}_n$ 之平均值，則將 $\bar{x}_n$ 與 μ 之偏差僅為 ε（即接近於 μ）之機率較 $1-\delta$ 為大時（即儘可能近於 1），則整數 n 存在。今以記號表示如下，即任意之 $\varepsilon>0$ 及 $1>\sigma>0$ 時，對於所有的 $m\geq n$，

$$P(\,|\bar{x}_m-\mu|<\varepsilon\,)>1-\delta$$

可成立，而整數 n 存在。

　　大數之弱法則證明之前，先將 Tchebycheff's inequality 不等式證明如下。

定理 3. 密度 $f(x)$ 之平均為 μ，有限變異數為 σ^2，a 為任意之正數，$\bar{x}_n$ 為由 $f(x)$ 之 n 個之隨機樣本之平均，則

$$P\left(-\frac{a\sigma}{\sqrt{n}}\leq\bar{x}_n-\mu\leq\frac{a\sigma}{\sqrt{n}}\right)\geq 1-\frac{1}{a^2}$$

證明　在此證明，$\bar{x}_n$ 以 $\bar{x}$ 代替，假定樣本平均之密度為 $g(\bar{x})$。$\bar{x}$ 是由密度 $f(x)$ 之母集團抽出的 n 個之樣本平均。$\bar{x}$ 之平均及變異數各為 μ，σ^2/n，而 μ，σ^2 各為在 $f(x)$ 之平均及變異數。

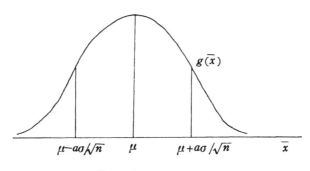

圖 11.3

　　由變異數之定義，

$$\sigma_{\bar{x}}^2 = \frac{\sigma^2}{n} = \int_{-\infty}^{\infty} (\bar{x} - \mu)^2 g(\bar{x}) d\bar{x} \tag{1}$$

以圖 11.3 所示積分範圍分爲三部分，卽

$$\frac{\sigma^2}{2} = \int_{-\infty}^{\mu - (a\sigma/\sqrt{n})} (\bar{x} - \mu)^2 g(\bar{x}) d\bar{x}$$

$$+ \int_{\mu - (a\sigma/\sqrt{n})}^{\mu + (a\sigma/\sqrt{n})} (\bar{x} - \mu)^2 g(\bar{x}) d\bar{x}$$

$$+ \int_{\mu + (a\sigma/\sqrt{n})}^{\infty} (\bar{x} - \mu)^2 g(\bar{x}) d\bar{x}$$

上式中 a 係任意選擇的任何正數卽可，兹將 (2)式之右邊變化，而使作得不等式。首先消去第 2 積分，此部分因非負數，故右邊不能增大。又在第 1 積分中因數 $(\bar{x} - \mu)^2$ 以 $a^2\sigma^2/n$ 代替，由以在此積分範圍應取得下列關係：

$$|\bar{x} - \mu| \geq \frac{a\sigma}{\sqrt{n}}$$

故此部分之積分值亦不能增加。同樣加以代替，第 3 積分亦不能增加，則

$$\frac{\sigma^2}{n} \geq \frac{a^2\sigma^2}{n} \int_{-\infty}^{\mu - (a\sigma/\sqrt{n})} g(\bar{x}) d\bar{x} + \frac{a^2\sigma^2}{n} \int_{\mu + (a\sigma/\sqrt{n})}^{\infty} g(\bar{x}) d\bar{x} \tag{3}$$

同樣得　$\frac{1}{a^2} \geq P\left(|\bar{x} - \mu| \geq \frac{a\sigma}{\sqrt{n}}\right)$ \tag{4}

因 (3)之二個積分，正確地，$\bar{x}$ 是自 $\mu - (a\sigma/\sqrt{n})$ 至 $\mu + (a\sigma/\sqrt{n})$ 之區間以外之部分之機率。故將 (4)式加以變化，則得完結證明。

其次將觀察大數之弱法則如下：

定理 4．$f(x)$ 是持有平均 μ，有限之變異數 σ^2 之密度，x_n 是由 $f(x)$ 抽出的 n 個之隨機樣本之平均。ε 及 δ 是，在 $\varepsilon > 0$，$0 < \delta < 1$ 之條件下規定的二個細小的數，n 比 $\sigma^2/\varepsilon^2\delta$ 大的任意之整數時，則得下式

$$P(-\varepsilon < \bar{x}_n - \mu < \varepsilon) \geq 1 - \delta \tag{5}$$

證明　在定理 3 選擇的正數 a 爲 $1/a^2 = \delta$，即 $a = 1/\sqrt{\delta}$，n 爲 $a\sigma/\sqrt{n} < \varepsilon$，即　$n > \sigma^2/\delta\varepsilon^2$。此等數值代入於不等式，則得(5)式。

3．中心極限定理

中心極限定理（central-limit theorem）爲統計學上是最重要的定理之一，以此可以正確地檢討常態密度函數之正常化。

定理 5．$f(x)$ 是持有平均 μ，有限的變異數 σ^2 之密度，$\bar{x}_n$ 是由 $f(x)$ 抽出的 n 個之隨機樣本之平均，機率變數 y_n 定義如下，

$$y_n = \frac{\bar{x}_n - \mu}{\sigma}\sqrt{n}$$

此時，y_n 之密度，隨着 n 無限地增大，則接近於，平均爲零，變異數爲 1 之常態密度。

證明之概要係使用以下之事實。

若對於任意之 $\varepsilon > 0$，

$$\lim_{n \to \infty} P(|y_n - a| > \varepsilon) = 0 \tag{6}$$

可成立，則機率變數之系列 $\{y\}$ 可謂爲機率收束（或者弱收束）於一定值 a。

定理 6．（大數之弱法則），$\{x_n\}$ 爲定理 5 之機率變數之系列，則

$$x = \frac{1}{n} \sum_{i=1}^{n} x_i \text{ 收束於 } \mu \text{ 。}$$

由定理 2，$E(\overline{x}) = \mu$，$\sigma_{\overline{x}}^2 = \frac{\sigma^2}{n}$

由此，用 Tchebycheff（或 Chebychev）之不等式 (4)，對於任意之 $a > 0$，則

$$P(|\overline{X} - \mu| > a\sigma/\sqrt{n}) \leq \frac{1}{a^2}$$

可成立。$\varepsilon = a\sigma/\sqrt{n}$ 卽 $\frac{1}{a^2} = \frac{\sigma^2}{\varepsilon^2 n}$，則

$$P(|\overline{x} - \mu| > \varepsilon) \leq \sigma^2/\varepsilon^2 n$$

上式之右邊 n 極大時，則接近爲 0，由此定理已得證明。

若 a 爲定數時，

$$p(\lim_{n \to \infty} y_n = a) = 1 \tag{7}$$

則機率變數之系列 $\{y_n\}$，可謂爲強收束於 a。

4. 二項分配對於常態近似

$$f(x) = p^x q^{1-x} \qquad x = 0, 1 \tag{8}$$

之密度考察一下。茲因

$$\mu = p, \quad \sigma^2 = pq \tag{9}$$

已於上述。假定抽出 n 個樣本 $x_1, x_2, \ldots, x_n$。在此樣本只 0, 1 數列。1 爲成功，0 爲不成功。

$$\overline{x} = \frac{1}{n} \sum x_i$$

爲樣本之成功之比率。x 之平均及變異數，

$$E(\overline{x}) = \mu = p \tag{10}$$

$$\sigma_{\bar{x}}^2 = \frac{\sigma^2}{n} = \frac{pq}{n} \qquad (11)$$

已於上述。

$\bar{x}$ 之變異數為分立（離散）。事實上 $\bar{x}$ 為下列數值，即

$$0 , \frac{1}{n} , \frac{2}{n} , \cdots , \frac{j}{n} , \cdots , 1$$

其次　$j = n\,x$ 之密度如下：

$$\binom{n}{j} p^j q^{n-j} \qquad j = 0, 1, 2, \cdots, n \qquad (12)$$

如此，$\bar{x}$ 之密度如下：

$$h(\bar{x}) = \binom{n}{n\bar{x}} p^{n\bar{x}} q^{n(1-\bar{x})} \qquad \bar{x} = 0 , \frac{1}{n} , \frac{2}{n} , \cdots , 1 \qquad (13)$$

第12章　人口統計數理解說

12·1　部份人口估計法

　　人口統計中規模最大者係戶口普查。而戶口普查實施之時期，一般地言，不是年始或年末，而選擇調查執行上最適當的時期而辦理。在本省光復後第一次戶口普查於民國四十五年九月十六日，第二次普查於民國五十五年十二月十六日，第三次普查（５％選樣調查）於民國六十年十二月十六日爲標準日期而實施。其日期各次按情況並不固定。

　　一方出生，死亡等之人口動態統計係一年爲期間之年間調查。

　　茲爲對應出生，死亡等統計，將曆年之年始或年末人口，由戶口普查人口來推算之必要，又爲了各種目的之應用，而估計將來數年間之人口等問題實屬須要事項。

　　茲將有關人口估計理論概說如下：兩個戶口普查中間之任意時期之人口稱爲調查中間人口（intercensal population），兩個普查後之任意時期之人口稱爲調查後人口（postcensal population）。以上係在某時點之人口之估計有關事項，其他重要者係計算死亡率，死力或中央死亡率時，所用之平均人口，或人口延年數。人口延年數是在某一定期間各人生存之期間之合計，以年爲單位表示者，平均人口（mean population）係延年數除以期間之年數，故期間爲一年，則兩者同樣。若期間爲 n，自期間開始算起 t（單位＝一年）之人口爲

P_t，則

$$人口延年數 = \int_0^n P_t \, dt \qquad (12 \cdot 1)$$

$$平均人口 = \frac{1}{n} \int_0^n P_t \, dt \qquad (12 \cdot 2)$$

此等式之右端使用近值積分公式，則由期間中適當時期之估計人口，可以近值地計算人口延年數或平均人口。

1. 人口估計之統計的方法

調查中間人口，調查後人口、人口延年數，平均人口等之估計方法有二種。第一是統計方法，第二是增加法則假定方法。

人口異動統計，如有連續的記錄，則任意時期之總人口，利用此等統計資料，可以由次式求得，即

前戶口普查人口＋（出生人口＋遷入人口）－（死亡人口＋遷出人口）。故由此方法決定平均人口，則利用每年（或每半年，每三月，每月）之中間人口，以近似積分公式來計算即可，其次若此統計的方法適用於部分年齡群，每年，對每年齡群以同樣方法求之即可，故各年齡群估計人口之合計應該等於總推定人口。

各年齡群分配估計另一方法如下：先將分配之測定度比為 $\dfrac{\pi_t}{P_t}$，π_t 表示時期 t 之特別人口群，P_t 表示同時期之總人口。此比率以 t 之函數 $f(t)$ 表示，且設 $f(t) = a + bt$，則特別群之 n 年間之平均人口如下：

$$\frac{1}{n} \int_0^n (a+bt) P_t \, dt = \frac{1}{n} a \int_0^n P_t \, dt + \frac{1}{n} b \int_0^n t P_t \, dt$$

$$(12 \cdot 3)$$

a 及 b 由前後兩普查人口之年齡分配而求得，$\displaystyle\int_0^n P_t \, dt$，$\displaystyle\int_0^n t P_t \, dt$

由近值積分之方法求得。

2. 人口增加法則假定估計方法

此方法係人口增加法則作一假定之估計法，分爲兩種如下：

(1)算術級數法（arithmetical progression method）

此法至爲簡單，而且從來廣汎使用的方法。茲就部分人口，某年齡群之普查人口爲 π_0，n 年後之普查人口爲 π_n，調查當初至 t 年後之人口爲 π_t，則假定法則爲

$$\pi_t = \pi_0 + \frac{t}{n}(\pi_n - \pi_0) \qquad (12 \cdot 4)$$

n 年間平均人口爲

$$\frac{1}{n}\int_0^n \pi_t\, dt = \frac{1}{2}(\pi_0 + \pi_n) \qquad (12 \cdot 5)$$

π_0，π_n，π_t 相對之總人口爲 P_0，P_n，P_t，則

$$P_t = \Sigma \pi_t = \Sigma\left[\pi_0 + \frac{t}{n}(\pi_n - \pi_0)\right] = P_0 + \frac{t}{n}(P_n - P_0)$$
$$(12 \cdot 6)$$

總人口亦爲等差級數，則總平均人口爲

$$\frac{1}{n}\int_0^n P_t\, dt = \frac{1}{2}(P_0 + P_n) = \Sigma\left[\frac{1}{2}(\pi_0 + \pi_n)\right] \quad (12 \cdot 7)$$

故等於部分人口之和。

(2)眞幾何級數法（true geometrical progression method）

前方法之假定爲每年一定數之人口增加，前法明顯地是個非科學的方法。但此法，假定一定的增加率來代替前法之一定增加數。此假定不能適用於長期間。將此法則適用於部分人口，r 爲 n 年間之增加率，

$$\pi_n = r\,\pi_0$$

級數爲連續，則

$$\pi_t = r^{\frac{t}{n}} \pi_0 \qquad (12\cdot8)$$

n 年間之平均人口爲

$$\frac{1}{n} \int_0^n \pi_0 \, r^{\frac{t}{n}} \, dt = \frac{r-1}{\log r} \pi_0 \qquad (12\cdot9)$$

若平均人口之期間剛不等於 n ，則積分限界應適當變更卽可。在求調查中間人口及平均人口，r 爲隔 n 年之二個普查之部分人口之比，於是 π_x^z 爲曆年 z 之 x 歲群人口，則

$$r = \frac{\pi_x^z}{\pi_x^{z-n}} \qquad (12\cdot10)$$

以此同法則使用於將來之人口預測，卽

$$\pi_x^{z+n} = \pi_x^z \left(\frac{\pi_x^z}{\pi_x^{z-n}} \right) \qquad (12\cdot11)$$

一方若在種種年齡之曆年 z 及曆年 $z+n$ 年間之死亡率及遷出入純增加率，$z-n$ 年與 z 年間之兩者假定爲同一，則

$$\pi_x^{z+n} = r' \pi_x^z \qquad (12\cdot12)$$

$$\therefore \quad r' = \frac{\pi_{x-n}^z}{\pi_{x-n}^{z-n}} \qquad (12\cdot13)$$

此方法稱爲眞幾何級數法。此法有 3 種，卽修正幾何級數（modified. G. P.），Waters 第一法及第二法，將後二者分述如下：

①Waters 第一法

假設總人口以等比級列（G. P）增加，$\dfrac{\pi_t}{P_t}$ 以等差級列（A. P）增加，全期間爲 1 ，則

$$P_1 = R P_o \tag{12.14}$$

$\dfrac{\pi_t}{P_t}$ 依照 A. P 增加，

$$\pi_t = (a + b t) P_t \tag{12.15}$$

總人口爲 G. P，則

$$P_t = R^t P_o \tag{12.16}$$

$$\therefore \quad \pi_t = P_o (a + b t) R^t \tag{12.17}$$

平均人口，

$$P_o \int_0^1 (a + b t) R^t d t = P_o \left(\frac{R-1}{\log R} \right) \left\{ a + b \left(\frac{R}{R-1} - \frac{1}{\log R} \right) \right\} \tag{12.18}$$

a，b 由基礎假定而決定。

$$\pi_o = a P_o , \quad \pi_1 = (a + b) P_1 \tag{12.19}$$

由是，部分人口群之平均人口爲

$$\frac{1}{\log R} \left\{ \pi_o \left(\frac{R-1}{\log R} - 1 \right) + \pi_1 \left(1 - \frac{R-1}{R \log R} \right) \right\} \tag{12.20}$$

此等部分人口之合計，即得

$$\frac{1}{\log R} \left\{ P_o \left(\frac{R-1}{\log R} - 1 \right) + P_1 \left(1 - \frac{R-1}{R \log R} \right) \right\} = \frac{R-1}{\log R} P_o \tag{12.21}$$

上式與由總人口直接求得平均人口完全一致，即

$$\int_0^1 P_o R^t d t = \frac{R-1}{\log R} P_o \tag{12.22}$$

② Waters 第二法

假定某一地方人口之兩囘調查人口之各各乘以 m 及 n 後合計，即

$$\pi_t = m \pi_o + n \pi_1 \tag{12.23}$$

又假設　$m + n = 1$

將（12·23），對於全部之部分人口加以合計爲

$$P_t = mP_o + nP_1 = mP_o + (1 - m) P_1 \qquad (12·24)$$

$$\therefore \quad m = \frac{P_1 - P_t}{P_1 - P_o} \qquad (12·25)$$

$$n = 1 - m = \frac{P_t - P_o}{P_1 - P_o} \qquad (12·26)$$

於是（12·23）爲

$$\pi_t = \left(\frac{P_1 - P_t}{P_1 - P_o}\right)\pi_o + \left(\frac{P_t - P_o}{P_1 - P_o}\right)\pi_1 \qquad (12·27)$$

或　$$\pi_t = \pi_o + \frac{P_t - P_o}{P_1 - P_o}(\pi_1 - \pi_o) \qquad (12·28)$$

假定總人口爲等比級列（geometrical progression），則

$$P_1 = RP_o \ , \ P_t = R^t P_o \qquad (12·29)$$

由（12·28）爲

$$\pi_t = \pi_o + \frac{R^t - 1}{R - 1}(\pi_1 - \pi_o) \qquad (12·30)$$

平均人口爲

$$\int_\infty^n \pi_t \, dt = \pi_o + \left(\frac{1}{\log R} - \frac{1}{R-1}\right)(\pi_1 - \pi_o) \qquad (12·31)$$

$$\stackrel{.}{=} \left(\frac{R}{R-1} - \frac{1}{\log R}\right)\pi_o + \left(\frac{1}{\log R} - \frac{1}{R-1}\right)\pi_1$$

$$(12·32)$$

中間人口 π_t 及平均人口之實際計算上，（12·30）及（12·32）爲便利。

12‧2 人口統計之幾何學的解說

生命統計以幾何學的圖形來表示，俾使容易理解其內容。此種圖示法曾由許多學者研究，其中使用最多者爲 W. Lexis 圖示法。其基本概念是將各個人之生命各以生命線之線分來表示，而生命線之集合來表示靜態及動態統計。

1. Lexis 第一圖示法

生命線是出生點 A 爲起點，死亡點 S 爲終點之線分，其線分上一點 B 爲生存中之一時點，$AB = x$（單位一年），則 x 爲觀察時之年齡。

自一定曆日時算起之出生時期爲 t，（單位一年），觀察時點 B 爲年齡 x，曆日時爲 τ，則 $\tau = t + x$

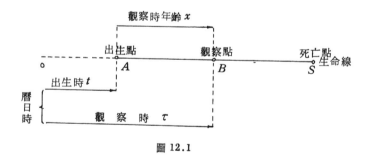

圖 12.1

統計圖示之方法是各生命線爲平行，故同一出生時，同一年齡，同一觀察時相應點者，使各自能在於同一直線上而選擇 t，x，τ 之坐標，由此方法，將人口生死諸統計，以幾何學的圖示法來表示。現在最多使用者係 W. Lexis 圖示法，列於如下：

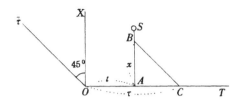

圖 12.2

平面上之直交坐標軸爲 OX ，OT ，而 OT 表示曆日時（原點 O 選擇適當的一定曆日時），OX 表示年齡（原點爲 0 歲），單位爲年。在 OT 上取 $OA = t$ ，經過 A 點垂直於 OT 軸之直線 AS ，（$AS \top OT$），此 AS 稱爲出生時 t 之出生線，然而出生時 t 之生命線可以沿着出生線劃線，於是在同時間多數之出生者時，沿出生線劃多數之重疊的生命線。在時期 $OA = t$ 出生的一生命線之觀察點爲 B ，該時之年齡 $AB = x$ 。又垂直於 $\angle XOT$ 之二等分線之軸爲 $O\tau$ ，由 B 點起點與 $O\tau$ 平行之直線爲 BC ，此與 OT 之交點爲 C ，$BC \parallel O\tau$ ，$\angle OCB = 45°$ ，則得

$$OC = OA + AC = OA + AB = t + x = \tau$$

C 之曆日時爲 B 之觀察點，$O\tau$ 稱爲同時軸，與 $O\tau$ 線平行之直線稱爲同時線（BC）。同時線與各生命線之交點表示各生命在其時期生存。在垂直於年齡軸 OX（即與 OT 軸平行）之直線稱爲同年齡線。同年齡線與各生命線之交點表示各生命，在其年齡生存。

茲將上列圖示法表示的主要的生命統計列於如下：

（1）　生存人口集群（Hauptgesamtheit von Lebenden）

①第一生存人口集群（同年齡人口集群）

　　同年齡線（ x ）中由二個出生線 $t = t_1$ ，$t=t_2$ （ $t_1 < t_2$ ）欄截的線分爲 $\overline{B_1 B_2}$ ， 此線分與生命線交切之點數表示，在時域（ t_1, t_2 ）出生，而且到達年齡 x 歲之生存人口。

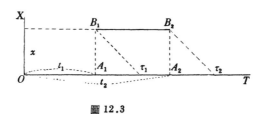

圖 12.3

　　此同年齡人口集群稱爲第一生存人口集群以線分 $B_1 B_2$ 或記號 $P_x^{t_1|t_2}$ 表示。

　　此人口直接由人口調查不可能獲得，但死亡率算定上不可或缺的數列。通過 B_1 ， B_2 之同時線各爲 $\tau = \tau_1$ ， $\tau = \tau_2$ ， 則得 $\tau_1 = t_1 + x$ ， $\tau_2 = t_2 + x$ 。 故此人口集群可視爲，在時域（ τ_1, τ_2 ），而到達 x 歲人口。依照此定義可以記號 $P_x^{\tau_1|\tau_2}$ 表示。

　　因 $\tau_2 - \tau_1 = t_2 - t_1$ ，故此人口之出生時域之幅度與觀察之時域之幅度相等。此集群中，特爲重要者即是 x 剛巧整數，而出生時域與觀察時域各爲一曆年（ t ， $t+1$ ）及（ τ ， $\tau + 1$ ）。此特別的第一生存人口集群之記號以 E_x^τ 表示。此人口在觀察曆年（ τ ， $\tau + 1$ ），剛剛到達 x 歲之人口。其出生曆年爲（ $\tau - x$ ， $\tau - x + 1$ ）。

②第2生存人口集群（同時期生存人口集群）

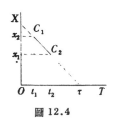

圖 12.4

同時線（τ）中由二個之出生線 $t = t_1$，$t = t_2$（$t_1 < t_2$）欄截的線分爲 $\overline{C_1 C_2}$。$\overline{C_1 C_2}$ 與生命線交切之點數表示，在時域（t_1, t_2）出生，而同時期 τ 生存之人口。此人口集群稱爲生存者第二集群或同時期生存人口集群，以線分 $\overline{C_1 C_2}$ 或 $P_{\tau}{}^{t_1 | t_2}$ 表示。

C_1，C_2 之年齡坐標，各爲 x_2，x_1，則此人口表示，在同時期 τ，而年齡範圍在（x_1, x_2）之人口（$x_1 < x_2$）。

玆 $x_1 = \tau - t_2$，$x_2 = \tau - t_1$，於是，此人口視爲，在時點 τ，而年齡範圍在（x_1, x_2）之生存人口，以記號 $P_{x_1 | x_2}^{\tau}$ 表示。

由 $x_2 - x_1 = t_2 - t_1$，出生時域之幅度與年齡範圍之幅度相等。此集群中特別重要者是出生時域爲一曆年（$t, t+1$），而且觀察時點 τ 爲曆年終或年始時，此時之年齡範圍爲一歲範圍（$x, x+1$）。此時 $x = \tau - t + 1$。

第二生存人口基本集群之記號，特別地使用 P_x^{τ}。P_x^{τ} 爲時期 τ，x 歲～$x+1$ 歲間之生存人口，即爲靜態統計所得的人口。

(2)死亡人口集群（Hauptgesamtheit von Gestorbenen）

①第一死亡人口集群

圖 12.5

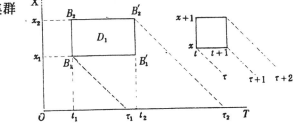

以二個之年齡線 $x = x_1$，$x = x_2$ 及二個之出生線 $t = t_1$，$t = t_2$ 包圍的矩形 D_1($B_1 B_2 B_2' B_1'$)內之生命線之死亡點數表示，在(t_1，t_2)內，年齡範圍(x_1，x_2) 死亡的人口數。此稱爲死亡者之第一集群，以矩形 D_1 或記號 $D_{x_1|x_2}^{t_1|t_2}$ 表示。若人口之遷出入皆不考慮時，則下列關係即可成立。

$$D_{x_1|x_2}^{t_1|t_2} = D_1 = \overline{B_1 B_1'} - \overline{B_2 B_2'} = P_{x_1}^{t_1|t_2} - P_{x_2}^{t_1|t_2} \qquad (12 \cdot 33)$$

其次，在此範圍，死亡發生最初時期 τ_1 及最後時期 τ_2，由 $\tau_1 = t_1 + x_1$，$\tau_2 = t_2 + x_2$，則

$$\tau_2 - \tau_1 = t_2 - t_1 + x_2 - x_1$$

在此項，特別重要者是(t_1，t_2)爲一年(t，$t+1$)，(x_1，x_2)爲一歲範圍(x，$x+1$)，而 x 爲整數之時，觀察年度爲(τ，$\tau+2$)，（但 $\tau = t + x$）即跨二曆年。此時之記號用 $'D_x$ 例之，$'^{40}D_{20}$ 即 1940 年度出生，而 20～21歲之間死亡人口之死亡時期是 1960 年度及 1961 年度，跨二曆年。

③第二死亡人口集群

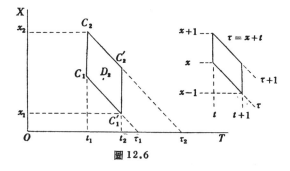

圖 12.6

以二個之出生線 $t = t_1$，$t = t_2$ 及二個之同時線 $\tau = \tau_1$，$\tau = \tau_2$ 包圍的平行四邊形 D_2($C_1 C_2 C_2' C_1'$)內之生命線之死亡點數表示，在

時域（t_1, t_2)出生，時域（τ_1, τ_2）死亡的人口。

此稱爲死亡者之第二集群，以平行四邊形 D_2 或記號 $D^{t_1|t_2}_{t_1|t_2}$ 表示。若人口之遷出入不予考慮時，則下列關係即可成立。

$$D^{t_1|t_2}_{t_1|t_2} = D_2 = \overline{C_1 C_1'} - \overline{C_2 C_2'} = P^{t_1|t_2}_{\tau_1} - P^{t_1|t_2}_{\tau_2} \qquad (12\cdot34)$$

此範圍之死亡者之年齡中，最年少者與最年長者之年齡，各爲 x_1，x_2 表示，此等各各係對於 C_1', C_2 之年齡，即 $x_1 = \tau_1 - t_2, x_2 = \tau_2 - t_1$

是故，死亡者之全年齡之範圍如下：

$$x_2 - x_1 = \tau_2 - \tau_1 + t_2 - t_1$$

此死亡者第二集群中，特別重要者是出生及觀察時域各爲一曆年（$t, t+1$）及（$\tau, \tau+1$），記號以 $'D^\tau$ 表示。此集群之年齡範圍是（$\tau - t - 1, \tau - t + 1$），跨兩年。例之，$'^{30}D'^{70}$ 即 1930 年度出生，1970 年度死亡者之年齡滿 39 歲與 41 歲之間，跨兩年等。

③第 3 死亡人口集群

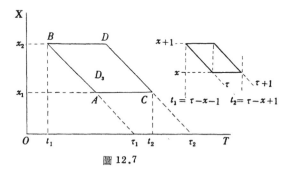

圖 12.7

以二個之同年齡線 $x = x_1$, $x = x_2$ 及二個之同時線 $\tau = \tau_1$, $\tau = \tau_2$ 包圍的平行四邊形 D_3（$ABCD$）內之生命線之死亡點數表示，在時域（τ_1, τ_2）內，年齡範圍（x_1, x_2）死亡的人口。

此稱爲死亡者之第三集群，以平行四邊形 D_3 或記號 $D^{\tau_1|\tau_2}_{x_1|x_2}$ 表示。若人口之遷出入不予以考慮時，則下列關係即成立。

$$D^{\tau_1|\tau_2}_{x_1|x_2} = D_3 = \overline{AB} + \overline{AC} - \overline{CD} - \overline{BD}$$

$$= P^{\tau_1}_{x_1|x_2} + P^{\tau_1|\tau_2}_{x_1} - P^{\tau_2}_{x_1|x_2} - P^{\tau_1|\tau_2}_{x_2} \qquad (12\cdot35)$$

此範圍內之死亡者之中，最年長者之最初死亡者之出生時 t_1 爲 $t_1 = \tau_1 - x_2$，最年少者之最後死亡者之出生時 t_2 爲 $t_2 = \tau_2 - x_1$，此範圍之死亡者之出生時域之長度如下：

$$t_2 - t_1 = \tau_2 - \tau_1 + x_2 - x_1$$

此死亡者之第 3 集群中，特別重要者是死亡時域爲一曆年（τ，$\tau+1$），年齡範圍爲一年（x，$x+1$）（x：整數）之時以記號 D^{τ}_x 表示。此死亡者之出生曆年（$\tau-x-1$，$\tau-x+1$）跨二年。例之，1970 年觀察之年齡 30 歲至 31 歲之間之死亡係 1939 年與 1940 年之二年間之出生者。

(3)死亡者基本集群

茲同年齡線，同出生線及同時線各自每一年單位劃直線，此等直線系集合構成爲許多直角三角形之網形狀：

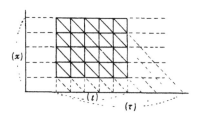

圖 12.8

　　此等直角三角形內之死亡點數，對生命表編製上極爲重要，Lexis 氏此表稱爲死亡者之基本集群（Elementar-gesamtheit von Gestorbenen）。

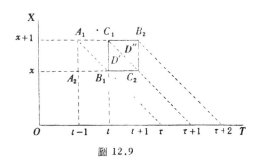

圖 12.9

　　此死亡者基本集群，以圖 12.9 所示，D'（$\Delta B_1 C_1 C_2$）及 D''（$\Delta C_1 B_2 C_2$）之方向不相同的二個直角三角形內之死亡點之表示法有二種類。圖 12.9 之 D' 內之死亡點數表示，在曆年（ t , $t+1$ ）出生，年齡（ x , $x+1$ ），且在曆年（ τ , $\tau+1$ ）死亡之人口，而 D'' 內之死亡點數表示，在同曆年（ t, $t+1$ ）出生，年齡（ x , $x+1$ ），且在曆年（ $\tau+1$, $\tau+2$ ）死亡之人口。

　　若不考慮人口遷出入，則

$$D' = \overline{B_1 C_2} - \overline{C_1 C_2} , \quad D'' = \overline{C_1 C_2} - \overline{C_1 B_2}$$

　　D' 表示，在曆年（ τ , $\tau+1$ ），剛剛到達 x 歲人口之中至曆年末 $\tau+1$ ，以年齡（ x , $x+1$ ）死亡之人口，D'' 表示在曆年末 τ $+1$ ，年齡（ x , $x+1$ ）之人口，在次曆年（ $\tau+1$, $\tau+2$ ），剛剛到達 $x+1$ 歲死亡之人口。D' 及 D'' 各以記號 $_\alpha D_x^\tau$ 及 $_\delta D_x^{\tau+1}$ 表示。

　　又 $\Delta A_2 A_1 B_1$ ，以 $_\alpha D_x^{\tau-1}$ ，$\Delta A_1 C_1 B_1$ 以 $_\delta D_x^\tau$ 表示。$_\alpha D_x^\tau$ 及 $_\delta D_x^{\tau+1}$

之合計爲第一死亡集群之正方形 $B_1C_2B_2C_1$，即以 $'D_x$ 表示，則得

$$_\alpha D_x^{\tau} + {}_\delta D_x^{\tau+1} = {}'D_x$$

$_\alpha D_x^{\tau}$ 及 $_\delta D_x^{\tau}$ 之合計爲第三死亡人口集群之平行四邊形 $A_1B_1C_2C_1$，即以 D_x^{τ} 表示，則得

$$_\alpha D_x^{\tau} + {}_\delta D_x^{\tau} = D_x^{\tau}$$

2． Lexis 第二圖示法

此圖示法與前者較之略有不同，但表示的基本概念大致相同。故稱爲 Lexis 第二圖示法。茲將該法概述如下：

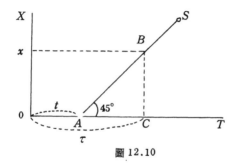

圖 12.10

今以直交坐標之橫軸 OT 爲「時間軸」，其橫軸 OT 上之各點表示曆年月日時；其縱軸 OX 爲「年齡軸」以此表示所觀察對象（一人或一群人）之年齡。時間軸 OT 上之時間，表示出生時日及觀察時日，若以橫軸 OT 上之 A 點爲出生點，由 A 點出發，與橫軸成 $45°$ 角之直線，而通過 B 點至終點爲死亡點 S，死亡點之橫坐標爲死亡日時，縱坐標爲死亡時之年齡。此直線（ABS）稱爲生命線。即生命線與 OT 軸成 $45°$ 角之斜直線。又通過 B 點而垂直於 OT 軸之直線 BC 稱爲同時線，$OC = OA + AC = OA + BC = t + x = \tau$，（同時線，辦理統計時設在年始或年末）。而同時線與各生命線之切點表示各生命，在其時期生存又垂直於年齡軸 OX 之直線稱爲同年齡。此線與各生

命線之切點表示各生命，在其時期生存。

　　前項所述之各樣人口及死亡人口均可使用 Lexis 第二圖示法同樣表示。茲將此圖示法之扼要說明如下：

①第一生存人口集群（同年齡人口集群）

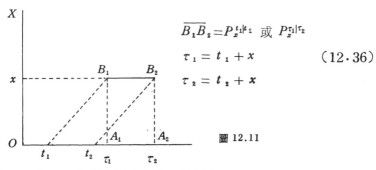

$$\overline{B_1B_2} = P_x^{t_1|t_2} \quad 或 \quad P_x^{\tau_1|\tau_2}$$
$$\tau_1 = t_1 + x$$
$$\tau_2 = t_2 + x \qquad\qquad (12 \cdot 36)$$

圖 12.11

②第二生存人口集群（同時期人口集群）

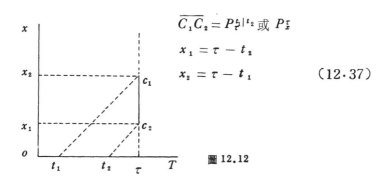

$$\overline{C_1C_2} = P_\tau^{t_1|t_2} \quad 或 \quad P_x^\tau$$
$$x_1 = \tau - t_2$$
$$x_2 = \tau - t_1 \qquad\qquad (12 \cdot 37)$$

圖 12.12

（2）死亡人口集群

①第一死亡人口集群

圖 12.13

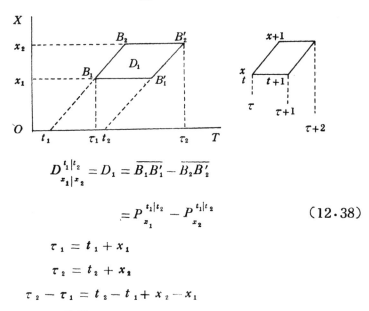

$$D_{\substack{x_1|x_2}}^{\substack{t_1|t_2}} = D_1 = \overline{B_1 B_1'} - \overline{B_2 B_2'}$$

$$= P_{\substack{x_1}}^{\substack{t_1|t_2}} - P_{\substack{x_2}}^{\substack{t_1|t_2}} \qquad (12 \cdot 38)$$

$$\tau_1 = t_1 + x_1$$

$$\tau_2 = t_2 + x_2$$

$$\tau_2 - \tau_1 = t_2 - t_1 + x_2 - x_1$$

②第二死亡人口集群

圖 12.14

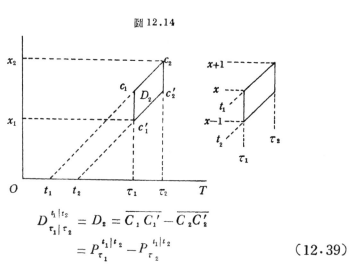

$$D_{\substack{\tau_1|\tau_2}}^{\substack{t_1|t_2}} = D_2 = \overline{C_1 C_1'} - \overline{C_2 C_2'}$$

$$= P_{\substack{\tau_1}}^{\substack{t_1|t_2}} - P_{\substack{\tau_2}}^{\substack{t_1|t_2}} \qquad (12 \cdot 39)$$

$$x_1 = \tau_1 - t_2$$

$$x_2 = \tau_2 - t_1$$

$$\therefore \quad x_2 - x_1 = \tau_2 - \tau_1 + t_2 - t_1$$

③第三死亡人口集群

圖 12.15

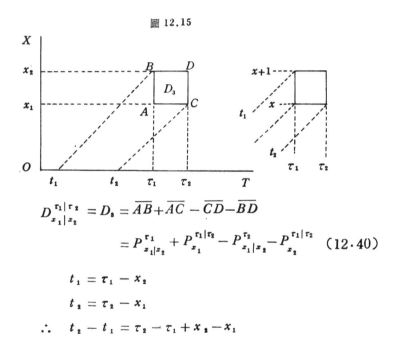

$$D_{x_1|x_2}^{\tau_1|\tau_2} = D_3 = \overline{AB} + \overline{AC} - \overline{CD} - \overline{BD}$$

$$= P_{x_1|x_2}^{\tau_1} + P_{x_1}^{\tau_1|\tau_2} - P_{x_1|x_2}^{\tau_2} - P_{x_2}^{\tau_1|\tau_2} \quad (12.40)$$

$$t_1 = \tau_1 - x_2$$

$$t_2 = \tau_2 - x_1$$

$$\therefore \quad t_2 - t_1 = \tau_2 - \tau_1 + x_2 - x_1$$

12·3　人口移動之解析的理論

假設人口移動限於出生及死亡，且連續地發生。

今某一定曆日時點為 0 ，在時域（ 0 , t ）出生，而到達 x 歲之人口，以函數 $F(t, x)$ 表示。

$$F(t+dt, x) - F(t, x) = \frac{\partial F(t, x)}{\partial t} dt \quad (1)$$

上式表示在微小時域（t，$t+dt$）出生，而到達 x 歲人口。

設　　$z = f(t, x) = \dfrac{\partial F(t, x)}{\partial t}$　　　　　　　(2)

則，z 定義爲在時點 t 之出生者之年齡 x 歲之生存密度。

$$- \{f(t, x+dx) - f(t, x)\} dt = -\dfrac{\partial f(t, x)}{\partial x} dx dt \quad (3)$$

上式表示，在微少時域（t，$t+dt$）出生，且在微小年齡範圍（x，$x+dx$）之死亡人口。

設 $\zeta = \varphi(t, x) = -\dfrac{\partial f(t, x)}{\partial x} = -\dfrac{\partial^2 F(t, x)}{\partial t \partial x}$

ζ 定義爲在時期 t 之出生者之年齡到達 x 歲死亡者之死亡密度。

其次，空間直角坐標 3 軸 OT，OX，OZ 之坐標爲 t，x，z 作爲表示方程式（2）之曲面，此曲面稱爲 Zeuner 面。G. Zeuner 氏以此爲基礎樹立人口統計的理論。

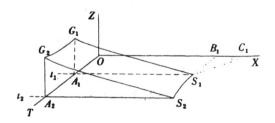

圖 12.16

圖 12·16　四曲線

$z = f(t, 0)$

$z = f(t_1, x)$

$z = f(t_2, x)$

$0 = f(t, x)$

上圖表示四曲線爲境界之（2）式之面之部分。$x=0$ 之第一曲線 $z=f(t,0)$ 表示出生密度之變化，稱爲出生曲線。$\overset{\frown}{G_1 G_2}$ 表示自 $OA_1=t_1$ 至 $OA_2=t_2$ 之出生密度之變化。

$t=t_1$ 之第二曲線 $z=f(t_1,x)$ 表示，隨 $OA_1=t_1$ 之出生者之年齡之增加，死亡人口密度之減少狀態。以此表示之曲線 $\overset{\frown}{G_1 S_1}$ 稱爲對於 t_1 之死亡曲線。

$t=t_2$ 之第三曲線 $z=f(t_2,x)$，與第二曲線同樣，以此表示之曲線 $\overset{\frown}{G_2 S_2}$ 爲對於出生時 t_2 之死亡曲線。

$z=0$ 之第四曲線 $0=f(t,x)$ 是以第 12·16 圖之 $\overset{\frown}{S_1 S_2}$ 曲線來表示，出生時與該時日出生的人死盡的最高齡之關係。

今，S_1 對 OX 作一垂線 $S_1 B_1$，又使 $\angle B_1 C_1 S_1=45°$，OX上取得 C_1，$OB_1=A_1 S_1=x_1$，$OC_1=\tau_1$，因 $t_1+x_1=\tau_1$，x_1 爲 $OA_1=t_1$ 之出生者之死盡的年齡，其時期爲 τ_1。此 OX 軸，除年齡 x 外，又表示對此之時期 τ。

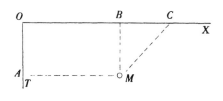

圖 12.17

屬於平面 OTX 上之一點 $M(t,x)$ 之空間表示之函數計有二個，第一爲生存密度值 $f(t,x)$，第二爲死亡密度值 $\varphi(t,x)$。又 M 點，除其坐標 (t,x) 外，亦決定某事故之觀察時 $OC=\tau$。

其次生存及死亡人口有關之一般定理列於如下：

「定理第一」　$x(t)$ 爲 t 之一意函數，平面 OTX 上取得曲線

$x = x(t)$。此曲線上之弧 $\overparen{M_2 M_2}$ 上取得的函數 $f(t, x)$ 之積分表示在時域 (t_1, t_2) 出生，到達 $\overparen{M_1 M_2}$ 相應的年齡之人口。t_1, t_2 各為對於 M_1, M_2 之 t 坐標。

此由 $f(t, x)$ 之定義

$$\int_{\overparen{M_1 M_2}} f(t, x) dt = \int_{t_1}^{t_2} f(t, x(t)) dt$$

表示，在 (t_1, t_2) 出生，到達 $x = x(t)$ 之年齡之人口。

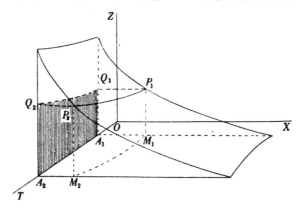

圖 12.18

此定理可以下述之，若由 $\overparen{M_1 M_2}$ 所作的 z 軸平行的墻面與 Zeuner 面之交切點，各為 P_1, P_2，則將面 $M_1 M_2 P_2 P_1$ 投射 TZ 平面之射影為 $A_1 A_2 Q_2 Q_1$，此表示，在時域 (t_1, t_2) 出生，而且曲線 $\overparen{M_1 M_2}$ 對應的達到年齡之人口。

[定理第二]

函數 $\varphi(t, x)$，在閉曲線 F 之內部之積分值，對此曲線之周圍 Γ，以箭頭所指的方向獲得的函數 $f(t, x)$ 之線積分值兩者相等。此數值表示，在時域 (t_1, t_2) 出生，而 Γ 指定的年齡範圍，死亡的人口

。玆設 t_1 及 t_2 是，於 Γ 之 t 之中之最小值及最大值。

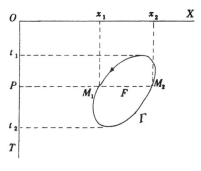

圖 12.19

此表示 $\varphi(t,x)$，在位置 (t,x) 之死亡密度，而且，因

$$\varphi(t,x) = -\frac{\partial^2 F(t,x)}{\partial t \partial x} = -\frac{\partial f(t,x)}{\partial x}$$

故 F 內之死亡人口如下：

$$\iint_F \varphi(t,x)\,dt\,dx = -\int_{t_1}^{t_2} dt \int_{x_1}^{x_2} \frac{\partial f(t,x)}{\partial x} dx$$

$$= \int_{t_1}^{t_2} f(t,x_1)\,dt + \int_{t_2}^{t_1} f(t,x_2)\,dt$$

$$= \int_{\Gamma} f(t,x)\,dt$$

在此，t（$t_1 \leqq t \leqq t_2$）對應的 OT 點之一點爲 P，由 P 點垂直於 OT 之直線與 F 交切之二點爲 M_1，M_2，而 x_1 及 x_2 是對應的 M_1，M_2 之 x 坐標。

上述的墻面是以 F 爲底，而與 z 軸爲平行的，而此墻面與 Zeuner 面交切之部分向 TZ 平面上，射影的部分之面積表示死亡人口。

在前項生存及死亡人口已視爲生命之切點數或死亡點數，即度數

（frequency）。如此等度數考慮爲連續地發生的極限之時，上述的生存及死亡人口集群，可由上述定理，解析地表示。

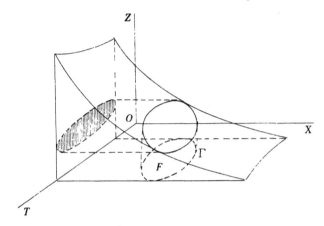

圖 12.20

首先，第一生存人口集群（圖12.3 $\overline{B_1B_2}$），則

$$P_x^{t_1|t_2} = \int_{t_1}^{t_2} f(t,x)dt = \int_{\tau_1-x}^{\tau_2-x} f(t,x)dt \quad (12.41)$$

特別地，在時域（t_1, t_2）之出生人口 $\overline{A_1A_2}$ 爲

$$P_0^{t_1|t_2} = \int_{t_1}^{t_2} f(t,0)dt \quad (12.42)$$

其次第二生存人口集群（圖12.4 $\overline{C_1C_2}$），則

$$P_t^{t_1|t_2} = \int_{c_1c_2} f(t,x)dt = \int_{t_1}^{t_2} f(t,\tau-t)dt$$

$$= \int_{\tau-x_2}^{\tau-x_1} f(t,\tau-t)dt \quad (12.43)$$

又，第一死亡人口集群（圖12.5. D_1），則

$$D_{x_1|x_2}^{t_1|t_2} = \int_{t_1}^{t_2}\int_{x_1}^{x_2} \varphi(t, x)\,dt\,dx$$

$$= \int_{t_1}^{t_2} f(t, x_1)\,dt - \int_{t_1}^{t_2} f(t, x_2)\,dt$$

$$= P_{x_1}^{t_1|t_2} - P_{x_2}^{t_1|t_2} \qquad (12\cdot44)$$

第二死亡人口集群（圖 12.6. D_2）. $\overline{C_2 C_2'}$, $\overline{C_1 C_1'}$ 之方程式，各爲 $t + x = \tau_2$, $t + x = \tau_1$ ，則

$$D_{\tau_1|\tau_2}^{t_1|t_2} = \int_{t_1}^{t_2}\int_{\tau_1 - t}^{\tau_2 - t} \varphi(t, x)\,dt\,dx$$

$$= \int_{t_1}^{t_2} f(t, \tau_1 - t)\,dt - \int_{t_1}^{t_2} f(t, \tau_2 - t)\,dt$$

$$= P_{\tau_1}^{t_1|t_2} - P_{\tau_2}^{t_1|t_2} \qquad (12\cdot45)$$

第三死亡人口集群（圖 12.7. D_3）, $\overline{AB}$, $\overline{CD}$ 之方程式，各爲 $t = \tau_1, - x$, $t = \tau_2 - x$ ，則

$$D_{x_1|x_2}^{\tau_1|\tau_2} = \int_{x_1}^{x_2}\int_{\tau_1 - x}^{\tau_2 - x} \varphi(t, x)\,dt\,dx \qquad (12\cdot46)$$

用定理第二，則

$$D_{x_1|x_2}^{\tau_1|\tau_2} = \int_{\overrightarrow{BA} + \overrightarrow{AC} + \overrightarrow{CD} + \overrightarrow{DB}} f(x, t)\,dt$$

$$= \int_{\overline{BA}} f(x, t)\,dt + \int_{\overline{AC}} f(x, t)\,dt$$

$$- \int_{\overline{DC}} f(x, t)\,dt - \int_{\overline{BD}} f(x, t)\,dt$$

$$= P_{x_1|x_2}^{\tau_1} + P_{x_1}^{\tau_1|\tau_2} - P_{x_1|x_2}^{\tau_2} - P_{x_2}^{\tau_1|\tau_2} \qquad (12 \cdot 47)$$

12·4　人口統計誘導之死亡率公式

1.　生存及死亡集群之關係式

根據實際人口統計計算死亡率，應將觀察曆年明顯地分別表示之必要。玆將使用之記號列於如下：

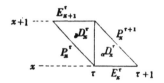

P_x^{τ} 及 $P_x^{\tau+1}$ 表示，在曆年（τ，$\tau+1$） 之年初及年末，而年齡範圍（ x ，$x+1$ ）之人口，

D_x^{τ} 表示，在曆年（ τ ，$\tau+1$ ），而年齡範圍（ x ，$x+1$ ）之死亡人口，

E_x^{τ} 表示，在曆年（τ，$\tau+1$），剛剛到達（滿）x 歲人口，

$_\delta D_x^{\tau}$ 表示，在曆年（τ，$\tau+1$）之年初，年齡範圍（ x ，$x+1$）之人口，而自年初起剛剛到 $x+1$ 歲之死亡數，

$_\alpha D_x^{\tau}$ 表示，在曆年（τ，$\tau+1$）剛剛到達 x 歲人口，至年末爲止之死亡數。 $_\delta D_x^{\tau}$ 及 $_\alpha D_x^{\tau}$ 均爲死亡人口之基本集群。

$$D_x^{\tau} = (P_x^{\tau} - E_{x+1}^{\tau}) + (E_x^{\tau} - P_x^{\tau+1}) \qquad (1)$$

$$_\delta D_x^{\tau} = P_x^{\tau} - E_{x+1}^{\tau} \qquad (2)$$

$$_\alpha D_x^{\tau} = E_x^{\tau} - P_x^{\tau+1} \qquad (3)$$

$$\therefore \quad D_x^{\tau} = {}_{\delta}D_x^{\tau} + {}_{\alpha}D_x^{\tau} \tag{4}$$

於（3）式，x 以 $x+1$ 代替，則

$$_{\alpha}D_{x+1}^{\tau} = E_{x+1}^{\tau} - P_{x+1}^{\tau+1} \tag{3'}$$

由（2）及（3）'，得

$$P_x^{\tau} = {}_{\delta}D_x^{\tau} + {}_{\alpha}D_{x+1}^{\tau} + P_{x+1}^{\tau+1} \tag{5}$$

於（3）式，$x=0$，得

$$E_o^{\tau} = P_o^{\tau+1} + {}_{\alpha}D_o^{\tau}$$

於（5）式，順序地 x 以 0，1，2，$\cdots$，且順序地 τ 以 $\tau+1$，$\tau+2$，$\tau+3$，$\cdots$代換，則得

$$P_o^{\tau+1} = {}_{\delta}D_o^{\tau+1} + {}_{\alpha}D_1^{\tau+1} + P_1^{\tau+2}$$

$$P_1^{\tau+2} = {}_{\delta}D_1^{\tau+2} + {}_{\alpha}D_2^{\tau+2} + P_2^{\tau+3}$$

$$P_2^{\tau+3} = {}_{\delta}D_2^{\tau+3} + {}_{\alpha}D_3^{\tau+3} + P_3^{\tau+4}$$

由此等式，得

$$E_o^{\tau} = P_o^{\tau+1} + {}_{\alpha}D_o^{\tau}$$

$$= P_1^{\tau+2} + {}_{\alpha}D_o^{\tau} + {}_{\delta}D_o^{\tau+1} + {}_{\alpha}D_1^{\tau+1}$$

$$= P_2^{\tau+3} + {}_{\alpha}D_o^{\tau} + {}_{\delta}D_o^{\tau+1} + {}_{\alpha}D_1^{\tau+1} + {}_{\delta}D_1^{\tau+2} + {}_{\alpha}D_2^{\tau+2}$$

$$= \cdots\cdots$$

$$\tag{6}$$

此等方程表示，（τ，$\tau+1$）曆年度之出生數 E_o^{τ} 是，由出生數中所發生的曆年末人口加上適當的基本集群死亡數而得，倒反地，出生數減去適當的集群死亡數即得各曆年末人口。

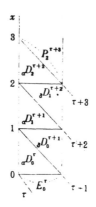

因在觀察時 τ ，x 歲之人是，於時點 $t = \tau - x$ 出生，故 $_a D_x^\tau$ 是在曆年（ $\tau - x$ ，$\tau - x + 1$ ）出生的人口中，在曆年（ τ ，$\tau + 1$ ），年齡（ x ，$x + 1$ ）死亡之人數，他方 $_a D_x^\tau$ 之殘餘卽 $_\delta D_x^\tau$ 是在曆年（ $\tau - x - 1$ ，$\tau - x$ ）出生的人口中之死亡數。於是如得其比

$$\frac{_\delta D_x^\tau}{D_x^\tau} = \frac{_\delta D_x^\tau}{_\delta D_x^\tau + {_a D_x^\tau}} = f_x^\tau$$

及其餘數

$$1 - f_x^\tau = \frac{_a D_x^\tau}{D_x^\tau}$$

則，一曆年之死亡可以按其出生曆年分割爲兩部分。

2．生存及死亡統計誘導之死亡率公式

（1）　假定死亡均勻分配之死亡率公式

　　假定在兩出生曆年（ $\tau - x - 1$ ，$\tau - x$ ）及（ $\tau - x$ ，$\tau - x + 1$ ）之出生者之 x 歲死亡率相等，其死亡率以 q_x 表示，若人口均無遷出入時，則以下式表示，

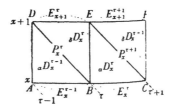

$$q_x = \frac{\alpha D_x^{\tau-1} + \delta D_x^{\tau}}{E_x^{\tau-1}} = \frac{\alpha D_x^{\tau} + \delta D_x^{\tau+1}}{E_x^{\tau}} \qquad (12 \cdot 48)$$

x 在 5 歲以後，正方形 $ABED$ 及正方形 $BCFE$ 內之死亡分佈均可能假定爲均等，即

$$\alpha D_x^{\tau-1} = \delta D_x^{\tau} \text{ 及 } \alpha D_x^{\tau} = \delta D_x^{\tau+1}$$

於是　$q_x = \dfrac{2 \delta D_x^{\tau}}{E_x^{\tau-1}} = \dfrac{2 \alpha D_x^{\tau}}{E_x^{\tau}} = \dfrac{2(\delta D_x^{\tau} + \alpha D_x^{\tau})}{E_x^{\tau-1} + E_x^{\tau}} = \dfrac{2 D_x^{\tau}}{E_x^{\tau-1} + E_x^{\tau}}$

$$= \frac{2 D_x^{\tau}}{(P_x^{\tau} + \alpha D_x^{\tau-1}) + (P_x^{\tau+1} + \alpha D_x^{\tau})}$$

$$= \frac{2 D_x^{\tau}}{(P_x^{\tau} + \delta D_x^{\tau}) + (P_x^{\tau+1} + \alpha D_x^{\tau})}$$

$$= \frac{2 D_x^{\tau}}{P_x^{\tau} + P^{\tau+1} + D_x^{\tau}}$$

$$\therefore \quad q_x = \frac{D_x^{\tau}}{\dfrac{1}{2}(P_x^{\tau} + P_x^{\tau+1} + D_x^{\tau})} \qquad (12 \cdot 49)$$

此公式是使用觀察年度（ τ ， $\tau + 1$ ）之年初及年末人口並當該年度

內之死亡數而計算 q_x 之近值式。

其次若人口之遷出入存在時，$\triangle ABD$，$\triangle DBE$，$\triangle BCE$ 及 $\triangle ECF$ 內之純遷出（遷出－遷入）各各為 $_aW_x^{\tau-1}$，$_\delta W_x^{\tau}$，$_aW_x^{\tau}$ 及 $_\delta W_x^{\tau+1}$ 則，與死亡同樣，正方形 $ABED$ 及正方形 $BCFE$ 內之遷出入之分布為均等，則

$$_aW_x^{\tau-1} = {}_\delta W_x^{\tau} \text{ 及 } _aW_x^{\tau} = {}_\delta W_x^{\tau+1}$$

又平行四邊形 $DBCE$ 內之純遷出人口為 W_x^{τ}，則

$$W_x^{\tau} = {}_aW_x^{\tau} + {}_\delta W_x^{\tau}$$

而且， $$q_x = \frac{_aD_x^{\tau-1} + {}_\delta D_x^{\tau}}{E_x^{\tau-1} - \frac{1}{2}({}_aW_x^{\tau-1} + {}_\delta W_x^{\tau})} = \frac{2{}_\delta D_x^{\tau}}{E_x^{\tau-1} - {}_\delta W_x^{\tau}}$$

及 $$q_x = \frac{_aD_x^{\tau} + {}_\delta D_x^{\tau+1}}{E_x^{\tau} - \frac{1}{2}({}_aW_x^{\tau} + {}_\delta W_x^{\tau+1})} = \frac{2{}_aD_x^{\tau}}{E_x^{\tau} - {}_aW_x^{\tau}}$$

$$\therefore \quad q_x = \frac{2D_x^{\tau}}{E_x^{\tau-1} + E_x^{\tau} - W_x^{\tau}}$$

一方 $$E_x^{\tau-1} = P_x^{\tau} + {}_aD_x^{\tau-1} + {}_aW_x^{\tau-1} = P_x^{\tau} + {}_\delta D_x^{\tau} + {}_\delta W_x^{\tau}$$

$$E_x^{\tau} = P_x^{\tau+1} + {}_aD_x^{\tau} + {}_aW_x^{\tau}$$

$$\therefore \quad q_x = \frac{2D_x^{\tau}}{(P_x^{\tau} + {}_\delta D_x^{\tau} + {}_\delta W_x^{\tau}) + (P_x^{\tau+1} + {}_aD_x^{\tau} - {}_aW_x^{\tau}) - W_x^{\tau}}$$

$$= \frac{D_x^{\tau}}{\frac{1}{2}(P_x^{\tau} + P_x^{\tau+1} + D_x^{\tau})}$$

此式與（12·49）式同型，結局（12·49）式，在有人口遷出入

時，亦可成立之近值式。

（2）不假定死亡均等分布之死亡率公式

　　在 0 歲～ 4 歲之乳幼兒年齡，與（1）項一樣，設假定死亡均等分布是不可能的。

　　今與（1）項同樣，出生曆年（$\tau - x - 1$，$\tau - x$）及（$\tau - x$，$\tau - x + 1$）之出生者 x 歲死亡率爲相等，此死亡率爲 q_x，則

$$q_x = \frac{{}_\alpha D_x^{\tau-1} + {}_\delta D_x^{\tau}}{E_x^{\tau-1}} = \frac{{}_\alpha D_x^{\tau} + {}_\delta D_x^{\tau+1}}{E_x^{\tau}}$$

$$= \frac{k_x^{\tau-1}({}_\alpha D_x^{\tau-1} + {}_\delta D_x^{\tau}) + (1 - k_x^{\tau})({}_\alpha D_x^{\tau} + {}_\delta D_x^{\tau+1})}{k_x^{\tau-1} E_x^{\tau-1} + (1 - k_x^{\tau}) E_x^{\tau}}$$

假定 $k_x^{\tau-1} = k_x^{\tau}$，此以 k_x 表示，則得下式

$$q_x = \frac{D_x^{\tau}}{k_x E_x^{\tau-1} + (1 - k_x) E_x^{\tau}} \qquad (12 \cdot 50)$$

因 $k_x^{\tau-1}$ 及 k_x^{τ} 實際上，各自有非常相似於 $f_x^{\tau-1}$ 及 f_x^{τ} 之值，則此爲 f_x，

$$q_x = \frac{D_x^{\tau}}{f_x E_x^{\tau-1} + (1 - f_x) E_x^{\tau}} \qquad (12 \cdot 51)$$

　　若假定死亡之均等分布時，

　　設　$f_x = \frac{1}{2}$

$$q_x = \frac{D_x^{\tau}}{\frac{1}{2} E_x^{\tau-1} + \frac{1}{2} E_x^{\tau}}$$

又　$q_x = \dfrac{_\alpha D_x^{\tau-1} + _\delta D_x^\tau}{E_x^{\tau-1}} = \dfrac{D_x^{\tau-1}\left(\dfrac{_\alpha D_x^{\tau-1}}{D_x^{\tau-1}}\right) + D_x^\tau f_x^\tau}{E_x^{\tau-1}}$

$\qquad = \dfrac{D_x^{\tau-1}(1-f_x^{\tau-1}) + D_x^\tau f_x^\tau}{E_x^{\tau-1}}$

$f_x^{\tau-1} = f_x^\tau$，此等於 $\dfrac{1}{2}$

$$q_x = \dfrac{\dfrac{1}{2}D_x^{\tau-1} + \dfrac{1}{2}D_x^\tau}{E_x^{\tau-1}}$$

其次由（12·50）式

$$q_x = \dfrac{D_x^\tau}{k_x E_x^{\tau-1} + (1-k_x)E_x^\tau}$$

$$= \dfrac{D_x^\tau}{k_x(P_x^\tau + _\alpha D_x^{\tau-1}) + (1-k_x)(P_x^{\tau+1} + _\alpha D_x^\tau)}$$

使此分母變形如下：

$k_x(P_x^\tau + _\alpha D_x^{\tau-1}) + (1-k_x)(P_x^{\tau+1} + _\alpha D_x^\tau)$

$\quad = (1-k_x)(P_x^{\tau+1} + _\alpha D_x^\tau - P_x^\tau - _\alpha D_x^{\tau-1}) + P_x^\tau + _\alpha D_x^{\tau-1}$

$\quad = (1-k_x)(P_x^{\tau+1} - P_x^\tau + D_x^\tau) - (1-k_x)(_\alpha D_x^\tau + _\alpha D_x^{\tau-1}) + P_x^\tau + _\alpha D_x^{\tau-1}$

$\quad = (1-k_x)(P_x^{\tau+1} - P_x^\tau + D_x^\tau) - _\alpha D_x^{\tau-1} + P_x^\tau + _\alpha D_x^\tau$

$\quad = P_x^\tau + (1-k_x)(P_x^{\tau+1} - P_x^\tau + D_x^\tau)$

$\therefore\quad q_x = \dfrac{D_x^\tau}{P_x^\tau + (1-k_x)(P_x^{\tau+1} - P_x^\tau + D_x^\tau)}$ 　　　　（12·53）

此等是以曆年（ τ ， $\tau+1$ ）之年初，年末人口及死亡人口而求死亡率公式。若死亡是均等分布，即 $k_x = 1/2$ 時與（12.49）一致。

以上（12.50）～（12.53）公式係無人口遷出入時，誘導的死亡率公式，但此等公式係爲了0歲～4歲之乳幼兒死亡率而求得的公式。故實際問題上人口遷出入可以不必考慮。

（3）中央死亡率：

在某觀察期間中 x 歲至 $x+t$ 歲（ $0 \leq t < 1$ ）之延人口爲 S ，同範圍之死亡數 D ，除以 S 得商稱爲此範圍之中央死亡率以 $_t m_x$ 表示。特別地， $t=1$ 時，以 m_x 表示。

觀察期間中之 $x+\xi$ 歲（ $0 \leq \xi < 1$ ）之生存人口，以 $f(x+\xi)$ 表示，則

$$S = \int_0^t f(x+\xi) d\xi$$

又在 $x+\xi$ 之死力以 $\mu_{x+\xi}$ 表示，則

$$D = \int_0^t f(x+\xi) \mu_{x+\xi} d\xi$$

於是

$$_t m_x = \frac{\int_0^t f(x+\xi) \mu_{x+\xi} d\xi}{\int_0^t f(x+\xi) d\xi}$$

在普通年齡，死力 $\mu_{x+\xi}$ 可視爲 ξ 之一次式，即 $\mu_{x+\xi} = a+b\xi$

$$_t m_x = \frac{\int_0^t f(x+\xi)(a+b\xi) d\xi}{\int_0^t f(x+\xi) d\xi}$$

$$= a+b \cdot \frac{\int_0^t \xi f(x+\xi) d\xi}{\int_0^t f(x+\xi) d\xi}$$

$\int_o^t \xi f(x+\xi)d\xi \big/ \int_o^t f(x+\xi)d\xi$ 為在此期間之 $x +$
ξ 歲，$f(x+\xi)$ 之密度存在時之重心之位置。此以 $\overline{\xi}$ 表示，則

$$_tm_x = a + b\overline{\xi} = \mu_{x+\overline{\xi}}$$

其次，假定在此範圍之生存人口為 $x+\xi$ 之二次式，則

$$f(x+\xi) = C_o + C_1(x+\xi) + C_2(x+\xi)^2$$

$$\overline{\xi} = \frac{\int_o^t \xi f(x+\xi)d\xi}{\int_o^t f(x+\xi)d\xi} = \frac{t}{2} + \frac{t}{12} \cdot$$

$$\frac{f(x+t)-f(x)}{f(x)+\frac{1}{4}\left\{f(x+t)-f(x-t)\right\}+\frac{1}{6}\left\{f(x+t)+f(x-t)-2f(x)\right\}}$$

設 t 為微小時，因上式之第二項比第一項極小，故消去，則

$$\overline{\xi} = \frac{t}{2}$$

是故 $\qquad _tm_x = \mu_{x+\frac{t}{2}}$

由生命函數公式（13.28）式

$$_tp_x = e^{-\int_o^t \mu_{x+\xi}d\xi}$$

$$\therefore \quad _tq_x = 1 - {_tp_x} = 1 - e^{-\int_o^t \mu_{x+\xi}d\xi}$$

$\mu_{x+\xi}$ 可能在以 ξ 之一次式 $a+b\xi$ 代換之範圍，則

$$\int_o^t \mu_{x+\xi}d\xi = \int_o^t (a+b\xi)d\xi = t\left(a+b\frac{t}{2}\right) = t\mu_{x+\frac{t}{2}} = t \cdot {_tm_x}$$

$$\therefore \quad _tq_x = 1 - e^{-t \cdot {_tm_x}}$$

$$= 1 - \left\{ 1 - t_t m_x + \frac{t^2}{2} (_t m_x)^2 - \frac{t^3}{6} (_t m_x)^3 + \cdots \right\}$$

$$= t_t m_x - \frac{t^2}{2} (_t m_x)^2 + \frac{t^3}{6} (_t m_x)^3 - \cdots\cdots$$

又　$\dfrac{t_t m_x}{1 + \dfrac{t}{2} \, _t m_x} = t_t m_x - \dfrac{t^2}{2} (_t m_x)^2 + \dfrac{t^3}{6} (_t m_x)^3 - \cdots\cdots$

是故 $_t m_x$ 之 3 次以上之項消去，則

$$_t q_x = \frac{t_t m_x}{1 + \dfrac{t}{2} \, _t m_x}$$

設　$t = 1$

$$q_x = \frac{m_x}{1 + \dfrac{m_x}{2}}$$

　　於是如在某觀察期間內，某年齡範圍之延人口及死亡數，可以獲得，則中央死亡率及死亡率可得計算。

　　在於第 τ 曆年度（τ，$\tau + 1$）中之期間 $\tau + \xi$（$0 \leqq \xi \leqq 1$），（x，$x + 1$）歲之人口 $P_x^{\tau + \xi}$，假定爲 ξ 之一次式，則此範圍之延人口爲 $\dfrac{1}{2}$（$P_x^{\tau} + P_x^{\tau + 1}$）。

$$\therefore \quad m_x = \frac{D_x^{\tau}}{\dfrac{1}{2} (P_x^{\tau} + P_x^{\tau + 1})} \tag{12.52}$$

$$\therefore \quad q_x = \frac{m_x}{1+\dfrac{m_x}{2}} = \frac{D_x^\tau}{\dfrac{1}{2}(P_x^\tau + P_x^{\tau+1} + D_x^\tau)} \tag{12.53}$$

此式與（2）式相同。

其次在曆年（ $\tau - x - 1$ ， $\tau - x$ ）出生的人口，在曆年（ τ ，$\tau + 1$ ）之年初，其年齡範圍（ x ， $x + 1$ ）為 P_x^τ ，在年末年齡範圍（ $x+1$ ， $x+2$ ）為 $P_{x+1}^{\tau+1}$ 。此間之死亡人口為 D ，此區間之人口，假定以 τ 之一次式而變化，此區間之中央死亡率以 m 表示，

$$m \fallingdotseq \frac{D}{\dfrac{1}{2}(P_x^\tau + P_{x+1}^{\tau+1})} \fallingdotseq \mu_{x+1}$$

$$\fallingdotseq q_x + \frac{1}{2} \tag{12.54}$$

上述（ 12.54 ）式之證明如下：

延人口 S 以下式表示，則

$$S = \int_0^1 P_{x+t}^{\tau+t}\, dt$$

假定觀察區間之人口，在 τ 期間，以一次函數表現，則

$$P_{x+t}^{\tau+t} = (1-t) P_x^\tau + t\, P_{x+1}^{\tau+1} \quad 0 \leqq t \leqq 1$$

$$\therefore \quad \int_0^1 P_{x+t}^{\tau+t} d t = \frac{1}{2}\,(\,P_x^{\tau}+P_{x+1}^{\tau+1}\,)$$

於是

$$m \fallingdotseq \frac{D}{\dfrac{1}{2}\,(\,P_x^{\tau}+P_{x+1}^{\tau+1}\,)}$$

其次考慮 t 時點之死力，玆因 t 時點之人口爲（ $x+t$ ，$x+1$ $+t$ 歲）者應取得平均，故 t 時點之平均死力以 $\overset{\centerdot}{}_{x+t}$ 表示，則

$$\Delta_{x+t} = \int_0^1 \mu_{x+t+\delta}\, d\,\delta$$

設　$\mu_{x+t+\delta} \fallingdotseq a + b\,(\,t+\delta\,)$ ，則

$$= a + b\,t + \frac{1}{2}\,b \fallingdotseq \mu_{x+\frac{1}{2}+t}$$

於是

$$m = \frac{\int_0^1 P_{x+t}^{\tau+t}\, \Delta_{x+t}\, d\,t}{\int_0^1 P_{x+t}^{\tau+t}\, dt}$$

$$\therefore \quad m = \Delta\,x + \frac{1}{2} = \mu_{x+1}$$

由［第 13 章（13·38）式］

$$q_x = 1 - e^{-\mu_{x+\frac{1}{2}}}$$

則得　$q_{x+\frac{1}{2}} = 1 - e^{-\mu_{x+1}}$

$$1 - e^{-\mu_{x+1}} = 1 - \left(\,1 - \mu_{x+1} + \frac{(-1)^2}{2\,!}\,(\,\mu_{x+1}\,)^2 \right.$$
$$\left. + \frac{(-1)^3}{3\,!}\,(\,\mu_{x+1}\,)^3 + \cdots\cdots \right)$$

2次以下消略，則得證明如下：

$$q_{x+\frac{1}{2}} \fallingdotseq \mu_{x+1}$$

第13章　生命函數

13・1　生命表之意義

　　年齡為函數之人間生死有關之諸函數稱為生命函數（biometric function）。生命表（life table）為計算生命函數的基礎表，根據1年乃至數年之統計的大量觀察而編算作成的表。其觀察的集團是一國之國民抑或人壽保險公司及其他保險團體。其生命表分為國民生命表（population table）及經驗生命表（experience table）。生命表分為男女別或者男女合併觀察作成。而經驗表中再分為保險種類別，同一投保年齡之被保險者別，投保後若干年除外觀察別，團體分類等之表。

13・2　生命表基本函數

1．生存數

　　生命表之基本可謂為生存數，此表示一定出生數，隨着年齡之增長，而幾多之生殘數。

　　今一定的出生人數以 l_0 表示，而其中至滿 x 歲生殘的人數以 l_x 表示。此稱為 x 歲之生存數（number living）。l_x 可視為 x 之連續函數。生命表按各整數年齡均有記載。但是在0歲附近之生存數顯示急激的減少，故自0歲至1歲之間尚有細分的生存數之記載。

　　因生命表之目的，在於觀察其生殘比例狀態，故生存數之絕對數

，本質地並不需要，而兩個生存數之比例至爲重要。是故生存數 l_0 通常定爲以整數 10 萬或者100萬。l_0 稱爲生命表之基數（radix），但是在高年齡部分之生存數很少。故在該部分可以小數點以下之數表示。

生存數逐漸減少爲 0 之最後年齡稱爲最終年齡（limiting age）以 ω 表示。即 $l_\omega = 0$ 。在生命表，ω 與 ∞ 以同一意思使用。

2. 定常人口

今假設 l_0 之人數，在一年中，同樣出生，按生命表而生殘，而且全無人口之遷移出入之社會。此種現象逐將達到定常狀態（stationary state）。此稱爲生命表之定常人口（stationary population）。在此種社會中，假想有 x 歲至 $x+1$ 歲間之人口數。今 $x+t$ 歲（ $0 \leq t < 1$ ）至 $x+t+dt$ 歲之間之人口數是在 $x+t$ 年前至 $x+t+dt$ 年前之間之 dt 年間出生的 $l_0 dt$ 之中生殘的人數 $l_{x+t} dt$ 。故此，x 歲至 $x+t$ 歲間之人口數 L_x 以下式表示，

$$L_x = \int_0^1 l_{x+t} \, dt \tag{13.1}$$

又 x 歲以上之人口以 T_x 表示，則

$$T_x = \sum_{t=x}^{\infty} L_t = \int_x^{\infty} l_x \, dx = \int_0^{\infty} l_{x+t} \, dt \tag{13.2}$$

於是全人口爲

$$T_0 = \int_0^{\infty} l_x \, dx \tag{13.3}$$

又 $\quad L_x = T_x - T_{x+1} \tag{13.4}$

3. 死亡數

凡生命函數可由 l_x 誘導而計算，即

$$d_x = l_x - l_{x+1} \tag{13.5}$$

d_x 是 x 歲至 $x+1$ 歲之間之死亡人數，此稱為 x 歲之死亡數（number dying）。

上述所知，l_x 為 x 之連續函數，若此以數式表示，則可求得（13.1）式之積分結果。除幼年及老年外，在（13.1）式之積分範圍，l_{x+t} 可視為 t 之一次函數，則

$$L_x = \int_0^1 l_{x+t} \, dt = \int_0^1 (l_x - t d_x) dt = l_x - \frac{1}{2} d_x$$

$$= l_{x+\frac{1}{2}} = \frac{1}{2}(l_x + l_{x+1}) \tag{13.6}$$

以上所述，因生命表（或死亡表）係表示一定人數，隨着年齡之增長，死亡而生殘之狀態又可稱為死亡生殘表（decremental table of life）。

4．死亡率、生存率、中央死亡率

x 歲之人數，在下一年間之死亡機率稱為 x 歲之死亡率（rate of mortality），以 q_x 表示。x 歲之人數 l_x，在下一年間之死亡人數為 d_x，依機率之定義，即

$$q_x = \frac{d_x}{l_x} \tag{13.7}$$

x 歲之人數至 $x+1$ 歲生存的機率稱為生存率，以 p_x 表示，依機率之定義，即

$$p_x = \frac{l_{x+1}}{l_x} = \frac{l_x - d_x}{l_x} = 1 - q_x \tag{13.8}$$

$$\therefore \quad p_x + q_x = 1$$

一般地言，以實際之統計資料而編算生命表時，先求得 p_x 或 q_x

，然後由此求得 l_x，d_x。但是在人口統計方面觀之，通常 x 歲至 $x+1$ 歲間之人口 L_x' 及 x 歲至 $x+1$ 歲之間死亡之人數 d_x' 由直接或間接的方法獲得，此等數字是該當生命表內之 L_x 及 d_x。因此需要下列函數，d_x/L_x，此函數稱為 x 歲之中央死亡率（ central death rate)，以 m_x 表示，即

$$\dot{m}_x = \frac{d_x}{L_x}$$

$$= \frac{d_x}{l_x - \dfrac{1}{2}d_x} \left\{ \begin{array}{l} 在 (x , x+1) 之範圍內，l_x \\ 可視為年齡之一次函數之場合 \end{array} \right\}$$

由（13·7）及（13·8），即得

$$\left. \begin{array}{l} m_x = \dfrac{2\,q_x}{2 - q_x} \\[3mm] q_x = \dfrac{2\,m_x}{2 + m_x} = \dfrac{m_x}{1 + \dfrac{1}{2}m_x} \\[3mm] p_x = \dfrac{2 - m_x}{2 + m_x} \end{array} \right\} \qquad (13·9)$$

生命表中之 L_x 及 d_x 是屬於定常人口者，而實際人口統計之 L_x' 及 d_x'，因包括遷移以及其他之複雜的原因，嚴密地言之，下式僅可近值地，相等，即

$$\frac{d_x'}{L_x'} \fallingdotseq \frac{d_x}{L_x} = m_x$$

茲就經驗生命表言，由統計資料先求得 p_x 或 q_x，然後由此計算 l_x，d_x。故適當的基數 l_0（人壽保險之契約係 a 歲起保時以 l_a

為基數）任意決定後，由下式

$$l_0 p_0 = l_1, \ l_1 p_1 = l_2, \cdots\cdots, \ l_{x-1} p_{x-1} = l_x$$

順序計算 l_x，再由（13·5）式求 d_x。而生存數，死亡數，生存率，死亡率之中任何一個已知，則其他由此可以算出。

5. 單一生命有關之生命機率

　　p_x，q_x 以外之複雜的單一生命有關之生命機率可由生命表計算。茲將 x 歲之人以（x）記號代替表示，

(1)　（x）自今起 n 年間生存機率為 $_n p_x$，（x）之 l_x 之人員中至 $x+n$ 歲生存人員為 l_{x+n}，依機率之定義

$$_n p_x = \frac{l_{x+n}}{l_x} \tag{13·10}$$

(2)　（x）自今起 n 年內死亡機率為 $_n q_x$：（x）之 l_x 之人員中 n 年內死亡之人數為 $l_x - l_{x+n}$，依機率之定義

$$_n q_x = \frac{l_x - l_{x+n}}{l_x} = 1 - {_n p_x} \tag{13·11}$$

(3)　（x）今後第 $n+1$ 年死亡機率 $_{n|} q_x$：

　　（x）之 l_x 人中今後第 $n+1$ 年，死亡之人數為 d_{x+n}，則

$$_{n|} q_x = \frac{d_{x+n}}{l_x} = \frac{l_{x+n}}{l_x} \cdot \frac{d_{x+n}}{l_{x+n}} = {_n p_x} \cdot q_{x+n} \tag{13·12}$$

$$或 \ _{n|} q_x = \frac{d_{x+n}}{l_x} = \frac{l_{x+n} - l_{x+n+1}}{l_x} = {_n p_x} - {_{n+1} p_x} \tag{13·13}$$

(4)（x）今後 n 年經過後之 m 年間之死亡機率 $_{n|m} q_x$；（x）之 l_x 人中今後 n 年經過後之 m 年間之死亡數為 $l_{x+n} - l_{x+n+m}$，依機率之定義，

$$_{n|m}q_x = \frac{l_{x+n}-l_{x+n+m}}{l_x} = {}_np_x - {}_{n+m}p_x$$

$$\left. \text{或} \quad _{n|m}q_x = \frac{l_{x+n}}{l_x}\ \frac{l_{x+n}-l_{x+n+m}}{l_{x+n}} = {}_np_x \cdot {}_mq_{x+n} \right\} \quad (13\cdot14)$$

6. 死力

將 1 年為 m 等分，而 (x) 在最初之 $\dfrac{1}{m}$ 年間之死亡人數為 $l_x - l_{x+\frac{1}{m}}$ 。由此， (x) 在最初之 $\dfrac{1}{m}$ 年間之死亡機率為 $\dfrac{l_x - l_{x+\frac{1}{m}}}{l_x}$ 。 假設以同一比例，在一年間發生死亡，其 1 年間之名義上的死亡比例（ nominal annual death rate ）如下：

$$\frac{l_x - l_{x+\frac{1}{m}}}{l_x} \times m = \frac{l_x - l_{x+\frac{1}{m}}}{\frac{1}{m}l_x} \qquad (13\cdot15)$$

若 m 為無限大，即 $\dfrac{1}{m} \to 0$ 時，上式在極限，即為 $-\dfrac{1}{l_x}\dfrac{dl_x}{dx}$ 。此極限稱為 x 歲之死力（force of mortality）或瞬間死亡率（ instantaneous rate mortality），以 μ_x 表示，即

$$\mu_x = -\frac{1}{l_x}\frac{dl_x}{dx} = -\frac{d\log l_x}{dx} \qquad (13\cdot16)$$

或 x 為固定， t 為變數， x 改寫為 $x+t$ ，即

$$\mu_{x+t} = -\frac{1}{l_{x+t}}\frac{dl_{x+t}}{dt} = \frac{-d\log l_{x+t}}{dt} \qquad (13\cdot17)$$

於是，死力 μ_x 是， x 歲之人到達 $x+1$ 歲假定以最初瞬間之死

亡比例繼續死亡時，其一年間之名義上的比例，並非機率。故若 0 歲
附近顯示急激的死亡比例時，死力可能超過一。

13·3　死力，生存數，死亡率，生存率之關係式

由（13·16）式求 l_x 之關係式，

依不定積分之定義，

$$\int \mu_x dx = - \log_e l_x + C$$

x_0 及 x_1 爲任意年齡，則

$$\int_{x_0}^{x_1} \mu_x \, dx = - \log_e l_{x_1} - (- \log_e l_{x_0})$$

$$= - \log_e \left(\frac{l_{x_1}}{l_{x_0}} \right)$$

$$l_{x_1} = l_{x_0} \, e^{-\int_{x_0}^{x_1} \mu_x \, dx} \qquad\qquad (13·18)$$

同樣，由（13·16）式，

$$l_x \mu_x = - \frac{d l_x}{dx}$$

依不定積分之定義，則

$$\int l_x \, \mu_x \, dx = - l_x + C$$

故 x_0，x_1 爲任意 2 年齡，即

$$\int_{x_0}^{x_1} l_x \mu_x \, dx = l_{x_0} - l_{x_1} \qquad\qquad (13·19)$$

又由（13·16）式

$$- d\, l_x = l_x\, \mu_x\, d x \qquad (13\cdot20)$$

上式表示 x 歲之人，在下一瞬間 dx 死亡之人數。

$$\frac{-d\, l_x}{l_x} = \mu_x\, d x \qquad (13\cdot21)$$

表示 x 歲之人，在下一瞬間 dx 死亡之機率。又 $l_{x+t}\,\mu_{x+1}\,d t$（$0 \leqq t < 1$）表示，在 $x + t$ 歲卽後之瞬間 dt 死亡之人數，則

$$d_x = \int_0^1 l_{x+t}\, \mu_{x+t}\, d t \qquad (13\cdot22)$$

故此，

$$q_x = \frac{1}{l_x} \int_0^1 l_{x+t}\, \mu_{x+t}\, d t = \int_0^1 {}_t p_x\, \mu_{x+t}\, d t \qquad (13\cdot23)$$

若（13·23）之積分範圍取於 0 與 ∞（$\omega - x$）之間，(x) 之死亡總機率為 1，以 ${}_\infty q_x$ 表示，則

$${}_\infty q_x = \int_0^\infty {}_t p_x \mu_{x+t}\, d t = \int_0^{\omega-x} {}_t p_x \mu_{x+t}\, d t = 1 \quad (13\cdot24)$$

又此積分範圍為 $t = n$ 及 $t = n + 1$ 之間，

$$\left.\begin{aligned}
{}_{n|}q_x &= \int_n^{n+1} {}_t p_x \mu_{x+t}\, d t = -\frac{1}{l_x} \int_n^{n+1} \frac{d\, l_{x+t}}{d t}\, d t \\
&= \frac{l_{x+n} - l_{x+n+1}}{l_x} = \frac{d_{x+n}}{l_x}
\end{aligned}\right\}$$

$$(13\cdot25)$$

與（13·13）一致。

若積分範圍為 $t = n$ 及 $t = n + m$ 之間，

$${}_{n|m}q_x = \int_n^{n+m} {}_t p_x \mu_{x+t}\, d t = \frac{l_{x+n} - l_{x+n+m}}{l_x} \qquad (13\cdot26)$$

與（13·14）一致。

其次由（13·17）式

$$\int_0^n \mu_{x+t}\, d\, t = -\int_0^n d\, \log l_{x+t} = -(\log l_{x+n} - \log l_x)$$

$$= - \log {}_n p_x \qquad (13\cdot27)$$

$$\therefore \quad {}_n p_x = e^{-\int_0^n \mu_{x+t}\, dt} \qquad (13\cdot28)$$

特別地　$n = 1$ 時，

$$p_x = e^{-\int_0^1 \mu_{x+t}\, dt} \qquad (13\cdot29)$$

其次，${}_t p_x$ 對 x 或者對 t 微分之公式，時常引用，故列於如下：

首先，

$$\frac{\partial\, {}_t p_x}{\partial x} = \frac{\partial}{\partial x}\left(\frac{l_{x+t}}{l_x}\right) = \frac{l_x \dfrac{\partial l_{x+t}}{\partial x} - l_{x+t}\dfrac{d l_x}{dx}}{l_x^2} \qquad （註 1）$$

$$= \frac{l_{x+t}}{l_x}\left(\frac{\dfrac{\partial l_{x+t}}{\partial t}}{l_{x+t}} - \frac{\dfrac{d l_x}{dx}}{l_x}\right) \qquad （註 2）$$

$$= {}_t p_x (\mu_x - \mu_{x+t}) \qquad (13\cdot30)$$

又　　$$\frac{\partial\, {}_t p_x}{\partial t} = - {}_t p_x \mu_{x+t} \qquad (13\cdot31)$$

註1．此式中使用偏微分記號，若變數是很明白時，與（13.17）同樣，使用 d 無妨。

註2．l_{x+t} 為 $x + t$ 之函數，故對 x 微分，或對 t 微分，其結果不變，

$$\therefore \quad \frac{\partial l_{x+t}}{\partial x} = \frac{\partial l_{x+t}}{\partial t}$$

其次由（13·1）式

$$\frac{d L_x}{d x} = \frac{d}{d x} \int_0^1 l_{x+t}\, d t = \int_0^1 \frac{d \cdot}{d x} l_{x+t}\, d t \doteqdot \int_0^1 \frac{d}{d t} l_{x+t}\, d t$$

$$= l_{x+1} - l_x = -d_x \qquad (13·32)$$

於是　$m_x = \dfrac{d_x}{L_x} = -\dfrac{1}{L_x} \dfrac{d L_x}{d x}$ 　　　　　　（13·33）

若（13·16）與（13·33）比較，μ 與 l 之關係及 m 與 L 之關係，可以同一方式表示。

l_{x+t} 在可視爲 t 之 1 次函數之範圍內，由（13·6 ）

$$L_x = l_{x+\frac{1}{2}}$$

$$\therefore \quad m_x = -\frac{1}{L_x} \frac{d L_x}{d x} = -\frac{1}{l_{x+\frac{1}{2}}} \frac{d l_{x+\frac{1}{2}}}{d x} = \mu_{x+\frac{1}{2}} \qquad (13·34)$$

13·4　死力之近値公式之誘導法

1. 依 Taylor 氏公式（23·38）誘導

$$l_{x+h} = l_x + h \frac{d l_x}{d x} + \frac{h^2}{2!} \frac{d^2 l_x}{d x^2} + \frac{h^3}{3!} \frac{d^3 l_x}{d x^3} + \frac{h^4}{4!} \frac{d^4 l_x}{d x^4} + \frac{h^5}{5!} \frac{d^5 l_x}{d x^5}$$

$$+ \cdots\cdots (a)$$

$$l_{x-h} = l_x - h \frac{d l_x}{d x} + \frac{h^2}{2!} \frac{d^2 l_x}{d x^2} - \frac{h^3}{3!} \frac{d^3 l_x}{d x^3} + \frac{h^4}{4!} \frac{d^4 l_x}{d x^4} - \frac{h^5}{5!} \frac{d^5 l_x}{d x^5}$$

$$+ \cdots\cdots (b)$$

（a）－（b），則

$$l_{x+h} - l_{x-h} = 2\left(\frac{d l_x}{d x} + \frac{h^3}{3!}\frac{d^3 l_x}{d x^3} + \frac{h^5}{5!}\frac{d^5 l_x}{d x^5} + \cdots\cdots\right)$$

假設 x 附近之 l_x 爲 x 之 2 次函數，

設　$\dfrac{d^3 l_x}{d x^3} = 0$ ， $h = 1$ ，則

$$\frac{d l_x}{d x} = \frac{1}{2}(l_{x+1} - l_{x-1})$$

於是

$$\mu_x = -\frac{1}{l_x}\frac{d l_x}{d x} = \frac{l_{x-1} - l_{x+1}}{2 l_x} = \frac{d_{x-1} + d_x}{2 l_x} \qquad (13\cdot35)$$

又假設 l_x 爲 x 之 4 次函數，因 $\dfrac{d^5 l_x}{d x^5} = 0$ ，設 $h = 1$ 及 $h = 2$ ，

則

$$l_{x+1} - l_{x-1} = 2\frac{d l_x}{d x} + \frac{1}{3}\frac{d^3 l_x}{d x^3}$$

$$l_{x+2} - l_{x-2} = 4\frac{d l_x}{d x} + \frac{8}{3}\frac{d^3 l_x}{d x^3}$$

由此二式消去 $\dfrac{d^3 l_x}{d x^3}$ ，則

$$8(l_{x+1} - l_{x-1}) - (l_{x+2} - l_{x-2}) = 12\frac{d l_x}{d x}$$

$$\therefore\ \mu_x = -\frac{1}{l_x}\frac{d l_x}{d x} = \frac{8(l_{x-1} - l_{x+1}) - (l_{x-2} - l_{x+2})}{12 l_x}$$

$$\left.= \frac{7(d_{x-1} + d_x) - (d_{x-2} + d_{x+1})}{12 l_x}\right\} \qquad (13\cdot36)$$

又 μ_{x+t} ，在 $0 < t < 1$ 之範圍，爲 t 之一次函數時，由（13.27）及（13.38）式，則

$$\int_0^1 \mu_{x+t} \, dt = \mu_{x+\frac{1}{2}}$$

於是　　$\mu_{x+\frac{1}{2}} = - \log p_x$　　　　　　　　（13.37）

$$\left. \begin{array}{l} p_x = e^{-\mu_{x+\frac{1}{2}}} \\[2mm] q_x = 1 - e^{-\mu_{x+\frac{1}{2}}} \end{array} \right\}$$　　　　（13.38）

（13.35），（13.36），（13.37）式爲 μ 之近値公式。

　　其中（13.35），（13.36）近値公式，均利用 x 之兩側之生存數而計算。但 μ_0 之生存數偏在一方，而且變化急激時，可由下列簡略方法求之。

　　例之，設 l_0 以外有 $l_{\frac{1}{m}}$ ，$l_{\frac{2}{m}}$ ，l_t 爲 t 之 2 次函數，即

$$l_t = a + b t + c t^2$$

$$\mu_t = - \frac{d l_t}{l_t dt} = - \frac{b + 2 c t}{a + b t + c t^2}$$　　　（13.39）

於是　　$\mu_0 = - \dfrac{b}{a}$

　　　　$l_0 = a$

　　　　$l_{\frac{1}{m}} = a + \dfrac{b}{m} + \dfrac{c}{m^2}$

$$l_{\frac{2}{m}} = a + \frac{2}{m}\,b + \frac{4}{m^2}\,c$$

由上式消去 c 而求得 b，即

$$b = -\frac{m}{2}\,(\,3\,l_0 - 4\,l_{\frac{1}{m}} + l_{\frac{2}{m}}\,)$$

故 $\quad \mu_0 = -\frac{b}{a} = \frac{m}{2\,l_0}\,(\,3l_0 - 4l_{\frac{1}{m}} + l_{\frac{2}{m}}\,)$ （13·40）

例之，$l_0 = 100{,}000$，$l_{7日} = 98{,}385$，$l_{14日} = 97{,}814$

$$m = \frac{365}{7}$$

$$\mu_0 = \frac{365}{1{,}400{,}000}\,(\,300{,}000 - 393{,}540 + 97{,}814\,)$$

$$= 1 \cdot 11429$$

如上求得 μ_0 值。若 $m = 365$ 時之 μ_0 之計算，則由（13·15）式求之，即

$$\frac{l_x - l_{x+\frac{1}{m}}}{l_x} \times m = \frac{l_x - l_{x+\frac{1}{m}}}{\dfrac{1}{m}\,l_x}$$

$$\therefore \quad \mu_0 = \frac{l_0 - l_{\frac{1}{365}}}{l_0} \times 365 \qquad （13·41）$$

2．依 Stirling 氏插值公式求死力近值公式

以上之死力近值公式（13·36）依 Stirling 氏插值公式（23·64）而誘導，以作比較參考應用之便利。

玆將該插值公式簡略改寫如下：

$$f(x) = f(a) + \theta \frac{\Delta f(a) + \Delta f(a-w)}{2} + \frac{\theta^2}{2!} \Delta^2 f(a-w)$$

$$+ \frac{\theta(\theta^2-1)}{3!} \frac{\Delta^3 f(a-w) + \Delta^3 f(a-2w)}{2}$$

$$+ \frac{\theta^2}{4!} (\theta^2-1) \Delta^4 f(a-2w)$$

$$+ \frac{\theta(\theta^2-1)(\theta^2-2^2)}{5!} \frac{\Delta^5 f(a-2w) + \Delta^5 f(a-3w)}{2}$$

$$+ \cdots\cdots \tag{13.42}$$

再使 $f(x) = l_x$, $w = 1$, $\theta = x - a$, 並取至 $\Delta^4 l$ 項,則

$$l_x = l_a + \theta \frac{\Delta l_a + \Delta l_{a-1}}{2} + \frac{\theta^2}{2} \Delta^2 l_{a-1}$$

$$+ \frac{\theta(\theta^2-1)}{6} \cdot \frac{\Delta^3 l_{a-1} + \Delta^3 l_{a-2}}{2} + \frac{\theta^2(\theta^2-1)}{24} \Delta^4 l_{a-2}$$

此式 l_x 是 x 之 4 次式, $x = a$ 時,最接近於眞值。故此式對 x 微分後,除以 l_x , $x = a$,則得

$$\mu_a = \left[-\frac{1}{l_x} \cdot \frac{dl_x}{dx} \right]_{x=a} = -\frac{\Delta l_a + \Delta l_{a-1}}{2 l_a} + \frac{\Delta^3 l_{a-1} + \Delta^3 l_{a-2}}{12 l_a}$$

$$\tag{13.43}$$

於是 $\Delta l_a = l_{a+1} - l_a$, $\Delta l_{a-1} = l_a - l_{a-1}$,

$$\Delta^3 l_{a-1} = l_{a+2} - 3 l_{a+1} + 3 l_a - l_{a-1}$$

$$\Delta^3 l_{a-2} = l_{a+1} - 3 l_a + 3 l_{a-1} - l_{a-2}$$

此等值代入於(13.43),得

$$\mu_a = \frac{8(l_{a-1} - l_{a+1}) - (l_{a-2} - l_{a+2})}{12 l_a} \tag{13.44}$$

一般地，$a = x$，

$$\mu_x = \frac{8(l_{x-1} - l_{x+1}) - (l_{x-2} - l_{x+2})}{12 l_x} \qquad (13 \cdot 45)$$

此式與（13.36）相同。

3. 依 Lagrange 氏插值式（23.68）求死力近值公式

為求 l_x 之微分係數 $\dfrac{d l_x}{d x}$，設 l_x 為一多項式，將該式予以微分之。

（1）2 歲以下及日齡，月齡別死力採用 Lagrange 2 次插值公式：

2 歲以下及日齡，月齡之 μ_x，因各期間之互離不等間隔，故宜 2 歲以下之死力採用 Lagrange 之 2 次插補公式求之。設該公式通過 3 點（$x-1$，l_{x-1}），（x，l_x），（$x+1$，l_{x+1}），則

$$l_x = g(x \mid a_1; a_2, a_3) l_{a_1} + g(x \mid a_2; a_1, a_3) l_{a_2}$$

$$+ g(x \mid a_3; a_1, a_2) l_{a_3}$$

$$g(x \mid a_1; a_2, a_3) = \frac{(x - a_2)(x - a_3)}{(a_1 - a_2)(a_1 - a_3)}$$

$$g(x \mid a_2; a_1, a_3) = \frac{(x - a_1)(x - a_3)}{(a_2 - a_1)(a_2 - a_3)}$$

$$g(x \mid a_3; a_1, a_2) = \frac{(x - a_1)(x - a_2)}{(a_3 - a_1)(a_3 - a_2)}$$

$$(13 \cdot 46)$$

l_x 如予以微分，則得 l_{a_1}，l_{a_2}，l_{a_3}，之各係數之微分係數 $\dfrac{d l_x}{d x}$ 其演算如下：

$$\frac{d}{dx} g(x \mid a_1; a_2, a_3) = \{(x - a_2) + (x - a_3)\} / (a_1 - a_2)(a_1 - a_3)$$

$$\frac{d}{dx}g(x\,|\,a_2;a_1,a_3)=\{(x-a_1)+(x-a_3)\}/(a_2-a_1)(a_2-a_3)$$

$$\frac{d}{dx}g(x\,|\,a_3;a_1,a_2)=\{(x-a_1)+(x-a_2)\}/(a_3-a_1)(a_3-a_2)$$

$$(13\cdot47)$$

　　玆設 $x=a_1=0$ ，$a_2=w$ ，$a_3=2w$ ，$a_4=3w$ ，$\cdots\cdots a_{11}=$ $3y$ ，則生存數之微分係數，將上述之微分式代入 $a_1\sim a_3$ ，$l_{a_1}\sim l_{a_3}$ 求之。即在日齡 0 日，a_1 及 a_2 ，a_3 ；在日齡 7 日，a_2 及前後 a_1 ，a_3 ；其他均當該點及前後各 1 點。

$$l'_o=\frac{dl_o}{dx}=\left[\frac{1}{(a_1-a_3)}+\frac{1}{(a_1-a_2)}\right]l_{a_1}$$

$$+\left[\frac{(a_1-a_3)}{(a_2-a_1)(a_2-a_3)}\right]l_{a_2}$$

$$+\left[\frac{(a_1-a_2)}{(a_3-a_1)(a_3-a_2)}\right]l_{a_3}$$

$$l'_w=\frac{dl_w}{dx}=\left[\frac{(a_2-a_3)}{(a_1-a_2)(a_1-a_3)}\right]l_{a_1}$$

$$(13\cdot48)$$

$$+\left[\frac{1}{(a_2-a_3)}+\frac{1}{(a_2-a_1)}\right]l_{a_2}$$

$$+\left[\frac{(a_2-a_1)}{(a_3-a_1)(a_3-a_2)}\right]l_{a_3}$$

　　同理可求得 l'_{2w} ，l'_{3w} ，l'_{4w} ，l'_{2m} ，l'_{3m} ，l'_{6m} ，l'_{1y} ，l'_{2y} 。

(2)若 2 歲以下日齡，月齡採用 Lagrange　4 次插補公式

　　設該公式通過 5 點（ $x-2$ ，l_{x-2} ），（ $x-1$ ，l_{x-1}），（x,l_x） ，（ $x+1$ ，l_{x+1}），（ $x+2$ ，l_{x+2} ）之 Lagrange　4 次插補公式予以

計算，即

$$\frac{d}{dx}g(x|a_1;a_2,a_3,a_4,a_5)$$

$$= \{(x-a_2)(x-a_3)(x-a_4)+(x-a_2)(x-a_3)(x-a_5)$$

$$+(x-a_2)(x-a_4)(x-a_5)+(x-a_3)(x-a_4)(x-a_5)\}$$

$$\div(a_1-a_2)(a_1-a_3)(a_1-a_4)(a_1-a_5)$$

（13·49）

以下類推。

前項同樣，設 $x=a_1=0$，$a_2=w$，$a_3=2w$，………$a_{11}=3y$，則生存數之微係數，將上述之微分式代入 $a_1\sim a_5$，$l_{a_1}\sim l_{a_5}$ 求之。即在日齡 0 日，a_1 及其後 4 點 a_2，a_3，a_4，a_5；在日齡 7 日，a_1，a_2 及其後 3 點 a_3，a_4，a_5；其他均當該點及其前後各 2 點共取得 5 點。

$$l_0' = \left[\frac{1}{a_1-a_2}+\frac{1}{a_1-a_3}+\frac{1}{a_1-a_4}+\frac{1}{a_1-a_5}\right]l_{a_1}$$

$$+\frac{(a_1-a_3)(a_1-a_4)(a_1-a_5)}{(a_2-a_1)(a_2-a_3)(a_2-a_4)(a_2-a_5)}l_{a_2}$$

$$+\frac{(a_1-a_2)(a_1-a_4)(a_1-a_5)}{(a_3-a_1)(a_3-a_2)(a_3-a_4)(a_3-a_5)}l_{a_3}$$

$$+\frac{(a_1-a_2)(a_1-a_3)(a_1-a_5)}{(a_4-a_1)(a_4-a_2)(a_4-a_3)(a_4-a_5)}l_{a_4}$$

$$+\frac{(a_1-a_2)(a_1-a_3)(a_1-a_4)}{(a_5-a_1)(a_5-a_2)(a_5-a_3)(a_5-a_4)}l_{a_5}$$

（13·50）

$$l'_w = \frac{(a_2-a_3)(a_2-a_4)(a_2-a_5)}{(a_1-a_2)(a_1-a_3)(a_1-a_4)(a_1-a_5)} \; l_{a_1}$$

$$+\left[\frac{1}{a_2-a_1}+\frac{1}{a_2-a_3}+\frac{1}{a_2-a_4}+\frac{1}{a_2-a_5}\right]l_{a_2}$$

$$+\frac{(a_2-a_1)(a_2-a_4)(a_2-a_5)}{(a_3-a_1)(a_3-a_2)(a_3-a_4)(a_3-a_5)}\; l_{a_3}$$

$$+\frac{(a_2-a_1)(a_2-a_3)(a_2-a_5)}{(a_4-a_1)(a_4-a_2)(a_4-a_3)(a_4-a_5)}\; l_{a_4} \qquad (\,''\,)$$

$$+\frac{(a_2-a_1)(a_2-a_3)(a_2-a_4)}{(a_5-a_1)(a_5-a_2)(a_5-a_3)(a_5-a_4)}\; l_{a_5}$$

$$l'_{2w} = \frac{(a_3-a_2)(a_3-a_4)(a_3-a_5)}{(a_1-a_2)(a_1-a_3)(a_1-a_4)(a_1-a_5)} \; l_{a_1}$$

$$+\frac{(a_3-a_1)(a_3-a_4)(a_3-a_5)}{(a_2-a_1)(a_2-a_3)(a_2-a_4)(a_2-a_5)}\; l_{a_2}$$

$$+\left[\frac{1}{a_3-a_1}+\frac{1}{a_3-a_2}+\frac{1}{a_3-a_4}+\frac{1}{a_3-a_5}\right]l_{a_3} \qquad (\,''\,)$$

$$+\frac{(a_3-a_1)(a_3-a_2)(a_3-a_5)}{(a_4-a_1)(a_4-a_2)(a_4-a_3)(a_4-a_5)}\; l_{a_4}$$

$$+\frac{(a_3-a_1)(a_3-a_2)(a_3-a_4)}{(a_5-a_1)(a_5-a_2)(a_5-a_3)(a_5-a_4)}\; l_{a_5}$$

同理可求得　l'_{3w} , l'_{4w} , l'_{2m} , l'_{3m} , l'_{6m} , l'_{1y} , l'_{2y} 。

（3）3歲以上之死力採用 Lagrange 4次插值公式：

採用通過5點（ $x-2$, l_{x-2}),（ $x-1$, l_{x-1}),（ x, l_x),（ $x+1, l_{x+1}$),（ $x+2, l_{x+2}$) 之 Lagrange 4次插補公式予以計算，即

$$l_x = g(x/a_1; a_2, a_3, a_4, a_5)l_{a_1} + g(x/a_2; a_1, a_3, a_4, a_5)l_{a_2}$$
$$+ g(x/a_3; a_1, a_2, a_4, a_5)l_{a_3} + g(x/a_4; a_1, a_2, a_3,$$
$$a_5)l_{a_4} + g(x/a_5; a_1, a_2, a_3, a_4)l_{a_5}$$

$$(13 \cdot 51)$$

將上式微分，今以 3 歲爲例說明之。設 $x = a_1 = 1$, $a_2 = 2$, $a_3 = 3$, $a_4 = 4$, $a_5 = 5$ ，即得

$$l_3' = \frac{1}{12} l_1 - \frac{2}{3} l_2 + \frac{2}{3} l_4 - \frac{1}{12} l_5$$

同理可求得 l_4' , l_5' , ……

歸納即得一般式

$$l_x' = \frac{1}{12} l_{x-2} - \frac{2}{3} l_{x-1} + \frac{2}{3} l_{x+1} - \frac{1}{12} l_{x+2}$$

故得死力公式 $\mu_x = -\dfrac{l_x'}{l_x}$

故 $\mu_x = -\dfrac{1}{l_x} \dfrac{dl_x}{dx} = \dfrac{8(l_{x-1} - l_{x+1}) - (l_{x-2} - l_{x+2})}{12 l_x}$

$$(13 \cdot 52)$$

此式與（13.36）及（13.44）相同。

13·5 平均餘命公式之誘導法

第一法

已達 x 歲之人，今後生存之年數之平均稱爲完全平均餘命（complete expectation of life）以 $\overset{\circ}{e}_x$ 表示。

(x) 之 l_x 人在今後 t 年與 $t + dt$ 年之間死亡之人數是 l_{x+t}

$\mu_{x+t}\,dt$ ，而此等死亡者之延生存年數等於 $t\,l_{x+t}\,\mu_{x+t}\,dt$ 。

由是

$$l_x\,\overset{\circ}{e}_x = \int_0^\infty t\,l_{x+t}\,\mu_{x+t}\,dt = \int_0^\infty t\,l_{x+t}\left(-\frac{1}{l_{x+t}}\cdot\frac{dl_{x+t}}{dt}\right)dt$$

$$= -\int_0^\infty t\,\frac{dl_{x+t}}{dt}\,dt = -\left[\,t\,l_{x+t}\,\right]_0^\infty + \int_0^\infty l_{x+t}\,dt = T_x$$

$$\overset{\circ}{e}_x = \frac{1}{l_x}\int_0^\infty l_{x+t}\,dt = \frac{T_x}{l_x} \tag{13.53}$$

又 $\quad {}_t p_x = \dfrac{l_{x+t}}{l_x}$

$$\overset{\circ}{e}_x = \int_0^\infty {}_t p_x\,dt \tag{13.54}$$

由 Euler-Maclaurin 氏公式（23.71）

$$T_x = \int_0^\infty l_{x+t}\,dt = \frac{1}{2}l_x + \sum_{t=1}^\infty l_{x+t} + \frac{1}{12}\frac{dl_x}{dx} - \frac{1}{720}\frac{d^3l_x}{dx^3} + \cdots$$

第4項以下省略，即得

$$T_x \fallingdotseq \frac{1}{2}l_x + \sum_{t=1}^\infty l_{x+t} - \frac{1}{12}l_x\,\mu_x \tag{13.55}$$

上式代入於（13.53）

$$\overset{\circ}{e}_x \fallingdotseq \frac{1}{2} + \frac{1}{l_x}\sum_{t=1}^\infty l_{x+t} - \frac{1}{12}\mu_x \tag{13.56}$$

（13.56）之右端第二項稱爲概算平均餘命（curtate expectation of life），以 e_x 表示。

$$e_x = \frac{1}{l_x} \sum_{t=1}^{\infty} l_{x+t} \qquad (13 \cdot 57)$$

$$\therefore \quad \overset{\circ}{e}_x \fallingdotseq \frac{1}{2} + e_x - \frac{1}{12} \mu_x \qquad (13 \cdot 58)$$

幼年及老年除外，$\frac{1}{12}\mu_x$ 極爲微小，可以省略，即

$$\overset{\circ}{e}_x \fallingdotseq \frac{1}{2} + e_x \qquad (13 \cdot 59)$$

上式可由另一方法求之。

(x) 之 l_x 人中，最初之一年間死亡人數 d_x 之生存年數，在其年之中央而死亡，平均爲 $1/2$ 年，第二年間死亡人數 d_{x+1} 之生存年數平均爲 $1\frac{1}{2}$ 年，以下類推。

$$l_x \overset{\circ}{e}_x = \frac{1}{2} \{ d_x + 3d_{x+1} + 5d_{x+2} + \cdots \cdots \}$$

$$= \frac{1}{2} \{ (l_x - l_{x+1}) + 3(l_{x+1} - l_{x+2}) + 5(l_{x+2} - l_{x+3}) + \cdots \cdots \}$$

$$= \frac{1}{2} \{ l_x + 2 \sum_{t=1}^{\infty} l_{x+t} \} = \frac{1}{2} l_x + l_x e_x$$

$$\therefore \quad \overset{\circ}{e}_x = \frac{1}{2} + e_x$$

(x) 今後 n 年間生存之延期間之平均稱爲定期完全平均餘命（temporary complete expectation of life），而 n 年經過後之生存延期間之平均稱爲擱置完全平均餘命（deferred complete expectation of life)，前者以 $_n\overset{\circ}{e}_x$ ，後者以 $n\mid\overset{\circ}{e}_x$ 表示 。

$$_n\mid\overset{\circ}{e}_x = \frac{1}{l_x}\int_n^\infty l_{x+t}\,dt = \frac{1}{l_x}\int_0^\infty l_{x+n+t}\,dt = \frac{1}{l_x}T_{x+n}\cdots \quad (13\cdot60)$$

$$_n\overset{\circ}{e}_x = \frac{1}{l_x}\int_0^n l_{x+t}\,dt = \frac{1}{l_x}\left\{\int_0^\infty l_{x+t}\,dt - \int_n^\infty l_{x+t}\,dt\right\}$$

$$= \frac{1}{l_x}\{T_x - T_{x+n}\} = \overset{\circ}{e}_x - {}_n\mid\overset{\circ}{e}_x \quad (13\cdot61)$$

第二法：

平均餘命 $\overset{\circ}{e}_x$ 可以下式誘導，以作比較參考應用 。

l_ξ 人自 ξ 歲至 $\xi+\Delta\xi$ 歲之生存期間等於 $l_\xi\Delta\xi$。故對全年齡此等生存期間之合計，即 x 歲以後之生存年數之總和等於下式，即

$$\mathrm{Lim}\,\Sigma\,l_\xi\,\Delta\,\xi = \int_x^{\omega+1} l_\xi\,d\xi \quad (13\cdot62)$$

故上式除以 l_x ，則得

$$\overset{\circ}{e}_x = \int_x^{\omega+1} l_\xi\,d\xi \,:\, l_x \quad (13\cdot63)$$

今此式以 Euler‐Maclaurin 公式計算，

$$\int_x^{\omega+1} l_\xi\,d\xi \fallingdotseq \left(\frac{1}{2}l_x + l_{x+1} + l_{x+2} + \cdots\cdots + l_\omega + \frac{1}{2}l_{\omega+1}\right)$$

$$-\frac{1}{12}(l'_{\omega+1} - l'_x)$$

然而， $l'_{\omega+1} = \left[\frac{dl_\xi}{d\xi}\right]_{\xi=\omega+1} = 0$

$$l'_x = \left[\frac{dl_\xi}{d\xi}\right]_{\xi=x} = -l_x\mu_x$$

故　$\displaystyle\int_x^{\omega+1} l_\xi\, d\xi \doteqdot \frac{1}{2}\, l_x + l_{x+1} + \cdots\cdots + l_w - \frac{l_x \mu_x}{12}$

$\displaystyle \overset{\circ}{e}_x \doteqdot \frac{l_{x+1} + l_{x+2} + \cdots + l_w}{l_x} + \frac{1}{2} - \frac{\mu_x}{12}$　　　　(13·64)

上式中　$\displaystyle \frac{l_{x+1} + l_{x+2} + \cdots + l_w}{l_x} = e_x$ ，

上式之最後項 $-\dfrac{\mu_x}{12}$ 是微小可以消去，則得

$\displaystyle \overset{\circ}{e}_x \doteqdot e_x + \frac{1}{2}$　　　　(13·65)

13·6　主要生命函數曲線

就死亡率曲線，死亡曲線及人口曲線說明。

變數 x 橫坐標，函數 q_x ，$-\dfrac{d\, l_x}{d\,x}$ ，及 l_x　為縱坐標表示的曲線分別稱為死亡率曲線（mortality rate curve），死亡曲線（curve of death）及人口曲線（population curve）。

死亡率曲線（簡稱 q_x - curve）是在普通生命表使用甚廣。死亡曲線是由英國 D. Fraser 命名，其後由 Elderton 及 Phillips 等研究，為了特別的目的使用非常便利。$-\dfrac{d\,l_x}{d\,x} = \mu_x l_x$，Elderton 稱此為瞬間死亡數，或以 $(d)_x$ 記號表示，則

$\displaystyle \int_x^{x+1} (d)_x\, dx = \int_x^{x+1} \mu_x l_x\, dx = l_x - l_{x+1} = d_x$

又　$\displaystyle\int_0^\infty (d)_x\, dx = l_0$

此曲線之總面積為 l_0，若此曲線為度數曲線，則其部分面積表示該部分之死亡分配。

人口曲線又稱為 l_x 曲線，

$$L_x = \int_x^{x+1} l_{x+t}\, dt$$

其面積表示生命表所表示的人口分配，而其總面積表示總人口 T_0。

今 $\dfrac{l_x}{l_0} = S(x)$，$S(x)$ 表示出生者至 x 歲生存之機率 $_xp_0$。Jordan 稱此為生殘函數（survival function）。 此曲線以圖表示，則得與人口曲線同型之曲線（$l_0 = 1$）。

死亡率曲線（$0 \sim 50$ 歲）

q_x - curve（$0 \sim 50$）

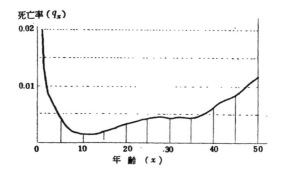

死亡曲線

$(d)_x$ - curve

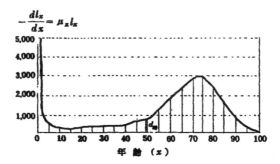

人口曲線

l_x - curve

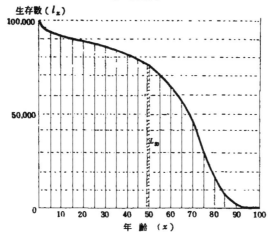

13·7 經驗表及其有關生命函數

國民生命表是一般國民之統計而編成，而經驗生命表是由人壽保險之被保險者之資料而編成。

人壽保險中，除年金保險及生存保險外，在死亡保險，保險契約時，保險公司經由醫師之診查而選擇被保險者，又在無診查亦由種種方法而選擇健康體。一方被保險者、意識地或無意識地，弱體者自動加入保險之傾向，所謂發生逆選擇之現象。此等原因互相交錯之結果，被保險者之死亡率與一般國民較之顯示異常狀態。故如無確實資料作為公司事業經營之基礎，不得已乃採用國民表。但時至今日，人壽保險事業已積得豐富的經驗，理應依據經驗生命表作為事業經營之基礎為佳。由此觀點，保險公司方面，籌劃編製經驗生命表是屬重要事項。以上所述，保險公司儘量選擇健康體為契約之對象。此稱為選擇體（select life）。契約後經過數年時，有些人仍然健在，但有些人其健康狀態已發生異狀。此等被保險者團構成為混合體（mixed life）。因此雖同一年齡，剛剛契約團體與契約經過數年之團體之間，其死亡率顯有差異，是故不但按其被保險者之年齡，而且按其契約後之經過年再加分類並調查其死亡率。根據該資料所作成的經驗表稱為選擇表（select table）。

x 歲契約後已經過 t 年（是故其年齡為 $x+t$ 歲）之被保險者團體之死亡率以 $q_{(x)+t}$ 表示。此死亡率是 x 與 t 之函數並非 $[x]+t$ 之函數。

選擇表之生命函數亦使用同樣記號，例之，$l_{(x)+t}$，$d_{(x)+t}$ 等。

x 歲契約即時者，$x-1$ 歲契約已經過 t 年者，$x-2$ 歲契約已經過 2 年者，一般地，$x-t$ 歲契約已經過 t 年者，其現在年齡均為

x 歲，但其死亡率，普通有下列之關係，即

$$q_{[x]} < q_{[x-1]+1} < q_{[x-2]+2} < \cdots\cdots$$

但是經過年數已達到某一期間時，則

$$q_{[x-n]+n} = q_{[x-n-1]+n+1} = \cdots\cdots$$

可視爲達到一定的限界，即認爲選擇效力有一消滅的時期，此 n 稱爲選擇之期間。此 n 實際問題上，不能明白地出現，故時期之決定非常困難。在日本，日本三會社表 $n=4$，商工省死亡表 $n=3$，英國 60 會社表 $n=10$ 等。選擇期間後之死亡率與經過期間無關，只爲年齡之函數而已。以此部分作成的死亡表稱爲終局表（ultimate table）。

選擇表依據契約年齡及經過期間雙方來表示，但是以此表示至最後是非常龐大。故將此限於選擇期間，從此以後，接續於終局表，以圖省略表爲普通的作法。然而，其生存數，死亡數以下方法計算之。

其次選擇表之 l，d 由終局表之 l_{x+n}，d_{x+n}，以下列數值倒算即可，即

$$\frac{l_{x+n}}{p_{[x]+n-1}} = l_{[x]+n-1}, \frac{l_{[x]+n-1}}{p_{[x]+n-2}} = l_{[x]+n-2}, \cdots, \frac{l_{[x]+1}}{p_{[x]}} = l_{[x]}$$

日本商工省件數男性選擇表

$[x]$	$l_{[x]}$	$l_{[x]+1}$	$l_{[x]+2}$	l_{x+3}	$x+3$
10	100,766 →	100,505 →	100,264 →	100,000	13
11	100,477 →	100,263 →	99,999 →	99,660	14
12	100,231 →	99,997 →	99,659 →	99,214	15
⋮	⋮	⋮	⋮	終局表	⋮

[x]	$p_{(x)}$	$p_{[x]+1}$	$p_{[x]+2}$	p_{x+3}	x+3
10	0.99741	0.99760	0.99737	0.99660	13
11	0.99787	0.99737	0.99661	0.99552	14
12	0.99767	0.99662	0.99553	0.99449	15
⋮	⋮	⋮	⋮	↓	⋮
				終局表	

選擇表及終局表之資料加以綜合，與經過年數無關，只按年齡編成的死亡表，稱爲總合表（ aggregate table）。

保險契約若干年之資料除外，只按年齡編成的表稱爲截斷表（ truncated table），其除外的資料之期間稱爲截斷期間。

終局表是選擇期間作爲截斷期間之截斷表。因選擇期間之決定困難，故作成各種截斷期間之截斷表，而其截斷期間可當作選擇期間之撿定上使用是該表作成之主眼點。

日本商工省表分爲3年截斷及5年截斷之兩種表，前者視爲終局表。

總合死亡率表示契約之新舊分布之狀態關係較多，故爲了研究經營之情況之資料時，使用選擇表較總合表爲佳。

經驗表以記號代表表之名稱及內容。例之，O^M 表示英國 60 公司男性總合表（ O 是 ordinary，M 是 males 之簡寫）$O^{M(5)}$ 同 5 年截斷表，$J^{(PM)}$ 爲日本商工省件數男性選擇表，J^{PM} 爲同總合表，$J^{AM(3)}$ 同金額男性 3 年截斷表。（ J 是 Japan，P 是 policies，A 是 amounts，F 是 females 之簡寫）。

13·8　死亡法則

生命表由統計而編成，若生命函數可以數式來表示，則有關生命之各種價格均可簡單地算出。是故表示死亡法則之數式，曾由許多學者研究發表者甚多。其中實際上所應用者概述如下：

A. de Moivre 1725 年，在他的著書「生命年金論」中作為 l_x 數式，發表下式：

$$l_x = l_0(86-x)$$

他觀察 Halley 之死亡表之生存數之大部分表現等差級數的減少，故提出此式，$\omega = 86$。

1825 年 B. Gompertz "Philosophical Transactions of the Royal Society of London"「 表示人之死亡法則之函數之性質及決定生命事故之價格之新方法」之題目下發表如下數式：

$$\mu_x = B c^x$$

卽死力，隨着年齡之增長，而表現等比數列的增大，此稱為 Gompertz 法則，由此式，

$$-\frac{d \log l_x}{d x} = B c^x$$

$$\log l_x = -\frac{B c^x}{\log c} + \log k = c^x \log g + \log k$$

$$\therefore \quad l_x = k g^{c^x}$$

式中 $\log g = -\dfrac{B}{\log c}$ ，$k = $ 積分常數

g，c 值，由死亡表決定，k 只與基數有關。此式適用於（ 10～15 歲）乃至（55～60 歲），而不適用於幼年及高年齡部分。但其思

想及其公式之精簡之點，至為優異。

W. M. Makeham 氏 1860 年，對於 Carlisle 表，17 公司表，政府年金表等，應用 Gompertz 法則之結果，發見，將 Gompertz 式，加一個常數，即

$$\mu_x = A + Bc^x$$

時，非常適合於應用。此式稱為 Gompertz-Makeham 之法則或 Makeham 之法則。由此式，

$$-\frac{d \log l_x}{dx} = A + Bc^x$$

$$\log l_x = \log k + x \log s + c^x \log g$$

$$\therefore \quad l_x = ks^x g^{c^x}$$

式中

$$A = -\log s \ , \ \log g = -\frac{B}{\log c} \ , \ k = 積分常數$$

此式在 20 歲以上之年齡部分均可適用，但幼兒部分不宜適用。

13·9　生命表表示的定常社會與統計

前述所說在某國家（或社會）內無人口遷出入，一年中同一 l。之出生者，死亡法則（死亡率或死力）按照死亡表，每年一定不變時，該國家之人口及其分配，始終一定，表示安定不動之狀態。此稱為定常人口社會（stationary population of community）。

在此社會，x 歲與 $x+1$ 歲之間之人口，常以下式表示，即

$$L_x = \int_x^{x+1} l_x dx = \int_0^1 l_{x+t} dt \qquad (13.66)$$

x 歲以上之總人口以下式表示，即

$$T_x = \sum_{t=0}^{\infty} L_{x+t} = \int_0^{\infty} l_{x+t}\, d\,t \qquad (13\cdot67)$$

而 x 歲與 $x+1$ 歲之間之死亡者數爲

$$\int_0^1 l_{x+t}\,\mu_{x+t}\,d\,t = \int_0^1 -\frac{d\,l_{x+t}}{d\,t}\,d\,t = l_x - l_{x+1} = d_x \qquad (13\cdot68)$$

又 x 歲以上之死亡數爲，

$$\int_0^{\infty} l_{x+t}\,\mu_{x+t}\,d\,t = \sum_{t=0}^{\infty} d_{x+t}$$

$$= \sum_{t=0}^{\infty} (l_{x+t} - l_{x+t+1}) = l_x \qquad (13\cdot69)$$

於是，社會全體之每年死亡數爲 l_0，等於 1 年之出生者數。

又設 x 歲與 $x+1$ 歲之間之死亡，在 1 年中均匀分配，卽假設 d_{x+t} 在 t 之範圍（0，1），t 之 1 次函數，則

$$l_{x+t} = l_x - t\,d_x \qquad (13\cdot70)$$

$$L_x = \int_0^1 (l_x - t\,d_x)\,d\,t = l_x - \frac{1}{2}\,d_x = \frac{1}{2}(l_x + l_{x+1}) \qquad (13\cdot71)$$

其次，l_x 人中今後在（t，$t+dt$）之時期，死亡之人數爲 l_{x+t} $\mu_{x+t}\,d\,t$，故 x 歲之完全平均餘命 $\overset{\circ}{e}_x$，

$$\overset{\circ}{e}_x = \frac{1}{l_x} \int_0^{\infty} t\,l_{x+t}\,\mu_{x+t}\,d\,t = -\frac{1}{l_x} \int_0^{\infty} t\,\frac{d\,l_{x+t}}{d\,t}\,d\,t$$

$$= -\frac{1}{l_x} \left\{ \Big[t\,l_{x+t} \Big]_0^{\infty} - \int_0^{\infty} l_{x+t}\,d\,t \right\} = \frac{1}{l_x} T_x \qquad (13\cdot72)$$

$$\therefore \quad T_x = l_x\,\overset{\circ}{e}_x \qquad (13\cdot73)$$

總人口 $\quad T_0 = l_0\,\overset{\circ}{e}_0$

社會全體之平均死亡率（每年之總死亡除以總人口）爲

$$\frac{l_o}{T_o} = \frac{l_o}{l_o \overset{\circ}{e}_o} = \frac{1}{\overset{\circ}{e}_o} \tag{13.74}$$

此是 0 歲之平均餘命之倒數 。

同樣 x 歲以上之平均死亡率爲

$$\frac{l_x}{T_x} = \frac{l_x}{l_x \overset{\circ}{e}_x} = \frac{1}{\overset{\circ}{e}_x} \tag{13.75}$$

x 歲與 $x+n$ 歲之間之每年死亡數爲 $l_x - l_{x+n}$，此間之人口爲 $T_x - T_{x+n}$，前者除以後者，作爲表示此年齡範圍之平均死亡率，即得

$$\frac{l_x - l_{x+n}}{T_x - T_{x+n}}$$

$n = 1$ 時 ，則上式等於 m_x ，

$$m_x = \frac{l_x - l_{x+1}}{T_x - T_{x+1}} = \frac{d_x}{L_x} \fallingdotseq \frac{d_x}{\frac{1}{2}(l_x + l_{x+1})} = \frac{d_x}{l_x - \frac{1}{2}d_x} \tag{13.76}$$

分母子除以 l_x ，即

$$\left. \begin{aligned} m_x &= \frac{q_x}{1 - \frac{1}{2}q_x} \\[2ex] \frac{1}{m_x} &= \frac{1}{q_x} - \frac{1}{2} \end{aligned} \right\} \tag{13.77}$$

x 歲之人之死亡時之平均年齡爲

$$\frac{1}{l_x}\int_0^\infty (x+t)\, l_{x+t}\, \mu_{x+t}\, dt$$

$$= \frac{x}{l_x}\int_0^\infty l_{x+t}\, \mu_{x+t}\, dt + \frac{1}{l_x}\int_0^\infty t\, l_{x+t}\, \mu_{x+t}\, dt$$

由(13·69),(13·72)式,

$$= x + \overset{\circ}{e}_x \qquad\qquad (13\cdot78)$$

於是 x 歲之人之平均死亡年齡爲 $x + \overset{\circ}{e}_x$。 $x = 0$ 時，即得社會全體之平均死亡年齡 $\overset{\circ}{e}_0$。

x 歲之 l_x 人之死亡年齡之合計爲 $l_x(x + \overset{\circ}{e}_x)$,而 $x + n$ 歲之人之死亡年齡之合計爲 $l_{x+n}(x + n + \overset{\circ}{e}_{x+n})$,故 x 歲與 $x + n$ 歲之間死亡之 $l_x - l_{x+n}$ 人之死亡年齡之合計爲

$$l_x(x + \overset{\circ}{e}_x) - l_{x+n}(x + n + \overset{\circ}{e}_{x+n})$$
$$= x l_x + T_x - \{(x+n)l_{x+n} + T_{x+n}\}$$
$$= (T_x - T_{x+n}) + \{x l_x - (x+n)l_{x+n}\}$$

依是，此間之死亡者之平均死亡年齡爲:

$$\frac{(T_x - T_{x+n}) + x l_x - (x+n)l_{x+n}}{l_x - l_{x+n}} = x + \frac{T_x - T_{x+n} - n l_{x+n}}{l_x - l_{x+n}}$$

$$(13\cdot79)$$

依據台灣居民生命表（第四次）（民國 55 年—民國 56年），該生命表表示之定常社會之全平均死亡率（男性），

$$\frac{l_0}{T_0} = 0\cdot01531$$

50 歲以上之平均死亡率,

$$\frac{l_{50}}{T_{50}} = 0\cdot04560$$

未滿 50 歲之平均死亡率,

$$\frac{l_0 - l_{50}}{T_0 - T_{50}} = 0\cdot00212$$

前述所知，x 歲之人之平均死亡年齡爲 $x + \overset{\circ}{e}_x$。由生命表觀之，

　　x 愈大，則 $x + \overset{\circ}{e}_x$，愈大，依據第四次生命表（男性），平均死亡年齡如下：

年　齡	平均死亡年齡
10 歲	68·08 歲
20 歲	68·62 歲
30 歲	69.54 歲
60 歲	74.56 歲

第14章 死亡率之計算理論

茲將完全生命表之死亡率說明如下，

基礎資料分爲(1)男女別，年齡各歲別人口(2)男女別年齡各歲別死亡數(3)出生數等三者。其中人口，普通利用戶口普查結果。故完全生命表，戶口普查日爲中央的一年，或三年，又戶口普查後一年者或二年者而作成。其中任何一種選定後，始能開始整理當該年度之死亡及出生統計資料。

又關于出生，死亡每年均有遲報，漏報者不勘。此等之補正方法應另行設法辦理。故此等資料認爲已經補正者。故在此僅其計算法說明如下：

完全生命表(complete life table)之編算之順序爲，先行計算死亡率。死亡率分爲嬰兒，若青壯年，高年齡之三部分而計算。茲將各部分之死亡率之計算理論及實際上之計算方式解說如下。

14·1 嬰兒死亡率

各國之嬰兒死亡率甚高，但隨着日齡，月齡之增長，急激下降，故未滿1歲分爲數組，但其分組並無任何基準。依據從來之分組法，1月以下爲週齡，1月以上爲1，2，3，6月之月齡。

嬰兒死亡率之計算時，不用0歲人口(戶口普查0歲)，而用出生數。故與戶口普查統計無關，對於任何年之死亡率，僅以人口動態資料卽可計算。

177

1. 週齡別死亡率

死亡時之週齡 0 ， 1 ， 2 ， 3 之死亡率，各以 $q_0^0, q_0^1, q_0^2, q_0^3$ 表示。q_0^0 為自出生時至 7 日死亡之機率。其他同樣類推。

（1）q_0^0

假設此方法係使用兩年份，民國 55，56 年出生數及 1 年份民國 56 年死亡數（以下同）。民國56年之 q_0^0 之計算法說明如下：

圖 14.1

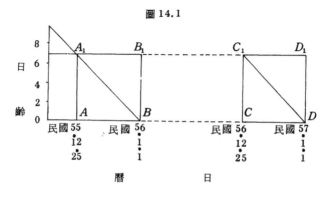

以 Lexis（第一法）圖 14·1 說明之。橫軸為出生曆日，縱軸為年齡。與此等軸交叉成 45° 角之斜線 A_1B 為民國56年 1 月 1 日，C_1D 為民國 57 年 1 月 1 日之線。在橫軸上，由各人之出生日之點起，而對橫軸劃一垂直線。其垂直線表示繼續生存之生命線。此線自出生點開始，其終點為死亡點。死亡點之橫坐標為死亡時日，縱坐標為死亡時之年齡。民國 56 年中之出生者在橫軸上排列，此以（BD）表示。民國 56 年中未滿 7 日死亡者數是平行四邊形（A_1BDC_1）內之死亡點數。此以 $D(A_1BDC_1)$ 表示。圖 14·1 之左端 $D(A_1BB_1)$ 表示民國 56 年未滿 7 日死亡者，而此死亡者係民國 55 年自 12 月 25 日至同 31 日之出生者。又右端 $D(C_1DD_1)$ 表示民國 56 年 12 月 25 日以降出生，而民國 57 年未滿 7 日死亡者數。

今　$D(A_1BB_1) \fallingdotseq \dfrac{1}{2} D(A_1ABB_1)$

$D(C_1DD_1) \fallingdotseq \dfrac{1}{2} D(C_1CDD_1)$

此等關係式，嚴密地，不大正確，因死亡點在三角形靠近下面較濃密，上面較稀薄，又 $\Delta\,A_1AB$ 之下邊廣大，上邊狹小，$\Delta\,A_1BB_1$ 是倒反的。但是左右兩端大部分相抵。

於是　$D(A_1BDC_1) = \dfrac{1}{2}\left\{ D(A_1ACC_1) + D(B_1BDD_1) \right\}$

$= \dfrac{1}{2}\left\{ L(AC) - L(A_1C_1) \right\} + \dfrac{1}{2}\left\{ L(BD) - L(B_1D_1) \right\}$

式中 $L(AC)$ 爲自民國 55 年 12 月 25 日至民國 56 年 12 月 24 日止之出生數。$L(A_1C_1)$ 爲達到日齡 7 的生存數。兩者之差是此期間內出生的未滿 7 日之死亡數。$L(BD)$，$L(B_1D_1)$ 同樣類推。假設在計算期間內之生存率爲一定，則

$$\frac{L(A_1C_1)}{L(AC)} = p_0^0 \qquad \frac{L(B_1D_1)}{L(BD)} = p_0^0$$

p_0^0 爲自出生至 7 日之生存機率。此 p_0^0 代入於上式，即得

$$D(A_1BDC_1) = \frac{1}{2}\left\{ L(AC) - p_0^0 L(AC) \right\} + \frac{1}{2}\left\{ L(BD) \right.$$
$$\left. - p_0^0 L(BD) \right\}$$
$$= \frac{1}{2} L(AC)(1 - p_0^0) + \frac{1}{2} L(BD)(1 - p_0^0)$$
$$= q_0^0 \cdot \frac{1}{2}\left\{ L(AC) + L(BD) \right\}$$

故 $\quad q_0^0 = \dfrac{D(A_1BDC_1)}{\dfrac{1}{2}\left\{L(AC)+L(BD)\right\}}$

$L(AC)$, $L(BD)$ 係出生數，各為 $B\begin{pmatrix} 55 \cdot 12 \cdot 25 \\ 56 \cdot 12 \cdot 24 \end{pmatrix}$，

$B\begin{pmatrix} 56 \cdot 1 \cdot 1 \\ 56 \cdot 12 \cdot 31 \end{pmatrix}$，則

$$q_0^0 = \frac{\text{民國 56 年中之未滿 7 日之死亡數}}{\dfrac{1}{2}\left\{B\begin{pmatrix} 55 \cdot 12 \cdot 25 \\ 56 \cdot 12 \cdot 24 \end{pmatrix}+B\begin{pmatrix} 56 \cdot 1 \cdot 1 \\ 56 \cdot 12 \cdot 31 \end{pmatrix}\right\}}$$

設分子之未滿 7 日之死亡數 $= D\begin{pmatrix} o \\ w \end{pmatrix}$ ，則

$$p_0^0 = 1 - q_0^0 = 1 - \frac{D\begin{pmatrix} o \\ w \end{pmatrix}}{\dfrac{1}{2}\left\{B\begin{pmatrix} 55\cdot12\cdot25 \\ 56\cdot12\cdot24 \end{pmatrix}+B\begin{pmatrix} 56\cdot 1\cdot 1 \\ 56\cdot12\cdot31 \end{pmatrix}\right\}}$$

設 $\quad p_0^0 = {_w}p_0$

$${_w}p_0 = 1 - \frac{D\begin{pmatrix} o \\ w \end{pmatrix}}{\dfrac{1}{2}\left\{B\begin{pmatrix} 55\cdot12\cdot25 \\ 56\cdot12\cdot24 \end{pmatrix}+B\begin{pmatrix} 56\cdot 1\cdot 1 \\ 56\cdot12\cdot31 \end{pmatrix}\right\}} \tag{14.1}$$

(2) q_0^1

圖 14·2 所示，民國 56 年中，日齡 7 以上未滿 14 日之死亡數以 $D(A_2E_1F_1C_2)$ 表示，則

$$D(A_2E_1F_1C_2) = \frac{1}{2}\left\{D(A_2A_1C_1C_2)+D(E_2E_1F_1F_2)\right\}$$

$$=\frac{1}{2}\left\{L(A_1C_1)-L(A_2C_2)\right\}+\frac{1}{2}\left\{L(E_1F_1)-L(E_2F_2)\right\}$$

圖 14.2

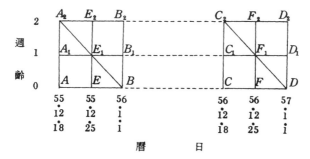

同樣假設在計算期間內之生存率爲一定（以下類推），則

$$\frac{L(A_2C_2)}{L(A_1C_1)}=p_0^1\quad,\quad\frac{L(E_2F_2^2)}{L(E_1F_1)}=p_0^1$$

$$D(A_2E_1F_1C_2)=\frac{1}{2}\left\{p_0^0\cdot L(AC)-p_0^1\cdot L(A_1C_1)\right\}$$

$$+\frac{1}{2}\left\{p_0^0\cdot L(EF)-p_0^1\cdot L(E_1F_1)\right\}$$

$$=\frac{1}{2}\left\{p_0^0\cdot L(AC)-p_0^1\cdot p_0^0\cdot L(AC)\right\}$$

$$+\frac{1}{2}\left\{p_0^0\cdot L(EF)-p_0^1\cdot p_0^0\cdot L(EF)\right\}$$

$$=\frac{1}{2}p_0^0\cdot(1-p_0^1)\left\{L(AC)+L(EF)\right\}$$

$$1-p_0^1=q_0^1=\frac{D(A_2E_1F_1C_2)}{\frac{1}{2}\cdot p_0^0\left\{L(AC)+L(EF)\right\}}$$

（　p_o^0＝生存率）

由此

$$p_o^0 (1 - q_o^1) = p_o^0 \left\{ 1 - \frac{D(A_2 E_1 F_1 C_2)}{\frac{1}{2} p_o^0 \left\{ L(AC) + L(EF) \right\}} \right\}$$

$$p_o^0 \, p_o^1 = p_o^0 - \frac{D(A_2 E_1 F_1 C_2)}{\frac{1}{2} \left\{ L(AC) + L(EF) \right\}}$$

設　$p_o^0 = {}_w p_o$

$$p_o^0 \, p_o^1 = {}_{2w} p_o$$

$${}_{2w} p_o = {}_w p_o - \frac{日齡 7 以上未滿 14 之死亡數}{\frac{1}{2} \left\{ B\begin{pmatrix} 55 \cdot 12 \cdot 18 \\ 56 \cdot 12 \cdot 17 \end{pmatrix} + B\begin{pmatrix} 55 \cdot 12 \cdot 25 \\ 56 \cdot 12 \cdot 24 \end{pmatrix} \right\}}$$

設日齡 7 以上未滿 14 之死亡數 $= D\begin{pmatrix} w \\ 2w \end{pmatrix}$

$${}_{2w} p_o = {}_w p_o - \frac{D\begin{pmatrix} w \\ 2w \end{pmatrix}}{\frac{1}{2} \left\{ B\begin{pmatrix} 55 \cdot 12 \cdot 18 \\ 56 \cdot 12 \cdot 17 \end{pmatrix} + B\begin{pmatrix} 55 \cdot 12 \cdot 25 \\ 56 \cdot 12 \cdot 24 \end{pmatrix} \right\}}$$

（14·2）

（3）q_o^2

$$q_o^2 = \frac{日齡 14 以上未滿 21 之死亡數}{\frac{1}{2} \left\{ B\begin{pmatrix} 55 \cdot 12 \cdot 11 \\ 56 \cdot 12 \cdot 10 \end{pmatrix} + B\begin{pmatrix} 55 \cdot 12 \cdot 18 \\ 56 \cdot 12 \cdot 17 \end{pmatrix} \right\} p_o^0 \cdot p_o^1}$$

設日齡 14 以上未滿 21 之死亡數 $= D\begin{pmatrix} 2w \\ 3w \end{pmatrix}$

$$p_0^0 p_0^1 (1-q_0^2) = p_0^0 p_0^1 \left(1 - \frac{D\binom{2w}{3w}}{\frac{1}{2}\left\{ B\binom{55.12.11}{56.12.10} + B\binom{55.12.18}{56.12.17} \right\} p_0^0 \cdot p_0^1} \right)$$

$$p_0^0 p_0^1 p_0^2 = p_0^0 p_0^1 - \frac{D\binom{2w}{3w}}{\frac{1}{2}\left\{ B\binom{55.12.11}{56.12.10} + B\binom{55.12.18}{56.12.17} \right\}}$$

設　$p_0^0\, p_0^1 = {}_{2w}\, p_0$

$p_0^0\, p_0^1\, p_0^2 = {}_{3w}\, p_0$

$${}_{3w}\, p_0 = {}_{2w}\, p_0 - \frac{D\binom{2w}{3w}}{\frac{1}{2}\left\{ B\binom{55.12.11}{56.12.10} + B\binom{55.12.18}{56.12.17} \right\}}$$

$$(14\cdot3)$$

（4）q_0^3

$$q_0^3 = \frac{\text{日齡 21 以上日齡未滿 28 日之死亡數}}{\frac{1}{2}\left\{ B\binom{55.12.4}{56.12.3} + B\binom{55.12.11}{56.12.10} \right\} p_0^0\, p_0^1\, p_0^2}$$

設日齡 21 以上日齡未滿 1 月（或 28 日）之死亡數

$$= D\binom{3w}{4w}$$

$p_0^0 p_0^1 p_0^2 (1-q_0^3)$

$$= p_0^0 p_0^1 p_0^2 \left(1 - \frac{D\binom{3w}{4w}}{\frac{1}{2}\left\{ B\binom{55.12.4}{56.12.3} + B\binom{55.12.11}{56.12.10} \right\} p_0^0 p_0^1 p_0^2} \right)$$

$$p_0^0 p_0^1 p_0^2 p_0^3 = p_0^0 p_0^1 p_0^2 - \frac{D\binom{3w}{4w}}{\frac{1}{2}\left\{B\binom{55.12.4}{56.12.3}+B\binom{55.12.11}{56.12.10}\right\}}$$

設　　$p_0^0 p_0^1 p_0^2 = {}_3w\,p_0$

　　　　$p_0^0 p_0^1 p_0^2 p_0^3 = {}_4w\,p_0$

$$_4w\,p_0 = {}_3w\,p_0 - \frac{D\binom{3w}{4w}}{\frac{1}{2}\left\{B\binom{55.12.4}{56.12.3}+B\binom{55.12.11}{56.12.10}\right\}} \tag{14.4}$$

(5) $B\binom{55.12.25}{56.12.24}$, $B\binom{55.12.18}{56.12.17}$, $B\binom{55.12.11}{56.12.10}$, $B\binom{55.12.4}{56.12.3}$

等之近值算法：

出生統計雖有月別，但日別不明，故以上各式中所列的日齡，月齡計算式中之 $B\binom{55.12.25}{56.12.24}$, $B\binom{55.12.18}{56.12.17}$, $B\binom{55.12.11}{56.12.10}$, $B\binom{55.12.4}{56.12.3}$ 等出生數無法獲得實際數字。故假定在月間出生均勻發生時，可由下式推算之。

$$B\binom{55.12.25}{56.12.24} = B\binom{56.\ 1}{56.12} + \frac{7}{31}\{B(55.12)-B(56.12)\}$$

$$B\binom{55.12.18}{56.12.17} = B\binom{56.\ 1}{56.12} + \frac{14}{31}\{B(55.12)-B(54.12)\}$$

$$B\binom{55.12.11}{56.12.10} = B\binom{56.\ 1}{56.12} + \frac{21}{31}\{B(55.12)-B(56.12)\}$$

$$B\binom{55,12,4}{56,12,3} = B\binom{56,\ 1}{56,12} + \frac{28}{31}\{B(55.12)-B(56.12)\}$$

上式中 $B(55.12)$ 及 $B(56.12)$ 各表示民國 55 年 12 月及 56 年

12 月中之出生數。

註：上列第 4 式中 $\dfrac{28}{31}$ 或可用 $\dfrac{1m}{31}$，以下同。

此等數字代入於日齡生存率之計算式可得下列各式：

$$
{}_wp_0 = 1 - \frac{D\begin{pmatrix}0\\w\end{pmatrix}}{B\begin{pmatrix}56.\;1\\56.12\end{pmatrix} + \dfrac{7}{62}\left\{B(55.12) - B(56.12)\right\}}
$$

$$
{}_{2w}p_0 = {}_wp_0 - \frac{D\begin{pmatrix}w\\2w\end{pmatrix}}{B\begin{pmatrix}56.\;1\\56.12\end{pmatrix} + \dfrac{21}{62}\left\{B(55.12) - B(56.12)\right\}}
$$

$$
{}_{3w}p_0 = {}_{2w}p_0 - \frac{D\begin{pmatrix}2w\\3w\end{pmatrix}}{B\begin{pmatrix}56.\;1\\56.12\end{pmatrix} + \dfrac{35}{62}\left\{B(55.12) - B(56.12)\right\}}
$$

$$
{}_{4w}p_0 = {}_{3w}p_0 - \frac{D\begin{pmatrix}3w\\4w\end{pmatrix}}{B\begin{pmatrix}56.\;1\\56.12\end{pmatrix} + \dfrac{49}{62}\left\{B(55.12) - B(56.12)\right\}}
$$

$$
{}_{2m}p_0 = {}_{4w}p_0 - \frac{D\begin{pmatrix}4w\\2m\end{pmatrix}}{B\begin{pmatrix}56.\;1\\56.12\end{pmatrix} + \dfrac{1}{2}\left\{B(55.11) - B(56.11)\right\} + \dfrac{59}{62}\left\{B(55.12) - B(56.12)\right\}}
$$

2. 月齡別死亡率

月齡0，1，2，3，6 之死亡率各以 ${}_0q_o$（未滿1月齡，不分週一括計算）${}_1q_o$，${}_2q_o$，${}_3q_o$，${}_6q_o$ 表示。（但此等記號限於在此使用，因此與簡易生命表之記號相同，但表示之意義完全不同）。此等死亡率之計算法與上述之週齡死亡率同樣。但 ${}_0q_o$ 表示自出生至未滿1月之死亡機率，${}_1q_o$ 表示月齡1至2之死亡機率，${}_2q_o$ 表示月齡2至3，${}_3q_o$ 表示月齡3至6，${}_6q_o$ 表示月齡6至1歲之死亡機率。

(1) ${}_0q_o$

圖 14.3

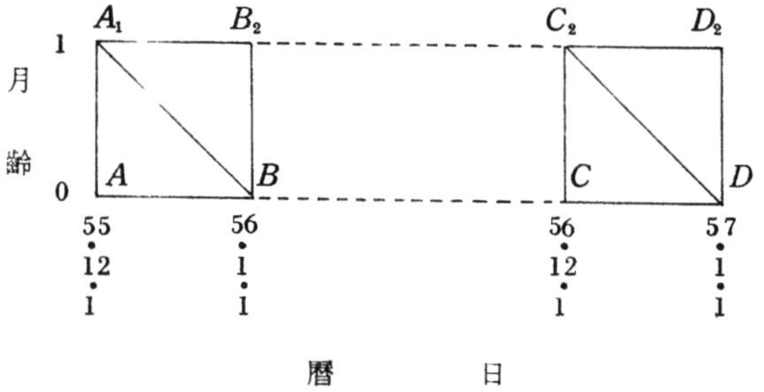

自出生至未滿1月齡之死亡率爲 ${}_0q_o$，生存率爲 ${}_0p_o$，而 ${}_0p_o$ 等於各週齡之生存率之積，即 ${}_0p_o = p_o^0 \cdot p_o^1 \cdot p_o^2 \cdot p_o^3 = {}_{1m}p_o$

$${}_0q_o = \frac{\text{未滿月齡1之死亡數}}{\frac{1}{2}\left\{B\begin{pmatrix}55.12\\56.11\end{pmatrix}+B\begin{pmatrix}56.\ 1\\56.12\end{pmatrix}\right\}}$$

$${}_0p_o = 1 - {}_0q_o = 1 - \frac{\text{未滿月齡1之死亡數}}{\frac{1}{2}\left\{B\begin{pmatrix}55.12\\56.11\end{pmatrix}+B\begin{pmatrix}56.\ 1\\56.12\end{pmatrix}\right\}}$$

設 ${}_0p_o \doteqdot {}_{1m}p_o$ 未滿月齡1之死亡數 $= D\begin{pmatrix}o\\m\end{pmatrix}$

$$_{1m}p_0 = 1 - \frac{D\binom{0}{1m}}{\frac{1}{2}\left\{B\binom{55.12}{56.11} + B\binom{56.\ 1}{56.12}\right\}} \tag{14·5}$$

（2）$_1q_0$

圖14.4

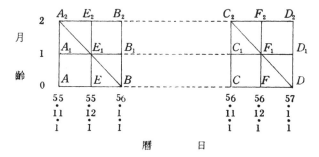

$$_1q_0 = \frac{\text{月齡1以上未滿2之死亡數}}{\frac{1}{2} \cdot {_0p_0}\left\{B\binom{55.11}{56.10} + B\binom{55.12}{56.11}\right\}}$$

設月齡1以上未滿2之死亡數 $= D\binom{1\,m}{2\,m}$

$$_0p_0\,(\,1 - {_1q_0}\,) = {_1p_0}\left(1 - \frac{D\binom{1m}{2m}}{\frac{1}{2}\,{_0p_0}\left\{B\binom{55.11}{56.10} + B\binom{55.12}{56.11}\right\}}\right)$$

$$_0p_0 \cdot {_1p_0} = {_0p_0} - \frac{D\binom{1m}{2m}}{\frac{1}{2}\left\{B\binom{55.11}{56.10} + B\binom{55.12}{56.11}\right\}}$$

設 $\quad {_0p_0} = {_{1m}p_0}$

$\qquad {_0p_0} \cdot {_1p_0} = {_{2m}p_0}$

$$\therefore \quad {}_{2m}p_0 = {}_{1m}p_0 - \frac{D\binom{1m}{2m}}{\frac{1}{2}\left\{B\binom{55.11}{56.10} + B\binom{55.12}{56.11}\right\}} \quad (14\cdot6)$$

（3）${}_2q_0$

$${}_2q_0 = \frac{月齡 2 以上未滿 3 之死亡數}{\frac{1}{2} \cdot {}_0p_0 \cdot {}_1p_0 \cdot \left\{B\binom{55.10}{56.\ 9} + B\binom{55.11}{56.10}\right\}}$$

設月齡 2 以上未滿 3 之死亡數 $= D\binom{2m}{3m}$

$${}_0p_0 \cdot {}_1p_0 (1 - {}_2q_0) =$$

$${}_0p_0 \cdot {}_1p_0 \left(1 - \frac{D\binom{2m}{3m}}{\frac{1}{2}{}_0p_0 \cdot {}_1p_0 \left\{B\binom{55.10}{56.\ 9} + B\binom{55.11}{56.10}\right\}}\right)$$

$${}_0p_0 \cdot {}_1p_0 \cdot {}_2p_0 = {}_0p_0 \cdot {}_1p_0 - \frac{D\binom{2m}{3m}}{\frac{1}{2}\left\{B\binom{55.10}{56.\ 9} + B\binom{55.11}{56.10}\right\}}$$

設 ${}_0p_0 \cdot {}_1p_0 = {}_{2m}p_0$

$${}_0p_0 \cdot {}_1p_0 \cdot {}_2p_0 = {}_{3m}p_0$$

$${}_{3m}p_0 = {}_{2m}p_0 - \frac{D\binom{2m}{3m}}{\frac{1}{2}\left\{B\binom{55.10}{56.\ 9} + B\binom{55.11}{56.10}\right\}} \quad (14\cdot7)$$

（4）${}_3q_0$

$${}_3q_0 = \frac{月齡 3 以上未滿 6 之死亡數}{\frac{1}{2} \cdot {}_0p_0 \cdot {}_1p_0 \cdot {}_2p_0 \left\{B\binom{55.7}{56.6} + B\binom{55.10}{56.\ 9}\right\}}$$

設　月齡 3 以上未滿 6 之死亡數 $= D\binom{3m}{6m}$

$_0p_0 \cdot {}_1p_0 \cdot {}_2p_0(1 - {}_3q_0)$

$$= {}_0p_0 \cdot {}_1p_0 \cdot {}_2p_0\left(1 - \frac{D\binom{3m}{6m}}{\frac{1}{2} \cdot {}_0p_0 \cdot {}_1p_0 \cdot {}_2p_0\left\{B\binom{55.7}{56.6} + B\binom{55.10}{56.\ 9}\right\}}\right)$$

$$_0p_0 \cdot {}_1p_0 \cdot {}_2p_0 \cdot {}_3p_0 = {}_0p_0 \cdot {}_1p_0 \cdot {}_2p_0 - \frac{D\binom{3m}{6m}}{\frac{1}{2}\left\{B\binom{55.7}{56.6} + B\binom{55.10}{56.\ 9}\right\}}$$

設　$_0p_0 \cdot {}_1p_0 \cdot {}_2p_0 = {}_{3m}p_0$

$_0p_0 \cdot {}_1p_0 \cdot {}_2p_0 \cdot {}_3p_0 = {}_{6m}p_0$

$$_{6m}p_0 = {}_{3m}p_0 - \frac{D\binom{3m}{6m}}{\frac{1}{2}\left\{B\binom{55.7}{56.6} + B\binom{55.10}{56.\ 9}\right\}} \tag{14·8}$$

(5) $_6q_0$

$$_6q_0 = \frac{月齡 6 以上未滿 12 之死亡數}{\frac{1}{2} \cdot {}_0p_0 \cdot {}_1p_0 \cdot {}_2p_0 \cdot {}_3p_0 \left\{B\binom{55.\ 1}{56.12} + B\binom{55.7}{56.6}\right\}}$$

設月齡 6 以上未滿 12 之死亡數 $= D\binom{6\,m}{12\,m}$

$_0p_0 \cdot {}_1p_0 \cdot {}_2p_0 \cdot {}_3p_0(1 - {}_6q_0)$

$$= {}_0p_0 \cdot {}_1p_0 \cdot {}_2p_0 \cdot {}_3p_0\left(1 - \frac{D\binom{6\,m}{12\,m}}{\frac{1}{2} \cdot {}_0p_0 \cdot {}_1p_0 \cdot {}_2p_0 \cdot {}_3p_0\left\{B\binom{55.\ 1}{56.12} + B\binom{55.7}{56.6}\right\}}\right)$$

$$_0p_0 \cdot {}_1p_0 \cdot {}_2p_0 \cdot {}_3p_0 \cdot {}_6p_0 = {}_0p_0 \cdot {}_1p_0 \cdot {}_2p_0 \cdot {}_3p_0 - \frac{D\binom{6\ m}{12\ m}}{\frac{1}{2}\left\{B\binom{55.\ 1}{56.12} + B\binom{55.7}{56.6}\right\}}$$

設　$_0p_0 \cdot {}_1p_0 \cdot {}_2p_0 \cdot {}_3p_0 = {}_{6m}p_0$

$$_0p_0 \cdot {}_1p_0 \cdot {}_2p_0 \cdot {}_3p_0 \cdot {}_6p_0 = {}_{12m}p_0$$

$$_{12m}p_0 = {}_{6m}p_0 - \frac{D\binom{6\ m}{12\ m}}{\frac{1}{2}\left\{B\binom{55.\ 1}{56.12} + B\binom{55.7}{56.6}\right\}} \qquad (14 \cdot 9)$$

3. 生命表生存率及死亡率之計算

自出生至滿 1 歲之生存率 p_0 如下：

$$p_0 = {}_0p_0 \cdot {}_1p_0 \cdot {}_2p_0 \cdot {}_3p_0 \cdot {}_6p_0$$

由上面所列各計算式求得各日齡，月齡別生存率，死亡率之計算如下：

$$_wq_0 = 1 - {}_wp_0$$

$$_wq_w = 1 - {}_wp_w = 1 - {}_{2w}p_0 / {}_wp_0$$

$$\cdots\cdots\cdots\cdots\cdots\cdots\cdots\cdots\cdots\cdots\cdots\cdots\cdots\cdots\cdots\cdots$$

$$_{6m}q_{6m} = 1 - {}_{6m}p_{6m} = 1 - {}_{12m}p_0 / {}_{6m}p_0$$

14·2　零歲死亡率q_0之計算

0 歲死亡細分為週齡及月齡，計算各死亡率之方法已於前述。若不細分，而 0 歲死亡總括的死亡率之計算法應於簡易生命表記述，但此法在完全生命表部分亦可應用。

1. $_\alpha p \cdot {}_{\bar{a}}p$ 法：

　　於 Lexis（第二法）圖 14.5 橫軸為出生曆日，縱軸為年齡，生命線與橫軸成 45°角之向右斜方伸長。

圖 14.5

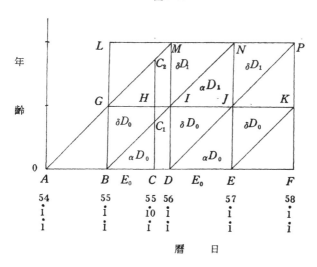

　　民國 56 年 0 歲死亡 $D(IDEJ)$。此死亡者之出生年為 55 年及 56 年兩年，55 年出生者為 δD_0，56 年出生者為 αD_0。自出生至 1 歲之生存率 p_0 係，自出生至年末之生存率 αp_0 與其年首 x 歲人口至滿 1 歲之生存率 δp_0 之積，即 $p_0 = \alpha p_0 \cdot \delta p_0$。　圖 14.5 中，民國 56 年出生（$E_0^{56}$）為 $L(DE)$，死亡者數為 αD_0^{56}

$$\alpha p_0 = \frac{L(DE) - \alpha D_0^{56}}{L(DE)}$$

$$\delta p_0 = \frac{L(ID) - \delta D_0^{56}}{L(ID)}$$

此 $L(ID)$ 之推計法有兩種方法如下：

　　（1）$L(ID) = 55$ 年出生（E_0^{55}）$- \alpha D_0^{55}$

(2) $L(ID) = ($ 55年戶口普查10月1日,普查0歲 人口之內,55 年出生者)

$-($ 55年10~12月中,0歲死亡之內,55 年出生者)

$+($ 同10~12月出生者)

以上兩推計人口之間略有差異。在此採用前者即 $L(ID) = E_0^{55} - {}_\alpha D_0^{55}$,則

$$\delta p_0 = \frac{L(ID) - {}_\alpha D_0^{55}}{L(ID)}$$

$\therefore \quad p_0 = {}_\alpha p_0 \cdot \delta p_0$

$\quad q_0 = 1 - p_0$

2. f_0 法

圖14.5中 56 年之0歲死亡為

$\quad {}_\alpha D_0 + {}_\delta D_0 = D_0$

若0歲死亡之內,去年(55年) 出生之比率為

$$\frac{{}_\delta D_0}{D_0} = f_0$$

則0歲死亡之內,當年(56年)出生之比率為

$$\frac{{}_\alpha D_0}{D_0} = 1 - f_0$$

以此比率,將去年(55年)出生數 E_0^{55} 乘以 f_0,當年(56 年)出生數 E_0^{56} 乘以($1 - f_0$),而計算兩者合計之人口數。嗣將0歲死亡數 D_0 除以合計人口數,則得0歲之死亡率 q_0 如下:

$$q_0 = \frac{D_0}{E_0^{55} f_0 + E_0^{56}(1 - f_0)}$$

14·3 一歲以上之死亡率 *qx*

此計算中，分母之人口，㈠在於編製期間之初頭現在，㈡或其中央日現在，自當其計算不同。以下用戶口普查（民國55年12月16日）之例說明如下。

1. **人口在觀察期間之初頭之場合** 此場合 q_x 由資料直接算出，不用 m_x 爲特色。

(1) $\alpha p \cdot \delta p$ 法

① q_1 之求法

此法，在於計算 0 歲死亡率，已用 $q_0 = 1 - \alpha p_0 \cdot \delta p_0$。 同一方法可在 1 歲以上之各歲之死亡率計算而使用。

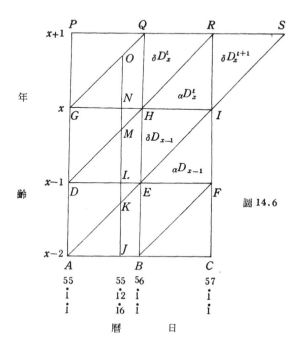

圖 14.6

圖 14‧6 橫軸爲曆日，縱軸爲年齡，生命線與 $45°$ 之對角線平行。

民國 56 年 1 月 1 日 x 歲人口爲 $L(HQ)$，其他同樣。

$$q_x = 1 - p_x = 1 - {}_\alpha p_x \cdot {}_\delta p_x = 1 - \frac{L(RI)}{L(HI)} \cdot \frac{L(QR)}{L(QH)} \tag{1}$$

然而　$L(QH) = \{$普查人口之 $L(OM)\} - D(QMHQ)$

其中　$L(OM) = L(ON) + L(NM)$

$\qquad\qquad = [$ 普查 x 歲人口之內（ $55 - x$ ）年出生者 $]$

$\qquad\qquad\quad + [$ 普查（ $x - 1$ ）歲人口之內（55-x）年出生者 $]$

$D(OMHQ) = D(ONHQ) + D(NMH)$

$\qquad\qquad = \{55$ 年 12 月 16 日～ 12 月 31 日 x 歲死亡者之內 ，（55-x）

$\qquad\qquad\quad$ 年出生者 $\} + \{55$ 年 12 月 16 日～ 12 月 31 日（x-1）

$\qquad\qquad\quad$ 歲死亡者之內（55 - x ）年出生者 $\}$

則求得 $L(QH)$ 。

又　　$L(QR) = L(QH) - {}_\delta D_x$

$\qquad\quad L(RI) = L(HI) - {}_\alpha D_x$

$\qquad\quad L(HI) = L(HE) - {}_\delta D_{x-1}$

$\qquad\quad L(HE)$ 與 $L(QH)$ 同樣算出 。

如此 (1) 式之右端之各分母子判明 ，則 q_x 值得計算之 。

② q_1 之計算例：

由①法求 q_1 之方法列於如下：

圖 14.7

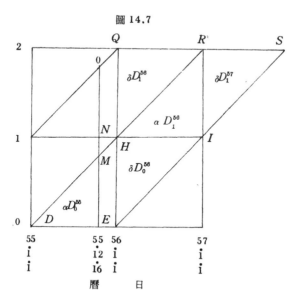

55 年普查，$L(ON)=$ 54 年 1 月～ 12 月 16 日 出生之 1 歲人
口數

$+)L(NM)=$ 54 年 12 月 16 日～ 12 月 31日出生之 1
歲人口數

$$L(OM)=L(ON)+L(NM)$$

55 年動態統計，　$D(ONHQ)=$ 55 年 12 月 16 日－ 12 月 31
日，54 年出生之 1 歲死亡數

$+)$　$D(NHM)=$ 55 年 12 月 16 日－ 12 月 31日，
54 年出生之 0 歲死亡數

$$D(OMHQ)$$

$\therefore$　$L(QH)=$ 56 年 1 月 1 日現在 1 歲人口
$$=L(OM)-D(OMHQ)$$

$$D(QHR) = {}_\delta D_1^{56} = 56 \text{ 年 } 1 \text{ 歲死亡內，} 54 \text{ 年出生者}$$

$$\therefore \quad L(QR) = L(QH) - {}_\delta D_1^{56}$$

又　$L(DE) = 55 \text{ 年出生數}$

$$-) \quad \underline{D(DHE) = {}_\alpha D_0^{55} = 55 \text{ 年 } 0 \text{ 歲死亡內，} 55 \text{ 年出生者}}$$

$$\therefore \quad L(HE) = L(DE) - {}_\alpha D_0^{55}$$

$$-) \quad \underline{D(HEI) = {}_\delta D_0^{56} = 56 \text{ 年 } 0 \text{ 歲死亡內，} 55 \text{ 年出生者}} ,$$

$$\therefore \quad L(HI) = L(HE) - {}_\delta D_0^{56}$$

$$-) \quad \underline{D(HRI) = {}_\alpha D_1^{56} = 56 \text{ 年 } 1 \text{ 歲死亡內，} 55 \text{ 年出生者}}$$

$$\therefore \quad L(RI) = L(HI) - {}_\alpha D_1^{56}$$

$$\therefore \quad {}_\alpha p_1 = \frac{L(RI)}{L(HI)}$$

$$_\delta p_1 = \frac{L(QR)}{L(QH)}$$

$$p_1 = {}_\alpha p_1 \cdot {}_\delta p_1$$

$$\therefore \quad q_1 = 1 - p_1$$

如上圖 14.7 自 0 歲至最高年齡，連續地，作圖。該當數值各各代入卽得全部數值。

(2) f_x 法

於圖 14.6 一般地說，${}_\alpha D_x$ 及 ${}_\delta D_x$ 兩者不同，故 ${}_\delta D_x / D_x = f_x$ ，而 ${}_\alpha D_x$ 之母體人口，是年首現在 $(x-1)$ 歲人口 $L(HE)$，${}_\delta D_x$ 之母體人口是年首現在 x 歲人口 $L(QH)$。於是

$$q_x = \frac{D_x}{f_x (\text{年首 } x \text{ 歲人口}) + (1 - f_x)\{\text{年首}(x-1)\text{歲人口}\}}$$

$$= \frac{D_x}{f_x L(QH) + (1 - f_x) L(HE)}$$

但年首各歲人口由前述方法求之。上記之 f_x 值，56年男女之 $_\delta D_x/D_x$ 比率，除 0 歲外，每歲計算，求此等之平均值爲 f_x。f_x由年齡的變動較少，作視爲常數。

f_x 值，按年齡及年度有些少之變動，故每年，每年齡之 f_x 加以計算爲妥。

（3）折半法

設　$_\delta D_x = _\alpha D_x = \dfrac{1}{2}D_x$，則 q_x 之分母人口爲

$$\frac{1}{2}(P_x + P_{x-1})$$

$$q_x = \frac{D_x}{\frac{1}{2}\left\{ 年首 x 歲人口＋年首（ x-1 ）歲人口 \right\}}$$

此與（1）式同一資料計算 q_1，即

$$q_1 = \frac{D_1}{\frac{1}{2}\left\{ L(QH)＋L(HE) \right\}}$$

（4）生年法

以上三方法之 q_x 之資料之死亡是曆年 t 年度，年齡爲 x 歲。死亡之年齡爲 x 歲單一，生年爲跨二年，故 $_\alpha D_x^t$ 及 $_\delta D_x^t$ 分爲兩部分而計算 q_x。於是分母人口之生年亦爲跨二年。

「生年法」是死亡年齡是單一 x 歲，其發生是跨二曆年。即此等之生年爲同一，而分母人口亦爲同年出生。

例之，56 年出生之 0 歲死亡，包括出生年發生的死亡 $_\alpha D_0^{56}$ 及翌年 57 年發生的死亡 $_\delta D_0^{57}$ 等兩種。於是，q_0 之分子用跨二年的 0 歲死

亡 $_xD_0^{56}+{_\delta}D_0^{57}$，而分母用 56 年出生的死亡數，則

$$q_x = \frac{{_\alpha}D_x^t + {_\delta}D_x^{t+1}}{E_x^t}$$

於圖 14·7，

$$q_1 = \frac{D(RHI)+D(RIS)}{L(HI)} = \frac{{_\alpha}D_1^{56}+{_\delta}D_1^{57}}{L(HI)}$$

此分子之死亡者及分母人口均為 55 年出生。其他年齡同樣。故此種死亡率稱為 cohort mortality。此 q_x 是 t 年之 x 歲之人口為主眼，由此立場，與人口同一出生年之死亡者為分子，分母與分子符合，故不設任何假定而計算。此點是為合理。死亡跨二曆年，而且成為兩年之死亡之半額。是故曆年為主眼，某年之死亡率或者生命表上之問題時，均不用此方法。

2．普查人口在編製期間之中間

（1）　1歲以上粗死亡率之計算（第一法）

先就 Lexis 圖 14·8 說明。圖中縱軸為年齡，橫軸為觀察時日（曆日），各人之出生時點及死亡時點以線分連結，此與橫軸成 45°之角度之線分稱為生命線，線分之始點為出生點，終點為死亡點。

線分交切之生命線之數為 $L(A_1A_2)$，圖形中 $A_1A_2B_2B_1$ 中之死亡點以 $D(A_1A_2B_2B_1)$ 表示，$L(A_1A_2)$ 表示 1960年1月1日現在之 x 歲人口，$L(C_1C_2)$ 表示1961年1月1日現在之 x 歲人口。$L(A_1A_2)$，$L(C_1C_2)$ 各為 x 歲年始人口，x 歲年末人口，以 $_0P_x$，$_1P_x$ 表示。

又通過線分 A_0A_1 之生命線為（1960$-x$）年出生之人口集團，其中 $L(A_1C_1)$ 為 1960 年1年間到達 x 歲之人口數此稱為到達（滿歲）人口，以 E_x 表示。同樣通過線分 A_1A_2 之生命線為（1959$-x$）

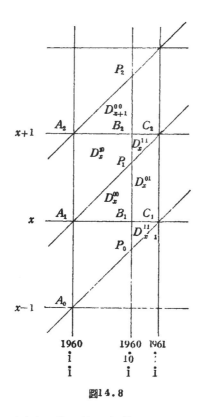

圖14.8

年出生之人口集團，其中 $L(A_2C_2)$ 為 1960 年 1 年間到達 $x+1$ 歲之人口數，以 E_{x+1} 表示。於是 x 歲之死亡率 q'_x 以下式表示，則

$$q'_x = 1 - \frac{L(C_1C_2)}{L(A_1C_1)} \cdot \frac{L(A_2C_2)}{L(A_1A_2)} = 1 - \frac{{}_1P_x}{E_x} \cdot \frac{E_{x+1}}{{}_0P_x}$$

式中 ${}_0P_x$，${}_1P_x$，E_x 等由資料直接無法獲得，故由下列方法，以戶口普查人口與 1960 年之死亡數予以加減求之。

於是，$D(A_1A_2B_2P_1)$，$D(P_1B_2C_2)$，各為（1959 - x）年出生之 x 歲之年間死亡者數中，1～9 月，10～12 月中死亡者數，以

D_x^{10}, D_x^{11} 表示。又 $D(A_1B_1P_1)$, $D(B_1C_1C_2P_1)$ 各為（1960 $-x$）年出生之 x 歲者之 1～9 月，10～12 月中死亡者數，以 D_x^{00}, D_x^{01} 表示。

又 1960 年 10 月 1 日現在之生年別人口，因在 1 歲以上之死亡率計算上需要，故由 1960 年年齡別人口（戶口普查）按下式估計之，即

$$P_x^* = \frac{3}{4}P_x + \frac{1}{4}P_{x-1}$$

式中 P_x 表示 1960 年 10 月 1 日現在之 x 歲人口，P_x^* 表示（1960 $-x$）年出生之人口。由此求得下式：

$$L(P_0P_1) = P_x^*$$

$$L(P_1P_2) = P_{x+1}^*$$

．．．．．．．．．．．．．．．．．

故　$_0P_x = L(A_1A_2) = P_{x+1}^* + (D_x^{10} + D_{x+1}^{00})$

$_1P_x = L(C_1C_2) = P_x^* - (D_{x-1}^{11} + D_x^{01})$

$E_x = L(A_1C_1) = P_x^* + (D_x^{00} - D_{x-1}^{11})$

$E_{x+1} = L(A_2C_2) = P_{x+1}^* + (D_{x+1}^{00} - D_x^{11})$

．．．．．．．．．．．．．．．．．．．．．．．．．．．．

（2）1 歲以上之粗死亡率之計算（第二法）

依照圖 14·9 說明計算法。圖之橫軸為曆日，縱軸為年齡。線分 AB 交切之生命線以 $L(AB)$ 表示，粗死亡率 q_x 以下式表示，則

$$q_x = 1 - \frac{L(B_1B_2)}{L(A_1B_1)} \cdot \frac{L(A_2B_2)}{L(A_1A_2)}$$

各線分交切之生命線之數之求法如下：

$L(C_1C_2)$, $L(C_2C_3)$, 是 1965 年 10 月 1 日 現在之人口，

由戶口普查結果取得。此等以
Q_x，P_x 表示。四邊形 A_2A_1
C_2C_3 內之死亡點之數以 DAO_x
，三角形 $C_3C_2B_2$ 內之死亡點
之數以 DAI_x，三角形 $C_2A_1C_1$
內之死亡點之數以 DBO_x，四
角形 $C_2C_1B_1B_2$ 內之死亡點之
數以 DBI_x 表示。此等數值均
由基礎資料取得。故通過各線
分之生命線之數如下：

$$L(A_1B_1)=P_{x-1}+Q_x+$$
$$DBO_x-DAI_{x-1}$$
$$L(B_1B_2)=P_{x-1}+Q_x-$$
$$DAI_{x-1}-DBI_x$$
$$L(A_1A_2)=P_x+Q_{x+1}+$$
$$DAO_x+DBO_{x+1}$$
$$L(A_2B_2)=P_x+Q_{x+1}-$$
$$DAI_x+DBO_{x+1}$$

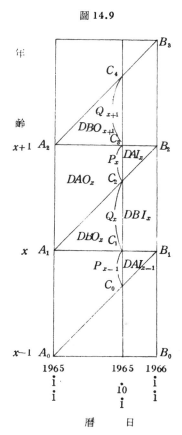

圖 14.9

3．人口在觀察期間之中央日現在之時之死亡率計算方法

　　依照下圖說明之。圖 14·10 橫軸為出生曆日，縱軸為年齡，生命
線垂直伸長。2 歲死亡 D_2 為 $D(FHQN)$，1960 年 7 月 1 日現在之 2
歲人口（P_2）為 $L(BC)$。此死亡與人口之出生年相對比較之，D_2 之
出生是自'57 年 1 月 1 日至'59 年 1 月 1 日之二個年，人口 P_2 之出
生是自'57 年 7 月 1 日至'58 年 7 月 1 日之一個年，兩者之出生不符
合。若使兩者之出生相符合，則人口或死亡之中任何一個應該調整。

(1)調整人口（生存延年數法）一般地，

$$m_x = \frac{D_x}{\dfrac{1}{8}P_{x+1} + \dfrac{6}{8}P_x + \dfrac{1}{8}P_{x-1}}$$

$$q_x = \frac{m_x}{1 + \dfrac{1}{2}m_x}$$

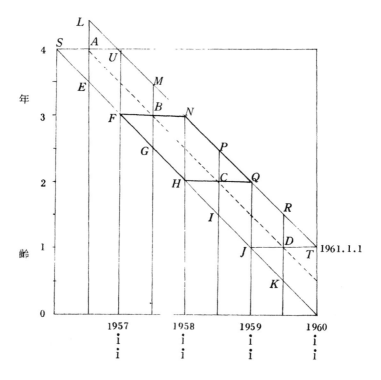

圖 14.10

此式係下列概念爲基礎。D_2爲例，$D_2 = D(FHQN)$。此平行四邊形 $FHQN$ 分爲，中央之六角形 $BGHCPN$，兩端之三角形 FGB 及 PCQ。於是

$$D(BGHCPN) \fallingdotseq \frac{6}{8} D(MGIP)$$

$$D(FGB) \fallingdotseq \frac{1}{8} D(LEGM)$$

$$D(PCQ) \fallingdotseq \frac{1}{8} D(PIKR)$$

此等式之右端之各平行四邊形內之死亡點，除以同一出生期間之人口 $L(AB)$，$L(BC)$，$L(CD)$，則各得 m_x。 由此等人口按死亡點之比率，取得部分人口，即

$$m_2 = \frac{D_2}{\frac{1}{8} P_3 + \frac{6}{8} P_2 + \frac{1}{8} P_1}$$

此分母人口及分子之死亡是同一出生期間，各爲 $L(AB) = \frac{1}{2} \left\{ L(EG) + L(LM) \right\}$，$L(BC) = \frac{1}{2} \left\{ L(GI) + L(MP) \right\}$，$L(CD) = \frac{1}{2} \left\{ L(IK) + L(PR) \right\}$，通過各平行四邊形內之生命線數以（人，年）爲單位表示。故此等稱爲各生存延年數。

(2)調整死亡

$$m_x = \frac{\frac{1}{8} D_{x+1} + \frac{6}{8} D_x + \frac{1}{8} D_{x-1}}{P_x}$$

此式以 2 歲爲例，按前圖說明，則

$$D(FGB) \fallingdotseq D(MBN) \fallingdotseq \frac{1}{8}D(SFNU) = \frac{1}{8}D_3$$

$$D(PCQ) \fallingdotseq D(HIC) \fallingdotseq \frac{1}{8}D(HJTQ) = \frac{1}{8}D_1$$

$$D(BGHCPN) \fallingdotseq \frac{6}{8}D(MGIP) = \frac{6}{8}D_2$$

$$\therefore \quad m_2 = \frac{\frac{1}{8}D_3 + \frac{6}{8}D_2 + \frac{1}{8}D_1}{L(BC)}$$

（3）簡略法

$$m_x = \frac{D_x}{P_x}$$

此式在前圖 14.10，若 $D(FHQN) \fallingdotseq D(MGIP)$，則死亡與人口爲同一出生期間，則

$$q_x = \frac{m_x}{1 + \frac{1}{2}m_x}$$

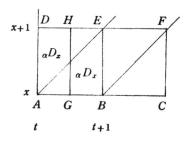

圖 14.11

　　此公式由統計資料誘導時，以圖說明如下。圖 14·11，橫軸爲出生曆日，縱軸爲年齡，生命線對斜線 AE 平行右上方伸長。$L(AB)$ $=E_x$，$D_x=D(DABE)$。$L(DA)$ 爲 t 年首 x 歲人口，$L(EB)$ 爲 t 年末 x 歲人口，$L(HG)=\dfrac{1}{2}\left\{L(DA)+L(EB)\right\}$，

　　本來

$$q_x=\frac{D(ABFE)}{L(AB)}=\frac{D(ABE)+D(EBF)}{L(AB)}$$

　　但是在此，因求 t 年之 q_x，故不是 $t+1$ 年之 $D(EBF)$，應該使用 t 年之 $D(DAE)$。於是

$$\frac{D(DAE)}{L(DA)}=\frac{D(EBF)}{L(EB)}\quad，則$$

$$D(EBF)=\frac{D(DAE)}{L(AD)}\cdot L(EB)$$

假設 $DABE$ 內之死亡點均勻分配，

$$D(DAE)=D(ABE)=\frac{1}{2}D_x \qquad\qquad（ i ）$$

然而，$L(AB)=L(EB)+\dfrac{1}{2}D_x=\left\{L(HG)-\dfrac{1}{2}D_x\right\}+\dfrac{1}{2}D_x$

$$=L(HG) \qquad\qquad（ ii ）$$

$$\therefore\quad D(EBF)=\frac{D(DAE)}{L(AD)}\cdot L(EB)$$

$$=\frac{\dfrac{1}{2}D_x\cdot\left\{L(HG)-\dfrac{1}{2}D_x\right\}}{L(HG)+\dfrac{1}{2}D_x} \qquad\qquad（iii）$$

（i），（ii），（iii）等式代入於 q_x，則

$$q_x = \cfrac{\frac{1}{2}D_x + \cfrac{\frac{1}{2}D_x \cdot \left\{ L(HG) - \frac{1}{2}D_x \right\}}{L(HG) + \frac{1}{2}D_x}}{L(HG)}$$

$$= \cfrac{\frac{1}{2}D_x \left\{ 2L(GH) + \frac{1}{2}D_x - \frac{1}{2}D_x \right\}}{L(HG) \cdot \left\{ L(GH) + \frac{1}{2}D_x \right\}}$$

$$= \cfrac{D_x \cdot L(GH)}{L(GH) \left\{ L(GH) + \frac{1}{2}D_x \right\}} = \cfrac{D_x}{L(GH) + \frac{1}{2}D_x}$$

上式右端之分母子，除以 $L(GH)$，即 $\dfrac{D_x}{L(GH)} = m_x$，則得

$$q_x = \cfrac{m_x}{1 + \frac{1}{2}m_x}$$

4. 人口在兩年期間之中央日現在時之死亡率之計算法

若某國（或某地區）之人口數及死亡數太少，而採用 1 年間之死亡數不夠應用。故爲避免發生偶然誤差，提高死亡率之正確度，採用 2 年間之死亡數。假定戶口普查日期爲 1960 年 10 月 1 日爲中心點，前後各 1 年，共兩年間之死亡數，而計算死亡率爲佳。玆將其方法說明如下：

圖　14.12

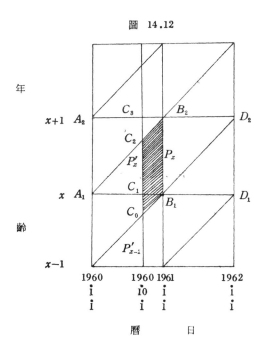

Lexis圖中，橫軸為曆日，縱軸為年齡，生命線與橫軸成 45° 角之斜線。

(1)1961年1月1日人口之推算（基礎人口）

基礎人口係採用 1961 年 1 月 1 日人口數。而此人口由 1960 年 10 月 1 日戶口普查年齡別人口數以下列計算式推算。上圖中，$L(C_1C_3)$ 為 1960 年 10 月 1 日 普查時 x 歲之人口數，以 P'_x 表示，以下同樣類推表示，而 $L(B_1B_2)$ 為 1961 年 1 月 1 日 x 歲人口數，以 P_x 表示，以下同樣類推表示。

此推算，需要生年別普查人口數。故此種人口數可由普查資料查出，如無法查出時，則以下列比率法推算之。

$$P'_x = L(C_1C_3)，P_x = L(B_1B_2)$$

$$L(C_2 C_3) = \frac{1}{4} P'_x \text{ , 同理 } L(C_0 C_1) = \frac{1}{4} P'_{x-1}$$

$$L(C_1 C_2) = \frac{3}{4} P'_x$$

$$\therefore \quad L(C_0 C_2) = L(C_1 C_2) + L(C_0 C_1) = \frac{3}{4} P'_x + \frac{1}{4} P'_{x-1}$$

$$P_x = L(B_1 B_2) = \frac{3}{4} P'_x + \frac{1}{4} P'_{x-1} - D(C_2 C_0 B_1 B_2)$$

$$x = (1, 2, 3, 4, \cdots\cdots)$$

（2）基礎死亡數

設自 1960 年 1 月 1 日至同年 12 月 31 日止該一年間之 x 歲死亡數 $D(A_1 A_2 B_2 B_1)$，以 D_x^{60} 表示，自 1961 年 1 月 1 日至同年 12 月 31 日止該一年間 x 歲死亡數 $D(B_1 B_2 D_2 D_1)$，以 D_x^{61} 表示，則

$$D_x = D_x^{60} + D_x^{61}$$

（3）中央死亡率 m_x 及死亡率 q_x

$$m_x = \frac{D_x}{2 P_x}$$

$$q_x = \frac{m_x}{1 + \frac{1}{2} m_x}$$

若用精密的死亡率公式如下：

$$q_x = \frac{m_x}{1 + \frac{1}{2} m_x + \frac{1}{12} \left\{ m_x^2 + \frac{1}{2} (m_{x-1} - m_{x+1}) \right\}}$$

$$(x = 2, 3, 4, \cdots\cdots\cdots)$$

$$q_1 = \frac{m_1}{1 + \frac{1}{2}m_1 + \frac{1}{12}m_1\left\{m_1 - \ln\frac{m_2}{m_1}\right\}}$$

上面兩公式之誘導法請參閱（16．9）及（16．12）式。

5．兩次戶口普查人口爲基本之死亡率計算方法

設兩次戶口普查標準日期均爲當該年十月一日。觀察期間，觀察開始年爲第一普查年度末日，至觀察末年爲第二普查年度末日之中間年，普通中間年數爲五個年。故普查日期與年末相離隔 3 個月（$\frac{1}{4}$年）之差。

茲第一次普查及第二次普查之男（女）性總人口各爲 P_0 及 P_5，其年齡別部分人口各爲 p_0 及 p_5。自第一次普查之調查時起 t 年後之總人口及年齡別部分人口各爲 P_t 及 p_t。由 Waters 第 2 法公式，此公式中，P_0，P_1，π_0，π_1 各以 P_0，P_5，p_0，p_5，又 R 以 r^5 代替，而普查期間爲 5 年，則

$$p_t = p_0 + \frac{r^t - 1}{r^5 - 1}(p_5 - p_0) \qquad (\text{i})$$

於是觀察期間年始及年末之年齡別部分人口各爲；

$$p_{\frac{1}{4}} = p_0 + \frac{r^{\frac{1}{4}} - 1}{r^5 - 1}(p_5 - p_0)$$

$$= p_0 + M_0(p_5 - p_0) \qquad (\text{ii})$$

$$\therefore \quad M_0 = \frac{r^{\frac{1}{4}} - 1}{r^5 - 1}$$

$$p_{5\frac{1}{4}} = p_0 + \frac{r^{5\frac{1}{4}} - 1}{r^5 - 1}(p_5 - p_0)$$

$$p_{5\frac{1}{4}} = p_5 + \frac{r^5(r^{\frac{1}{4}}-1)}{r^5-1}(p_5-p_0)$$

$$= p_5 + M_1(p_5-p_0) \qquad\qquad (\text{iii})$$

$$\therefore \quad M_1 = \frac{r^5(r^{\frac{1}{4}}-1)}{r^5-1}$$

因 $r = \left(\dfrac{P_5}{P_0}\right)^{\frac{1}{5}}$ ，由普查結果計算 M_0 及 M_1。又兩普查之年齡

別部分 p_0 及 p_5 ，由（ii）及（iii）式計算 $p_{\frac{1}{4}}$ 及 $p_{5\frac{1}{4}}$。女性年齡部分人口

，同樣方法推算之。

(1)死亡率第一近似值

觀察年度始以降5個年間，生存的年齡別 x 歲之延年數為 S_x,以

下列方法推計之。應用 Waters 第2法，

由（i）式

$$S_x = \int_{\frac{1}{4}}^{5\frac{1}{4}} p_t\, dt$$

$$= \int_{\frac{1}{4}}^{5\frac{1}{4}} \left\{ p_0 + \frac{r^t-1}{r^5-1}(p_5-p_0) \right\} dt$$

$$= \frac{p_0}{r^5-1}\int_{\frac{1}{4}}^{5\frac{1}{4}}(r^5-r^t)\,dt + \frac{p_5}{r^5-1}\int_{\frac{1}{4}}^{5\frac{1}{4}}(r^t-1)\,dt$$

$$= \frac{p_0}{r^5-1}\left\{ 5r^5 - \frac{r^{\frac{1}{4}}(r^5-1)}{\log r} \right\} + \frac{p_5}{r^5-1}\left\{ \frac{r^{\frac{1}{4}}(r^5-1)}{\log r} - 5 \right\}$$

$$= g_0 p_0 + g_1 p_5 \qquad\qquad (\text{iv})$$

$$g_0 = \frac{1}{r^5 - 1}\left\{ 5r^5 - \frac{r^{\frac{1}{4}}(r^5 - 1)}{\log r}\right\}$$

$$g_1 = \frac{1}{r^5 - 1}\left\{ \frac{r^{\frac{1}{4}}(r^5 - 1)}{\log r} - 5\right\}$$

g_0, g_1 對於全部之部分人口爲常數，故由(iv)式計算 11 歲以上之各年齡別延年數。

(2) 10 歲以下之延年數由下列方法計算之。

E_0：全觀察期間之出生數合計

E_1：同期間之到達（滿）1 歲人口合計

一般地，

E_x：同期間之到達（滿）x 歲人口合計

D_x：同期間之滿 x 歲與滿 $x+1$ 歲之間之死亡數合計

P_x^0：觀察年度始之 x 歲與 $x+1$ 歲之間之人口

P_x^5：觀察年度末之 x 歲與 $x+1$ 歲之間之人口。

由此，

$$E_1 = E_0 + P_0^0 - D_0 - P_0^5$$
$$E_2 = E_1 + P_1^0 - D_1 - P_1^5$$

一般地，

$$E_x = E_{x-1} + P_{x-1}^0 - D_{x-1} - P_{x-1}^5$$

延年數 S_x

$$S_x = \frac{1}{2}(E_x + E_{x+1})$$

其次中央死亡率 m_x，死亡率 q_x 生存率 p_x 等以下式計算之，則

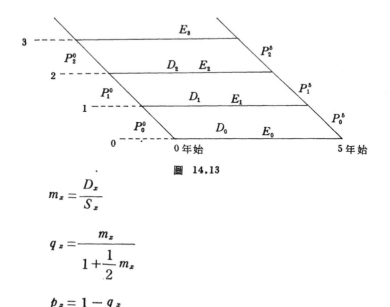

圖 14.13

$$m_x = \frac{D_x}{S_x}$$

$$q_x = \frac{m_x}{1 + \dfrac{1}{2} m_x}$$

$$p_x = 1 - q_x$$

q_x 及 p_x 爲死亡率及生存率。

(3)兩次戶口普查人口爲基本之未滿 1 歲之日齡別，月齡別死亡率

在本省曾經舉辦的兩次戶口普查爲例說明之。此等普查標準日期各爲 1935 年 10 月 1 及 1940 年 10 月 1 日。而觀察期間爲自 1936 年 1 月 1 日至 1941 年 1 月 1 日止之 5 個年。故普查日期與該年末相差三個月（$\frac{1}{4}$年）。

未滿 1 歲之死亡數分爲，出生後 0 － 5 日，5 － 10 日，10 －15 日，15 日－1 月 ， 1 月－2 月，2 月－3 月，3 月－6 月，6 月 －12 月之 8 區分 。

自觀察開始年以降 5 個年間，到達（滿）x 歲人口以 E_x [36, 41]

表示。又同期間 x 歲以上 $x+k$ 歲（$k \leqq 1$）死亡總數以 $_kD_x^{(36,41)}$ 表示。又 1936 年 1 月 1 日及 1941 年 1 月 1 日之 x 歲以上未滿 $x+k$ 歲之人口各以 $_kP_x^{36}$，$_kP_x^{41}$ 表示，則

$$E_x^{(36,41)} = E_x^{(36,41)} - _kD_x^{(36,41)} + (_kP_x^{36} - _kP_x^{41})$$

$_kP_x^{36}$ 及 $_kP_x^{41}$，除 $k=1$ 之 P^{36}，P^{41} 以外實際統計未予調查，可按照各次普查時之比率按分推算，抑或依照下式之假定下推算之，即

$$_kP_x^{36} - _kP_x^{41} = k(P_x^{36} - P^{41})$$

$$\therefore \quad E_{x+k}^{(30,41)} = E_x^{(36,41)} - _kD_x^{(36,41)} + k(P_x^{36} - P_x^{41})$$

其次各年齡區間之延年數 $_kS_x$ 以下式計算，即

$$_kS_x = \frac{k}{2}(E_x^{(36,41)} + E_{x+k}^{(36,41)})$$

於是，此年齡區間之中央死亡率 $_km_x$ 如下：

$$_km_x = \frac{_kD_x^{(36,41)}}{_kS_x} = \frac{_kD_x^{(36,41)}}{\dfrac{k}{2}(E_x^{(36,41)} + E_{x+k}^{(36,41)})}$$

故死亡率 $_kq_x$ 如下，則

$$_kq_x = \frac{k_km_x}{1 + \dfrac{k}{2}_km_x}$$

$$= \frac{2_kD_x^{(36,41)}}{E_x^{(36,41)} + E_{x+k}^{(36,41)}} \bigg/ \left\{ 1 + \frac{_kD_x^{(36,41)}}{E_x^{(36,41)} + E_{x+k}^{(36,41)}} \right\}$$

由此式計算日齡別，月齡別死亡率。

14.4　粗死亡率之補整原則

以上各節所述之方法而所得的粗死亡率，隨着年齡之增長，變動極大，尤其樣本數過少之關係，發生偶然誤差，以致粗死亡率曲線顯示不規則的狀態。故此等粗死亡率之補整，在生命表編製工作中佔極爲重要的事項。在各國之情況言，一般地，零歲之死亡率不予施行補整，但1歲以上之粗死亡率均應施行補整，而其補整公式之種類頗多，故關于補整公式之解說另行詳列之。

14.5　高年齡死亡率之補整法

前節（14.3）所述之1歲以上之粗死亡率經過施行補整的補整死亡率中，50 歲以上者，因樣本數過少之關係，發生偶然誤差而變動激烈，所得之補整死亡率曲線乃顯示不圓滑的狀態。Gompertz - Makeham 氏對於高年齡之死力曲線以下列公式表示，

$$\mu_x = A + BC^x$$
$$-\frac{d \log l_x}{dx} = A + BC^x$$
$$\log l_x = \log k + x \log s + c^x \log g$$
$$\therefore \quad l_x = k \, s^x g^{c^x}$$

（參閱第 13 章 13.8 節）。由此公式再將高年齡（50 歲以上）未補整（或者補整）死亡率加以補整作爲最後的高年齡死亡率。此種補整方法分爲四種，分別概述如下：

1. 高年齡生存數之補整

設 x 歲之死亡率爲 q_x， x 歲之生存率爲 p_x， x 歲之生存數爲 l_x，x 歲之死亡數 d_x，則

$$p_x = 1 - q_x$$

$$l_{x+1} = l_x \cdot p_x$$

$$d_x = l_x \cdot q_x$$

$$l_{x+1} = l_x - d_x$$

由於高年齡部分之人數較少，故其生存數偶然變動亦大，因此以 Gompertz-Makeham 之公式補整之，其公式如下：

$$l_x = k \, s^x \, g^{c^x} \tag{14.10}$$

取兩邊之對數，則

$$\log l_x = \log k + x \log s + c^x \log g$$

設以 50-81 歲之各生存數加以推定，則 $y = x - 50$，將對數各常數值以符號代替如下，

$$\log l_x = k + \sigma y + \gamma c^y$$

將 50-81 歲各歲未補整之生存數取得對數值，作四等分，$n = 7$，分四小組合計，即

$$A = \sum_{50}^{57} \log l_x, \quad B = \sum_{58}^{65} \log l_x, \quad C = \sum_{66}^{73} \log l_x,$$

$$D = \sum_{74}^{81} \log l_x,$$

則

$$A = \sum_0^7 (k + \sigma y + \gamma c^y) = 8k + 28\sigma + \gamma \frac{c^8 - 1}{c - 1}$$

$$B = \sum_8^{15} (k + \sigma y + \gamma c^y) = 8k + 92\sigma + \gamma c^8 \frac{c^8 - 1}{c - 1}$$

$$C = \sum_{16}^{23} (k + \sigma y + \gamma c^y) = 8k + 156\sigma + \gamma c^{16} \frac{c^8 - 1}{c - 1}$$

$$D = \sum_{24}^{31} (k + \sigma y + \gamma c^y) = 8k + 220\sigma + \gamma c^{24} \frac{c^8 - 1}{c - 1}$$

$$A' = B - A \ , \ B' = C - B \ , \ C' = D - C \ ,$$

$$A'' = B' - A' \ , \ B'' = C' - B'$$

$$A' = 64 \ \sigma + \gamma \frac{c^8 - 1}{c - 1} \ , \ B' = 64 \ \sigma + \gamma \frac{c^8 (c^8 - 1)^2}{c - 1}$$

$$c' = 64 \ \sigma + \gamma \frac{c^{16} (c^8 - 1)^2}{c - 1} \ ,$$

$$A'' = \gamma \frac{(c^8 - 1)^3}{c - 1} \ , \ B'' = \gamma \frac{c^8 (c^8 - 1)^3}{c - 1}$$

故 $\quad c^8 = \dfrac{B''}{A''} \quad \log c = \dfrac{1}{8} \log \dfrac{B''}{A''}$

$$\gamma = \frac{A''(c-1)}{(c^8 - 1)^3} \ , \ \sigma = -\frac{1}{64} \left(A' - \frac{A''}{c^8 - 1} \right)$$

$$k = \frac{1}{8} \left(A - 28 \ \sigma - \frac{A''}{(c^8 - 1)^2} \right)$$

$k \ , \ \sigma \ , \ \gamma \ , c$ 各常數代入下式得各歲之生存數對數值

$$\log l_x = k + \sigma y + \gamma c^y$$

將各年齡別之生存數對數值還原爲年齡別之生存數卽爲補整後生存數。

2. 高年齡生存率之補整

利用 Gompertz-Makeham 公式計算之,卽

$$p_x = s g^{e^{x(c-1)}} \tag{14.11}$$

兩邊取對數值,

$$\log p_x = \log s + c^x (c - 1) \log g$$

將以經過補整的高年齡部分之死亡率,再加以補整之。

於是合計 t 期間之 p_x,則

$$\sum_x^{x+t-1} \log p_x = t \ \log s + c^x (c^t - 1) \log g \ \cdots\cdots\cdots (A)$$

$$\sum_{x+t}^{x+2t-1} \log p_x = t \ \log s + c^{x+t}(c^t-1) \log g \ ,$$

$$\sum_{x+2t}^{x+3t-1} \log p_x = t \ \log s + c^{x+2t}(c^t-1) \log g \ :$$

求上式之第一遞差（1st difference），則

$$\Delta \ \sum_x^{x+t-1} \log p_x = c^x (c^t-1)^2 \log g \cdots\cdots\cdots\cdots\cdots (B)$$

$$\Delta \ \sum_{x+t}^{x+2t-1} \log p_x = c^{x+1}(c^t-1)^2 \log g \ ,$$

$$c^t = \frac{\Delta \ \sum_{x+t}^{x+2t-1} \log p_x}{\Delta \ \sum_x^{x+t-1} \log p_x}$$

$$\log c = \frac{1}{t} \left\{ \log \left(\Delta \ \sum_{x+t}^{x+2t-1} \log p_x \right) \right.$$

$$\left. - \log \left(\Delta \ \sum_x^{x+t-1} \log p_x \right) \right\} \cdots\cdots\cdots\cdots (C)$$

自 (C) 式算出 $\log c$ 代入 (A)，(B)，可得其他常數 $\log g$，$\log s$
。（詳請參閱台灣居民生命表（第二回）p.25）。

3. 高年齡生存率之補整

利用 Gompertz-Makeham 公式計算之，即

$$p_x = sg^{c_1^x(c_1-)} \tag{14.12}$$

$$\ln p_x = \ln s + c_1^x(c_1-1) \ln g$$

設　$\ln s = A$，$(c_1-1)\ln g = B$，$c_1^x = e^{cx}$

則　$\ln p_x = A + Be^{cx}$

設　$t = x - 60$

則　$\ln p_t = A + Be^{ct} \tag{14.13}$

　將 60 歲至 86　歲之期間作三等分 $n = 9$ 即 $60-68$，$69-77$，$78-86$，用補整後死亡率作成各期間之 $\ln p_x$ 之小計值，各以 Σ_1，Σ_2，Σ_3 表示之。

$$\Sigma_1 = n A + B \frac{1 - e^{nc}}{1 - e^c}$$

$$\Sigma_2 = n A + B e^{nc} \frac{1 - e^{nc}}{1 - e^c}$$

$$\Sigma_3 = n A + B e^{2nc} \frac{1 - e^{nc}}{1 - e^c}$$

解上面 Σ_1，Σ_2，Σ_3，

$$\Sigma_2 - \Sigma_1 = B (e^{nc} - 1) \frac{1 - e^{nc}}{1 - e^c} \tag{1}$$

$$\Sigma_3 - \Sigma_2 = B e^{nc} (e^{nc} - 1) \frac{1 - e^{nc}}{1 - e^c} \tag{2}$$

$$\therefore \quad e^{nc} = \frac{\Sigma_3 - \Sigma_2}{\Sigma_2 - \Sigma_1}$$

$$C = \frac{1}{n} \ln \left(\frac{\Sigma_3 - \Sigma_2}{\Sigma_2 - \Sigma_1} \right)$$

由 (1) 得 $B = - (\Sigma_2 - \Sigma_1) \dfrac{1 - e^c}{(1 - e^{nc})^2}$

B 代入 Σ_1 得　$A = \dfrac{1}{n} \left\{ \Sigma_1 + \dfrac{\Sigma_2 - \Sigma_1}{1 - e^{nc}} \right\}$

以上求得 A，B，C 係數代入下式，

$$\ln p_t = A + B e^{ct} \quad \therefore \quad p_t = e^{(A + B e^{ct})}$$

$$(t = x - 60)$$

4. 高年齡死亡率之補整延長法

利用 Gompertz–Makeham 公式之法則死力 μ_x 而求高年齡死亡率如下。死力 μ_x

$$\mu_x = A + B e^{cx} \tag{14.14}$$

表示。生存率 $p_x = 1 - q_x$，由定義

$$- \log_e p_x = \int_x^{x+1} \mu_t dt$$

$$= \int_x^{x+1} (A + B e^{ct}) dt$$

$$= A + \frac{B}{C} (e^c - 1) e^{cx} \tag{14.15}$$

故死亡率 q_x 由下式求得，即

$$q_x = 1 - \exp\left[- \left\{ A + \frac{B}{C} (e^c - 1) e^{cx} \right\} \right] \tag{14.16}$$

Gompertz–Makeham 法則 $\mu_x = A + B e^{cx}$ 之係數之計算法如下利用前項所得的補整死亡率 q_x 求得死力 μ_x。設 $70 \sim 90$ 歲之 21 個補整死亡率值，$n = 7$，即死力系列之一般項如下：

$$\mu_t = A + B e^{cx} \quad (t = x - 70)$$

將系列三等分，各小計值爲 Σ_1，Σ_2，Σ_3，則

$$\Sigma_1 = nA + B \frac{1 - e^{nc}}{1 - e^c}$$

$$\Sigma_2 = nA + B e^{nc} \frac{1 - e^{nc}}{1 - e^c}$$

$$\Sigma_3 = nA + B e^{2nc} \frac{1 - e^{nc}}{1 - e^c}$$

故　　$\Sigma_2 - \Sigma_1 = B(e^{nc} - 1)\dfrac{1 - e^{nc}}{1 - e^c}$

$\Sigma_3 - \Sigma_2 = Be^{nc}(e^{nc} - 1)\dfrac{1 - e^{nc}}{1 - e^c}$

$\therefore\quad e^{nc} = \dfrac{\Sigma_3 - \Sigma_2}{\Sigma_2 - \Sigma_1}$

$C = \dfrac{1}{n}\ \ln\left(\dfrac{\Sigma_3 - \Sigma_2}{\Sigma_2 - \Sigma_1}\right)$

又　　$B = -(\Sigma_2 - \Sigma_1)\dfrac{1 - e^c}{(1 - e^{nc})^2}$

$A = \dfrac{1}{n}\left\{\Sigma_1 + \dfrac{\Sigma_2 - \Sigma_1}{1 - e^{nc}}\right\}$

由此等式求得 A ，B ，C 值代入於下式，

$$\mu_x = A + Be^{c(x-70)}$$

求得死力 μ_x 值，再由（14.16）求得 q_x 。

　　若所求推算之高年齡死亡率係90 歲以上時，設死力式

$$\mu_x = A + Be^{c(x-85)} \tag{14.17}$$

通過 81 歲，85 歲及 89 歲相對應之 3 點而決定其係數 A, B, C，卽

$$C = \dfrac{1}{4}\log_e\dfrac{\mu_{89} - \mu_{85}}{\mu_{85} - \mu_{81}}$$

$$B = \dfrac{\mu_{89} - \mu_{85}}{e^{4c} - 1}$$

$$A = \mu_{85} - B$$

　　以上求得係數 A ，B ，C 代入（14.17） 式，卽求得 μ_x 值 ，而以上同樣由（14.16）式求得 q_x 值。

第15章 台灣省居民生命表

　　台灣省曾經於光復前，第一次於民國二十五年，而光復後三次，於民國三十六年，同五十四年，同六十一年，先後根據民國十五年至同十九年，民國二十五年至同二十九年，民國四十五年至同四十七年，民國五十五年至同五十六年之戶口普查及人口動態資料編算四次台灣居民生命表公佈于世。而第一次及第二次之編算方法，除了補整方法外，大致相同，第三次及第四次之編算方法各爲不同。玆將第二次第三次及第四次生命表之編算方法之扼要分別說明。第一次生命表在此從略。

15·1　台灣居民生命表（第二次）

15·1·1　台灣居民生命表總說

　　台省慶告光復伊始，台灣省政府統計處計劃，本省台胞爲對象，編算台灣居民生命表。於是根據民國二十五年十月一日及民國二十九年十月一日兩次戶口普查人口及人口動態統計爲基礎資料。玆因人口動態統計曆年均有調查數字。爲了人口動態與普查人口作同一步驟，將由前記戶口普查人口來推計民國二十六年初及民國三十年初之男女別，年齡別人口。此等人口數字與民國二十六年至民國三十年之五年間之動態統計中出生及死亡等統計數字併用而計算死亡率等。

　　本省在日據時期，曾經於民國二十五年編算台灣居民生命表（第

一次），故此次係屬於第二次台灣居民生命表。本册所載，不僅為本省同胞之各種生命函數，且為唯一研究我漢民族生命之參考資料。

15·1·2　觀察期始及期末之人口推計

本生命表之觀察期間為民國二十五年初起至民國三十年初止。惟戶口普查人口係民國二十四年十月一日及民國二十九年十月一日。觀察期間之期始及期末與兩次普查日期各自之差三個月（1/4 年）。茲為使期間化為一致，將戶口普查數字，以華德氏（Alfred C. Waters ）法公式（註）推算，改為翌年年初日之數字。故本表採用之，將全部時期均化為二十五年及三十年初日之數字。茲將華德氏推算公式之概要攝述如次。

設 P_o 為民國二十四年十月一日之總人口數。

p_o 為民國二十四年十月一日之部分人口數。

P_s 為民國二十九年十月一日之總人口數。

p_s 為民國二十九年十月一日之部分人口數。

P_t 為 t 時期之總人口數。

p_t 為 t 時期之部分人口數。

R 為總人口增加率（一年之平均）。

茲假定總人口增加之比，等於年齡別部分人口增加之比，則

$$\frac{p_t - p_o}{p_s - p_o} = \frac{P_t - P_o}{P_s - P_o}$$

$$p_t = p_o + \frac{P_t - P_o}{P_s - P_o}(p_s - p_o) \qquad\qquad (\text{i})$$

（註）　Alfred C. Waters, Chief Clerk of General Register Office of Great Britain: Note upon Estimates of Population, 70th Annual Report of the Registrar General, 1907.

$$\frac{p_t - p_5}{p_5 - p_0} = \frac{P_t - P_5}{P_5 - P_0}$$

$$p_t = p_5 + \frac{P_t - P_5}{P_5 - P_0}(p_5 - p_0) \tag{ii}$$

假設總人口爲幾何級數之增加，則

$$P_t = P_0(1+R)^t$$

$$P_5 = P_0(1+R)^5$$

$$p_t = p_0 + \frac{(1+R)^t - 1}{(1+R)^5 - 1}(p_5 - p_0)$$

$$p_t = p_5 + \frac{(1+R)^t - (1+R)^5}{(1+R)^5 - 1}(p_5 - p_0)$$

設　$1 + R = r$ ，

$p^{\frac{1}{4}}$ ＝民國二十五年初之部分人口，

$p^{5\frac{1}{4}}$ ＝民國三十年初之部分人口，則

$$p^{\frac{1}{4}} = p_0 + \frac{r^{\frac{1}{4}} - 1}{r^5 - 1}(p_5 - p_0)$$

$$= p_0 + M_0(p_5 - p_0) \tag{iii}$$

$$p^{5\frac{1}{4}} = p_5 + \frac{r^5(r^{\frac{1}{4}} - 1)}{r^5 - 1}(p_5 - p_0)$$

$$= p_5 + M_1(p_5 - p_0) \tag{iv}$$

因　$r^5 = \dfrac{P_5}{P_0}$ ，由戶口普查結果，計算 M_0 及 M_1 ，於是用兩普查之年齡別部分人口 p_0 , p_5 ，由 (iii),(iv) 式計算民國二十五年初人

口數 $p^{\frac{1}{4}}$ 及同三十年初 x 歲之人口數 $p^{5\frac{1}{4}}$ 。

15·1·3 死亡率第一近似值

1 歲以上之死亡率之計算，先求延年數，而於計算民國二十五年以來五個年間男女性各歲別之延年數時， 11 歲以上者與未滿 11 歲以下者須以不同之方法計算。

1. 11 歲以上之延年數

由 (i) 式

$$p_t = p_o + \frac{p_5 - p_o}{P_5 - P_o}(P_t - P_o)$$

$$= \frac{p_o}{P_5 - P_o}(P_5 - P_t) + \frac{p_5}{P_5 - P_o}(P_t - P_o)$$

$$= \frac{p_o P_o}{P_5 - P_o}\left\{(1+R)^5 - (1+R)^t\right\} + \frac{p_5 P_o}{P_5 - P_o}\left\{(1+R)^t - 1\right\}$$

$$= \frac{p_o P_o}{P_5 - P_o}\left\{r^5 - r^t\right\} + \frac{p_5 P_o}{P_5 - P_o}\left\{r^t - 1\right\} \qquad (v)$$

茲以民國二十五年初至同三十年初之五個年間生存者之延年數為 S_x ，自普查日期至該年底止之期間為 $h = \frac{1}{4}$ ，則

$$S_x = \int_{\frac{1}{4}}^{5\frac{1}{4}} p_t \, dt = \frac{p_o P_o}{P_5 - P_o}\int_{\frac{1}{4}}^{5\frac{1}{4}}(r^5 - r^t) \, dt$$

$$+ \frac{p_5 P_o}{P_5 - P_o}\int_{\frac{1}{4}}^{5\frac{1}{4}}(r^t - 1) \, dt$$

$$= \frac{p_0 P_0}{P_5 - P_0} \left\{ 5r^5 - \frac{r^{\frac{1}{4}}(r^5 - 1)}{\ln r} \right\} + \frac{P_5 P_0}{P_5 - P_0} \left\{ \frac{r^{\frac{1}{4}}(r^5 - 1)}{\ln r} - 5 \right\}$$

$$= \frac{5 p_0 P_0}{P_5 - P_0} \left\{ r^5 - \frac{r^{\frac{1}{4}}(r^5 - 1)}{\ln r^5} \right\} + \frac{5 p_5 P_0}{P_5 - P_0} \left\{ \frac{r^{\frac{1}{4}}(r^5 - 1)}{\ln r^5} - 1 \right\}$$

$$= g_0 p_0 + g_1 p_5$$

但　$g_0 = \frac{5 P_0}{P_5 - P_0} \left\{ r^5 - \frac{r^{\frac{1}{4}}(r^5 - 1)}{\ln r^5} \right\}$

$$g_1 = \frac{5 P_0}{P_5 - P_0} \left\{ \frac{r^{\frac{1}{4}}(r^5 - 1)}{\ln r^5} - 1 \right\}$$

如此卽得上述之延年數計算式。

2.　未滿 11 歲以下各歲之延年數

延年數依照下列公式計算

$$S_x = \frac{1}{2}(E_x + E_{x+1})$$

上式中，E_x 及 E_{x+1} 表示滿 x 歲及滿 $x+1$ 歲人口，此等數值係浓照下列公式計算得來。（註）

$$D_{x_1 \mid x_2}^{x \mid x_2} = \int_{x_1}^{x_2} \int_{z_1 - x}^{z_2 - x} \varphi(t, x) dx dt$$

$$= E_{x_1}^{t_1 + (x_2 - x_1) \mid t_2} - P_{x_2}^{x_1 \mid x_2}$$

$$- E_{x_2}^{t_1 \mid t_2 - (x_2 - x_1)} + P_{x_1}^{x_1 \mid x_2}$$

（註）參閱 United States Life Tables 1890，1901，1910，1901-1910，P.334.

$$= E_{x_1}^{x_1-x_1 \mid x_2-x_1} - P_{x_2}^{x_1 \mid x_2} - E_{x_2}^{x_1-x_2 \mid x_2-x_2} + P_{x_1}^{x_1 \mid x_2}$$

凡滿歲人口之計算，係使用民國二十五年初與民國三十年初人口統計，以及民國二十五年至三十年五年間之出生數及死亡數。其計算方法依照上列公式，以文字表示之，其式如下：

$$\begin{pmatrix} 滿 1 歲 \\ 人　口 \end{pmatrix} = \begin{pmatrix} 該 5 年間 \\ 出 生 數 \end{pmatrix} + \begin{pmatrix} 25 年初現在 \\ 之 0 歲人口 \end{pmatrix} - \begin{pmatrix} 該 5 年間之 \\ 0 歲死亡數 \end{pmatrix}$$

$$\begin{pmatrix} 30 年初現在 \\ 之 0 歲人口 \end{pmatrix}$$

即以符號代表之，可示如下列公式：

$$E_1 = E_o + P_{1 \cdot 0} - D_o - P_{2 \cdot 0} \; ;$$

又，$$\begin{pmatrix} 滿 2 歲 \\ 人　口 \end{pmatrix} = \begin{pmatrix} 滿 1 歲 \\ 人　口 \end{pmatrix} + \begin{pmatrix} 25 年初現在 \\ 之 1 歲人口 \end{pmatrix} - \begin{pmatrix} 該 5 年間之 \\ 1 歲死亡數 \end{pmatrix}$$

$$- \begin{pmatrix} 30 年初現在 \\ 之 1 歲人口 \end{pmatrix}$$

以符號代表之，可示如下列公式：

$$E_2 = E_1 + P_{1.1} - D_1 - P_{2.1}$$

餘類推。

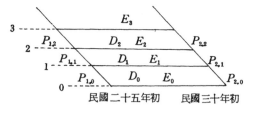

圖　15.1

死亡率第一近似值計算方法，係先各歲別死亡數，除以各歲之延年數，求得各中央死亡率，再以中央死亡率與死亡率之關係式，計算死亡率第一近似值。今設延年數為 S_x，死亡數為 D_x，中央死亡率為 m_x，死亡率第一近似值為 q_x，及生存率第一近似值，可得下列公式：

$$m_x = \frac{D_x}{S_x} , \ q_x = \frac{m_x}{1 + \frac{1}{2} m_x}$$

$$p_x = 1 - q_x$$

15·1·4　死亡率第二近似值

因資料中，祇有民國二十五年初及同三十年初之現在人口，而無其中間人口（民國廿六、廿七、廿八、廿九年）之人口，故由以上所得死亡率及生存率之第一近似值，以下列方法計算生年別生存率第一近似值，此與民國二十五年初及同三十年初之現在人口，計算民國二十六年初至二十九年初人口第一近似值。又利用以上各年初人口，計算年齡別延年數第二近似值。繼之死亡數，除以延年數第二近似值，求得中央死亡率。然後依照計算死亡率第一近似值之同一式，而計算死亡率第二近似值。茲分述其計算如下：

1.　生年別生存率第一近似值 $\bar{p}_x$ 之計算式：

在此，所謂生年別生存率係在某年初 x 歲以上未滿 $x+1$ 歲之人口，1 年後至其年末生存之機率以 $\bar{p}_x$ 表示，則

$$\bar{p}_x = \frac{1 - \frac{1}{2} q_{x+1}}{1 - \frac{1}{2} q_x} p_x$$

式中 p_x 及 q_x 為生存率及死亡率第一近似值。

此式之證明如下：

設同一生年中，於 z 年時滿 x 歲之人口數為 $\bar{l}_x$，而 $\bar{l}_x$ 中繼續活到 $z+1$ 年，而滿 $x+1$ 歲之人口數為 $\bar{l}_{x+1}$。又 $z+1$ 年初現在滿 x 歲而未達滿 $x+1$ 歲之人口數為 $L_{z+1 \cdot x}$。而 $z+2$ 年初現在滿 $x+1$ 歲而未達滿 $x+2$ 歲之人口數為 $L_{z+2 \cdot x+1}$。

圖 15.2

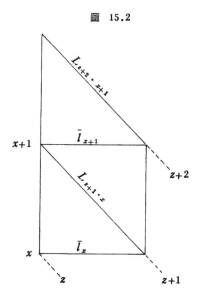

又設死亡分布為均勻，則

$$L_{z+1 \cdot x} = \bar{l}_x - \frac{1}{2} \bar{d}_x , \quad \bar{d}_x = \bar{l}_x - \bar{l}_{x+1} ,$$

$$L_{z+2 \cdot x} = \bar{l}_{x+1} - \frac{1}{2} \bar{d}_{x+1} , \quad \bar{d}_{x+1} = \bar{l}_{x+1} - \bar{l}_{x+2} , \quad 則$$

$$\bar{p}_x = \frac{L_{z+2 \cdot x+1}}{L_{z+1 \cdot x}} = \frac{\bar{l}_{x+1} - \frac{1}{2} \bar{d}_{x+1}}{\bar{l}_x - \frac{1}{2} \bar{d}_x}$$

$$= \frac{\left(1 - \frac{1}{2} \cdot \frac{\bar{d}_{x+1}}{\bar{l}_{x+1}}\right)\bar{l}_{x+1}}{\left(1 - \frac{1}{2} \cdot \frac{\bar{d}_x}{\bar{l}_x}\right)\bar{l}_x} = \frac{1 - \frac{1}{2} q_{x+1}}{1 - \frac{1}{2} q_x} \cdot p_x$$

2．民國二十六年初至同二十九年初

　　人口第一近似值

　　利用民國二十五年初與三十年初現在人口，與生年別生存率第一近似值，則可計算本期間各年初現在人口。

　　以 $P_{1 \cdot x}$ 為民國二十五年現在 x 歲之人口，$P_{6 \cdot x+5}$ 為民國三十年初現在 $x + 5$ 歲之人口，$P_{1 \cdot x}$ 以生年別生存率第一近似值 $\bar{p}_x, \bar{p}_{x+1}$，$\bar{p}_{x+2}, \bar{p}_{x+3}, \cdots\cdots$等相乘，即計算自 $P_{1 \cdot x}$ 中所生存之各初現在人口；

民國二十六年初　$L_{2 \cdot x+1} = P_{1 \cdot x} \times \bar{p}_x$ ，

民國二十七年初　$L_{3 \cdot x+2} = P_{1 \cdot x} \times \bar{p}_x \times \bar{p}_{x+1} = L_{2 \cdot x+1} \times \bar{p}_{x+1}$

民國二十八年初　$L_{4 \cdot x+3} = P_{1 \cdot x} \times \bar{p}_x \times \bar{p}_{x+1} \times \bar{p}_{x+2} = L_{3 \cdot x+2}$
$$\times \bar{p}_{x+2}$$

民國二十九年初　$L_{5 \cdot x+4} = P_{1 \cdot x} \times \bar{p}_x \times \bar{p}_{x+1} \times \bar{p}_{x+2} \times \bar{p}_{x+3}$
$$= L_{4 \cdot x+3} \times \bar{p}_{x+3}$$

民國三十年初　$L_{6 \cdot x+5} = P_{1 \cdot x} \times \bar{p}_x \times \bar{p}_{x+1} \times \bar{p}_{x+2} \times \bar{p}_{x+3} \times \bar{p}_{x+4}$
$$= L_{5 \cdot x+4} \times \bar{p}_{x+4}$$

　　若 $\bar{p}_x$ 對於各生年別人口為相同且正確時，則應為：

$$L_{6 \cdot x+5} = P_{6 \cdot x+5}$$

但實際上係：

$$L_{6 \cdot x+5} + \delta_x = P_{6 \cdot x+5}$$

乃因尚有 δ_x 數存在，故須將各年初人口修正如下：

$$\bar{L}_{2 \cdot x+1} = L_{2 \cdot x+1} + \frac{1}{5}\delta_x$$

$$\bar{L}_{3 \cdot x+2} = L_{3 \cdot x+2} + \frac{2}{5}\delta_x$$

$$\bar{L}_{4 \cdot x+3} = L_{4 \cdot x+3} + \frac{3}{5}\delta_x$$

$$\bar{L}_{5 \cdot x+4} = L_{5 \cdot x+4} + \frac{4}{5}\delta_x$$

如此計算各年初現在之各歲別人口。

3. 延年數二近似值

將以上計算得來之各年初及年底 x 歲之人口相加平均 $\left(\dfrac{P_{1 \cdot x}+\bar{L}_{2 \cdot x}}{2},\right.$ ……………$\Big)$，然後將民國二十五年以降五年間每年現存人口 x 歲者之上項平均數合計，此即為同年齡之延年數第二近似值 S_x，其計算式如下：

$$S_x = \frac{P_{1 \cdot x}+\bar{L}_{2 \cdot x}}{2} + \frac{\bar{L}_{2 \cdot x}+\bar{L}_{3 \cdot x}}{2} + \frac{\bar{L}_{3 \cdot x}+\bar{L}_{4 \cdot x}}{2} + \frac{\bar{L}_{4 \cdot x}+\bar{L}_{5 \cdot x}}{2}$$

$$+\frac{\bar{L}_{5 \cdot x}+P_{6 \cdot x}}{2}$$

$$S_x = \frac{1}{2}(P_{1 \cdot x}+P_{6 \cdot x}) + \bar{L}_{2 \cdot x} + \bar{L}_{3 \cdot x} + \bar{L}_{4 \cdot x} + \bar{L}_{5 \cdot x})$$

將以上之延年數第二近似值，仍依死亡率第一近似值所用計算式而計算中央死亡率及死亡率第二近似值。

15·1·5 死亡率第三近似值

此近似值計算方法與自死亡率及生存率第一近似值算出第二近似值之方法相同，即可自第二近似值求得之。

15・1・6　粗死亡率之補整

　　以上算得的死亡率稱爲粗死亡率。因年齡之不同而多變動。若以此粗死亡率繪成曲線圖，則因經驗數不足而產生之偶然誤差（accidental error），將使圖仍成爲一不平滑而多凹凸之曲線。爲除去此項變動，所用方法雖有多種，但本生命表則以 Blaschke 式（ 參看　E. Blaschke, Vorlesungen über Mathematische Statistik）爲主要補整式施行補整。本補整式之詳細理論及其計算方法，請參看第 20章（20・15）式並第二表內。本表所用之補整式係七次十五項補整式列於如下：

　　設 q_x 爲補整死亡率 ， ω_x 爲粗死亡率，則

$$q_x = 0.333333333\,\omega_x + 0.277843931(\omega_{x+1} + \omega_{x-1})$$
$$+ 0.138921966(\omega_{x+2} + \omega_{x-2}) - 0.011113757$$
$$(\omega_{x+3} + \omega_{x-3}) - 0.086131619(\omega_{x+4} + \omega_{x-4})$$
$$- 0.037786775(\omega_{x+5} + \omega_{x-5}) + 0.072239422$$
$$(\omega_{x+6} + \omega_{x-6}) - 0.020639835(\omega_{x+7} + \omega_{x-7})$$

　　與以上補整式相應之實驗式（empirical formula）爲：

$$y = a_0 + a_1 z + a_2 z^2 + a_3 z^3 + a_4 z^4 + a_5 z^5 + a_6 z^6 + a_7 z^7 ,$$

但 $a_0 = [\,\omega\,]\,0.33333333\dot{3} - [\,\omega z^2\,]\,0.057899588085$
$$+ [\,\omega z^4\,]\,0.002438852284 - [\,\omega z^6\,]\,0.000028666437,$$

$a_1 = [\,\omega z\,]\,0.181569610705 - [\,\omega z^3\,]\,0.023621002214$
$$+ [\,\omega z^5\,]\,0.000856915573 - [\,\omega z^7\,]\,0.000009212018,$$

$a_2 = -[\,\omega\,]\,0.057899588085 + [\,\omega z^2\,]\,0.017974501694$
$$- [\,\omega z^4\,]\,0.000895174434 + [\,\omega z^6\,]\,0.000011382168,$$

$a_3 = -[\,\omega z\,]\,0.023621002213 + [\,\omega z^3\,]\,0.003631390088$

$$-[\omega z^{6}]0.000142442333+[\omega z^{7}]0.000001600116$$

$$a_{4}=[\omega]0.002438852284-[\omega z^{2}]0.000895174434$$
$$+[\omega z^{4}]0.000048226074-[\omega z^{6}]0.000000641013$$

$$a_{5}=[\omega z]0.000856915573-[\omega z^{3}]0.000142442333$$
$$+[\omega z^{5}]0.000005838398-[\omega z^{7}]0.000000067400$$

$$a_{6}=-[\omega]0.000028666437+[\omega z^{2}]0.000011382168$$
$$-[\omega z^{4}]0.000000641013+[\omega z^{6}]0.000000008759,$$

$$a_{7}=-[\omega z]0.000009212018+[\omega z^{3}]0.000001600116$$
$$-[\omega z^{5}]0.000000067400+[\omega z^{7}]0.000000000792$$

補整分為四次施行。

（1）第一次補整：

㈠材料：0歲至6歲，取死亡率第一近似值，7歲至10歲，取死亡率第二近似值，11歲以上，取死亡率第三近似值，聯結起來作爲第一次補整材料。

㈡程序：對於12歲以上之補整，取5歲以上之粗死亡率，依照Blaschke氏之補整式施行補整，以此補整結果作爲第一補整值 $\overset{(1)}{q_{x}}$ 。對於7歲至11歲之補整，取5歲至19歲之粗死亡率，決定上述補整式相應之實驗七次式（empirical formula）之常數，以此計算結果作爲實驗式第一近似值 $\overset{(1)}{y}$ 。

（2）第二次補整：

㈠材料：5歲至6歲，取粗死亡率，7歲至11歲，取實驗式第一近似值，12歲至77歲，取第一補整值聯成爲第二次補整材料。

㈡程序：對於12歲以上之補整，取5歲以上之死亡率，依照前述Blaschke氏補整式而施行第二次補整，以此補整結果作爲第二補整值 $\overset{(2)}{q_{x}}$ 。

對於 7 歲至 11 歲之補整，取 5 歲至 19 歲之死亡率，而決定實驗
七次式之常數，以此計算結果作爲實驗式第二近似值 $\overset{(2)}{y}$。

（3）第三次補整：

㈠材料：5 歲至 6 歲，仍取粗死亡率，7 歲至 11 歲，取實驗式第二近
　似值，12 歲至 84 歲，取第二補整值聯成爲第三次補整材料。

㈡程序：對於 12 歲以上之補整，取 5 歲以上之死亡率，依照 Blaschke
　氏之補整式施行第三次補整，以此補整結果作爲第三補整值 $\overset{(3)}{q_x}$。

　對於 7 歲至 11 歲之補整，取 5 歲至 19 歲之死亡率，決定實驗七
次式之常數，以此計算結果作爲實驗式第三近似值 $\overset{(3)}{y}$。

（4）第四次補整

㈠材料：5 歲至 6 歲，取粗死亡率，7 歲至 11 歲，取實驗式第三近
　似值，12 歲至 86 歲，取第三補整值，聯成爲第四次補整材料。

㈡程序：對於 12 歲以上之補整，取 5 歲以上之死亡率，同樣依照
　Blaschke 氏之補整式施行第四次補整，以此補整結果作爲第四補
　整值 $\overset{(4)}{q_x}$。

　對於 7 歲至 11 歲之補整，取 5 歲至 19 歲之死亡率，決定實驗七
次式之常數，以此計算結果作爲實驗式第四近似值 $\overset{(4)}{y}$。

　補整方法已如上述。將四次補整結果加以整理，即可得所謂補整死
亡率。即 1 歲至 6 歲，取粗死亡率，7 歲至 11 歲，取實驗式第四
近似值，12 歲至 89 歲，取第四補整值等。

15・1・7　未滿一歲之日齡別，月齡別死亡率

1．民國二十五年初及同三十年初之日齡，月齡別人口推計

　　民國二十四年十月一日及民國二十九年十月一日兩次戶口普查（
以前稱爲國勢調査）之日齡，月齡人口數均分組爲 0 – 5 日未滿，5

－10日，10－15日，15－20日，20－25日，25日－1月，1
－2月，2－3月，3－4月，4－5月，5－6月，6－7月，7
－8月，8－9月，9－10月，10－11月，11－12月，12月－
1年等人口數。但民國二十五年初及民國三十年初之日齡，月齡別人
口數均未予調查。故以兩次之普查之年齡別人口中，零歲總人口數，
用華德（A. Waters）氏方法，即以下列計算式，則

$$p^{\frac{1}{4}} = p_o + \frac{r^{\frac{1}{4}}-1}{r^5-1}(p_5-p_o)$$

$$p^{5\frac{1}{4}} = p_5\frac{r^5(r^{\frac{1}{4}}-1)}{r^5-1}(p_5-p_o)$$

式中　p_o，p_5各為民國二十四年十月一日及民國二十九年十月一
日普查之零歲人口，$p^{\frac{1}{4}}$，$p^{5\frac{1}{4}}$各為民國二十五年初，及民
國三十年初之零歲人口數。

由上式推算民國二十五年初及同三十年初零歲總人口數。然後以
前兩次普查之日齡，月齡別人口數來計算區間比率，將民國二十五年
初及同三十年初之零歲總人口數，按其比率分組為日齡，月齡別人口
數。

一方台灣在日據時期間，每年均有舉辦人口動態統計，對於自民
國二十五年始至同二十九年末之5年間之零歲死亡數，每年度均按照
上列同樣的分組法的日齡，月齡別死亡數統計。又各年間之月別出生
數統計齊全。

2．日齡，月齡別延年數之計算

首先，民國二十五年以降5年間，到達（滿）年齡x歲人口，以
$E_x^{(25 \cdot 30)}$表示，又同期間x歲以上未滿$x+k$歲（$k \leqq 1$）死亡總數

以 $_kD_x^{(25,80)}$ 表示，又民國二十五年初及同三十年初之日齡，月齡之 x 歲以上未滿 $x+k$ 歲之人口數，各以 $_kP_x^{25}$，$_kP_x^{80}$ 表示，則

$$E_{x+k}^{(25,80)} = E_x^{(25,80)} - _kD_x^{(25,80)} + (_kP_x^{25} - _kP_x^{80})$$

其次各年齡區間之延年數 $_kS_x$ 是該區間之始及末之平均人口，乘以區間（k）計算之，即

$$_kS_x = \frac{k}{2}(E_x^{(25,80)} + E_{x+k}^{(25,80)})$$

於是，此年齡區間之中央死亡率 $_km_x$ 如下：

$$_km_x = \frac{_kD_x^{(25,80)}}{_kS_x} = \frac{_kD_x^{(25,80)}}{\frac{k}{2}\left(E_x^{(25,80)} + E_{x+k}^{(25,80)}\right)}$$

故死亡率 $_kq_x$ 如下：

$$_kq_x = \frac{k\,_km_x}{1 + \frac{k}{2}\,_km_x}$$

$$= \frac{2\,_kD_x^{(25,80)}}{E_x^{(25,80)} + E_{x+k}^{(25,80)}} \left/ \left\{1 - \frac{_kD_x^{(25,80)}}{E_x^{(25,80)} + E_{x+k}^{(25,80)}}\right\}\right.$$

由上式計算日齡，月齡別死亡率。

15·1·8　高年齡之死亡率

高年齡之死亡率，用高馬（Gompertz and Makeham）公式計算之。其公式如下：

$$p_x = s\,\dot{g}^{c^x(c-1)}$$

$$\log p_x = \log s + c^x(c-1)\log g$$

故合計 t 期間之 p_x，則爲

$$\sum_x^{x+t-1} \log p_x = t \log s + (c^x + c^{x+1} + c^{x+2} + \cdots + c^{x+t-1})(c-1)\log g$$

$$= t \log s + c^x \frac{c^t-1}{c-1}(c-1)\log g$$

$$= t \log s + c^x(c^t-1)\log g$$

從上式可得下列各式：

$$\sum_x^{x+t-1} \log p_x = t \log s + c^x(c^t-1)\log g \quad \cdots\cdots\cdots\cdots\cdots\cdots (A)$$

$$\sum_{x+t}^{x+2t-1} \log p_x = t \log s + c^{x+t}(c^t-1)\log g \ ,$$

$$\sum_{x+2t}^{x+3t-1} \log p_x = t \log s + c^{x+2t}(c^t-1)\log g \ ;$$

再求上式之第一遞差值（first difference），則得

$$\Delta \sum_x^{x+t-1} \log p_x = c^x(c^t-1)^2 \log g \quad \cdots\cdots\cdots\cdots\cdots (B)$$

$$\Delta \sum_{x+t}^{x+2t-1} \log p_x = c^{x+t}(c^t-1)^2 \log g \ ,$$

$$c^t = \frac{\Delta \sum_{x+t}^{x+2t-1} \log p_x}{\Delta \sum_x^{x+t-1} \log p_x}$$

$$\log c = \frac{1}{t}\left\{ \log(\Delta \sum_{x+t}^{x+2t-1} \log p_x) - \log(\Delta \sum_x^{x+t-1} \log p_x) \right\} \cdots (C)$$

自 (C) 式算出 $\log c$，將 $\log c$ 代入於 (A)，(B)，可得 $\log g$，

$\log s$ 。

15·1·9　生命表其他函數之計算

1. 死亡率與生存率

　　死亡率屬於日齡，月齡者，未予施行任何補整，即全部採取粗死亡率。屬於 1 歲至 6 歲者，取死亡率第一近似值。屬於 7 歲至 11 歲者，取實驗式第四近似值。屬於 12 歲至 89 歲者，取第四補整值。屬於 90 歲至 104 歲者，取 Gompertz and Makeham 式計算值。

　　生存率係按 $p_x = 1 - q_x$ 公式計算。

2. 生存數及死亡數

　　生存數及死亡數係利用以上求得之補整死亡率算出。其計算公式如下：

　　　　0 歲者得生存至
　　　　x 歲止之生存率　　$_xp_0 = \Pi p_x$,

　　　　生存數　　　　　　$100,000 \, \Pi \, p_x = l_x$

　　　　死亡數　　　　　　$d_x = l_x - l_{x+1}$

　　零歲之死亡率與生存率計算公式於此才可決定，因其所用之 l_0 與 d_0 係自生存數與死亡數計算公式中取得也： $q_0 = \dfrac{l_0 - l_1}{l_0} = \dfrac{d_0}{l_0}$, $1 - q_0 = p_0$ 。

3. 死力

　　死力之一般計算公式為：

$$\mu_x = -\frac{1}{l_x} \frac{dl_x}{dx}$$

但實際計算時，則按照下列方法進行。

　　2 歲以上之死力係自與相鄰五個生存數適合之 4 次式求得。其求法 (13·36) 式而依下列公式進行計算：

$$\mu_x = \frac{8(l_{x-1}-l_{x+1})-(l_{x-2}-l_{x+2})}{12\,l_x}$$

未滿 1 歲之日齡與月齡別及 1 歲之死力係先求得相隣三個生存數之二次式，再依下列公式計算：

$$\mu_o = \left(\frac{l_o - l_{5d}}{\frac{5}{365}-0} - \frac{l_{10d}-l_o}{0-\frac{10}{365}} - \frac{l_{10d}-l_{5d}}{\frac{5}{365}-\frac{10}{365}} \right) \div l_o$$

$$\mu_b = \left(\frac{A-B}{b-a} + \frac{B-C}{c-b} - \frac{A-C}{c-a} \right) \div B \quad。$$

b 爲將 5 日，10 日，15 日，20 日，25 日，1 月，2 月，3 月，……，12 月， 以年爲單位表示之數值。a ，c 係 b 之前後之日齡或月齡以年單位表示之數值。A ，B ，C 表示相當於 a ，b ，c 之生存數。（註：d 表示日）。

4. 平均餘命

平均餘命之一般計算公式爲：

$$\mathring{e}_x = \frac{1}{l_x}\left(-\int_{y=x}^{\infty} y\,dl_y \right)，$$

但實際計算時，則按照下列方法進行。

1 歲以上之平均餘命計算公式爲：

$$\mathring{e}_x = \frac{1}{l_x}\left\{ \frac{1}{2}d_x + \left(1+\frac{1}{2}\right)d_{x+1} + \left(2+\frac{1}{2}\right)d_{x+2} + \cdots\cdots \right\}$$

$$= \frac{1}{l_x}\left\{ \frac{1}{2}\Sigma d_x + \Sigma d_{x+1} + \Sigma d_{x+2} + \cdots\cdots\cdots \right\}$$

$$= \frac{1}{l_x}\left\{ \frac{1}{2}l_x + l_{x+1} + l_{x+2} + \cdots\cdots\cdots + l_\omega \right\}$$

$$= \frac{1}{2} + \frac{l_{x+1} + l_{x+2} + l_{x+3} + \cdots\cdots\cdots + l_{\omega}}{l_x}$$

未滿 1 歲之平均餘命乃用日齡月齡別之生存數及死亡數依照下式計算：（註：d 表示日，m 表示月）。

$$\overset{\circ}{e}_{11m} = \frac{1}{l_{11m}}\left(\frac{1}{24}d_{11m} + \frac{1}{12}l_1 + l_1\overset{\circ}{e}_1\right)$$

$$\overset{\circ}{e}_{10m} = \frac{1}{l_{10m}}\left(\frac{1}{24}d_{10m} + \frac{1}{12}l_{11m} + l_{11m}\overset{\circ}{e}_{11m}\right)$$

$$\overset{\circ}{e}_{9m} = \frac{1}{l_{9m}}\left(\frac{1}{24}d_{9m} + \frac{1}{12}l_{10m} + l_{10m}\overset{\circ}{e}_{10m}\right)$$

$$\overset{\circ}{e}_{8m} = \frac{1}{l_{8m}}\left(\frac{1}{24}d_{8m} + \frac{1}{12}l_{9m} + l_{9m}\overset{\circ}{e}_{9m}\right)$$

$$\overset{\circ}{e}_{7m} = \frac{1}{l_{7m}}\left(\frac{1}{24}d_{7m} + \frac{1}{12}l_{8m} + l_{8m}\overset{\circ}{e}_{8m}\right)$$

$$\overset{\circ}{e}_{6m} = \frac{1}{l_{6m}}\left(\frac{1}{24}d_{6m} + \frac{1}{12}l_{7m} + l_{7m}\overset{\circ}{e}_{7m}\right)$$

$$\overset{\circ}{e}_{5m} = \frac{1}{l_{5m}}\left(\frac{1}{24}d_{5m} + \frac{1}{12}l_{6m} + l_{6m}\overset{\circ}{e}_{6m}\right)$$

$$\overset{\circ}{e}_{4m} = \frac{1}{l_{4m}}\left(\frac{1}{24}d_{4m} + \frac{1}{12}l_{5m} + l_{5m}\overset{\circ}{e}_{5m}\right)$$

$$\overset{\circ}{e}_{3m} = \frac{1}{l_{3m}}\left(\frac{1}{24}d_{3m} + \frac{1}{12}l_{4m} + l_{4m}\overset{\circ}{e}_{4m}\right)$$

$$\overset{\circ}{e}_{2m} = \frac{1}{l_{2m}}\left(\frac{1}{24}d_{2m} + \frac{1}{12}l_{3m} + l_{3m}\overset{\circ}{e}_{3m}\right)$$

$$\overset{\circ}{e}_{1m} = \frac{1}{l_{1m}}\left(\frac{1}{24}d_{1m} + \frac{1}{12}l_{2m} + l_{2m}\overset{\circ}{e}_{2m}\right)$$

$$\overset{\circ}{e}_{25d} = \frac{1}{l_{25d}}\left\{\frac{1}{2}\left(\frac{1}{12}-\frac{25}{365}\right)d_{25d}+\left(\frac{1}{12}-\frac{25}{365}\right)l_m+l_{1d}\overset{\circ}{e}_{1m}\right\}$$

$$\overset{\circ}{e}_{20d} = \frac{1}{l_{20d}}\left(\frac{1}{2}\times\frac{5}{365}d_{20d}+\frac{5}{365}l_{25d}+l_{25d}\overset{\circ}{e}_{25d}\right)$$

$$\overset{\circ}{e}_{15d} = \frac{1}{l_{15d}}\left(\frac{1}{2}\times\frac{5}{365}d_{15d}+\frac{5}{365}l_{20d}+l_{20d}\overset{\circ}{e}_{20d}\right)$$

$$\overset{\circ}{e}_{10d} = \frac{1}{l_{10d}}\left(\frac{1}{2}\times\frac{5}{365}d_{10d}+\frac{5}{365}l_{15d}+l_{15d}\overset{\circ}{e}_{15d}\right)$$

$$\overset{\circ}{e}_{5d} = \frac{1}{l_{5d}}\left(\frac{1}{2}\times\frac{5}{365}d_{5d}+\frac{5}{365}l_{10d}+l_{10d}\overset{\circ}{e}_{10d}\right)$$

$$\overset{\circ}{e}_{0d} = \frac{1}{l_{0d}}\left(\frac{1}{2}\times\frac{5}{365}d_{0d}+\frac{5}{365}l_{5d}+l_{5d}\overset{\circ}{e}_{5d}\right)$$

15·2　台灣省居民生命表（第三次）

　　台灣光復後百般待辦之期，戶政制度之重建，全省設立戶口登記制度。經過十年於民國四十五年九月十六日可謂爲劃時代的事業，舉辦第一次戶口普查。此次生命表係根據民國四十五年九月十六日普查人口資料，據以推計所需之基礎人口，又根據自民國四十五年九月十六日起至四十七年九月十五日之出生，死亡資料來編製。

15·2·1　基礎人口之推計

　　戶口普查人口所列 x 歲至 1 歲各年齡之人口，可謂爲 $x+\frac{1}{2}$ 歲人口。

Lexis 圖 15.3

設 x 歲平均人數為 P_x^{45}，其與戶口普查人口 P_x' 之關係如下：

$$P_x' = P_{x+\frac{1}{2}}^{45}$$

因此 P_x^{45} 係 P_x' 與 P_{x+1}' 之平均求得，即

$$P_x^{45} = \frac{1}{2}(P_{x+\frac{1}{2}}^{45} + P_{x-\frac{1}{2}}^{45})$$

$$= \frac{1}{2}(P_x' + P_{x-1}')$$

Lexis 圖 15.3

$$D(DEHF) = 死亡點數$$

$$P_{x+1}^{46} = P_x^{45} - D(DEHF)$$

假設死亡點分配為均勻，則

$$D(DEHF) \fallingdotseq D(ABIG), D(ABIG) = D_x^{46}$$

$$\therefore \quad P_{x+1}^{46} = P_x^{45} - D_x^{46}$$

基礎人口：

$$P_x = P_x^{45} + P_x^{46}$$

$$P_x^{45} \fallingdotseq \frac{1}{2}(P_x' + P_{x-1}')$$

$$P_x^{46} = P_{x-1}^{45} - D_{x-1}^{46}$$

$$\therefore \quad P_x = \frac{1}{2}(P_x' + 2P_{x-1}' + P_{x-2}') - D_{x-1}^{46}$$

15·2·2　基礎死亡數之計算

設自民國四十五年九月十六日起至民國四十六年九月十五日止一年間 x 歲之死亡數爲 D_x^{46}，民國四十六年九月十六日起至民國四十七年九月十五日止一年間 x 歲之死亡數爲 D_x^{47}，則基礎死亡數 D_x

$$D_x = D_x^{46} + D_x^{47}$$

15·2·3　死亡率之計算及補整

各年齡死亡數 D_x，除以 x 歲人口數 P_x，則死亡率如下：

$$q_x' = \frac{D_x}{P_x}$$

死亡率因易受偶然變動之影響，採用 T. N. E. Greville 之三次七項公式補整之，參閱（20·19）式，第八表內其一般公式如下：

$$q_x = -0.0587\,q_{x-3}' + 0.0587\,q_{x-2}' + 0.2937\,q_{x-1}' + 0.4126\,q_x'$$
$$+ 0.2937\,q_{x+1}' + 0.0587\,q_{x+2}' - 0.0587\,q_{x+3}'$$

其中死亡率 q_1, q_2, q_3 之補整式如下：

$$q_1 = 0 \cdot 8182 q'_1 + 0 \cdot 4895 q'_2 - 0 \cdot 2447 q'_3 - 0 \cdot 2797 q'_4$$
$$+ 0 \cdot 1398 q'_5 + 0 \cdot 1818 q'_6 - 0 \cdot 1049 q'_7$$

$$q_2 = 0 \cdot 1836 q'_1 + 0 \cdot 4510 q'_2 + 0 \cdot 4283 q'_3 + 0 \cdot 1049 q'_4$$
$$- 0 \cdot 1486 q'_5 - 0 \cdot 0874 q'_6 + 0 \cdot 0682 q'_7$$

$$q_3 = -0 \cdot 0588 q'_1 + 0 \cdot 2741 q'_2 + 0 \cdot 5245 q'_3 + 0 \cdot 3357 q'_4$$
$$- 0 \cdot 0140 q'_5 - 0 \cdot 0951 q'_6 + 0 \cdot 0336 q'_7$$

15·2·4　嬰兒死亡率之計算

嬰兒死亡率 q_0 之計算，不採用一歲以上之計算方法，因此採用出生數代替基礎人口，以計算嬰兒死亡率。

設日齡未滿 7 日之死亡率爲 q_w^0

日齡 7 日以上未滿 14 日之死亡率爲 q_{2w}^w

日齡 14 日以上未滿 21 日之死亡率爲 q_{3w}^{2w}

日齡 21 日以上未滿 1 月之死亡率爲 q_{1m}^{3w}

月齡 1 月以上未滿 2 月之死亡率爲 q_{2m}^{1m}

月齡 2 月以上未滿 3 月之死亡率爲 q_{3m}^{2m}

月齡 3 月以上未滿 6 月之死亡率爲 q_{6m}^{3m}

月齡 6 月以上未滿 1 年之死亡率爲 q_{12m}^{6m}

則　$q_w^0 = \dfrac{\text{日齡未滿 7 日之死亡數}}{\dfrac{1}{2}\left\{\left(\begin{smallmatrix}\text{自 } 45.9.9\\ \text{至 } 47.9.8\end{smallmatrix}\text{出生數}\right) + \left(\begin{smallmatrix}\text{自 } 45.9.16\\ \text{至 } 47.9.15\end{smallmatrix}\text{出生數}\right)\right\}}$

$q_{2w}^w = \dfrac{\text{日齡 7 日以上未滿 14 日之死亡數}}{\dfrac{1}{2}\left\{\left(\begin{smallmatrix}\text{自 } 45.9.2\\ \text{至 } 47.9.1\end{smallmatrix}\text{出生數}\right) + \left(\begin{smallmatrix}\text{自 } 45.9.9\\ \text{至 } 47.9.8\end{smallmatrix}\text{出生數}\right)\right\}}$

$$q_{3w}^{2w} = \frac{日齡 14 日以上未滿 1 月之死亡數}{\frac{1}{2}\left\{\left(\begin{array}{c}自45.8.26\\至47.8.25\end{array}出生數\right)+\left(\begin{array}{c}自45.9.2\\至47.9.1\end{array}出生數\right)\right\}}$$

$$q_{1m}^{3w} = \frac{日齡 21 日以上未滿 1 月之死亡數}{\frac{1}{2}\left\{\left(\begin{array}{c}自45.8.16\\至47.8.15\end{array}出生數\right)+\left(\begin{array}{c}自45.8.26\\至47.8.25\end{array}出生數\right)\right\}}$$

$$q_{2m}^{1m} = \frac{月齡 1 月以上未滿 2 月之死亡數}{\frac{1}{2}\left\{\left(\begin{array}{c}自45.7.16\\至47.7.15\end{array}出生數\right)+\left(\begin{array}{c}自45.8.16\\至47.8.15\end{array}出生數\right)\right\}}$$

$$q_{3m}^{2m} = \frac{月齡 2 月以上未滿 3 月之死亡數}{\frac{1}{2}\left\{\left(\begin{array}{c}自45.6.16\\至47.6.15\end{array}出生數\right)+\left(\begin{array}{c}自45.7.16\\至47.7.15\end{array}出生數\right)\right\}}$$

$$q_{6m}^{3m} = \frac{月齡 3 月以上未滿 6 月之死亡數}{\frac{1}{2}\left\{\left(\begin{array}{c}自45.3.16\\至47.3.15\end{array}出生數\right)+\left(\begin{array}{c}自45.6.16\\至47.6.15\end{array}出生數\right)\right\}}$$

$$q_{12m}^{6m} = \frac{月齡 6 月以上未滿 1 年之死亡數}{\frac{1}{2}\left\{\left(\begin{array}{c}自44.9.16\\至46.9.15\end{array}出生數\right)+\left(\begin{array}{c}自45.3.16\\至47.3.15\end{array}出生數\right)\right\}}$$

上式中 $\left(\begin{array}{c}自45.9.9\\至47.9.8\end{array}出生數\right)$ $\left(\begin{array}{c}自45.9.2\\至47.9.1\end{array}出生數\right)$ 及

$\left(\begin{array}{c}自45.8.26\\至47.8.25\end{array}出生數\right)$ 不易獲得實際資料，以下式推計之。

$\left(\begin{array}{c}自45.9.9\\至47.9.8\end{array}出生數\right)=\left(\begin{array}{c}自45.9.16\\至47.9.15\end{array}出生數\right)$

$+\frac{7}{31}\left\{\left(\begin{array}{c}自45.8.16\\至45.9.15\end{array}出生數\right)-\left(\begin{array}{c}自47.8.16\\至47.9.15\end{array}出生數\right)\right\}$

$$\left(\begin{array}{l}\text{自}45.9.2\\ \text{至}47.9.1\end{array}\text{出生數}\right)=\left(\begin{array}{l}\text{自}45.9.16\\ \text{至}47.9.15\end{array}\text{出生數}\right)$$

$$+\frac{14}{31}\left\{\left(\begin{array}{l}\text{自}45.8.16\\ \text{至}45.9.15\end{array}\text{出生數}\right)-\left(\begin{array}{l}\text{自}47.8.16\\ \text{至}47.9.15\end{array}\text{出生數}\right)\right\}$$

$$\left(\begin{array}{l}\text{自}45.8.26\\ \text{至}47.8.25\end{array}\text{出生數}\right)=\left(\begin{array}{l}\text{自}45.9.16\\ \text{至}47.9.15\end{array}\text{出生數}\right)$$

$$+\frac{21}{31}\left\{\left(\begin{array}{l}\text{自}45.8.16\\ \text{至}45.9.16\end{array}\text{出生數}\right)-\left(\begin{array}{l}\text{自}47.8.16\\ \text{至}47.9.15\end{array}\text{出生數}\right)\right\}$$

經代入日齡別死亡率計算式後，推演成下列各式：

$$q_w^0=\frac{\text{日齡未滿 7 日之死亡數}}{\left(\begin{array}{l}\text{自}45.9.16\\ \text{至}47.9.15\end{array}\text{出生數}\right)+\dfrac{7}{62}\left\{\left(\begin{array}{l}\text{自}45.8.16\\ \text{至}45.9.15\end{array}\text{出生數}\right)-\left(\begin{array}{l}\text{自}47.8.16\\ \text{至}47.9.15\end{array}\text{出生數}\right)\right\}}$$

$$q_{2w}^w=\frac{\text{日齡 7 日以上未滿 14 日之死亡數}}{\left(\begin{array}{l}\text{自}45.9.16\\ \text{至}47.9.15\end{array}\text{出生數}\right)+\dfrac{21}{62}\left\{\left(\begin{array}{l}\text{自}45.8.16\\ \text{至}45.9.15\end{array}\text{出生數}\right)-\left(\begin{array}{l}\text{自}47.8.16\\ \text{至}47.9.15\end{array}\text{出生數}\right)\right\}}$$

$$q_{3w}^{2w}=\frac{\text{日齡 14 日以上未滿 21 日之死亡數}}{\left(\begin{array}{l}\text{自}45.9.16\\ \text{至}47.9.15\end{array}\text{出生數}\right)+\dfrac{35}{62}\left\{\left(\begin{array}{l}\text{自}45.8.16\\ \text{至}45.9.15\end{array}\text{出生數}\right)-\left(\begin{array}{l}\text{自}47.8.16\\ \text{至}47.9.15\end{array}\text{出生數}\right)\right\}}$$

$$q_{1\,m}^{3\,w} = \frac{\text{日齡 21日以上未滿 1 月之死亡數}}{\left(\begin{smallmatrix}\text{自}45.9.16\\ \text{至}47.9.15\end{smallmatrix}\text{出生數}\right) + \dfrac{52}{62}\left\{\left(\begin{smallmatrix}\text{自}45.8.16\\ \text{至}45.9.15\end{smallmatrix}\text{出生數}\right) - \left(\begin{smallmatrix}\text{自}47.8.16\\ \text{至}47.9.15\end{smallmatrix}\text{出生數}\right)\right\}}$$

15‧2‧5 高年齡生存數之補整

設 x 歲之死亡率為 q_x

　　x 歲之生存率為 p_x

　　x 歲之生存數為 l_x

　　x 歲之死亡數為 d_x

則　$p_x = 1 - q_x$

　　$l_{x+1} = l_x \cdot p_x$

　　$d_x = l_x \cdot q_x$

　　$l_{x+1} = l_x - d_x$

由於高年齡部分之人數較少，其計算所得之生存數偶然變動亦大，因此 Gompertz-Makeham 之公式補整之，其公式如下：

$$l_x = k s^x g^{c^x}$$

取兩邊之對數如下：

$$\log l_x = \log k + x \log s + c^x \log g$$

設 $50 - 81$ 歲之各生存數加以推定，

則　$y = x - 50$，將對數各定數之數值以符號代換如下：

$$\log l_x = k + \sigma y + \gamma c^y$$

將 $50 - 81$ 歲各未補整之生存數取得對數值，分組加總如下：

$$A = \sum_{50}^{57} \log l_x$$

$$B = \sum_{58}^{65} \log l_x$$

$$C = \sum_{66}^{73} \log l_x$$

$$D = \sum_{74}^{81} \log l_x$$

則　$A = \sum_{0}^{7} (k + \sigma y + \gamma c^{y}) = 8k + 28\sigma + \gamma \dfrac{c^8 - 1}{c - 1}$

$B = \sum_{8}^{15} (k + \sigma y + \gamma c^y) = 8k + 92\sigma + \gamma c^8 \dfrac{c^8 - 1}{c - 1}$

$C = \sum_{16}^{23} (k + \sigma y + \gamma c^y) = 8k + 156\sigma + \gamma c^{16} \dfrac{c^8 - 1}{c - 1}$ ·

$D = \sum_{24}^{31} (k + \sigma y + \gamma c^y) = 8k + 220\sigma + \gamma c^{24} \dfrac{c^8 - 1}{c - 1}$

為求 k，σ，γ，c 各定數 之數值，以下式計算之：

$A' = B\text{-}A, \; B' = C\text{--}B, \; C' = D\text{--}C, \; A'' = B' - A', \; B'' = C' - B'$

則　$A^1 = 64\sigma + \gamma \dfrac{(c^8 - 1)^2}{c - 1}$

$B' = 64\sigma + \gamma \dfrac{c^8 (c^8 - 1)^2}{c - 1}$

$C' = 64\sigma + \gamma \dfrac{c^{16}(c^8 - 1)^2}{c - 1}$

$A'' = \gamma \dfrac{(c^8 - 1)^3}{c - 1}$

$B'' = \gamma \dfrac{c^8 (c^8 - 1)^3}{c - 1}$

故 $\quad c^8 = \dfrac{B''}{A''}$, $\quad \log c = \dfrac{1}{8} \log \dfrac{B''}{A''}$

$$\gamma = \frac{A''(c-1)}{(c^8-1)^8}$$

$$\sigma = \frac{1}{64}\left(A' - \frac{A''}{c^8-1} \right)$$

$$k = \frac{1}{8}\left(A - 28\,\sigma - \frac{A''}{(c^8-1)^2} \right)$$

求得 k , σ , γ , c 各定數之數值後，代入下式得各歲之生存數對數值，

$$\log l_x = k + \sigma y + \gamma c^y$$

將 $\log l_x$ 還原為年齡別生存數 l_x 即為補整後生存數。

15·2·6　其他函數計算

1．死亡數

$$d_o = l_o - l_w$$

$$d_w = l_w - l_{2w}$$

$$\cdots\cdots\cdots\cdots$$

$$d_{6m} = l_{6m} - l_{12m}$$

$$d_o = l_o - l_1$$

$$d_1 = l_1 - l_2$$

$$\cdots\cdots\cdots\cdots$$

$$d_x = l_x - l_{x+1}$$

2．生存率及死亡率

$$p_x = \frac{l_{x+1}}{l_x}, \quad q_x = 1 - p_x$$

3. 生命表人口

各年齡等間隔之各年齡別生命表人口（L_x）如下：

$$L_x = \frac{1}{2}(l_x + l_{x+1})$$

或　$$L_x = \frac{1}{2}(l_x + l_{x+1}) + \frac{1}{24}(d_{x+1} - d_{x-1})$$

1 歲月齡及日齡部分，因各期間組距不等，採用 Lagrange 之三次曲線挿補公式計算如下：

$$L_x = \int_x^{x+b} l_t \, dt$$

一般之三次式公式爲：

$$l_x = g(x \mid a_1; a_2, a_3, a_4) l_{a_1} + g(x \mid a_2; a_1, a_3, a_4) l_{a_2}$$
$$+ g(x \mid a_3; a_1, a_2, a_4) l_{a_3} + g(x \mid a_4; a_1, a_2, a_3) l_{a_4}$$

$$g(x \mid a_1; a_2, a_3, a_4) = \frac{(x - a_2)(x - a_3)(x - a_4)}{(a_1 - a_2)(a_1 - a_3)(a_1 - a_4)}$$

$$g(x \mid a_2; a_1, a_3, a_4) = \frac{(x - a_1)(x - a_3)(x - a_4)}{(a_2 - a_1)(a_2 - a_3)(a_2 - a_4)}$$

$$g(x \mid a_3; a_1, a_2, a_4) = \frac{(x - a_1)(x - a_2)(x - a_4)}{(a_3 - a_1)(a_3 - a_2)(a_3 - a_4)}$$

$$g(x \mid a_4; a_1, a_2, a_3) = \frac{(x - a_1)(x - a_2)(x - a_3)}{(a_4 - a_1)(a_4 - a_2)(a_4 - a_3)}$$

以 l_x 代入，則

$$\int_x^{x+b} l_t \, dt = l_{a_1} \int_x^{x+b} g(t \mid a_1; a_2, a_3, a_4) \, dt$$

$$+ l_{a_2} \int_x^{x+b} g(t \mid a_2 ; a_1, a_3, a_4) dt$$

$$+ l_{a_3} \int_x^{x+b} g(t \mid a_3 ; a_1, a_2, a_4) dt$$

$$+ l_{a_4} \int_x^{x+b} g(t \mid a_4 ; a_1, a_2, a_3) dt$$

式中 $\displaystyle\int_x^{x+b} g(t \mid a_1 ; a_2, a_3, a_4) dt$

$$= \Bigg\{ b(x-a_2)(x-a_3)(x-a_4)$$

$$+ \frac{b^2}{2} [(x-a_2)(x-a_3) + (x-a_2)(x-a_4)$$

$$+ (x-a_3)(x-a_4)] + \frac{b^3}{3} [(x-a_2)+(x-a_3)$$

$$+ (x-a_4)] + \frac{b^4}{4} \Bigg\} \Big/ (a_1-a_2)(a_1-a_3)(a_1-a_4)$$

其他同理，類推。

茲求 7 日以上之各生命表人口 L_x， 於 x 之前取一點，並於 x 之後取二點與 x 共四點，將 l_x 代入於公式中求得之。

以日齡，月齡之較小者依次開始取 $a_1, a_2(=x), a_3, a_4$ 時其公式之演變如下：

$$\int_{a_2}^{a_3} l_t \, dt = \frac{(a_2-a_3)^3}{12(a_1-a_2)(a_1-a_3)(a_1-a_4)} \Bigg\{ 2(a_2-a_4)$$

$$-(a_2-a_3) \Bigg\} l_{a_1} - \frac{(a_2-a_3)}{12(a_2-a_1)(a_2-a_4)} \Bigg\{ 6(a_2-a_1)(a_2-a_4)$$

$$-2(a_2-a_3)(a_2-a_1) - 2(a_2-a_3)(a_2-a_4) + (a_2-a_3)^2 \Bigg\} l_{a_2}$$

$$-\frac{(a_2-a_3)}{12(a_3-a_1)(a_3-a_4)} \Bigg\{ 6(a_2-a_1)(a_2-a_4)$$

$$-4(a_2-a_3)(a_2-a_1)-4(a_2-a_3)(a_2-a_4)+3(a_2-a_3)^2\bigg\}l_{a_3}$$

$$+\frac{(a_2-a_3)^3}{12(a_4-a_1)(a_4-a_2)(a_4-a_3)}\bigg\{2(a_2-a_1)-(a_2-a_3)\bigg\}l_{a_4}$$

求日齡 0 日之生命表人口時，以日齡月齡較小者開始，依次序取四點即 $a_1(=x)$，a_2,a_3,a_4 時，其公式演變如下：

$$\int_{a_1}^{a_2}l_t\,dt=-\frac{(a_1-a_2)}{12(a_1-a_3)(a_1-a_4)}\bigg\{6(a_1-a_3)(a_1-a_4)$$

$$-2(a_1-a_2)(a_1-a_3)-2(a_1-a_2)(a_1-a_4)+(a_1-a_2)^2\bigg\}l_{a_1}$$

$$-\frac{(a_1-a_2)}{12(a_2-a_3)(a_2-a_4)}\bigg\{6(a_1-a_3)(a_1-a_4)$$

$$-4(a_1-a_2)(a_1-a_3)-4(a_1-a_2)(a_1-a_4)+3(a_1-a_2)^2\bigg\}l_{a_2}$$

$$+\frac{(a_1-a_2)^3}{12(a_3-a_1)(a_3-a_2)(a_3-a_4)}\bigg\{2(a_1-a_4)-(a_1-a_2)\bigg\}l_{a_3}$$

$$+\frac{(a_1-a_2)^3}{12(a_4-a_1)(a_4-a_2)(a_4-a_3)}\bigg\{2(a_1-a_3)-(a_1-a_2)\bigg\}l_{a_4}$$

其他同理類推。

4. 生命表人口累積數

設 x 歲以上，生命表人口之累積數為 T_x，其計算公式如下：

$$T_x=\sum_{t=x}^{\infty}L_t$$

5. 平均餘命

x 歲以上生命表人口累積數，即為 x 歲生存人口尚可活存之延年數，故平均餘命之計算公式如下：

$$\overset{\circ}{e}_x = \frac{T_x}{l_x}$$

6. 死力

死力可由生存數計算其近似值，年齡等間隔時，利用 x 歲之前後五個生存數，適於採用四次曲線式計算第13章（13·36）式：

$$\mu_x = -\frac{1}{l_x} \cdot \frac{dl_x}{dx} \doteqdot \frac{8(l_{x-1} - l_{x+1}) - (l_{x-2} - l_{x+2})}{12 l_x} \tag{i}$$

但高年齡部分（係指 50 或 55 歲以上者）之死力 μ_x 曲線係對數曲線，是以生存數用高馬公式（Gompertz-Makeham）補整部分，其死力以下式計算之，

$$\mu_x = -\frac{d \ln l_x}{dx}$$

並以 σ ，$\log c$ ，γ ，c 等已計算得之數值，則

$$\ln l_x = \ln 10 \cdot \log l_x = \ln 10 (k + \sigma y + \gamma c^y)$$

$$\mu_x = -\ln 10 (\sigma + \ln 10 \cdot \log c \cdot \gamma c^y) \tag{ii}$$

1 歲，2 歲及日、月齡部分之 μ_x ，因各期間之距離不等間隔，故採用 Lagrange 之四次曲線插補公式計算之。

$$l_x = g(x | a_1 ; a_2, a_3, a_4, a_5) l_{a_1}$$
$$+ g(x | a_2 ; c_1, a_3, a_4, a_5) l_{a_2}$$
$$+ g(x | a_3 ; a_1, a_2, a_4, a_5) l_{a_3}$$
$$+ g(x | a_4 ; a_1, a_2, a_3, a_5) l_{a_4}$$
$$+ g(x | a_5 ; a_1, a_2, a_3, a_4) l_{a_5}$$

$$g(x | a_1 ; a_2, a_3, a_4, a_5)$$
$$= \frac{(x - a_2)(x - a_3)(x - a_4)(x - a_5)}{(a_1 - a_2)(a_1 - a_3)(a_1 - a_4)(a_1 - a_5)}$$

$$g(x \mid a_2 ; a_1, a_3, a_4, a_5)$$

$$= \frac{(x-a_1)(x-a_3)(x-a_4)(x-a_5)}{(a_2-a_1)(a_2-a_3)(a_2-a_4)(a_2-a_5)}$$

$$g(x \mid a_3 ; a_1, a_2, a_4, a_5)$$

$$= \frac{(x-a_1)(x-a_2)(x-a_4)(x-a_5)}{(a_3-a_1)(a_3-a_2)(a_3-a_4)(a_3-a_5)}$$

$$g(x \mid a_4 ; a_1, a_2, a_3, a_5)$$

$$= \frac{(x-a_1)(x-a_2)(x-a_3)(x-a_5)}{(a_4-a_1)(a_4-a_2)(a_4-a_3)(a_4-a_5)}$$

$$g(x \mid a_5 ; a_1, a_2, a_3, a_4)$$

$$= \frac{(x-a_1)(x-a_2)(x-a_3)(x-a_4)}{(a_5-a_1)(a_5-a_2)(a_5-a_3)(a_5-a_4)}$$

l_x 如予以微分，則得 l_{a_1} , l_{a_2} , l_{a_3} , l_{a_4} , l_{a_5} 之各係數之

微分係數 $\dfrac{d l_x}{d x}$ 其演算如下：

$$\frac{d}{d x} g(x \mid a_1 ; a_2, a_3, a_4, a_5)$$

$$= \{(x-a_2)(x-a_3)(x-a_4)+(x-a_2)(x-a_3)(x-a_5)$$

$$+(x-a_2)(x-a_4)(x-a_5)+(x-a_3)(x-a_4)(x-a_5)\}$$

$$\diagup (a_1-a_2)(a_1-a_3)(a_1-a_4)(a_1-a_5)$$

其他同理類推。

求日齡 14 日以後之死力，於 x 前取二點 a_1 , a_2 ，於 x 後取二

點 a_4 , a_5 及 $x (= a_3)$ 共五點，則其公式之演變如下：

$$\frac{d l_{a_3}}{d x} \doteqdot \frac{(a_3-a_2)(a_3-a_4)(a_3-a_5)}{(a_1-a_2)(a_1-a_3)(a_1-a_4)(a_1-a_5)} l_{a_1}$$

$$+ \frac{(a_3-a_1)(a_3-a_4)(a_3-a_5)}{(a_2-a_1)(a_2-a_3)(a_2-a_4)(a_2-a_5)} l_{a_2}$$

$$+ \left\{ \frac{1}{a_3 - a_1} + \frac{1}{a_3 - a_2} + \frac{1}{a_3 - a_4} + \frac{1}{a_3 - a_5} \right\} l_{a_3}$$

$$+ \frac{(a_3 - a_1)(a_3 - a_2)(a_3 - a_5)}{(a_4 - a_1)(a_4 - a_2)(a_4 - a_3)(a_4 - a_5)} l_{a_4}$$

$$+ \frac{(a_3 - a_1)(a_3 - a_2)(a_3 - a_4)}{(a_5 - a_1)(a_5 - a_2)(a_5 - a_3)(a_5 - a_4)} l_{a_5}$$

日齡爲0日或7日，求其死力 $\frac{d l_0}{d x}$，$\frac{d l_w}{d x}$ 時，l_0 則以0日爲 a_1，並於其後依次序取四點爲 a_2，a_3，a_4，a_5 以計算。l_w 則以0日爲 a_1，7日爲 a_2，並於其後順取三點爲 a_3，a_4，a_5 以計算。

15·3 台灣地區居民生命表（第四次）

15·3·1 台灣地區居民生命表總説

本省光復後第二次戶口普查之標準日期爲民國五十五年十二月十六日。此日期與該年底僅離隔15天，故普查人口分布狀態，自當接近年底人口分布狀態，而且由普查人口容易推算該年底人口之分布數字。一方儘量採取嶄新資料，以普查人口爲中央點，前後兩個年間之人口動態資料來編算生命表，即以民國五十五年十二月十六日第二次普查人口數與民國五十五年至同五十六年之人口動態統計數字來編算生命表。編算期間爲民國五十五年至民國五十六年兩個年。

又本省，過去編算生命表，均以本省全體人民（外國人除外），爲對象分爲男女別編算，但此次，除總表外，將市、鎮、區合併爲一組與鄉的資料分開編算爲都市生命表及鄉生命表。

15·3·2　未滿一歲生存率、死亡率

　　嬰兒死亡率 q_x 之計算，無法採用 1 歲以上之計算方法求得，因該死亡率距出生愈近，死亡率愈高，而後隨時間之增長而急激下降，因此宜採用出生數來代替基礎人口（戶口普查之 0 歲人口數），以計算嬰兒死亡率。

　　民國五十五年，五十六年兩年間之 1 歲以下死亡數之統計，係依日齡，0 至 7 日未滿，7 日以上至 14 日未滿，14 日以上 21 日未滿，21 日以上 28 日 未滿；月齡，28 日以上 2 月未滿，2 月以上 3 個月未滿，3 個月以上 6 個月未滿，6 個月以上一年未滿之分組統計如下：$D\begin{pmatrix} 0 \\ w \end{pmatrix}$，$D\begin{pmatrix} w \\ 2w \end{pmatrix}$，$D\begin{pmatrix} 2w \\ 3w \end{pmatrix}$，$D\begin{pmatrix} 3w \\ 4w \end{pmatrix}$，$D\begin{pmatrix} 4w \\ 2m \end{pmatrix}$，$D\begin{pmatrix} 2m \\ 3m \end{pmatrix}$，$D\begin{pmatrix} 3m \\ 6m \end{pmatrix}$，$D\begin{pmatrix} 6m \\ 12m \end{pmatrix}$ 表示之。民國 54 年 12 月 25 日至民國 56 年 12 月 24 日 二年間之出生數以 $B\begin{pmatrix} 54.12.25 \\ 56.12.24 \end{pmatrix}$ 表示之，民國 55 年 1 月至 56 年 12 月出生數以 $B\begin{pmatrix} 55.1 \\ 56.12 \end{pmatrix}$ 表示之，以下其他出生數用同樣方法表示之。各日齡，月齡之生存率可由下列計算式求得，（參閱（14.2）～（14.9）各式）。

$$
_wp_o = 1 - \frac{D\begin{pmatrix} 0 \\ w \end{pmatrix}}{\dfrac{1}{2}\left\{ B\begin{pmatrix} 54.12.25 \\ 56.12.24 \end{pmatrix} + B\begin{pmatrix} 55.\ 1 \\ 56.12 \end{pmatrix} \right\}}
$$

$$
_{2w}p_o = {_wp_o} - \frac{D\begin{pmatrix} w \\ 2w \end{pmatrix}}{\dfrac{1}{2}\left\{ B\begin{pmatrix} 54.12.18 \\ 56.12.17 \end{pmatrix} + B\begin{pmatrix} 54.12.25 \\ 56.12.24 \end{pmatrix} \right\}}
$$

$$_{3w}p_0 = {_{2w}p_0} - \frac{D\begin{pmatrix} 2w \\ 3w \end{pmatrix}}{\frac{1}{2}\left\{ B\begin{pmatrix} 54.12.11 \\ 56.12.10 \end{pmatrix} + B\begin{pmatrix} 54.12.18 \\ 56.12.17 \end{pmatrix} \right\}}$$

$$_{4w}p_0 = {_{3w}p_0} - \frac{D\begin{pmatrix} 3w \\ 4w \end{pmatrix}}{\frac{1}{2}\left\{ B\begin{pmatrix} 54.12.4 \\ 56.12.3 \end{pmatrix} + B\begin{pmatrix} 54.12.11 \\ 56.12.10 \end{pmatrix} \right\}}$$

$$_{2m}p_0 = {_{4w}p_0} - \frac{D\begin{pmatrix} 4w \\ 2m \end{pmatrix}}{\frac{1}{2}\left\{ B\begin{pmatrix} 54.11 \\ 56.10 \end{pmatrix} + B\begin{pmatrix} 54.12.4 \\ 56.12.3 \end{pmatrix} \right\}}$$

$$_{3m}p_0 = {_{2m}p_0} - \frac{D\begin{pmatrix} 2m \\ 3m \end{pmatrix}}{\frac{1}{2}\left\{ B\begin{pmatrix} 54.10 \\ 56.\ 9 \end{pmatrix} + B\begin{pmatrix} 54.11 \\ 56.10 \end{pmatrix} \right\}}$$

$$_{6m}p_0 = {_{3m}p_0} - \frac{D\begin{pmatrix} 3m \\ 6m \end{pmatrix}}{\frac{1}{2}\left\{ B\begin{pmatrix} 54.7 \\ 56.6 \end{pmatrix} + B\begin{pmatrix} 54.10 \\ 56.\ 9 \end{pmatrix} \right\}}$$

$$_{12m}p_0 = {_{6m}p_0} - \frac{D\begin{pmatrix} 6m \\ 12m \end{pmatrix}}{\frac{1}{2}\left\{ B\begin{pmatrix} 54.\ 1 \\ 55.12 \end{pmatrix} + B\begin{pmatrix} 54.7 \\ 56.6 \end{pmatrix} \right\}}$$

上式日齡，月齡計算公式之 $B\begin{pmatrix} 54.12.25 \\ 56.12.24 \end{pmatrix}$, $B\begin{pmatrix} 54.12.18 \\ 56.12.17 \end{pmatrix}$,

$B\begin{pmatrix} 54.12.11 \\ 56.12.10 \end{pmatrix}$, $B\begin{pmatrix} 54.12.4 \\ 56.12.3 \end{pmatrix}$ 等出生數無法獲得實際數字

，故由下式推計之，

$$B\begin{pmatrix}54.12.25\\56.12.24\end{pmatrix} = B\begin{pmatrix}55.\ 1\\56.12\end{pmatrix} + \frac{7}{31}\left\{B(54.12) - B(56.12)\right\}$$

$$B\begin{pmatrix}54.12.18\\56.12.17\end{pmatrix} = B\begin{pmatrix}55.\ 1\\56.12\end{pmatrix} + \frac{14}{31}\left\{B(54.12) - B(56.12)\right\}$$

$$B\begin{pmatrix}54.12.11\\56.12.10\end{pmatrix} = B\begin{pmatrix}55.\ 1\\56.12\end{pmatrix} + \frac{21}{31}\left\{B(54.12) - B(56.12)\right\}$$

$$B\begin{pmatrix}54.12.4\\56.12.3\end{pmatrix} = B\begin{pmatrix}55.\ 1\\56.12\end{pmatrix} + \frac{28}{31}\left\{B(54.12) - B(56.12)\right\}$$

上式中 $B(54.12)$ 及 (56.12) 各表示民國五十四年十二月及五十六年十二月之出生嬰兒數。將上式中各項代入於日齡，月齡生存率之計算式可得下列各式：

$$_w p_0 = 1 - \frac{D\begin{pmatrix}0\\w\end{pmatrix}}{B\begin{pmatrix}55.\ 1\\56.12\end{pmatrix} + \frac{7}{62}\left\{B(54.12) - 56.12)\right\}}$$

$$_{2w} p_0 = {}_w p_0 - \frac{D\begin{pmatrix}w\\2w\end{pmatrix}}{B\begin{pmatrix}55.\ 1\\56.12\end{pmatrix} + \frac{21}{62}\left\{B(54.12) - B(56.12)\right\}}$$

$$_{3w} p_0 = {}_{2w} p_0 - \frac{D\begin{pmatrix}2w\\3w\end{pmatrix}}{B\begin{pmatrix}55.\ 1\\56.12\end{pmatrix} + \frac{35}{62}\left\{B(54.12) - B(56.12)\right\}}$$

$$_{4w} p_0 = {}_{3w} p_0 - \frac{D\begin{pmatrix}3w\\4w\end{pmatrix}}{B\begin{pmatrix}55.\ 1\\56.12\end{pmatrix} + \frac{49}{62}\left\{B(54.12) - B(56.12)\right\}}$$

$$_{2m}p_0 = {}_{4w}p_0$$
$$-\frac{D\binom{4w}{2m}}{B\binom{55.\ 1}{56.12}+\frac{1}{2}\left\{B(54.11)-B(56.11)\right\}+\frac{59}{62}\left\{B(54.12)-B(56.12)\right\}}$$

由上面所列各計算式可求得各日齡、月齡別生存率、死亡率之計算如下：

$$_wp_0 = {}_wp_0 \qquad\qquad {}_wp_0 = 1 - {}_wp_0$$

$$p_w = \frac{_{2w}p_0}{_wp_0} \qquad\qquad q_w = 1 - p_w$$

$$\cdots\cdots\cdots\cdots \qquad\qquad \cdots\cdots\cdots\cdots$$

$$p_{6m} = \frac{_{12m}p_0}{_{6m}p_0} \qquad\qquad q_{6m} = 1 - p_{6m}$$

都市，鄉生命表有關第 2 項之計算方法與本項同樣。

15‧3‧3　一歲以上中央死亡率mx，粗死亡率q'x 之計算

1．基礎人口之計算：

　本次生命表之基礎人口係採民國五十五年底人口數。而此人口數係由民國五十五年十二月十六日台閩地區戶口普查性別、年齡別人口數以下列計算式推算：

　茲以 Lexis 圖法說明之，圖15‧4 所示橫軸表示時間（出生年），縱軸表示年齡。

圖　15.4

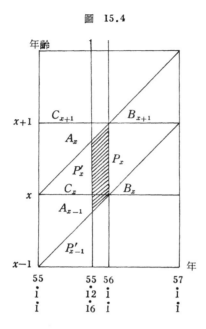

圖內 P'_x 爲 55 年 12 月 16 日普查時 x 歲人口數，P_x 爲 56 年 1 月 1 日 x 歲人口數

$$P'_x = C_{x+1}C_x \qquad P_x = B_{x+1}B_x$$

$$C_{x+1}A_x = \frac{1}{24}P'_x \qquad C_xA_{x-1} = \frac{1}{24}P'_{x-1}$$

$$A_xC_x = \frac{23}{24}P'_x$$

$$\therefore \quad A_xA_{x-1} = A_xC_x + C_xA_{x-1} = \frac{23}{24}P'_x + \frac{1}{24}P'_{x-1}$$

$$P_x = B_{x+1}B_x$$
$$= A_xA_{x-1} - D(A_{x-1}, B_x, B_{x+1}, A_x)$$

$$= \frac{23}{24} P'_x + \frac{1}{24} P'_{x-1} - D(A_{x-1}, B_x, B_{x+1}, A_x)$$

$$(x = 1, 2, 3 \cdots\cdots)$$

2. 基礎死亡數之計算

設自民國五十五年一月一日起至同年十二月卅一日止該一年間 x 歲之死亡數 D_x^{55}；自五十六年一月一日起至同年十二月卅一日止該一年間 x 歲之死亡數為 D_x^{56}，故基礎死亡數之計算如下：

$$D_x = D_x^{55} + D_x^{56}$$

3. 中央死亡率 m_x 之計算

$$m_x = \frac{D_x}{2 P_x}$$

（D_x 為 x 歲之死亡數，P_x 為 x 歲之人口數）

4. 粗死亡率 q'_x 之計算〔參閱（16·9），（16,12）式〕

$$q'_x = \frac{m_x}{1 + \frac{1}{2} m_x + \frac{1}{12} \left\{ m_x^2 + \frac{1}{2} (m_{x-1} - m_{x+1}) \right\}}$$

$$(x = 2, 3, 4, \cdots\cdots)$$

$$q'_1 = \frac{m_1}{1 + \frac{1}{2} m_1 + \frac{1}{12} m_1 \left\{ m_1 - \ln \frac{m_2}{m_1} \right\}}$$

15·3·4　粗死亡率之補整

死亡率易受偶然變動之影響，所獲得的粗死亡率波動頗大，故採用 T. N. E. Greville 之公式予以補整，1 歲以上之粗死亡率係以 Greville 三次九項公式補整，而 1 歲至 4 歲用下式補整，式中 q'_x

為粗死亡率，q_x　為補整死亡率。（參閱（20·20）式，第九表）。

$$q_1 = \frac{1}{14586}(9449\,q_1' + 9800\,q_2' + 980\,q_3' - 5880\,q_4' - 4410\,q_5'$$
$$+ 1512\,q_6' + 4060\,q_7' + 1000\,q_8' - 1925\,q_9')$$

$$q_2 = \frac{1}{58344}(13475\,q_1' + 23096\,q_2' + 20090\,q_3' + 8820\,q_4'$$
$$- 1470\,q_5' - 5040\,q_6' - 2702\,q_7' + 700\,q_8' + 1375\,q_9')$$

$$q_3 = \frac{1}{29172}(385\,q_1' + 5740\,q_2' + 11464\,q_3' + 11340\,q_4'$$
$$+ 5040\,q_5' - 1860\,q_6' - 3760\,q_7' - 772\,q_8' + 1595\,q_9')$$

$$q_4 = \frac{1}{19448}(-1155\,q_1' + 1260\,q_2' + 5670\,q_3' + 7736\,q_4'$$
$$+ 5670\,q_5' + 1620\,q_6' - 930\,q_7' - 720\,q_8' + 297\,q_9')$$

一般項即 5 歲以上之補整式為

$$q_x = \frac{1}{2431}(-99\,q_{x-4}' - 24\,q_{x-3}' + 288\,q_{x-2}' + 648\,q_{x-1}'$$
$$+ 805\,q_x' + 648\,q_{x+1}' + 288\,q_{x+2}' - 24\,q_{x+3}' - 99\,q_{x+4}')$$

在計算男性補整死亡率後，研討結果發現 20～35 歲部分仍有波動，故將 16～39歲補整後死亡率再以 Greville 三次九項公式施行第二次之補整，結果良好，故 20～35 歲 部分之補整死亡率係採用第二次補整值。

15·3·5　高年齡死亡率之推算

　　80 歲以上之粗死亡率變動激烈，採用高馬氏（Gompertz-Makeham）公式以 86 歲以下之補整值計算，茲將高馬氏公式說明如下：

$$p_x = s\, g^{c_1^x(c_1-1)}$$

兩邊取自然對數

$$\ln p_x = \ln s + c_1^x(c_1-1)\ln g$$

設　$\ln s = A$　$(c_1-1)\ln g = B$　$c_1^x = e^{cx}$

則　$\ln p_x = A + B e^{cx}$

設　$t = x - 60$

則　$\ln p_t = A + B e^{ct}$

將 60 歲至 86 歲之期間作三等分 $n = 9$，即 $60\sim68$，$69\sim77$，$78\sim86$，用補整後死亡率作成各期間之 $\ln p_x$ 之小計值，各以 Σ_1, Σ_2, Σ_3 表示之。

則　$\Sigma_1 = (A+B) + (A+Be^c) + \cdots + (A+Be^{c(n-1)})$

$$= nA + B(1 + e^c + e^{2c} + \cdots + e^{(n-1)c})$$

$$= nA + B\cdot\frac{1-e^{nc}}{1-e^c},$$

$\Sigma_2 = (A+Be^{nc}) + (A+Be^{(n+1)c}) + \cdots + (A+Be^{(n+n-1)c})$

$$= nA + Be^{nc}(1 + e^c + \cdots + e^{(n-1)c})$$

$$= nA + B\cdot e^{nc}\cdot\frac{1-e^{nc}}{1-e^c}$$

$\Sigma_3 = (A+Be^{2nc}) + (A+Be^{(2n+1)c}) + \cdots\cdots$

$$+(A+Be^{(2n+n-1)c})$$

$$\doteqdot nA+Be^{2nc}(1+e^{c}+e^{2c}+\cdots+e^{(n-1)c})$$

$$=nA+Be^{2nc}\cdot\frac{1-e^{nc}}{1-e^{c}}$$

解上面 Σ_1，Σ_2，Σ_3，得

$$\Sigma_2-\Sigma_1=\frac{B(1-e^{nc})(e^{nc}-1)}{1-e^{c}}\qquad\qquad(\text{i})$$

$$\Sigma_3-\Sigma_2=\frac{B(1-e^{nc})(e^{2nc}-e^{nc})}{1-e^{c}}\qquad\qquad(\text{ii})$$

$$\therefore\quad e^{nc}=\frac{\Sigma_3-\Sigma_2}{\Sigma_2-\Sigma_1}$$

兩邊取對數得

$$C=\frac{1}{n}\ln\frac{(\Sigma_3-\Sigma_2)}{(\Sigma_2-\Sigma_1)}$$

由 (i) 得

$$B=-(\Sigma_2-\Sigma_1)\cdot\frac{(1-e^{c})}{(1-e^{nc})^{2}}$$

B 代入 Σ_1 得

$$A=\frac{1}{n}\left\{\Sigma_1+\frac{(\Sigma_2-\Sigma_1)}{(1-e^{nc})}\right\}$$

$$\ln p_t=A+Be^{ct}$$

$$\therefore\quad p_t=e^{(A+Be^{ct})}\qquad(t=x+60)$$

將上述之係數 A，B，C 代入於 p_t 公式，即得高年齡生存率之推算值

，p_t 之值男女同樣計算至 110 歲，再由 $q_x = 1 - p_x$ 得 q_x 之值，由此所得之結果觀察後決定男女均在 66 歲以上之推算值作爲高年齡部分之生存率及死亡率。

玆將男女用上式求得之係數 A，B，C 如下：

	男	女
A	0.004969480	0.005386022
B	-0.030143424	-0.019584649
C	0.079528703	0.088095545

15·3·6 生命表諸函數之計算

1. 生存數 l_x，死亡數 d_x

1 歲以下之生存數設 $l_0 = 100,000$ 依據前項求得之生存率 $_t p_0$。（$t = w$，$2w$，$3w$，$4w$，$2m$，$3m$，$6m$，$12m$）而計算生存數及死亡數如下：

$$l_w = l_0 \, _w p_0 \qquad\qquad _w d_0 = l_0 - l_w$$

$$l_{2w} = l_0 \, _{2w} p_0 \qquad\qquad _w d_w = l_w - l_{2w}$$

$$\cdots\cdots\cdots\cdots\cdots\cdots\cdots\cdots\cdots\cdots\cdots\cdots$$

$$l_{6m} = l_0 \, _{6m} p_0 \qquad\qquad _{3m} d_{3m} = l_{3m} - l_{6m}$$

$$l_1 = l_0 \, _{12m} p_0 \qquad\qquad _{6m} d_{6m} = l_{6m} - l_1$$

2 歲以上之生存數及死亡數之計算如下：

$$l_{x+1} = l_x \, p_x \qquad\qquad d_x = l_x - l_{x+1} \qquad (x > 1)$$

2. 死力 μ_x

依據死力 μ_x 之定義以下式表示

$$\mu_x = -\frac{1}{l_x} \cdot \frac{dl_x}{dx} = \frac{-l'_x}{l_x}$$

爲求 l_x 之微係數 $\dfrac{dl_x}{dx}$，設 l_x 爲一多項式，將該式予以微分之。

2 歲以下採用 Lagrange 之二次挿補公式，該公式係通過 3 點（

$x-1$ ， l_{x-1}），（ x ， l_x），（ $x+1$ ， l_{x+1}）卽當該點及前後各一點。

設 $l_x = g(x\,|\,a_1\,;\,a_2,\,a_3)l_{a_1} + g(x\,|\,a_2\,;\,a_1,\,a_3)l_{a_2}$
$$+\,g(x\,|\,a_3\,;\,a_1,\,a_2)l_{a_3}$$

$$g(x\,|\,a_1\,;\,a_2,\,a_3) = \frac{(x-a_2)(x-a_3)}{(a_1-a_2)(a_1-a_3)}$$

$$g(x\,|\,a_2\,;\,a_1,\,a_3) = \frac{(x-a_1)(x-a_3)}{(a_2-a_1)(a_2-a_3)}$$

$$g(x\,|\,a_3\,;\,a_1,\,a_2) = \frac{(x-a_1)(x-a_2)}{(a_3-a_1)(a_3-a_2)}$$

l_x 如予以微分並令 $x=a_1=0$ ， $a_2=w$ ， $a_3=2w \cdots\cdots a_{11}=$
$3y$ ，則得各微分係數

$$l'_o = \frac{dl_o}{dx} = \left[\frac{1}{(a_1-a_3)} + \frac{1}{(a_1-a_2)}\right]l_{a_1} + \left[\frac{(a_1-a_3)}{(a_2-a_1)(a_2-a_3)}\right]l_{a_2}$$

$$+\left[\frac{(a_1-a_2)}{(a_3-a_1)(a_3-a_2)}\right]l_{a_3}$$

$$= -\frac{1095}{14}\,l_{a_1} + \frac{730}{7}\,l_{a_2} - \frac{365}{14}\,l_{a_3}$$

同理可得

$$l'_w = \frac{dl_w}{dx} = \left[\frac{(a_2-a_3)}{(a_1-a_2)(a_1-a_3)}\right]l_{a_1} + \left[\frac{1}{(a_2-a_3)} + \frac{1}{(a_2-a_1)}\right]l_{a_2}$$

$$+\left[\frac{(a_2-a_1)}{(a_3-a_1)(a_3-a_2)}\right]l_{a_3}$$

$$=-\frac{365}{14}l_{a_1}+\frac{365}{14}l_{a_3}$$

....

$$l'_{2v}=\frac{dl_2}{dx}=\left[\frac{(a_{10}-a_{11})}{(a_9-a_{10})(a_9-a_{11})}\right]l_{a_9}+\left[\frac{1}{(a_{10}-a_{11})}+\frac{1}{(a_{10}-a_9)}\right]l_{a_{10}}$$

$$+\left[\frac{(a_{10}-a_9)}{(a_{11}-a_9)(a_{11}-a_{10})}\right]l_{a_{11}}$$

$$=-\frac{1}{2}l_{a_9}+\frac{1}{2}l_{a_{11}}$$

3 歲以上採通過 5 點（$x-2$，l_{x-2}），（$x-1$，l_{x-1}），（x，l_x），（$x+1$，l_{x+1}），（$x+2$，l_{x+2}）之 Lagrange 四次插補公式予以計算，即

$$l_x=g(x/a_1;a_2,a_3,a_4,a_5)l_{a_1}+g(x/a_2;a_1,a_3,a_4,a_5)l_{a_2}$$
$$+g(x/a_3;a_1,a_2,a_4,a_5)l_{a_3}+g(x/a_4;a_1,a_2,a_3,a_5)l_{a_4}$$
$$+g(x/a_5;a_1,a_2,a_3,a_4)l_{a_5}$$

將上式微分，今以 3 歲為例說明之，設 $x=a_1=1$，$a_2=2$，$a_3=3$ …………，即得

$$l'_3=\frac{1}{12}l_1-\frac{2}{3}l_2+\frac{2}{3}l_4-\frac{1}{12}l_5$$

同理可求得 l'_4，l'_5 ……

歸納即得一般式

$$l'_x=\frac{1}{12}l_{x-2}-\frac{2}{3}l_{x-1}+\frac{2}{3}l_{x+1}-\frac{1}{12}l_{x+2}$$

故得　$\mu_x = -\dfrac{l'_x}{l_x}$

（3）　定常人口 L_x ，T_x 及平均餘命 $\overset{\circ}{e}_x$ 依據定常人口 L_x 之定義如下式表示

$$_nL_x = \int_x^{x+n} l_t \, dt$$

此定積分可利用前項死力之計算所用之微係數，以 Euler-Maclaurin 積分公式（求至第二項）計算之，即得

$$_nL_x = \frac{n}{2}(l_x + l_{x+n}) + \frac{n^2}{12}(l'_x - l'_{x+n}) \quad \text{式中 } l'_x = \frac{dl_t}{dt}\Big]_{t=x}$$

T_x 由下式計算之

$$T_x = \int^\infty l_t \, dt = \sum_{t=x}^{\infty} L_t$$

平均餘命 $\overset{\circ}{e}_x$ 由下式計算之

$$\overset{\circ}{e}_x = \frac{T_x}{l_x}$$

都市、鄉生命表有關第 6 項計算方法與本項同樣。

15·4　都市與鄉居民生命表

15·4·1　編算期間、基礎資料：

民國五十五年—民國五十六年二年間。

1．戶口普查人口：本生命表利用民國五十五年十二月十六日台灣地區戶口普查結果之資料，分別按都市與鄉以本國籍之性別，年齡別人口數為依據。

2．人口動態統計資料：出生數係採用民國五十四年至五十六年

三年之都市與鄉各別之性別出生數。死亡數係採用五十年，五十六年兩年之都市與鄉各別之性別，年齡別死亡數。

15·4·2 未滿一歲之生存率及死亡率 此與前項同，不以再列

15·4·3 一歲以上之中央死亡率 $_n m_x$，粗死亡率 $_n q'_x$ 之計算

1．基礎人口 $_n P_x$ 之推算

本次生命表之基礎人口，係採用民國五十五年十二月十六日普查人口來推算五十五年底都市與鄉之性別，年齡別人口數，其推算方法與前項相同。將全省人口分為都市與鄉別人口。因此樣本數減少，其所發生的誤差大，故將民國 55 年 12 月底之各歲別人口加以分組而成為 5 歲組別人口數，以 $_5 P_x$ 表示之，中央死亡率為 $_5 m_x$ 及粗死亡率 $_5 q'_x$。

2．基礎死亡數之計算

設自民國五十五年一月一日至十二月卅一日止 5 歲以上死亡數以 5 歲組距分組之死亡數為 $_5 D_x^{55}$，民國五十六年一月一日至十二月卅一日止 5 歲以上死亡數以 5 歲組距分組之死亡數為 $_5 D_x^{56}$，則基礎 5 歲組死亡數 $_5 D_x$ 之關係式如下：

$$_5 D_x = {}_5 D_x^{55} + {}_5 D_x^{56}$$

3．中央死亡率 m_x，$_n m_x$ 之計算

$$m_x = \frac{D_x}{2 P_x} \quad (1 \leq x \leq 4)$$

$$_5 m_x = \frac{_5 D_x}{2 \,_5 P_x} \quad (5 \leq x \leq 85)$$

4．粗死亡率〔參閱（16.9），（16.12）式〕，

$$q'_x = \frac{m_x}{1 + \frac{1}{2} m_x} \quad （1 \leq x \leq 4）$$

$$_5q'_5 = \frac{_5m_5}{\frac{1}{5} + \frac{1}{2} {}_5m_5 + \frac{5}{12} {}_5m_5 \left\{ {}_5m_5 - \frac{1}{5} \ln \frac{{}_5m_{10}}{{}_5m_5} \right\}}$$

$$（x = 5 - 9）$$

$$_5q'_x = \frac{_5m_x}{\frac{1}{5} + \frac{1}{2} {}_5m_x + \frac{5}{12} \left\{ {}_5m_x^2 + \frac{1}{10}（{}_5m_{x-5} - {}_5m_{x+5}）\right\}}$$

$$（10 \leq x \leq 85）$$

15·4·4 死亡率之插補及補整

各歲別死亡率 q'_x 係將5歲組粗死亡率 $_5q'_x$ 由下述之插補法求之，假設自 $x-10$ 歲至 $x+15$ 歲之範圍內之死力 μ_x，以四次多項式 $\mu_x = a x^4 + b x^3 + c x^2 + d x + e$ 表示，則自5歲至84歲爲止之各歲別死亡率 q'_x 之插補計算式如下：

依據死力 μ_x 之定義

$$\mu_x = -\frac{1}{l_x} \cdot \frac{d l_x}{d x}$$

$$\int_x^{x+5} \mu_x \, dx = \operatorname{colog}_e（1 - {}_5q'_x）$$

$$\int_x^{x+1} \mu_x \, dx = \operatorname{colog}_e（1 - q'_x）$$

上列各式爲 x 之四次多項式而 $\operatorname{colog}_e（1 - {}_5q'_x）$，$\operatorname{colog}_e（1 - q'_x）$

各以 $_5\Psi_x$，Ψ_x 表示：

$$\mu_x = ax^4 + bx^3 + cx^2 + dx + e$$

μ_x 在 $x \sim x + 5$ 之範圍予以積分

$$\int_x^{x+5} \mu_x dx = \left[\frac{a}{5}x^5 + \frac{b}{4}x^4 + \frac{c}{3}x^3 + \frac{d}{2}x^2 + ex\right]_x^{x+5} = {_5\Psi_x}$$

假設上式通過點（$x-10$，$_5\Psi_{x-10}$），（$x-5$，$_5\Psi_{x-5}$），（x，$_5\Psi_x$），（$x+5$，$_5\Psi_{x+5}$），（$x+10$，$_5\Psi_{x+10}$），此五點之積分範圍各為（-10，-5），（$-5,0$），（$0,5$），（$5,10$），（$10,15$），則得 $_5\Psi_{x-10}$，$_5\Psi_{x-5}$，$_5\Psi_x$，$_5\Psi_{x+5}$，$_5\Psi_{x+10}$，方程式，解此五方程式可求得 a，b，c，d，e 之係數，將此值代入 Ψ_x，Ψ_{x+1}，Ψ_{x+2}，Ψ_{x+3}，Ψ_{x+4} 等式，則得

$$\Psi_x = \frac{1}{15625}\left(-126{_5\Psi_{x-10}} + 1029{_5\Psi_{x-5}} + 2794{_5\Psi_x} - 671{_5\Psi_{x+5}} + 99{_5\Psi_{x+10}}\right)$$

$$\Psi_{x+1} = \frac{1}{15625}\left(-56{_5\Psi_{x-10}} + 349{_5\Psi_{x-5}} + 3289{_5\Psi_x} - 526{_5\Psi_{x+5}} + 69{_5\Psi_{x+10}}\right)$$

$$\Psi_{x+2} = \frac{1}{15625}\left(14{_5\Psi_{x-10}} - 181{_5\Psi_{x-5}} + 3459{_5\Psi_x} - 181{_5\Psi_{x+5}} + 14{_5\Psi_{x+10}}\right)$$

$$\Psi_{x+3} = \frac{1}{15625}\left(69{_5\Psi_{x-10}} - 526{_5\Psi_{x-5}} + 3289{_5\Psi_x} + 349{_5\Psi_{x+5}} - 56{_5\Psi_{x+10}}\right)$$

$$\Psi_{x+4} = \frac{1}{15625}\left(99{_5\Psi_{x-10}} - 671{_5\Psi_{x-5}} + 2794{_5\Psi_x} + 1029{_5\Psi_{x+5}} - 126{_5\Psi_{x+10}}\right)$$

$$(x = 15, 20, 25, \cdots\cdots 80)$$

至於 5 歲至 14 歲之各歲別死亡率之計算，則將死力 μ_x 之積分範圍改為 $(4,5),(5,10),(10,15),(15,20),(20,25)$ 予以積分，則可得 $\Psi_4,{}_5\Psi_5,{}_5\Psi_{10},{}_5\Psi_{15},{}_5\Psi_{20}$ 等方程式，解此方程式可得 a,b,c,d,e 之值，故各歲別 $\Psi_5,\Psi_6\cdots\cdots\Psi_{14}$ 之積分函數式，將 a,b,c,d,e 之值代入並加以整理即得

$$\Psi_5=\frac{1}{577500}\Big(249375\,\Psi_4+89523\,{}_5\Psi_5-33369\,{}_5\Psi_{10}+11319\,{}_5\Psi_{15}$$
$$-1848\,{}_5\Psi_{20}\Big)$$

$$\Psi_6=\frac{1}{577500}\Big(43125\,\Psi_4+131829\,{}_5\Psi_5-33567\,{}_5\Psi_{10}+10197\,{}_5\Psi_{15}$$
$$-1584\,{}_5\Psi_{20}\Big)$$

$$\Psi_7=\frac{1}{577500}\Big(-69375\,\Psi_4+139449\,{}_5\Psi_5-12087\,{}_5\Psi_{10}+2277\,{}_5\Psi_{15}$$
$$-264\,{}_5\Psi_{20}\Big)$$

$$\Psi_8=\frac{1}{577500}\Big(-113125\,\Psi_4+123419\,{}_5\Psi_5+21163\,{}_5\Psi_{10}$$
$$-7733\,{}_5\Psi_{15}+1276\,{}_5\Psi_{20}\Big)$$

$$\Psi_9=\frac{1}{577500}\Big(-110000\,\Psi_4+93280\,{}_5\Psi_5+57860\,{}_5\Psi_{10}-16060\,{}_5\Psi_{15}$$
$$+2420\,{}_5\Psi_{20}\Big)$$

$$\Psi_{10}=\frac{1}{577500}\Big(-78750\,\Psi_4+57078\,{}_5\Psi_5+91266\,{}_5\Psi_{10}-19866\,{}_5\Psi_{15}$$
$$+2772\,{}_5\Psi_{20}\Big)$$

$$\Psi_{11}=\frac{1}{577500}\Big(-35000\,\Psi_4+21364\,{}_5\Psi_5+116228\,{}_5\Psi_{10}-17248\,{}_5\Psi_{15}$$
$$+2156\,{}_5\Psi_{20}\Big)$$

$$\Psi_{12}=\frac{1}{577500}\Big(8750\,\Psi_4-8806\,{}_5\Psi_5+129178\,{}_5\Psi_{10}-7238\,{}_5\Psi_{15}$$
$$+616\,{}_5\Psi_{20}\Big)$$

$$\Psi_{13}=\frac{1}{577500}\Big(43125\,\Psi_4-29871\,{}_5\Psi_5+128133\,{}_5\Psi_{10}+10197\,{}_5\Psi_{15}$$
$$-1584\,{}_5\Psi_{20}\Big)$$

$$\Psi_{14}=\frac{1}{577500}\Big(61875\,\Psi_4-39765\,{}_5\Psi_5+112695\,{}_5\Psi_{10}+34155\,{}_5\Psi_{15}$$
$$-3960\,{}_5\Psi_{20}\Big)$$

（參閱第 20 章 20·6 節死亡率之插補法）

由上面所求得各歲別 Ψ_x 以計算 q'_x 其關係式如下：

$$q'_x=1-\ln^{-1}(-\Psi_x)\quad\therefore\ q'_x=1-e^{-\Psi_x}$$

死亡率之補整（Greville 公式）：

以上所求得之 1～4 歲死亡率及 5～84 歲死亡率仍有波動，故死亡率仍以 Greville 三次九項公式施行補整之，（參閱（20·20）式並第九表）並將此補整死亡率作爲各種函數計算之基礎數值。

15·4·5　高年齡死亡率之推算

高年齡死亡率係用高馬氏（Gompertz-Makeham）公式，採用上述 58～84 歲之補整值推算之，其計算方式與前項相同。求得 A,B,C 值如下：

	都 市		鄉	
	男	女	男	女
A	0.005856194	0.003973485	0.000362864	0.002021660
B	−0.027162083	−0.015288161	−0.020275511	−0.013697974
C	0.077178371	0.090953225	0.090316282	0.095946559

15·4·6　生命表諸函數之計算

生存數 l_x，死亡數 d_x，死力 μ_x，定常人口 L_x，T_x，平均餘命 $\overset{\circ}{e}_x$ 之計算方法與前項相同，不予以再列。

第16章　簡略生命表

16·1　簡略生命表之意義

　　普通之生命表係1年或數年觀察資料爲基礎求得年齡別死亡率，由此再誘導各歲別生命函數列載的表。此種表在生死有關給付價格計算上不可或缺的。但是此種表之編製需要相當的人力及經費。

　　一方，公衆衛生方面實際利用上，或者爲某社會與他社會之死亡狀態之比較，以及同一社會之死亡之推移狀況之研究等方面，簡略生命表較爲簡明方便。在編製方面言，5歲組或10歲組之統計資料容易取得。由年齡群（組）（x歲至$x+n-1$歲之n年齡群）資料，可將x歲之人在n年間之死亡機率，近値地計算。同時其他生命函數可得計算。此比完全生命表，更迅速簡單編成，達到上記之目的。此種縮簡的死亡表或生命表稱爲簡略死亡表或簡略生命表（abridged mortality or life table）。

16·2　簡略生命表之編製公式

　　關於簡略生命表之作成，曾由 W. Farr, T. E. Hayward, G. King, E. C. Snow 及其他學者所研究（註1），最近美國有 L.J.Reed

---

註1.　H. H. Wolfenden; Population Statistics and Their Compilation (Actuarial Studies No. 3,1925) P. 117

與 M. Merrell 之共同研究（1939）（註 2 ）及 T. N. E. Greville 之論文（R. A. I. A. vol. 32 pp. 29～43 , 1943）。尤其 T. N. E. Greville 之論文極為優異。以下其研究之主要點順次說明。茲先將簡略生命表應用之一般公式之解說列於如下。

1. $_nm_x$ 與 $_nq_x$ 之關係

茲為作成簡略生命表，先將在觀察期間之年齡組（ x , $x+n$ ）之死亡人口 $_nD'_x$ ，除以生存人口延年數 $_nL'_x$ ，求得該年齡組之中央死亡率 $_nm_x$ ，由此求得 $_nq_x$ 。 於是獲得 $_nm_x$ 與 $_nq_x$ 之關係式作為簡略生命表作成之基礎。

（1）假設 l_x 在組區域（ x , $x+n$ ）內表示一次式，即 $l_x = a+bx$ ，則

$$_nm_x = \frac{l_x - l_{x+n}}{\int_x^{x+n} l_x dx} = \frac{a+bx-a-b(x+n)}{\int_x^{x+n}(a+bx)dx} = \frac{-b}{a+bx+\dfrac{bn}{2}}$$

$$_nq_x = \frac{l_x - l_{x+n}}{l_x} = \frac{-bn}{a+bx}$$

$$\therefore \quad _nq_x = \frac{2n_nm_x}{2+n_nm_x} \tag{16.1}$$

（2）假設 l_x 此區域（ x , $x+n$ ），表示指數函數，即 $l_x = e^{a+bx}$ ，則

$$_nm_x = \frac{e^{a+bx} - e^{a+b(x+n)}}{\int_x^{x+n} e^{a+bx} dx} = -b$$

註 2. L. J. Reed M. Merrell; A Short Method for Constructing an Abridged Life Table, American Journal of Hygiene, vol. 30, No. 2, 1939

$$_nq_x = \frac{e^{a+bx}(1-e^{bn})}{e^{a+bx}} = 1 - e^{bn}$$

$$\therefore \quad _nq_x = 1 - e^{-n_nm_x} \qquad\qquad (16\cdot2)$$

$$- \log_e {}_np_x = n\,{}_nm_x \qquad\qquad (16\cdot3)$$

(3) 以上（16·1)16·2)(16·3）式等 n 小的時候，$_nq_x$ 與 $_nm_x$ 之關係表示良好，但是 n 大，即 $n=5$ 或 $n=10$，又在高年齡部分，均不精密正確，是故已有發現的 Greville 法，Reed-Merrell 法，Wiesler 法，日本厚生省統計調查部法等以資應用。茲與（16·1)，（16·2），（16·3）等式同一系統，而更精密的一般公式之誘導方法列於如下：

於生命表，

$$_nm_x = \frac{_nd_x}{_nL_x} = \frac{l_x - l_{x+n}}{T_x - T_{x+n}} \qquad\qquad (\text{i})$$

T_x　爲 x 歲以上之 l_x 曲線與橫軸間之面積，即

$$T_x = \int_x^\infty l_x \, dx$$

又　　$_nL_x = T_x - T_{x+n}$

故　$\dfrac{d}{dx} \log_e {}_nL_x = \dfrac{d}{dx} \log_e (T_x - T_{x+n})$

$$= -\frac{l_x - l_{x+n}}{T_x - T_{x+n}} \qquad\qquad (\text{ii})$$

由（i）及（ii）

$$_nm_x = -\frac{d}{dx} \log_e {}_nL_x \qquad\qquad (\text{iii})$$

(iii) 予以積分

$$_nL_x = C e^{-\int_n m_x \, dx} \tag{iv}$$

$C =$ 積分常數

依 Euler-Maclaurin　近值積分公式（23·71）

$$\frac{1}{n}\int_x^\infty C e^{-\int_n m_x \, dx} \, dx = \frac{1}{2} C e^{-\int_n m_x \, dx} + C e^{-\int_n m_{x+n} \, dx} + \cdots$$

$$-\frac{n}{12} \, _nm_x \, C e^{-\int_n m_x \, dx} + \cdots\cdots$$

$$= \left(C e^{-\int_n m_x \, dx} + C e^{-\int_n m_{x+n} \, dx} + \cdots\cdots \right)$$

$$- \left(\frac{1}{2} C e^{-\int_n m_x \, dx} + \frac{n}{12} \, _nm_x \, C e^{-\int_n m_x \, dx} + \cdots \right)$$

$$= \sum_{h=0}^\infty \, _nL_{x+hn} - \left(\frac{1}{2} C e^{-\int_n m_n \, dx} + \frac{n}{12} \, _nm_x \, C e^{-\int_n m_x \, dx} + \cdots \right) \tag{v}$$

設　$T_x = \displaystyle\sum_{h=0}^\infty \, _nL_{x+hn}$

由 (v)

$$T_x = \frac{1}{n}\int_x^\infty C e^{-\int_n m_x \, dx} \, dx + \left(\frac{1}{2} C e^{-\int_n m_x \, dx} + \frac{n}{12} \, _nm_x C e^{-\int_n m_x \, dx} + \cdots\cdots \right) \tag{vi}$$

由 (vi) 予以微分

$$\frac{d}{dx} T_x = - l_x = - _nL_x \left\{ \frac{1}{n} + \frac{1}{2} \, _nm_x + \frac{n}{12} \left(_nm_x^2 - \frac{d}{dx} \, _nm_x \right) + \cdots \right\}$$

（vii）

因　$_nq_x = \dfrac{l_x - l_{x+n}}{l_x} = \dfrac{_nd_x}{l_x}$ ，$_nm_x = \dfrac{_nd_x}{_nL_x}$ ，$_nd_x = {_nL_x}\,{_nm_x}$ ，則

$$_nq_x = \frac{_nL_x\,_nm_x}{l_x} = \cfrac{_nm_x}{\dfrac{1}{n} + \dfrac{1}{2}\,_nm_x + \dfrac{n}{12}\left(_nm_x^2 - \dfrac{d}{dx}\,_nm_x\right) + \cdots}$$

(16·4)

或者，

$$_nq_x = \cfrac{2\,n\,_nm_x}{2 + n\,_xm_x + \dfrac{n^2}{6}\left(_nm_x^2 - \dfrac{d}{dx}\,_nm_x\right) + \cdots}$$ (16·5)

(16·5)式與（16·1）式是同形之一般式。其次，爲求（16·3）式之一般式，由（16·5）式

$$_np_x = 1 - {_nq_x} = \cfrac{2 - n\,_nm_x + \dfrac{n^2}{6}\left(_nm_x^2 - \dfrac{d}{dx}\,_nm_x\right) + \cdots}{2 + n\,_nm_x + \dfrac{n^2}{6}\left(_nm_x^2 - \dfrac{d}{dx}\,_nm_x\right) + \cdots}$$

上式分母子除以 2 ，並取得對數，則

$$-\log {_np_x} = \log\left[1 + \frac{n}{2}\,_nm_x + \frac{n^2}{12}\left(_nm_x^2 - \frac{d}{dx}\,_nm_x\right) + \cdots\right]$$

$$-\log\left[1 - \frac{n}{2}\,_nm_x + \frac{n^2}{12}\left(_nm_x^2 - \frac{d}{dx}\,_nm_x\right) + \cdots\right]$$

右端展開簡化，則

$$-\log {_np_x} = n\,_nm_x + \frac{n^3}{12}\,_nm_x\frac{d}{dx}\,_nm_x + \cdots\cdots\cdots$$ (16·6)

此式（16·6）與（16·3）式爲同形之一般式。

公式（16·4），（16·5），（16·6）在實際應用，可能發生之問題是 $_nm_x$ 之微係數值 $\dfrac{d}{dx}\,_nm_x$ 之計算。但包含此微係數之項，在性質上對於（16·1）及（16·2）僅爲修正項而已，故對於 $_nq_x$ 之結果影響不大。是故 $_nm_x$ 若得以多項式表示，而其多項式爲 2 次式或爲 4 次式，則各爲如下：

$$\frac{d}{dx}\,_nm_x = \frac{_nm_{x+n} - \,_nm_{x-n}}{2n} \tag{16.7}$$

$$\frac{d}{dx}\,_nm_x = \frac{-\,_nm_{x+2n} + 8\,_nm_{x+n} - 8\,_nm_{x-n} + \,_nm_{x-2n}}{12n} \tag{16.8}$$

此等式代入於（16·4），（16·5），（16·6）各式之右端之微係數即可。但是此等式，除近傍之年齡組不包含同一年數者時，不得適用。

若（16·7）式代入於（16·4），即得

$$_nq_x = \frac{_nm_x}{\dfrac{1}{n} + \dfrac{1}{2}\,_nm_x + \dfrac{n}{12}\left\{ _nm_x^2 - \dfrac{1}{2n}\left(_nm_{x+n} - \,_nm_{x-n} \right)\right\}} \tag{16.9}$$

若（16·7）式代入於（16·6），即得

$$-\log\,_np_x = n\,_nm_x + \frac{n^2}{24}\,_nm_x\left(_nm_{x+n} - \,_nm_{x-n} \right) \tag{16.10}$$

其次，再由另一觀點來求得 $\dfrac{d}{dx}\,_nm_x$ 值。因 $_nm_x$，近值地，等於在區域（x，$x+n$）之中點之死力，而且理論的假設 $_nm_x$ 依循 Gompertz 法則之指數函數，則

$$_nm_x = Bc^x$$

$$\frac{d}{dx}\,_nm_x = Bc^x\log_e c = \,_nm_x\log_e c = k\,_nm_x$$

$$(\log_e c = k)$$

此值 $_nm_x \log_e c$ 代入（16.4）式，即得

$$_nq_x = \frac{_nm_x}{\frac{1}{n} + _nm_x\left\{\frac{1}{2} + \frac{n}{12}\left(_nm_x - \log_e c\right)\right\}} \qquad (16.11)$$

又 設 $\quad c^n = \left(\frac{_nm_{x+n}}{_nm_x}\right)$

$$\therefore \quad \log_e c = \frac{1}{n} \log_e \left(\frac{_nm_{x+n}}{_nm_x}\right)$$

此值代入於（16.11）式，即得

$$_nq_x = \frac{_nm_x}{\frac{1}{n} + _nm_x\left\{\frac{1}{2} + \frac{n}{12}\left(_nm_x - \frac{1}{n}\log_e \frac{_nm_{x+n}}{_nm_x}\right)\right\}}(16.12)$$

又此值 $_xm_x \log_e c = k\,_nm_x$ 代入於（16.6）式，即得下式（註：此處取得自然對數）。（第三項以下消略）。

$$-\log_e\,_np_x = n\,_nm_x + \frac{n^3}{12}\,_nm_x^2\,k \qquad (16.13)$$

$$\therefore \quad _nq_x = 1 - e^{-n\,_nm_x - \frac{k}{12}n^3\,_nm_x^2} \qquad (16.14)$$

$\log_e c = k$ 值，除高年齡及最若年齡部分外，可適當的變化，但其影響甚微，故通常可認爲一個常數。

又對於高年齡死亡表，Gompertz 法則當可成立，而最若年部分，一般地，應採用另外方法。

R. Henderson 氏說（註3.）：　按實際死亡經驗，$\log_{10} c$ 值取得 $0.035 \sim 0.045$ 之間之數值。於是 $k = \log_e c$ 可取得 0.080 與 0.104 之間之數值，大約，

$$c = \left(\frac{{}_n m_{x+n}}{{}_n m_x} \right)^{\frac{1}{n}}$$

平均爲 0.096 。 Greville 氏用 $\log_e c = 0.09$，將此值代入於 (16.4)，即得

$$_n q_x = \frac{{}_n m_x}{\frac{1}{2} + {}_n m_x \left\{ \frac{1}{2} - \frac{n}{12} \left(.09 - {}_n m_x \right) \right\}} \qquad (16.15)$$

以此公式作爲簡略生命表計算之用。

Reed-Merrell，認爲 (16.1)，(16.2)，(16.3) 式，均對於高年齡部分死亡率計算，不適宜應用，是故提出下列公式，則

$$_n q_x = 1 - e^{-n {}_n m_x - a n^3 {}_n m_x^2} \qquad (16.16)$$

若上式中 $a = \frac{k}{12}$，則上式與 (16.14) 式相同，式中 $a = 0.008$。

Reed-Merrell，$a = 0.008$ 之常數爲基礎，以 (16.16) 式，所作成之簡略生命表，一般認爲相當精密。其詳細另行詳述之。

茲將 $n = 5$ 時之 c^n，k 及 a 之對應值表列於如下：

註 3.　R. Henderson; Mathematical Theory of Graduation（ Actuarial Studies, No. 4, 1938 ）P.90

表 16·1 c^{5}, k, a 之對應值

c^{5}	k	a	c^{5}	k	a
1·35	·0600	·0050	1·60	·0940	·0078
1·40	·0673	·0056	1·65	·1002	·0083
1·45	·0743	·0062	1·70	·1061	·0088
1·50	·0811	·0068	1·75	·1119	·0093
1·55	·0877	·0073	1·80	·1176	·0098

16·3 基礎資料

　某年（ t 年）之生命表之基礎資料如下：

　①某 t 年之中央日現在之性別，各齡別（ 5 歲以上為 5 歲組別，4 歲以下為各歲別）人口。

　② t 年之年間死亡數，與人口同樣的年齡區分死亡數。

　③ t 年及（ $t-1$ ）年，（ $t-2$ ）年（或以前之年）之性別，月別出生數（ 0 歲及 1 歲等之死亡率計算之用）。

　茲第一項中央日現在人口略述如下：現代各國之人口統計制度及人口統計產出之方法殊異。故統計之標準時期，範圍、分類等均不相同。對於時期言，大多數國家以年末為標準時。我國本省，戶口普查：第一次戶口普查標準日期為民國四十五年九月十六日午前零時。民國五十五年及民國六十年戶口普查標準日期均為當該年十二月十六日午前零時。由戶口普查機關公布各歲別，性別人口數。而常設戶政機關每年末發表 5 歲組別，性別人口數。日本戶口普查（每隔 5 年）標準日期為當該年十月一日，而以戶口普查日期及人口為基點，中間年

，每年十月一日現在人口加以推算發表。但簡略生命表作成所需要者係中央人口，故將人口統計所得統計資料，利用人口動態統計等資料，以 Lexis 法或其他適當的方法，加以調整爲中央人口。

16·4　簡略生命表之計算

玆將 Greville 法，Reed-Merrell 法，Wiesler 法及日本厚生省統計調查部之方法分別詳述如下：

16·4·1　Greville法

簡略生命表之死亡率 $_nq_x$ 之計算分爲 5 歲以上之 5 歲組及 4 歲以下之各歲別部分。

（1）0 歲死亡率之計算（註1．）

$$q_x = \frac{m_x}{1 + \frac{1}{2} m_x}$$

公式係死亡，在 x 歲至（$x+1$）歲之一年間，發生平均分布，而其間之平均人口假定爲 $l_x - \frac{1}{2} d_x$，則

$$m_x = \frac{d_x}{l_x - \frac{1}{2} d_x}$$

上式右端之分母子，除以 l_x，則

$$m_x = \frac{q_x}{1 - \frac{1}{2} q_x}$$

註1.　P. D. Logan : The Measurement of Infant Mortality.

但是未滿 1 歲之死亡偏在一方發生，l_0 與 l_1 之間並非直線的下降。故 0 歲之死亡率不可能以下式表示，即

$$q_0 = \frac{m_0}{1+\frac{1}{2}m_0}$$

人口動態統計所稱 t 年度之乳兒死亡率以下式表示，即

$$\frac{t\text{ 年年間未滿 1 歲死亡數}}{t\text{ 年年間出生數}} = \frac{D_0^t}{E_0^t} = \frac{{}_\alpha D_0^t + {}_\delta D_0^t}{E_0^t} \qquad (16\cdot17)$$

曆　　年	出　　生	0　歲　死　亡
$t-1$	E_0^{t-1}	${}_\alpha D_0^{t-1}$
t	E_0^t	${}_\alpha D_0^t$　${}_\delta D_0^t$
$t+1$		${}_\delta D_0^{t+1}$

上式分子 D_0^t 係由 ${}_\delta D_0^t$ 及 ${}_\alpha D_0^t$ 兩部分構成，${}_\delta D_0^t$ 是 $t-1$ 年出生之死亡者數，${}_\alpha D_0^t$ 是 t 年出生之死亡者數。

又分母，t 年出生者 E_0^t 之中，在 t 年內死亡者數為 ${}_\alpha D_0^t$ 及在（$t+1$）年，未滿 1 歲死亡者數為 ${}_\delta D_0^{t+1}$。故上式之分子及分母，時間地，不一致。但如每年之出生數之變動不大時，則 D_0^t/E_0^t 可作為 0 歲乳兒死亡率。

他方同一 t 年度出生者數 E_0^t 為基準考慮時，其中在 t 年度內死亡者數為 ${}_\alpha D_0^t$ 及在 $t+1$ 年度，未滿 1 歲死亡者數為 ${}_\delta D_0^{t+1}$，則

$$0 \text{ 歲死亡率} = \frac{_\alpha D_o^t + {_\delta}D_o^{t+1}}{E_o^t} \qquad (16 \cdot 18)$$

此稱爲同 t 年出生者之 0 歲死亡率（cohort infant mortality），0 歲死亡之發生是跨二年。但一般所求者係 t 年之 0 歲死亡率，而其死亡係 t 年內發生者，即（16·17）表示正正的 0 歲死亡率，故應該 $(t-1)$ 年之出生之死亡者數 ${_\delta}D_o^t$ 計算在內。

0 歲之生存率爲 p_o，$p_o = 1 - q_o$。${_\alpha}p_o$ 是 t 年出生者至該年末生存之機率，而 ${_\delta}p_o$ 爲 t 年首未滿 1 歲者，t 年中到達 1 歲之生存之機率。故 p_o 爲 ${_\alpha}p_o$ 與 ${_\delta}p_o$ 之積。t 年首未滿 1 歲者，是由（$t-1$）年出生者 E_o^{t-1} 減去（$t-1$）年中未滿 1 歲之死亡者數（${_\alpha}D_o^{t-1}$）而得。此等關係表示如下：

$$_\alpha p_o = \frac{E_o^t - {_\alpha}D_o^t}{E_o^t} \qquad (16 \cdot 19)$$

$$_\delta p_o = \frac{E_o^{t-1} - {_\alpha}D_o^{t-1} - {_\delta}D_o^t}{E_o^{t-1} - {_\alpha}D_o^{t-1}} \qquad (16 \cdot 20)$$

$$\therefore \quad p_o = {_\alpha}p_o \cdot {_\delta}p_o \qquad (16 \cdot 21)$$

$$q_o = 1 - p_o$$

（2）1 歲死亡率之計算（註1）。同上 2·Dublin·

q_1 與前項同理求得。但 t 年之 q_1 計算上，需要（$t-2$）年之出生數 E_o^{t-2}。

一般式：

$$q_1 = 1 - p_1$$

$$p_1 = {_\alpha}p_1 \cdot {_\delta}p_1 \qquad (16 \cdot 22)$$

註2.　Dublin-Lotka-Spiegelman. Length of Life. 1949

先由（$t-2$）年之出生者數 E_1^{t-2} 減去同年之 0 歲死亡者數 $_\alpha D_0^{t-2}$，則得（$t-1$）年首 0 歲人口（P_0^{t-1}）。

$$E_0^{t-2} - _\alpha D_0^{t-2} = P_0^{t-1}$$

由 P_0^{t-1} 減去在（$t-1$）年，（$t-2$）年出生，0 歲死亡者數（$_\delta D_0^{t-1}$），則得（$t-1$）年內到達滿 1 歲人口（E_1^{t-1}）。

$$P_0^{t-1} - _\delta D_0^{t-1} = E_1^{t-1}$$

由 E_1^{t-1} 減去（$t-1$）年中（$t-2$）年出生 1 歲死亡者數（$_\alpha D_1^{t-1}$），則得 t 年首 1 歲人口（P_1^t）。

$$E_1^{t-1} - _\alpha D_1^{t-1} = P_1^t$$

由 P_1^t 減去 t 年中（$t-2$）年出生，1 歲死亡數（$_\delta D_1^t$），則得 t 年中到達滿 2 歲人口（E_2^t）。

$$P_1^t - _\delta D_1^t = E_2^t \ , \ _\delta p_1 = \frac{E_2^t}{P_1^t}$$

他方由（$t-1$）年之出生者數（E_0^{t-1}），減去該年出生 0 歲死亡者數（$_\alpha D_0^{t-1}$），則得 t 年首之 0 歲人口 P_0^t。

$$E_0^{t-1} - _\alpha D_0^{t-1} = P_0^t$$

由 P_0^t 減去 t 年中（$t-1$）年出生，0 歲死亡者數（$_\delta D_0^t$），則得 t 年中到達滿 1 歲人口數（E_1^t）。

$$P_0^t - _\delta D_0^t = E_1^t$$

（以上在 q_0 計算已列出）

由 E_1^t 減去 t 年中死亡，（$t-1$）年出生，1 歲死亡者數（$_\alpha D_1^t$），則得至當該年末（次年首）生存者數，即得（$t+1$）年首 1 歲人口 P_1^{t+1}

$$E_1^t - _\alpha D_1^t = P_1^{t+1}$$

於是 $\quad _\alpha p_1 = \frac{P_1^{t+1}}{E_1^t}$

$$p_1 = {}_\alpha p_1 \cdot {}_\delta p_1$$

$$\therefore \quad 1 - p_1 = q_1$$

上述之 q_0, q_1 之計算方法，需要 0 歲，1 歲之死亡者之出生年度別區分資料。若統計資料缺乏此種分類，卽僅爲各歲總歠時，則各數值用分離因數（separation factors）推計之。卽 t 年之 0 歲死亡者數爲 D_0^t，其中（$t-1$）出生之 0 歲死亡者數如下：

$$_\delta D_0^t = f_0 D_0^t \tag{16.24}$$

t 年出生之 0 歲死亡者數 ${}_\alpha D_0^t$

$$_\alpha D_0^t = D_0^t - {}_\delta D_0^t$$

$$= (1 - f_0) D_0^t \tag{16.25}$$

又 t 年之 1 歲死亡者數 D_1^t，其中（$t-2$）年出生之死亡者數 $_\delta D_1^t$

$$_\delta D_1^t = f_1 D_1^t \tag{16.26}$$

（$t-1$）年出生之 1 歲死亡者數 ${}_\alpha D_1^t$

$$_\alpha D_1^t = D_1^t - {}_\delta D_1^t$$

$$= (1 - f_1) D_1^t \tag{16.27}$$

此等 f_0, f_1，按人口及年度而變動。故可由人口動態統計以下式計算之。

$$f_0 = \frac{_\delta D_0^t}{D_0^t}, \quad f_1 = \frac{_\delta D_1^t}{D_1^t} \tag{16.28}$$

由上面公式男女分別計算之。故由上述之 ${}_\alpha p$，${}_\delta p$ 而計算 q_0, q_1 之方法，在於 2 歲以上之 q_x 之計算亦可以適用。

（3）q_0, q_1 之簡略計算法

q_0 之計算：

t 年度之 0 歲死亡 D_o^t 分爲當該年出生（$_\alpha D_o^t$）與去年出生（$_\delta D_o^t$）由統計資料分開，$_\delta D_o$ 之比率爲 f_o，$_\alpha D_o$ 之比率爲（$1-f_o$），此 f_o 值使用於出生數之分離，即

（去年出生數）$\times f_o +$ 當該年出生數 ）（ $1-f_o$ ）$=E_o$ 爲分母，則

$$q_o = \frac{D_o^t}{E_o} \qquad\qquad (16 \cdot 29)$$

q_1 之計算：

t 年度之 1 歲死亡爲 D_1^t，其中（ $t-2$ ）年出生爲 $_\delta D_1^t$，（ $t-1$ ）年出生爲 $_\alpha D_1^t$，則其比率各爲 f_1，（ $1-f_1$ ）

$$E_o^{t-2} \quad - \quad _\alpha D_o^{t-2} \quad - \quad _\delta D_o^{t-1} = E_1^{t-1} \qquad (16 \cdot 30)$$

$$（t-2）（t-2）\qquad（t-2）\quad（t-1）$$

年出生數	年出生	年出生	年 1 歲
	當該年	（ $t-1$ ）	人口
	0 歲死	年 0 歲	
	亡	死亡	

$$E_o^{t-1} \quad - \quad _\alpha D_o^{t-1} \quad - \quad _\delta D_o^t \quad = E_1^t \qquad (16 \cdot 31)$$

$$（t-1）（t-1）\qquad（t-1）\quad t 年 1$$

年出生	年出生	年出生	歲人口
數	當該年	t 年 0	
	0 歲死	歲死亡	
	亡		

$$q_1 = \frac{D_1}{E_1^{t-1} f_1 + E_1^t（1-f_1）} \qquad\qquad (16 \cdot 32)$$

以上用表表示，

年　　度	出 生 數	0 歲 死 亡	1 歲 死 亡
$t-2$	E_0^{t-2}	$_\alpha D_0^{t-2}$	
$t-1$	E_0^{t-1}	$_\delta D_0^{t-1}$ $_\alpha D_0^{t-1}$	$_\alpha D_1^{t-1}$
t	E_0^t	$_\delta D_0^t$ $_\alpha D_0^t$	$_\delta D_1^t$ $_\alpha D_1^t$

$$q_0 = \frac{D_0^t}{E_0^t(1-f_0)+f_0 E_0^{t-1}} \qquad (16\cdot33)$$

$$q_1 = \frac{D_1^t}{f_1(E_0^{t-2}-_\alpha D_0^{t-2}-_\delta D_0^{t-1})+(1-f_1)(E_0^{t-1}-_\alpha D_0^{t-1}-_\delta D_0^t)} \qquad (16\cdot34)$$

（此 q_0，q_1 之計算法，在完全生命表之 q_x 可以適用。）

（4）$_n q_x$ 之計算

　.　簡略生命表之 0 歲，1 歲死亡率之計算已經上述。其次 2～4 歲一括可作為一組計算，但是如需要各歲別死亡率時，依照後述之完全生命表之方法計算之。5 歲以上，通常用 5 歲組，但人口小的時，可用 10 歲組而計算。各年齡組之年數以 n 表示。今各年齡組之人口數為 $_n P_x$，死亡數為 $_n D_x$，以下式計算中央死亡率（平均死亡率）$_n m_x$，即

$$_n m_x = \frac{_n D_x}{_n P_x} \qquad (16\cdot35)$$

以此 $_nm_x$ 值來計算死亡率 $_nq_x$。Greville 氏利用上述之一般式(16.

11)，其公式之分母之最後項之 c 值，依從Gompertz 之法則，卽

$$_nm_x = B c^x$$

求得 $\log_e c$ 值。此值，在於 0.080 與 0.104 之間，近值地，

$$c = \left(\frac{_nm_{x+n}}{_nm_x} \right)^{\frac{1}{n}}$$

但是此值之個別的計算非常煩瑣，故取得其平均值 $\log_e c = 0.09$

，將此值代入於（16.11）式，卽得下式，此式與（16.15）式相同。

$$_nq_x = \frac{_nm_x}{\frac{1}{n} + _nm_x \left\{ \frac{1}{2} - \frac{n}{12} \left(0.09 - _nm_x \right) \right\}} \qquad (16.36)$$

以此公式作爲簡略生命表死亡率計算公式。

(5)其他函數之計算

q_0, q_1 已前述。出生數（l_0）爲 $100,000$，則

$$d_0 = 100,000 \, q_0$$

$$l_1 = l_0 - d_0$$

$$d_1 = l_1 q_1$$

2歲之 $l_2 = l_1 - d_1$

2－4歲之死亡數 $_3d_2 = l_2 \, _3q_2$，但 $_3q_2$，於（16.36）式，$n = 3$

而計算。5歲以上

$$l_5 = l_2 - _3d_2$$

$$_3d_5 = l_5 \, _5q_5$$

同理，一般地，

$$l_x = l_{x-5} - _5d_{x-5}$$

$$l_{x+5} = l_x - {}_5d_x \tag{16.37}$$

同樣逐次進行，l_x逐漸減少，至最後爲 0。

${}_nL_x$. 統計上，$x \sim (x+4)$ 歲之死亡率 ${}_5m_x$ 如下：

$$_5m_x = \frac{x \sim (x+4) \text{ 歲之死亡數}}{x \sim (x+4) \text{ 歲之人口}}$$

生命表人口（靜止人口）

$$_5L_x = \frac{l_x + l_{x+5}}{2} + l_{x+1} + \cdots\cdots + l_{x+4}$$

死亡數爲 ${}_5d_x$，故 $\dfrac{{}_5d_x}{{}_5L_x}$ 之死亡率等於 ${}_5m_x$，卽

$$_nm_x = \frac{{}_nd_x}{{}_nL_x}$$

$$_nL_x = \frac{{}_nd_x}{{}_nm_x} \tag{16.38}$$

最後年齡組 ${}_\infty L_x = \dfrac{l_x}{{}_\infty m_x} \tag{16.39}$

L_0，L_1 之計算

此等值之計算以 $L_0 = \dfrac{1}{2}(l_0 + l_1)$，

$L_1 = \dfrac{1}{2}(l_1 + l_2)$ 計算不可能。因爲 l_0，l_1 及 l_1，l_2 之間不能以直線表示，卽 0 歲，1 歲之死亡之平均生存年數不可視爲 0.5 而是 0.5 以下，故以下式推計，卽

$$L_0 = f_0 l_0 + (1 - f_0) l_1 \tag{16.40}$$

$$L_1 = f_1 l_1 + (1 - f_1) l_2 \tag{16.41}$$

或者由下式

$$L_x = \int_x^{x+1} f(x)dx \quad \text{但 } f(x) = l_x \text{ 之式} \tag{16.42}$$

計算之。

$$T_x = {}_n L_x + \Sigma {}_n L_{x+n}$$

$$= {}_n L_x + T_{x+n} \tag{16.43}$$

$$\overset{\circ}{e}_x = \frac{T_x}{l_x} \tag{16.44}$$

（6）Greville 法之計算程序

　　①年齡組

　　②某年 7 月 1 日人口 ${}_n P_x$

　　③死亡數 ${}_n D_x$ 年間死亡數

　　④中央死亡率（平均死亡率）${}_n m_x$（3）÷（2）

　　⑤死亡率 ${}_n q_x$，以 Greville 氏公式（16·36）

$$_n q_x = \frac{{}_n m_x}{\dfrac{1}{n} + {}_n m_x \left\{ \dfrac{1}{2} - \dfrac{n}{12} \left(.09 - {}_n m_x \right) \right\}}$$

q_0 及 q_1，由（$t-1$），t，（$t+1$）年之出生及 0 歲，1 歲之死亡者數，按次表之順序求之，即

$t + 1$ 年之出生者數	E_0^{t+1}
同年中，同年出生之死亡者數	${}_\alpha D_0^{t+1}$
$t + 2$ 年首 0 歲人口	$P_0^{t+2} = E_0^{t+1} - {}_\alpha D_0^{t+1}$
t 年中出生者數	E_0^t
同年中，同年出生之死亡者數	${}_\alpha D_0^t$

年	出生數	0 歲死亡（D_0）	1 歲死亡（D_1）	
$t-1$	E_0^{t-1}	$_\alpha D_0^{t-1}$　P_0^t		
t	E_0^t	$_\alpha D_0^t$　$_\delta D_0^t$　P_0^{t+1}	E_1^t　$_\alpha D_1^t P_1^{t+1}$	
$t+1$	E_0^{t+1}	$_\alpha D_0^{t+1}$　$_\delta D_0^{t+1}$　P_0^{t+2}	E_1^{t+1}　$_\alpha D_1^{t+1} P_1^{t+2}$　$_\delta D_1^{t+1}$	E_2^{t+1}

$t+1$ 年首 0 歲人口　　　$P_0^{t+1} = E_0^t - _\alpha D_0^t$

其中 $t+1$ 年中之死亡者數　　$_\delta D_0^{t+1}$

$t+1$ 年到達 1 歲人口數　　$E_1^{t+1} = P_0^{t+1} - _\delta D_0^{t+1}$

$t+1$ 年出生，而至該年末（次年首）生存之機率

$$_\alpha p_0 = \frac{P_0^{t+2}}{E_0^{t+1}}$$

$t+1$ 年首 P_0^{t+1} 而該年中，到達 1 歲之生存之機率

$$_\delta p_0 = \frac{E_1^{t+1}}{P_0^{t+1}}$$

剛到 1 歲之生存之機率 p_0，

$\therefore$　$p_0 = _\alpha p_0 \cdot _\delta p_0$

$\therefore$　0 歲死亡率　$q_0 = 1 - p_0$

$t-1$ 年之出生數　　　　　　E_0^{t-1}

同年中，同年出生之死亡者數　　$_\alpha D_0^{t-1}$

t 年首 0 歲人口　　　　　$P_0^t = E_0^{t-1} - _\alpha D_0^{t-1}$

t 年中，去年出生之 0 歲死亡者數　$_\delta D_0^t$

t 年中，到達（滿）1 歲之人口　$E_1^t = P_0^t - _\delta D_0^t$

其中，t 年中死亡者數 $\qquad \alpha D_1^t$

$t+1$ 年首 1 歲人口 $\qquad P_1^{t+1} = E_1^t - \alpha D_1^t$

其中，同年 1 歲死亡者數 $\qquad \delta D_1^{t+1}$

同年中，到達（滿）2 歲人口 $\qquad E_2^{t+1} = P_1^{t+1} - \delta D_1^{t+1}$

故，$t+1$ 年首 1 歲人口 P_1^{t+1}，同年中到達 2 歲（E_2^{t+2}）之生存機率 δp_1

$$\delta p_1 = \frac{E_2^{t+1}}{P_1^{t+1}}$$

$t+1$ 年中到達 1 歲人口（前出） $\qquad E_1^{t+1}$

其中，同年中死亡者數 $\qquad \alpha D_1^{t+1}$

同年末（至 $t+2$ 年首）生存者數 $\qquad P_1^{t+2} = E_1^{t+1} - \alpha D_1^{t+1}$

$t+1$ 年中到達 1 歲人口至 $t+2$ 年首生存之機率 αp_1

$$\alpha p_1 = \frac{P_1^{t+2}}{E_1^{t+1}}$$

$\therefore$ 1 歲之生存率 $\quad p_1 = \alpha p_1 \cdot \delta p_1$

$\therefore$ 1 歲之死亡率 $\quad q_1 = 1 - p_1$

以下從略。

16·4·2 Reed-Merrell 法

由前記 $_n m_x$ 與 $_n q_x$ 之關係式（16·1）及（16·2），卽

$$_n q_x = \frac{2n \, _n m_x}{2 + n \, _n m_x} \tag{16·45}$$

$$_n q_x = 1 - e^{-n \, _n m_x} \tag{16·46}$$

上式中 $n = 1$ 時兩式均適用，但 $n = 5$，$n = 10$ 時，不宜適用。

因此 Reed-Merrell 採用下式，卽

$$_nq_x = 1 - e^{-n\,_nm_x - a\,n^3\,_nm_x^2} \tag{16.47}$$

此公式與前述（16.14）式同形，上式中 $a = \dfrac{k}{12}$ 時，兩式完全相同。

上式表示 5 歲以上之全年齡之關係至為適合。式中之 a 值，實驗的結果，為 0.008。故 $n = 5$，$n = 10$，其他時，次式：

$$_nq_x = 1 - e^{-n\,_nm_x - 0.008n^3\,_nm_x^2} \tag{16.48}$$

上式表現 5 歲以上之 $_nm_x$ 與 $_nq_x$ 之關係至為良好。又對於 2 歲～4 歲下式

$$_3q_2 = 1 - e^{-3\,_3m_x - 0.008(3)^3\,_nm_x^2} \tag{16.49}$$

表現至為適用。

據稱於美國 0 歲，1 歲人口統計是未必正確，因此 $_nm_x$ 愈大，不正確愈大之傾向。故將（16.47）加以補正，則

$$_nq_x = 1 - e^{-n\,m_x(a + b\,_nm_x)} \tag{16.50}$$

以美國之生命表，而決定的 a，b 如下：

1. $q_0 = 1 - e^{-m_0(0.9539 - 0.5509\,m_0)}$ $\tag{16.51}$

2. $q_1 = 1 - e^{-m_1(0.9510 - 1.921\,m_1)}$ $\tag{16.52}$

3. $_3q_2 = 1 - e^{-3\,_3m_2 - 0.008(3)^3\,_3m_2^2}$

4. $_4q_1 = 1 - e^{-4\,_4m_1(0.9806 - 2.0794\,m_1)}$

5. $_5q_x = 1 - e^{-5\,_5m_x - 0.008(5)^3\,_5m_x^2}$ $\tag{16.53}$

6. $\quad _{10}q_x = 1 - e^{-10\,_{10}m_x - 0.008(10)^3\,_{10}m_x^2}$

$1 \sim 6$ 表之 $_nm_x$ 代入種種數值而計算 $_nq_x$ ，揭載的表稱爲 Reed-Merrell 表（表 16.1）。

利用此表，僅以 $_nm_x$ 容易計算所求之 $_nq_x$ 數值。

玆將該表之使用方法略述如下：今以人口 $_nP_x$ 及死亡數 $_nD_x$ 計算的中央死亡率 $_nm_x$ ，按其 $m_0, m_1, \cdots\cdots, _5m_x, _{10}m_x$ 之順序查出某種類，然後再查出該 $_nm_x$ 數值所佔位置；即當該數值爲中央，前後兩個 $_nm_x$ 及相對的 $_nq_x$ 錄取，將此等數值，以比例分配法，而計算所求之 $_nq_x$ 值如下：

例1　所求　$m_0 = 0.04283$ ，$q_0 = 0.039062$

由 m_0 表查出

m_0	q_0
0.043	0.039210
$-\ 0.042$	$-\ 0.038338$
0.001	0.000872

$0.001 : 0.00083 = 0.000872 : x$

$$x = \frac{0.00083 \times 0.000872}{0.001} = 0.000724$$

$\therefore \quad 0.038338 + 0.000724 = 0.039062$

例2　所求　$_5m_x = 0.00114$ ，$_5q_x = 0.005684$

由 $_5m_x$ 表查出

$_5m_x$	$_5q_x$
0.002	0.009954
$-\ 0.001$	$-\ 0.004989$
0.001	0.004965

$$0 \cdot 001 : 0 \cdot 00014 = 0 \cdot 004965 : x$$

$$x = \frac{0 \cdot 0014 \times 0 \cdot 004965}{0 \cdot 001} = 0 \cdot 000695$$

$$\therefore \quad 0 \cdot 004989 + 0 \cdot 000695 = 0 \cdot 005684$$

其他諸函數之計算：

上述之 $_n q_x$ 判明，則求得 l_x ，$_n d_x$ 。

其次生存年數（靜止人口，$_5 L_x$）；其中 $_5 L_5$ 以下，以下列近值式求之，則

$$L_0 = .276 l_0 + .724 l_1 \qquad (16 \cdot 54)$$

$$L_1 = .410 \, l_1 + .590 \, l_2 \qquad (16 \cdot 55)$$

$$_4 L_1 = .034 l_0 + 1 \cdot 184 \, l_1 + 2 \cdot 782 \, l_5 \qquad (16 \cdot 56)$$

$$_3 L_2 = - .021 l_0 + 1 \cdot 384 \, l_2 + 1 \cdot 637 \, l_5 \qquad (16 \cdot 57)$$

$$_5 L_5 = - .003 \, l_0 + 2 \cdot 242 \, l_5 + 2 \cdot 761 \, l_{10} \qquad (16 \cdot 58)$$

此等式，由下列之一般式，

$$_n L_x = a \, l_0 + b \, l_x + c \, l_{x+n}$$

以美國 1906～1930 年，用於 24 州生命表計算的，$a + b + c = n$ 。10 歲以上之 $_n L_x$ ，未予一一計算，而以 l_x 直接算出 T_x ，則 $n = 5$ ，

$$T_x = - .20833 \, l_{x-5} + 2.5 \, l_x + .20833 \, l_{x+5} + 5 \sum_{\alpha=1}^{\infty} l_{x+5\alpha}$$

$$(16 \cdot 59)$$

$n = 10$ ，x 在 5～75 歲之間，即

$$T_x = 4 \cdot 16667 \, l_x + .83334 \, l_{x+10} + 10 \sum_{\alpha=1}^{\infty} l_{x+10\alpha} \qquad (16 \cdot 60)$$

自最高年齡至 $x = 15$ 之 l_x 逐次累加算出 $\sum\limits_{\alpha=0}^{\infty} l_{x+5\alpha}$，

T_{10} 依（16.59）或（16.60）算出。

$_5L_5$ 以下依（16.54）～（16.58）算出而累加之。

表16.1 Reed-Merrell表

1. $q_0 = 1 - e - m_0(0.9539 - 0.5509 m_0)$

m_0	q_0	△	m_0	q_0	△
		.000			000
.000	.000 000	953	.050	.045 262	857
.001	.000 953	951	.051	.046 119	856
.002	.001 904	949	.052	.046 975	853
.003	.002 853	947	.053	.047 828	851
.004	.003 800	944	.054	.048 679	850
.005	.004 744	943	.055	.049 529	849
.006	.005 687	941	.056	.050 378	846
.007	.006 628	939	.057	.051 224	845
.008	.007 567	937	.058	.052 069	842
.009	.008 504	935	.059	.052 911	842
.010	.009 439	933	.060	.053 753	839
.011	.010 372	931	.061	.054 592	837
.012	.011 303	929	.062	.055 429	835
.013	.012 232	928	.063	.056 264	834
.014	.013 160	925	.064	.057 098	832
.015	.014 085	923	.065	.057 930	831
.016	.015 008	921	.066	.058 761	828
.017	.015 929	919	.067	.059 589	827
.018	.016 848	918	.068	.060 416	825
.019	.017 766	915	.069	.061 241	823
.020	.018 681	913	.070	.062 064	821
.021	.019 594	912	.071	.062 885	820
.022	.020 506	910	.072	.063 705	818
.023	.021 416	907	.073	.064 523	817
.024	.022 323	906	.074	.065 340	814
.025	.023 229	904	.075	.066 154	813
.026	.024 133	902	.076	.066 967	811
.027	.025 035	900	.077	.067 778	809
.028	.025 935	898	.078	.068 587	808
.029	.026 833	897	.079	.069 395	805
.030	.027 730	894	.080	.070 200	805
.031	.028 624	892	.081	.071 005	802
.032	.029 516	891	.082	.071 807	801
.033	.030 407	889	.083	.072 608	799
.034	.031 296	886	.084	.073 407	797
.035	.032 182	885	.085	.074 204	795
.036	.033 067	884	.086	.074 999	794
.037	.033 951	881	.087	.075 793	793
.038	.034 832	879	.088	.076 586	790
.039	.035 711	878	.089	.077 376 .	789
.040	.036 589	875	.090	.078 165	787
.041	.037 464	874	.091	.078 952	786
.042	.038 338	872	.092	.079 738	783
.043	.039 210	870	.093	.080 521	782
.044	.040 080	868	.094	.081 303	780
.045	.040 948	866	.095	.082 083	779
.046	.041 814	865	.096	.082 862	777
.047	.042 679	863	.097	.083 639	776
.048	.043 542	861	.098	.084 415	773
.049	.044 403	859	.099	.085 188	772
.050	.045 262	857	.100	.085 960	770

$$q_0 = 1 - e^{-m_0(0.9539 - 0.5509 m_0)}$$

m_0	q_0	$\triangle$	m_0	q_0	$\triangle$
		.000			000
.100	.085 960	770	.150	.122 510	691
.101	.086 730	769	.151	.123 201	690
.102	.087 499	767	.152	.123 891	689
.103	.088 266	766	.153	.124 580	686
.104	.089 032	764	.154	.125 266	685
.105	.089 796	762	.155	.125 951	684
.106	.090 558	760	.156	.126 635	683
.107	.091 318	759	.157	.127 318	686
.108	.092 077	757	.158	.127 998	679
.109	.092 834	756	.159	.128 677	678
.110	.093 590	754	.160	.129 355	677
.111	.094 344	752	.161	.130 032	674
.112	.095 096	751	.162	.130 706	673
.113	.095 847	749	.163	.131 379	672
.114	.096 596	747	.164	.132 051	671
.115	.097 343	746	.165	.132 722	669
.116	.098 089	745	.166	.133 391	667
.117	.098 834	742	.167	.134 058	666
.118	.099 576	741	.168	.134 724	665
.119	.100 317	739	.169	.135 389	663
.120	.101 056	739	.170	.136 052	661
.121	.101 795	736	.171	.136 713	660
.122	.102 531	734	.172	.137 373	659
.123	.103 265	733	.173	.138 032	657
.124	.103 998	732	.174	.138 689	656
.125	.104 730	730	.175	.139 345	654
.126	.105 460	728	.176	.139 999	653
.127	.106 188	727	.177	.140 652	651
.128	.106 915	725	.178	.141 303	651
.129	.107 640	724	.179	.141 954	648
.130	.108 364	722	.180	.142 602	647
.131	.109 086	720	.181	.143 249	646
.132	.109 806	719	.182	.143 895	644
.133	.110 525	717	.183	.144 539	643
.134	.111 242	716	.184	.145 182	641
.135	.111 958	714	.185	.145 823	640
.136	.112 672	713	.186	.146 463	639
.137	.113 385	711	.187	.147 102	637
.138	.114 096	710	.188	.147 739	636
.139	.114 806	708	.189	.148 375	634
.140	.115 514	706	.190	.149 009	633
.141	.116 220	705	.191	.149 642	631
.142	.116 925	704	.192	.150 273	630
.143	.117 629	702	.193	.150 903	629
.144	.118 331	700	.194	.151 532	628
.145	.119 031	699	.195	.152 160	625
.146	.119 730	697	.196	.152 785	625
.147	.120 427	696	.197	.153 410	623
.148	.121 123	694	.198	.154 033	622
.149	.121 817	693	.199	.154 655	620
.150	.122 510	691	.200	.155 275	

2. $q_1 = 1 - e^{-m_1(0.9510-1.921\,m_1)}$

m_1	q_1	△	m_1	q_1	△
		.000			.000
.000	.000 000	949	.050	.041 847	725
.001	.000 949	944	.051	.042 572	721
.002	.001 893	939	.052	.043 293	717
.003	.002 832	934	.053	.044 010	712
.004	.003 766	930	.054	.044 722	708
.005	.004 696	925	.055	.045 430	704
.006	.005 621	920	.056	.046 134	699
.007	.006 541	916	.057	.046 833	696
.008	.007 457	911	.058	.047 529	692
.009	.008 368	907	.059	.048 221	687
.010	.009 275	902	.060	.048 908	683
.011	.010 177	897	.061	.049 591	679
.012	.011 074	893	.062	.050 270	675
.013	.011 967	887	.063	.050 945	671
.014	.012 854	884	.064	.051 616	666
.015	.013 738	878	.065	.052 232	663
.016	.014 616	875	.066	.052 945	659
.017	.015 491	869	.067	.053 604	654
.018	.016 360	866	.068	.054 258	650
.019	.017 226	860	.069	.054 908	647
.020	.018 086	856	.070	.055 555	641
.021	.018 942	852	.071	.056 196	639
.022	.019 794	847	.072	.056 835	634
.023	.020 641	842	.073	.057 469	630
.024	.021 483	838	.074	.058 099	626
.025	.022 321	834	.075	.058 725	622
.026	.023 155	829	.076	.059 347	617
.027	.023 984	825	.077	.059 964	614
.028	.024 809	820	.078	.060 578	610
.029	.025 629	816	.079	.061 188	606
.030	.026 445	812	.080	.061 794	602
.031	.027 257	807	.081	.062 396	598
.032	.028 064	802	.082	.062 994	594
.033	.028 866	799	.083	.063 588	590
.034	.029 665	793	.084	.064 178	585
.035	.030 458	790	.085	.064 763	583
.036	.031 248	785	.086	.065 346	578
.037	.032 033	781	.087	.065 924	574
.038	.032 814	776	.088	.066 498	570
.039	.033 590	772	.089	.067 068	566
.040	.034 362	768	.090	.067 634	562
.041	.035 130	763	.091	.068 196	559
.042	.035 893	760	.092	.068 755	554
.043	.036 653	755	.093	.069 309	551
.044	.037 408	750	.094	.069 860	547
.045	.038 158	746	.095	.070 407	542
.046	.038 904	742	.096	.070 949	540
.047	.039 646	738	.097	.071 489	534
.048	.040 384	733	.098	.072 023	532
.049	.041 117	730	.099	.072 555	527
.050	.041 847	725	.100	.073 082	

3.　$_3q_2 = 1 - e^{-3\,_3m_2 - 0.003(3)^3\,_3m_2^2}$

$_3m_2$	$_3q_2$	△	$_3m_2$	$_3q_2$	△
		.00			.00
.000	.000 000	2 996	.010	.029 576	2 911
.001	.002 996	2 987	.011	.032 487	2 903
.002	.005 983	2 979	.012	.035 390	2 895
.003	.008 962	2 970	.013	.038 285	2 886
.004	.011 932	2 962	.014	.041 171	2 878
.005	.014 894	2 953	.015	.044 049	2 870
.006	.017 847	2 945	.016	.046 919	2 862
.007	.020 792	2 936	.017	.049 781	2 854
.008	.023 728	2 928	.018	.052 635	2 845
.009	.026 656	2 920	.019	.055 480	2 837
.010	.029 576	2 911	.020	.058 317	

4.　$_4q_1 = 1 - e^{-4\,_4m_1(0.9806 - 2.079\,_4m_1)}$

$_4m_1$	$_4q_1$	△	$_4m_1$	$_4q_1$	△
		.00			.00
.000	.000 000	3 906	.020	.072 370	3 316
.001	.003 906	3 875	.021	.075 686	3 289
.002	.007 781	3 843	.022	.078 975	3 262
.003	.011 624	3 812	.023	.082 237	3 235
.004	.015 436	3 781	.024	.085 472	3 209
.005	.019 217	3 750	.025	.088 681	3 183
.006	.022 967	3 720	.026	.091 864	3 156
.007	.026 687	3 689	.027	.095 020	3 131
.008	.030 376	3 659	.028	.098 151	3 104
.009	.034 035	3 630	.029	.101 255	3 079
.010	.037 665	3 600	.030	.104 334	3 054
.011	.041 265	3 570	.031	.107 388	3 028
.012	.044 835	3 542	.032	.110 416	3 003
.013	.048 377	3 512	.033	.113 419	2 979
.014	.051 889	3 484	.034	.116 398	2 954
.015	.055 373	3 455	.035	.119 352	2 929
.016	.058 828	3 427	.036	.122 281	2 905
.017	.062 255	3 399	.037	.125 186	2 882
.018	.065 654	3 372	.038	.128 068	2 856
.019	.069 026	3 344	.039	.130 924	2 834
.020	.072 370	3 316	.040	.133 758	

$$\textbf{5.} \quad {}_5q_x = 1 - e^{-5\,{}_5m_x - 0.008(5)^3\,{}_5m_x^2}$$

$_5m_x$	$_5q_x$	△	$_5m_x$	$_5q_x$	△	$_5m_x$	$_5q_x$	△
		.00			.00			.00
.000	.000 000	4 989	.050	.223 144	3 952	.100	.399 504	3 116
.001	.004 989	4 965	.051	.227 096	3 935	.101	.402 620	3 100
.002	.009 954	4 943	.052	.231 031	3 915	.102	.405 720	3 085
.003	.014 897	4 920	.053	.234 946	3 897	.103	.408 805	3 070
.004	.019 817	4 897	.054	.238 843	3 879	.104	.411 875	3 056
.005	.024 714	4 876	.055	.242 722	3 861	.105	.414 931	3 041
.006	.029 590	4 852	.056	.246 583	3 842	.106	.417 972	3 026
.007	.034 442	4 830	.057	.250 425	3 824	.107	.420 998	3 011
.008	.039 272	4 808	.058	.254 249	3 807	.108	.424 009	2 998
.009	.044 080	4 786	.059	.258 056	3 788	.109	.427 007	2 982
.010	.048 866	4 763	.060	.261 844	3 770	.110	.429 989	2 969
.011	.053 629	4 742	.061	.265 614	3 753	.111	.432 958	2 953
.012	.058 371	4 720	.062	.269 367	3 735	.112	.435 911	2 940
.013	.063 091	4 698	.063	.273 102	3 717	.113	.438 851	2 926
.014	.067 789	4 676	.064	.276 819	3 700	.114	.441 777	2 911
.015	.072 465	4 655	.065	.280 519	3 682	.115	.444 688	2 897
.016	.077 120	4 633	.066	.284 201	3 665	.116	.447 585	2 883
.017	.081 753	4 612	.067	.287 866	3 647	.117	.450 468	2 870
.018	.086 365	4 590	.068	.291 513	3 630	.118	.453 338	2 855
.019	.090 955	4 570	.069	.295 143	3 613	.119	.456 193	2 842
.020	.095 525	4 547	.070	.298 756	3 596	.120	.459 035	2 827
.021	.100 072	4 527	.071	.302 352	3 579	.121	.461 862	2 815
.022	.104 599	4 506	.072	.305 931	3 562	.122	.464 677	2 800
.023	.109 105	4 485	.073	.309 493	3 545	.123	.467 477	2 787
.024	.113 590	4 464	.074	.313 038	3 528	.124	.470 264	2 773
.025	.118 054	4 444	.075	.316 566	3 511	.125	.473 037	2 760
.026	.122 498	4 423	.076	.320 077	3 495	.126	.475 797	2 746
.027	.126 921	4 402	.077	.323 572	3 478	.127	.478 543	2 733
.028	.131 323	4 382	.078	.327 050	3 461	.128	.481 276	2 720
.029	.135 705	4 361	.079	.330 511	3 445	.129	.483 996	2 707
.030	.140 066	4 341	.080	.333 956	3 429	.130	.486 703	2 693
.031	.144 407	4 321	.081	.337 385	3 412	.131	.489 396	2 680
.032	.148 728	4 301	.082	.340 797	3 396	.132	.492 076	2 667
.033	.153 029	4 281	.083	.344 193	3 380	.133	.494 743	2 655
.034	.157 310	4 261	.084	.347 573	3 364	.134	.497 398	2 641
.035	.161 571	4 241	.085	.350 937	3 347	.135	.500 039	2 628
.036	.165 812	4 221	.086	.354 284	3 332	.136	.502 667	2 616
.037	.170 033	4 201	.087	.357 616	3 316	.137	.505 283	2 603
.038	.174 234	4 182	.088	.360 932	3 300	.138	.507 886	2 590
.039	.178 416	4 162	.089	.364 232	3 284	.139	.510 476	2 577
.040	.182 578	4 143	.090	.367 516	3 268	.140	.513 053	2 565
.041	.186 721	4 123	.091	.370 784	3 253	.141	.515 618	2 552
.042	.190 844	4 104	.092	.374 037	3 237	.142	.518 170	2 540
.043	.194 948	4 085	.093	.377 274	3 222	.143	.520 710	2 527
.044	.199 033	4 066	.094	.380 496	3 206	.144	.523 237	2 515
.045	.203 099	4 047	.095	.383 702	3 191	.145	.525 752	2 503
.046	.207 146	4 028	.096	.386 893	3 176	.146	.528 255	2 490
.047	.211 174	4 008	.097	.390 069	3 160	.147	.530 745	2 478
.048	.215 182	3 990	.098	.393 229	3 145	.148	.533 223	2 466
.049	.219 172	3 972	.099	.396 374	3 130	.149	.535 689	2 454
.050	.223 144	3 952	.100	.399 504	3 116	.150	.538 143	2 442

$$_5q_x = 1 - e^{-5_5m_x - 0.008(5)^3{}_5m_x{}^2}$$

$_5m_x$	$_5q_x$	Δ	$_5m_x$	$_5q_x$	Δ	$_5m_x$	$_5q_x$	Δ
		.00			.00			.00
.150	.538 143	2 442	.200	.646 545	1 904	.250	.730 854	1 476
.151	.540 585	2 430	.201	.648 449	1 894	.251	.732 330	1 469
.152	.543 015	2 418	.202	.650 343	1 885	.252	.733 799	1 462
.153	.545 433	2 406	.203	.652 228	1 876	.253	.735 261	1 453
.154	.547 839	2 394	.204	.654 104	1 866	.254	.736 714	1 447
.155	.550 233	2 382	.205	.655 970	1 856	.255	.738 161	1 439
.156	.552 615	2 371	.206	.657 826	1 847	.256	.739 600	1 432
.157	.554 986	2 359	.207	.659 673	1 838	.257	.741 032	1 424
.158	.557 345	2 347	.208	.661 511	1 829	.258	.742 456	1 417
.159	.559 692	2 336	.209	.663 340	1 819	.259	.743 873	1 409
.160	.562 028	2 324	.210	.665 159	1 810	.260	.745 282	1 403
.161	.564 352	2 313	.211	.666 969	1 802	.261	.746 685	1 395
.162	.566 665	2 301	.212	.668 771	1 792	.262	.748 080	1 388
.163	.568 966	2 290	.213	.670 563	1 783	.263	.749 468	1 381
.164	.571 256	2 279	.214	.672 346	1 774	.264	.750 849	1 374
.165	.573 535	2 267	.215	.674 120	1 765	.265	.752 223	1 366
.166	.575 802	2 257	.216	.675 885	1 756	.266	.753 589	1 360
.167	.578 059	2 245	.217	.677 641	1 747	.267	.754 949	1 353
.168	.580 304	2 234	.218	.679 388	1 739	.268	.756 302	1 345
.169	.582 538	2 223	.219	.681 127	1 729	.269	.757 647	1 339
.170	.584 761	2 211	.220	.682 856	1 721	.270	.758 986	1 332
.171	.586 972	2 201	.221	.684 577	1 712	.271	.760 318	1 325
.172	.589 173	2 190	.222	.686 289	1 704	.272	.761 643	1 318
.173	.591 363	2 180	.223	.687 993	1 695	.273	.762 961	1 311
.174	.593 543	2 168	.224	.689 688	1 686	.274	.764 272	1 304
.175	.595 711	2 157	.225	.691 374	1 678	.275	.765 576	1 298
.176	.597 868	2 147	.226	.693 052	1 669	.276	.766 874	1 291
.177	.600 015	2 137	.227	.694 721	1 661	.277	.768 165	1 284
.178	.602 152	2 125	.228	.696 382	1 652	.278	.769 449	1 278
.179	.604 277	2 115	.229	.698 034	1 644	.279	.770 727	1 271
.180	.606 392	2 105	.230	.699 678	1 636	.280	.771 998	1 264
.181	.608 497	2 094	.231	.701 314	1 627	.281	.773 262	1 258
.182	.610 591	2 083	.232	.702 941	1 619	.282	.774 520	1 251
.183	.612 674	2 073	.233	.704 560	1 611	.283	.775 771	1 245
.184	.614 747	2 063	.234	.706 171	1 602	.284	.777 016	1 239
.185	.616 810	2 053	.235	.707 773	1 595	.285	.778 255	1 231
.186	.618 863	2 042	.236	.709 368	1 586	.286	.779 486	1 226
.187	.620 905	2 032	.237	.710 954	1 578	.287	.780 712	1 219
.188	.622 937	2 022	.238	.712 532	1 570	.288	.781 931	1 213
.189	.624 959	2 012	.239	.714 102	1 562	.289	.783 144	1 206
.190	.626 971	2 002	.240	.715 664	1 555	.290	.784 350	1 201
.191	.628 973	1 992	.241	.717 219	1 546	.291	.785 551	1 193
.192	.630 965	1 982	.242	.718 765	1 538	.292	.786 744	1 188
.193	.632 947	1 972	.243	.720 303	1 531	.293	.787 932	1 182
.194	.634 919	1 962	.244	.721 834	1 522	.294	.789 114	1 175
.195	.636 881	1 952	.245	.723 356	1 515	.295	.790 289	1 169
.196	.638 833	1 943	.246	.724 871	1 507	.296	.791 458	1 163
.197	.640 776	1 933	.247	.726 378	1 500	.297	.792 621	1 157
.198	.642 709	1 923	.248	.727 878	1 492	.298	.793 778	1 151
.199	.644 632	1 913	.249	.729 370	1 484	.299	.794 929	1 145
.200	.646 545	1 904	.250	.730 854	1 476	.300	.796 074	1 139

$$_5q_x = 1 - e^{-5_5m_x - 0.008(5)^3{}_5m_x{}^2}$$

$_5m_x$	$_5q_x$	△	$_5m_x$	$_5q_x$	△	$_5m_x$	$_5q_x$	△
		.00			000			.000
.300	.796 074	1 139	.350	.846 261	874	.400	.884 675	667
.301	.797 213	1 133	.351	.847 135	869	.401	.885 342	663
.302	.798 346	1 128	.352	.848 004	865	.402	.886 005	660
.303	.799 474	1 121	.353	.848 869	860	.403	.886 665	656
.304	.800 595	1 115	.354	.849 729	856	.404	.887 321	653
.305	.801 710	1 110	.355	.850 585	850	.405	.887 974	649
.306	.802 820	1 103	.356	.851 435	847	.406	.888 623	646
.307	.803 923	1 098	.357	.852 282	842	.407	.889 269	642
.308	.805 021	1 092	.358	.853 124	837	.408	.889 911	638
.309	.806 113	1 087	.359	.853 961	833	.409	.890 549	635
.310	.807 200	1 080	.360	.854 794	828	.410	.891 184	632
.311	.808 280	1 075	.361	.855 622	824	.411	.891 816	628
.312	.809 355	1 070	.362	.856 446	819	.412	.892 444	625
.313	.810 425	1 063	.363	.857 265	816	.413	.893 069	621
.314	.811 488	1 059	.364	.858 081	810	.414	.893 690	618
.315	.812 547	1 052	.365	.858 891	807	.415	.894 308	614
.316	.813 599	1 047	.366	.859 698	802	.416	.894 922	612
.317	.814 646	1 042	.367	.860 500	798	.417	.895 534	607
.318	.815 688	1 036	.368	.861 298	793	.418	.896 141	605
.319	.816 724	1 030	.369	.862 091	789	.419	.896 746	601
.320	.817 754	1 026	.370	.862 880	785	.420	.897 347	598
.321	.818 780	1 019	.371	.863 665	781	.421	.897 945	594
.322	.819 799	1 015	.372	.864 446	776	.422	.898 539	592
.323	.820 814	1 009	.373	.865 222	773	.423	.899 131	588
.324	.821 823	1 003	.374	.865 995	768	.424	.899 719	585
.325	.822 826	0 999	.375	.866 763	764	.425	.900 304	581
.326	.823 825	0 993	.376	.867 527	760	.426	.900 885	579
.327	.824 818	0 988	.377	.868 287	756	.427	.901 464	575
.328	.825 806	0 982	.378	.869 043	751	.428	.902 039	572
.329	.826 788	0 978	.379	.869 794	748	.429	.902 611	569
.330	.827 766	0 972	.380	.870 542	744	.430	.903 180	566
.331	.828 738	0 967	.381	.871 286	739	.431	.903 746	562
.332	.829 705	0 962	.382	.872 025	736	.432	.904 308	560
.333	.830 667	0 957	.383	.872 761	732	.433	.904 868	556
.334	.831 624	0 952	.384	.873 493	728	.434	.905 424	554
.335	.832 576	0 947	.385	.874 221	723	.435	.905 978	550
.336	.833 523	0 941	.386	.874 944	720	.436	.906 528	548
.337	.834 464	0 937	.387	.875 664	716	.437	.907 076	544
.338	.835 401	0 932	.388	.876 380	712	.438	.907 620	541
.339	.836 333	0 927	.389	.877 092	708	.439	.908 161	539
.340	.837 260	0 922	.390	.877 800	705	.440	.908 700	535
.341	.838 182	0 917	.391	.878 505	700	.441	.909 235	532
.342	.839 099	0 912	.392	.879 205	697	.442	.909 767	530
.343	.840 011	0 907	.393	.879 902	693	.443	.910 297	526
.344	.840 918	0 903	.394	.880 595	689	.444	.910 823	524
.345	.841 821	0 897	.395	.881 284	686	.445	.911 347	521
.346	.842 718	0 893	.396	.881 970	682	.446	.911 868	518
.347	.843 611	0 888	.397	.882 652	678	.447	.912 386	514
.348	.844 499	0 884	.398	.883 330	674	.448	.912 900	513
.349	.845 383	0 878	.399	.884 004	671	.449	.913 413	509
.350	.846 261	0 874	.400	.884 675	667	.450	.913 922	

6. $_{10}q_x = 1 - e^{10_{10}m_x - 0.008(10)^3{}_{10}m_x{}^2}$

$_{10}m_x$	$_{10}q_x$	$\triangle$	$_{10}m_x$	$_{10}q_x$	$\triangle$	$_{10}m_x$	$_{10}q_x$	$\triangle$
		.00			.00			.00
.000	.000 000	9 959	.050	.405 479	6 391	.100	.660 404	3 920
.001	.009 959	9 874	.051	.411 870	6 332	.101	.664 324	3 879
.002	.019 833	9 792	.052	.418 202	6 273	.102	.668 203	3 840
.003	.029 625	9 709	.053	.424 475	6 214	.103	.672 043	3 800
.004	.039 334	9 627	.054	.430 689	6 156	.104	.675 843	3 762
.005	.048 961	9 546	.055	.436 845	6 098	.105	.679 605	3 723
.006	.058 507	9 465	.056	.442 943	6 041	.106	.683 328	3 685
.007	.067 972	9 384	.057	.448 984	5 985	.107	.687 013	3 645
.008	.077 356	9 305	.058	.454 969	5 928	.108	.690 659	3 610
.009	.086 661	9 225	.059	.460 897	5 872	.109	.694 269	3 571
.010	.095 886	9 147	.060	.466 769	5 816	.110	.697 840	3 535
.011	.105 033	9 068	.061	.472 585	5 762	.111	.701 375	3 499
.012	.114 101	8 990	.062	.478 347	5 706	.112	.704 874	3 462
.013	.123 091	8 913	.063	.484 053	5 653	.113	.708 336	3 426
.014	.132 004	8 836	.064	.489 706	5 598	.114	.711 762	3 390
.015	.140 840	8 760	.065	.495 304	5 546	.115	.715 152	3 355
.016	.149 600	8 684	.066	.500 850	5 492	.116	.718 507	3 320
.017	.158 284	8 608	.067	.506 342	5 439	.117	.721 827	3 285
.018	.166 892	8 534	.068	.511 781	5 388	.118	.725 112	3 251
.019	.175 426	8 459	.069	.517 169	5 335	.119	.728 363	3 216
.020	.183 885	8 386	.070	.522 504	5 284	.120	.731 579	3 183
.021	.192 271	8 312	.071	.527 788	5 234	.121	.734 762	3 149
.022	.200 583	8 239	.072	.533 022	5 182	.122	.737 911	3 116
.023	.208 822	8 167	.073	.538 204	5 132	.123	.741 027	3 083
.024	.216 989	8 095	.074	.543 336	5 083	.124	.744 110	3 050
.025	.225 084	8 023	.075	.548 419	5 033	.125	.747 160	3 018
.026	.233 107	7 953	.076	.553 452	4 984	.126	.750 178	2 986
.027	.241 060	7 882	.077	.558 436	4 935	.127	.753 164	2 954
.028	.248 942	7 812	.078	.563 371	4 887	.128	.756 118	2 923
.029	.256 754	7 743	.079	.568 258	4 840	.129	.759 041	2 891
.030	.264 497	7 673	.080	.573 098	4 791	.130	.761 932	2 861
.031	.272 170	7 606	.081	.577 889	4 745	.131	.764 793	2 830
.032	.279 776	7 536	.082	.582 634	4 698	.132	.767 623	2 799
.033	.287 312	7 470	.083	.587 332	4 652	.133	.770 422	2 769
.034	.294 782	7 402	.084	.591 984	4 605	.134	.773 191	2 740
.035	.302 184	7 336	.085	.596 589	4 560	.135	.775 931	2 710
.036	.309 520	7 269	.086	.601 149	4 515	.136	.778 641	2 680
.037	.316 789	7 204	.087	.605 664	4 470	.137	.781 321	2 652
.038	.323 993	7 139	.088	.610 134	4 425	.138	.783 973	2 623
.039	.331 132	7 073	.089	.614 559	4 382	.139	.786 596	2 594
.040	.338 205	7 010	.090	.618 941	4 337	.140	.789 190	2 567
.041	.345 215	6 946	.091	.623 278	4 294	.141	.791 757	2 538
.042	.352 161	6 881	.092	.627 572	4 251	.142	.794 295	2 511
.043	.359 042	6 820	.093	.631 823	4 209	.143	.796 806	2 483
.044	.365 862	6 756	.094	.636 032	4 166	.144	.799 289	2 456
.045	.372 618	6 695	.095	.640 198	4 123	.145	.801 745	2 429
.046	.379 313	6 633	.096	.644 321	4 083	.146	.804 174	2 402
.047	.385 946	6 572	.097	.648 404	4 041	.147	.806 576	2 376
.048	.392 518	6 511	.098	.652 445	4 000	.148	.808 952	2 350
.049	.399 029	6 450	.099	.656 445	3 959	.149	.811 302	2 324
.050	.405 479	6 391	.100	.660 404	3 920	.150	.813 626	2 298

$$_{10}q_x = 1 - e^{-10\,_{10}m_x - 0.008(10)^3\,_{10}m_x^2}$$

$_{10}m_x$	$_{10}q_x$	△	$_{10}m_x$	$_{10}q_x$	△	$_{10}m_x$	$_{10}q_x$	△
		.00			.00			000
.150	.813 626	2 298	200	.901 726	1 290	.250	.950 213	693
.151	.815 924	2 273	201	.903 016	1 274	.251	.950 906	683
.152	.818 197	2 248	.202	.904 290	1 259	.252	.951 589	675
.153	.820 445	2 222	.203	.905 549	1 244	.253	.952 264	666
.154	.822 667	2 198	.204	.906 793	1 228	.254	.952 930	658
.155	.824 865	2 174	.205	.908 021	1 215	.255	.953 588	649
.156	.827 039	2 149	.206	.909 236	1 199	.256	.954 237	641
.157	.829 188	2 125	.207	.910 435	1 185	.257	.954 878	633
.158	.831 313	2 102	.208	.911 620	1 171	.258	.955 511	624
.159	.833 415	2 078	.209	.912 791	1 157	.259	.956 135	617
.160	.835 493	2 054	.210	.913 948	1 142	.260	.956 752	608
.161	.837 547	2 032	.211	.915 090	1 129	.261	.957 360	601
.162	.839 579	2 008	.212	.916 219	1 115	.262	.957 961	593
.163	.841 587	1 986	.213	.917 334	1 102	.263	.958 554	585
.164	.843 573	1 964	.214	.918 436	1 088	.264	.959 139	577
.165	.845 537	1 941	.215	.919 524	1 075	.265	.959 716	570
.166	.847 478	1 920	.216	.920 599	1 062	.266	.960 286	562
.167	.849 398	1 897	.217	.921 661	1 049	.267	.960 848	555
.168	.851 295	1 876	.218	.922 710	1 036	.268	.961 403	548
.169	.853 171	1 855	.219	.923 746	1 024	.269	.961 951	541
.170	.855 026	1 833	.220	.924 770	1 011	.270	.962 492	534
.171	.856 859	1 813	.221	.925 781	0 998	.271	.963 026	526
.172	.858 672	1 792	.222	.926 779	0 986	.272	.963 552	520
.173	.860 464	1 771	.223	.927 765	0 974	.273	.964 072	513
.174	.862 235	1 751	.224	.928 739	0 962	.274	.964 585	506
.175	.863 986	1 731	.225	.929 701	0 950	275	.965 091	499
.176	.865 717	1 711	.226	.930 651	0 939	.276	.965 590	.499
.177	.867 428	1 692	.227	.931 590	0 926	.277	.966 083	486
.178	.869 120	1 672	.228	.932 516	0 916	.278	.966 569	480
.179	.870 792	1 652	.229	.933 432	0 904	.279	.967 049	473
.180	.872 444	1 633	.230	.934 336	0 892	.280	.967 522	467
.181	.874 077	1 615	.231	.935 228	0 882	.281	.967 989	461
.182	.875 692	1 596	.232	.936 110	0 871	.282	.968 450	455
.183	.877 288	1 577	.233	.936 981	0 859	.283	.968 905	449
.184	.878 865	1 559	.234	.937 840	0 849	.284	.969 354	443
.185	.880 424	1 540	.235	.938 689	0 839	.285	.969 797	436
.186	.881 964	1 523	.236	.939 528	0 827	.286	.970 233	431
.187	.883 487	1 505	.237	.940 355	0 818	.287	.970 664	426
.188	.884 992	1 487	.238	.941 173	0 807	.288	.971 090	419
.189	.886 479	1 470	.239	.941 980	0 797	.289	.971 509	414
.190	.887 949	1 452	.240	.942 777	0 787	.290	.971 923	408
.191	.889 401	1 436	.241	.943 564	0 777	.291	.972 331	403
.192	.890 837	1 418	.242	.944 341	0 767	.292	.972 734	397
.193	.892 255	1 402	.243	.945 108	0 758	.293	.973 131	392
.194	.893 657	1 386	.244	.945 866	0 748	.294	.973 523	387
.195	.895 043	1 368	.245	.946 614	0 738	.295	.973 910	381
.196	.896 411	1 353	.246	.947 352	0 729	.296	.974 291	377
.197	.897 764	1 337	.347	.948 081	0 720	.297	.974 668	371
.198	.899 101	1 320	.248	.948 801	0 710	.298	.975 039	366
.199	.900 421	1 305	.249	.949 511	0 702	.299	.975 405	361
.200	.901 726	1 290	.250	.950 213	0 693	.300	.975 766	356

$$_{10}q_x = 1 - e^{-10_{10}m_x - 0.008(10)^3{}_{10}m_x^2}$$

10^{m_x}	10^{q_x}	Δ	10^{m_x}	10^{q_x}	Δ	10^{m_x}	10^{q_x}	Δ
		.000			.000			,0000
.300	.975 766	356	.350	.988 667	175	.400	.994 908	82
.301	.976 122	352	.351	.988 842	173	.401	.994 990	82
.302	.976 474	346	.352	.989 015	171	.402	.995 072	80
.303	.976 820	342	.353	.989 186	168	.403	.995 152	80
.304	.977 162	337	.354	.989 354	165	.404	.995 232	77
.305	.977 499	333	.355	989 519	163	.405	.995 309	77
.306	.977 832	328	.356	.989 682	161	.406	.995 386	76
.307	.978 160	323	.357	.989 843	158	.407	.995 462	74
.308	978 483	319	.358	.990 001	157	.408	.995 536	73
.309	978 802	315	.359	.990 158	153	.409	.995 609	72
.310	.979 117	310	.360	.990 311	152	.410	.995 681	71
.311	.979 427	306	.361	.990 463	149	.411	.995 752	70
.312	.979 733	302	.362	.990 612	147	.412	.995 822	69
.313	.980 035	297	.363	.990 759	145	.413	.995 891	68
.314	.980 332	294	.364	.990 904	143	.414	.995 959	66
.315	.980 626	289	.365	.991 047	141	.415	.996 025	66
.316	.980 915	285	.366	.991 188	139	.416	.996 091	64
317	981 200	282	.367	.991 327	136	.417	.996 155	64
.318	.981 482	277	.368	.991 463	135	.418	.996 219	63
.319	.981 759	274	.369	.991 598	133	.419	.996 282	61
.320	.982 033	269	.370	.991 731	130	.420	.996 343	61
321	.982 302	266	.371	.991 861	129	.421	.996 404	60
.322	.982 568	263	.372	.991 990	127	.422	.996 464	58
.323	.982 831	258	.373	.992 117	125	.423	.996 522	58
.324	.983 089	255	.374	.992 242	123	.424	.996 580	57
.325	.983 344	252	.375	.992 365	121	.425	.996 637	56
.326	.983 596	248	.376	.992 486	120	.426	.996 693	56
.327	.983 844	244	.377	.992 606	117	.427	.996 749	54
.328	.984 088	241	.378	.992 723	116	.428	.996 803	53
.329	.984 329	237	.379	.992 839	114	.429	.996 856	53
.330	.984 566	234	.380	.992 953	113	.430	996 909	52
.331	.984 800	231	.381	.993 066	111	.431	.996 961	50
.332	.985 031	228	.382	.993 177	109	.432	.997 011	51
.333	.985 259	224	.383	.993 286	107	.433	.997 062	49
.334	.985 483	221	.384	.993 393	106	.434	.997 111	49
.335	.985 704	218	.385	.993 499	104	.435	.997 160	47
.336	.985 922	215	.386	.993 603	103	.436	.997 207	47
.337	.986 137	212	.387	.993 706	101	.437	.997 254	47
.338	.986 349	209	.388	.993 807	100	.438	.997 301	45
.339	.986 558	206	.389	.993 907	098	.439	.997 346	45
.340	.986 764	203	.390	.994 005	096	.440	.997 391	44
.341	.986 967	200	.391	.994 101	096	.441	.997 435	43
.342	.987 167	197	.392	.994 197	093	.442	.997 478	43
.343	.987 364	194	.393	.994 290	093	.443	.997 521	42
.344	.987 558	192	.394	.994 383	090	.444	.997 563	42
.345	.987 750	188	.395	.994 473	090	.445	.997 605	40
.346	.987 938	186	.396	.994 563	088	.446	.997 645	40
.347	.988 124	184	.397	.994 651	087	.447	.997 685	40
.348	.988 308	180	.398	.994 738	085	.448	.997 725	38
.349	.988 488	179	.399	.994 823	085	.449	.997 763	39
.350	.988 667	175	.400	.994 908	082	.450	.997 802	

16·4·3 Wiesler 法

年齡組 $x-(x+n-1)$ 以 u 表示。在各歲別生命表之生存數 l_x 如下：

$l_1 = l_0 p_0$

$l_5 = l_1 p_1 p_2 p_3 p_4$

$l_{10} = l_5 p_5 p_6 p_7 p_8 p_9$

在簡略生命表，各歲生存率 p_x 不明。於是，

設　　$l_1 = l_0 p_0$

$l_5 = l_1 (p_{1-4})^{t_{1-4}}$

$l_{10} = l_5 (p_{5-9})^{t_{5-9}}$　　　　　　　　　（16·61）

……………………

式中 p_{1-4}，p_{5-9}，……，為 $(1-q_{1-4})$，$(1-q_{5-9})$，……

$$q_{1-4} = \frac{d_1 + d_2 + d_3 + d_4}{l_1 + l_2 + l_3 + l_4}$$

$$q_{5-9} = \frac{d_5 + d_6 + \cdots\cdots + d_9}{l_5 + l_6 + \cdots + l_9}$$

一般地，設

$$q_{x-(x+n-1)} = \frac{d_x + \cdots\cdots\cdots + d_{x+n-1}}{l_x + \cdots\cdots\cdots + l_{x+n-1}}$$　　　　（16·62）

………………………………………

在此 q_{1-4} 與 $_4q_1$ 兩者不同。卽

$$_4q_1 = \frac{d_1 + d_2 + d_3 + d_4}{l_1}$$，與 q_{1-4} 比之，分子是同樣，但分母

是不同。

（16·61）式取得對數，則

$$\log l_1 = \log l_0 + \log p_0$$

$$\log l_5 = \log l_1 + t_{1-4} \log p_{1-4}$$

$$\log l_{10} = \log l_5 + t_{5-9} \log p_{5-9} \qquad (16·63)$$

$$\cdots\cdots\cdots\cdots\cdots\cdots\cdots$$

由此等式

$$t_{1-4} = \frac{\log l_1 - \log l_5}{\log p_{1-4}}$$

$$t_{5-9} = \frac{\log l_5 - \log l_{10}}{\log p_{5-9}} \qquad (16·64)$$

$$\cdots\cdots\cdots\cdots\cdots\cdots\cdots$$

Wiesler 法之特點：

各國之生命表，按上式計算 t_u 值，同一年齡組者，均極爲接近，故雖然生命表不同，t_u 值大概一定。Wiesler氏認爲 t_u 之平均值，對於各種生命表可以通用。故若 t_u 決定，則由（16·63）式得知，每隔 n 歲之 $\log l_x$，即可算出 l_x。若由（16·64）式計算 $\log l_x$，則需要 q_u，p_u，則

$$q_u = \frac{m_u}{1 + \frac{1}{2} m_u} \qquad (16·65)$$

式中 $m_u = {}_n m_x$，$m_u = \dfrac{{}_n D_x}{{}_n P_x}$

7 國之生命表之 u 之平均值

年齡(u)	男	女
1— 4	3.99	3.99
5— 9	5	5
10–14	5	5
15–19	5	5
20–24	5	5
25–29	5	5
30–34	5	5
35–39	5	5
40–44	5	5
45–49	5.005	5
50–54	5.010	5.007
55–59	5.016	5.012
60–64	5.026	5.020
65–69	5.045	5.036
70–74	5.068	5.562
75–79	5.110	5.100
80–84	5.165	5.151
85–89	5.178	5.179

瑞士　（1939-44）

比利斯（1928-32）

德國　（1932-34）

法國　（1933-38）

英國　（1930-32）

義國　（男 1930-32）

　　　（女 1935-37）

葡萄牙（1939-32）

日本　（1955）

此爲中央死亡率。

故如由 $_nm_x$ 計算 q_u，則 p_u 由 $p_u = 1-q_u$ 算出。

q_0，如 0 歲死亡分爲當該年出生 $_\alpha D_0^t$ 與去年出生 $_\delta D_0^t$，f_0 與年年之出生數 E_0 旣知

$$q_0 = \frac{D_0^t}{f_0 E_0^{t-1} + (1-f_0) E_0^t}$$

（但 $f_0 = \frac{_\delta D_0^t}{_\delta D_0^t + _\alpha D_0^t}$）(16·66)

若當該年之出生數與 0 歲死亡已知，則

$$q_0 = \frac{D_0^t}{E_0^t} \qquad (16·67)$$

算出。其他函數順次如下算出，

$$d_u = l_x - l_{x+n}$$

$$L_u = \frac{d_u}{m_u}$$

$$T_x = \Sigma_n L_x$$

$$\overset{\circ}{e}_x = \frac{T_x}{l_x}$$

Wiesler 法計算之程序例示：

(1) 中央死亡率 $m_u = {}_n m_x$

(2) $q_u = \dfrac{2m_u}{2+m_u}$

(3) $\log(1-q_u)=\log p_u$

(4) $t \log p_u$

(5) $\log l_x$

(6) l_x

(7) d_u

(8) L_μ

(9) T_x

(10) $\overset{\circ}{e}_x$

16·4·4　日本厚生省簡略生命表作成法

日本厚生省統計調查部歷年簡略生命表作成公表。兹將最近1969年之簡略生命表之作成方法詳細說明如下：

(1)作成期間

作成基礎期間爲自1969年1月1日至同年12月31日一個年。

(2)作成統計資料

① 1969年10月1日現在男女別，各歲別推計人口。

② 1969年7～9月男女別，年齡別（未滿5歲各歲別，5歲以上未滿85歲5歲組，85歲以上組）死亡數。

③ 1969年男女別，年齡別年間死亡數。

④ 1969年男女別，月齡別乳兒死亡數。

⑤ 1968年男女別，月別出生數。

⑥ 1969年男女別，月別出生數。

(3)未滿1歲之死亡率之計算。

0歲之死亡率，分爲月齡未滿1個月，1個月以上未滿2個月，2個月以上未滿3個月，3個月以上未滿6個月，6個月以上未滿年

齡1年等之區分計算之。

即上記區間之死亡數各爲，$D\left(\begin{smallmatrix}0m\\1m\end{smallmatrix}\right)$，$D\left(\begin{smallmatrix}1m\\2m\end{smallmatrix}\right)$，$D\left(\begin{smallmatrix}2m\\3m\end{smallmatrix}\right)$，$D\left(\begin{smallmatrix}3m\\6m\end{smallmatrix}\right)$，$D\left(\begin{smallmatrix}6\ m\\12\ m\end{smallmatrix}\right)$，1969年1月1日以降1年間之出生數以 $B(1969.1)$ 表示，1968 年12月1日以降1年間之出生數以 $B(1968.12)$ 表示，其計算式如下：

$$1 - \frac{D\left(\begin{smallmatrix}0m\\1m\end{smallmatrix}\right)}{\frac{1}{2}[B('68\cdot12)+B('69\cdot1)]} = {}_{1m}p_0,$$

$$_{1m}p_0 - \frac{D\left(\begin{smallmatrix}1m\\2m\end{smallmatrix}\right)}{\frac{1}{2}[B('68\cdot11)+B('68\cdot12)]} = {}_{2m}p_0,$$

$$_{2m}p_0 - \frac{D\left(\begin{smallmatrix}2m\\3m\end{smallmatrix}\right)}{\frac{1}{2}[B('68\cdot10)+B('68\cdot11)]} = {}_{3m}p_0, \qquad (16\cdot68)$$

$$_{3m}p_0 - \frac{D\left(\begin{smallmatrix}3m\\6m\end{smallmatrix}\right)}{\frac{1}{2}[B('68\cdot7)+B('68\cdot10)]} = {}_{6m}p_0,$$

$$_{6m}p_0 - \frac{D\left(\begin{smallmatrix}6m\\12m\end{smallmatrix}\right)}{\frac{1}{2}[B('68\cdot1)+B('68\cdot7)]} = p_0,$$

由上式求得 $_np_0$

$$_{1m}q_0 = 1 - {}_{1m}p_0,$$

$$_{1m}q_{1m} = 1 - \frac{_{2m}p_0}{_{1m}p_0}, \qquad (16\cdot69)$$

$$_{2m}q_{2m} = 1 - \frac{_{3m}p_0}{_{2m}p_0},$$

$$_{3m}q_{3m} = 1 - \frac{_{6m}p_0}{_{3m}p_0},$$

$$_{6m}q_{6m} = 1 - \frac{p_0}{_{6m}p_0},$$

由上式求得上記區間之死亡率。

(4)中央人口之推計

對於 1969 年中央人口（7月1日現在人口），根據 1969 年10月1日現在之人口及同年7～9月之死亡數，由下列方式求之。卽1969 年7月1日及 10 月1日之 x 歲人口各各以 P_x，$\overset{*}{P}_x$ 表示，1969 年7～9月間之 x 歲死亡數以 $\overset{*}{D}_x$ 表示，由 Lexis 圖 16·1 得知，

$$P_x = \frac{3}{4}\overset{*}{P}_x + \frac{1}{4}\overset{*}{P}_{x+1} + \frac{7}{8}\overset{*}{D}_x + \frac{1}{8}\overset{*}{D}_{x+1}, \qquad (16\cdot70)$$

$$1 \leq x < 4$$

又就5歲以上者，因死亡數係5歲組集計，於是 1969 年7～9月間之 x 歲以上，未滿 $x+5$ 歲之死亡數以 $_5\overset{*}{D}_x$ 表示，則近值地，

$$\overset{*}{D}_t = \frac{1}{5}\,_5\overset{*}{D}_x \, , \quad x \leq t < x+5$$

可成立，

故 $P_4 = \frac{3}{4}\overset{*}{P}_4 + \frac{1}{4}\overset{*}{P}_5 + \frac{7}{8}\overset{*}{D}_4 + \frac{1}{40}\,_5\overset{*}{D}_5$

$$\sum_{t=x}^{x+4} P_t = {}_5\overset{*}{P}_x + \frac{1}{4}({}_5\overset{*}{P}_{x+5} - {}_5\overset{*}{P}_x) + \frac{39}{40}{}_5\overset{*}{D}_x + \frac{1}{40}{}_5\overset{*}{D}_{x+5} \qquad (16\cdot71)$$

圖16.1

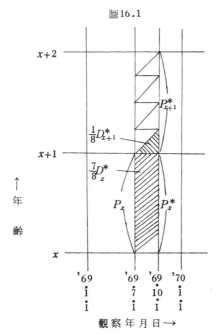

（5）1歲以上之死亡率之計算

1969 年之 x 歲之年間死亡數， x 歲以上未滿 5 歲之年間死亡數各各爲 D_x ， ${}_5D_x$ ，則中央死亡率 m_x ， ${}_5m_x$ 以下式求得，即

$$m_x = \frac{D_x}{P_x} \qquad 1 \leq x \leq 4$$

$$\qquad\qquad\qquad\qquad\qquad (16\cdot72)$$

$${}_5m_x = \frac{{}_5D_x}{\sum\limits_{t=x}^{x+4} P_t} \qquad 5 \leq x \leq 75$$

其次 80 歲以上未滿 85 歲， 85 歲以上未滿 90歲之年齡組之中

央死亡率 $_5m_{80}$, $_5m_{85}$以Gompertz氏公式，

$$_5m_x = BC^x$$

設 $\dfrac{_5m_{85}}{_5m_{80}} = \dfrac{_5m_{80}}{_5m_{75}} = \dfrac{_5m_{75}}{_5m_{70}} = C^5$

$$_5m_{80} = \dfrac{\{_5m_{75}\}^2}{_5m_{70}}, \quad _5m_{85} = \dfrac{\{_5m_{80}\}^2}{_5m_{75}} \qquad (16\cdot73)$$

各各由上式求得。

由以上之方法求得中央死亡率 m_x, $_5m_x$ 爲根據，再以下式求死亡率 q_x, $_5q_x$，即

$$q_x = \dfrac{m_x}{1 + \dfrac{1}{2}m_x}, \quad 1 \leq x \leq 4 \qquad (16\cdot74)$$

$$_5q_x = \dfrac{_5m_x}{\dfrac{1}{5} + \dfrac{1}{2}\,_5m_x + \dfrac{5}{12}\left\{_5m_x^2 + \dfrac{1}{10}(_5m_{x-5} - _5m_{x+5})\right\}} \qquad (16\cdot75)$$

$$10 \leq x \leq 80$$

由上式求得 q_x, $_5q_x$〔參閱（16.9)式〕。但5歲以上未滿10 歲之年齡組之死亡率 $_5q_5$ 由下式求之，〔參閱（16.12）式〕，即

$$_5q_5 = \dfrac{_5m_5}{\dfrac{1}{5} + \dfrac{1}{2}\,_5m_5 + \dfrac{5}{12}\,_5m_5\left\{_5m_5 - \dfrac{1}{5}\log_e \dfrac{_5m_{10}}{_5m_5}\right\}} \qquad (16\cdot76)$$

又依據定義 85 歲以上之死亡率 $_\infty q_{85}$

$$_\infty q_{85} = 1 \qquad (16\cdot77)$$

（6）5歲以上之各歲別死亡率之插補：

5歲以上之各歲別死亡率 q_x 係將以前項所得5歲組死亡率 $_5q_x$

由下述之插補法求之。

假設自 x－10歲至 x＋15 歲之範圍內之死力 μ_x 以 4 次多項式 $\mu_x = ax^4 + bx^3 + cx^2 + dx + e$ 表示，則自 5 歲至 84 歲爲止之各歲別死亡率 q_x，可用下列插補公式計算。

依據死力 μ_x 之定義：

$$\mu_x = -\frac{1}{l_x} \cdot \frac{dl_x}{dx}$$

$$\therefore \int_x^{x+5} \mu_x dx = \operatorname{colog}_e(1 - {}_5q_x)$$

$$\int_x^{x+1} \mu_x dx = \operatorname{colog}_e(1 - q_x)$$

上列各式均爲 4 次多項式，而 $\operatorname{colog}_e(1 - {}_5q_x)$，$\operatorname{colog}_e(1 - q_x)$ 各以 ${}_5\Psi_x$，Ψ_x 表示。求 μ_x 在積分範圍 $x \sim x + 5$ 之積分函數如下：

$$\int_x^{x+5} \mu_x dx = \left[\frac{a}{5}x^5 + \frac{b}{4}x^4 + \frac{c}{3}x^3 + \frac{d}{2}x^2 + ex\right]_x^{x+5} = {}_5\Psi_x$$

假設該方程式通過 5 點爲 $(x-10, {}_5\Psi_{x-10})$，$(x-5, {}_5\Psi_{x-5})$，$(x, {}_5\Psi_x)$，$(x+5, {}_5\Psi_{x+5})$，$(x+10, {}_5\Psi_{x+10})$，則可求得 ${}_5\Psi_{x-10}$，${}_5\Psi_{x-5}$，${}_5\Psi_x$，${}_5\Psi_{x+5}$，${}_5\Psi_{x+10}$ 之方程式，解此等方程式可求得 a，b，c，d，e 之係數。

吾人所求者係 Ψ_x 如下：

$$\Psi_x = \int_x^{x+1} \mu_x dx = \left[\frac{a}{5}x^5 + \frac{b}{4}x^4 + \frac{c}{3}x^3 + \frac{d}{2}x^2 + ex\right]_x^{x+1}$$
$$x = 0$$
$$\Psi_x = \frac{a}{5} + \frac{b}{4} + \frac{c}{3} + \frac{d}{2} + e$$

同理求得 Ψ_{x+1}，Ψ_{x+2}，Ψ_{x+3}，Ψ_{x+4}，

上式內代入 a , b , c , d , e 則得第一插補公式（16·78）如下:

$$\Psi_x = \frac{1}{15625}(-126\,_5\Psi_{x-10}+1029\,_x\Psi_{x-5}+2794\,_5\Psi_x$$
$$-671\,_x\Psi_{x+5}+99\,_5\Psi_{x+10})$$

$$\Psi_{x+1} = \frac{1}{15625}(-56\,_5\Psi_{x-10}+349\,_5\Psi_{x-5}+3289\,_5\Psi_x$$
$$-526\,_5\Psi_{x+5}+69\,_5\Psi_{x+10})$$

$$\Psi_{x+2} = \frac{1}{15625}(14\,_5\Psi_{x-10}-181\,_5\Psi_{x-5}+3459\,_5\Psi_x-181\,_5\Psi_{x+5}$$
$$+14\,_5\Psi_{x+10})$$

$$\Psi_{x+3} = \frac{1}{15625}(69\,_5\Psi_{x-10}-526\,_5\Psi_{x-5}+3289\,_5\Psi_x+349\,_5\Psi_{x+5}$$
$$-56\,_5\Psi_{x+10})$$

$$\Psi_{x+4} = \frac{1}{15625}(99\,_5\Psi_{x-10}-671\,_5\Psi_{x-5}+2794\,_5\Psi_x+$$
$$+1029\,_5\Psi_{x+5}-126\,_5\Psi_{x+10})$$
$$(x = 15 , 20 , \cdots\cdots , 70)$$

由上列公式求得 15 歲至 74 歲之各歲別 Ψ 值。又關于自 5 歲至 14 歲之各歲別死亡率之計算，將死力 μ_x 之積分範圍各為 4～5 ，5～10，10～15，15～20，20～25， 予以積分求得積分函數值各為 Ψ_4 , $_5\Psi_5$, $_5\Psi_{10}$, $_5\Psi_{15}$, $_5\Psi_{20}$等，將 5 個方程式解之求得係數 a , b , c , d , e 值。

將此等係數代入方程式 Ψ_5 , Ψ_6……Ψ_{14} 式內，即得第二插補公式（16·79）如下:

$$\Psi_5 = \frac{1}{577500}(249375\,\Psi_4+89523\,_5\Psi_5-33369\,_5\Psi_{10}$$
$$+11319\,_5\Psi_{15}-1848\,_5\Psi_{20})$$

$$\Psi_6 = \frac{1}{577500}(43125\,\Psi_4 + 131829\,{}_5\Psi_5 - 33567\,{}_5\Psi_{10}$$
$$+ 10197\,{}_5\Psi_{15} - 1584\,{}_5\Psi_{20})$$

$$\Psi_7 = \frac{1}{577500}(-69375\,\Psi_4 + 139449\,{}_5\Psi_5 - 12087\,{}_5\Psi_{10}$$
$$+ 2277\,{}_5\Psi_{15} - 264\,{}_5\Psi_{20})$$

$$\Psi_8 = \frac{1}{577500}(-113125\,\Psi_4 + 123419\,{}_5\Psi_5 + 21163\,{}_5\Psi_{10}$$
$$- 7733\,{}_5\Psi_{15} + 1276\,{}_5\Psi_{20})$$

$$\Psi_9 = \frac{1}{577500}(-110000\,\Psi_4 + 93280\,{}_5\Psi_5 + 57860\,{}_5\Psi_{10}$$
$$- 16060\,{}_5\Psi_{15} + 2420\,{}_5\Psi_{20})$$

$$\Psi_{10} = \frac{1}{577500}(-78750\,\Psi_4 + 57078\,{}_5\Psi_5 + 91266\,{}_5\Psi_{10}$$
$$- 19866\,{}_5\Psi_{15} + 2772\,{}_5\Psi_{20})$$

$$\Psi_{11} = \frac{1}{577500}(-35000\,\Psi_4 + 21364\,{}_5\Psi_5 + 116228\,{}_5\Psi_{10}$$
$$- 17248\,{}_5\Psi_{15} + 2156\,{}_5\Psi_{20})$$

$$\Psi_{12} = \frac{1}{577500}(8750\,\Psi_4 - 8806\,{}_5\Psi_5 + 129178\,{}_5\Psi_{10}$$
$$- 7238\,{}_5\Psi_{15} + 616\,{}_5\Psi_{20})$$

$$\Psi_{13} = \frac{1}{577500}(43125\,\Psi_4 - 29871\,{}_5\Psi_5 + 128133\,{}_5\Psi_{10}$$
$$+ 10197\,{}_5\Psi_{15} - 1584\,{}_5\Psi_{20})$$

$$\Psi_{14} = \frac{1}{577500}(61875\,\Psi_4 - 39765\,{}_5\Psi_5 + 112695\,{}_5\Psi_{10}$$
$$+ 34155\,{}_5\Psi_{15} - 3960\,{}_5\Psi_{20})$$

以上面所求得各歲別 Ψ_x 而計算死亡率 q_x,其關係式如下:

$$q_x = 1 - \ln^{-1}(-\Psi_x)$$

$$\therefore \quad q_x = 1 - e^{-\Psi_x} \tag{16.80}$$

其次 75 歲～84 歲之死亡率 q_x 之求法如下:

死力 μ_x 以高馬(Gompertz-Makeham)之法則表示,

$$\mu_x = A + BC^x$$

由此,

$$C^{\delta} = \frac{{}_5\Psi_{75} - {}_5\Psi_{80}}{{}_5\Psi_{70} - {}_5\Psi_{75}}$$

$$\Psi_x = \frac{(C-1)}{(C^{\delta}-1)^2} C^{x-75} ({}_5\Psi_{80} - {}_5\Psi_{75}) + \frac{1}{5} \left\{ {}_5\Psi_{75} - \frac{1}{C^{\delta}-1}({}_5\Psi_{80} - {}_5\Psi_{75}) \right\} \tag{16.81}$$

由此式求得 75～84歲之 Ψ_x,而計算死亡率,其關係式上述同行之。

(7)生存數 l_x,死亡數 d_x 之計算

未滿1歲之月齡部分,於(3)求得 ${}_{im}p_0$ 值,而求 l_x, d_x 值。即

$$l_{1m} = 100,000 \times {}_{1m}p_0$$

$$l_{2m} = 100,000 \times {}_{2m}p_0$$

$$\cdots\cdots\cdots\cdots\cdots\cdots\cdots$$

$$d_{1m} = l_{1m} - l_{2m}$$

$$d_{2m} = l_{2m} - l_{3m}$$

$$\cdots\cdots\cdots\cdots\cdots\cdots\cdots$$

1 歲以上, $l_0 = 100,000$,

$$l_x = l_{x-1}(1 - q_{x-1})$$

$$d_x = l_x - l_{x+1}$$

由上式逐次求得 l_x 及 d_x，即

$$l_1 = l_0 (1 - q_0)$$
$$l_2 = l_1 (1 - q_1)$$
$$\cdots\cdots\cdots\cdots\cdots\cdots$$
$$l_{85} = l_{84} (1 - q_{84})$$
$$d_0 = l_0 - l_1$$
$$d_1 = l_1 - l_2$$
$$\cdots\cdots\cdots\cdots\cdots\cdots$$
$$d_{85} = l_{85}$$

(8)定常人口 L_x，T_x 及平均餘命 $\overset{\circ}{e}_x$ 之計算

未滿 1 歲之定常人口 L_x 之月齡區間爲 h，即

$$_hL_x = \frac{h}{2} (l_x + l_{x+h})$$

由上式求之，1 歲以上，則

$$L_x = \frac{1}{2} (l_x + l_{x+1})$$

由上式求之，特別地，$_\infty L_{85}$

$$_\infty L_{85} = \frac{l_{85}}{_\infty m_{85}}$$

由上式求之。

由以上求得 $_nL_x$，

$$T_x = \sum_{t=x}^{\infty} {}_nL_t$$

$$\overset{\circ}{e}_x = \frac{T_x}{l_x}$$

由上式求得，x 歲以上之定常人口 T_x 及 x 歲之平均餘命 $\overset{\circ}{e}_x$。

第17章 經驗生命表

17·1 國民生命表與經驗生命表之差異

元來國民生命表（以下簡稱國民表）與經驗生命表（以下簡稱經驗表）兩者性質完全不同。經驗表作成之母體並非國民全體之閉集團，而且亦不是由國民全體，無作為地抽出的集團。因為人壽保險契約加入者集團，在其本身極為特殊，尤其年齡構成，性別及收入所得等與全體國民較之完全兩樣。而且加入者不是一定閉封的集團，加入，脫退通常不斷地開放的集團。

人壽保險死亡率調查統計之目的有二。第一為死亡及生殘狀況之追跡，付配當保險之配當率決定上提供資料，第二為作成經驗表之用。而經驗表不僅作死亡及生殘狀況之追跡，以此將可採用為預定死亡率。

17·2 經驗生命表之種類

經驗表按保險種類，男，女，人種，居住地，職業，保險金額等有種種之細別。

經驗表之細別調查之目的，在於明瞭何種類之被保險者之死亡率之高低，以作事業經營上唯一的資料。他方面，計算公平的保險金，而且正確地，計算責任準備金，或者作為公平的利益配當上而使用。

為了公平的保險金之計算，儘量詳細分類的經驗表為理想，但勞

力經費之關係，其細分之程度亦有限度。保險金計算上須要死亡表之
細別是生存保險，年金保險及死亡保險之區別，有診查與無診查別，
標準體與標準下體別等等。尤其對於最初之三區別，死亡表應分開算
出保險金之必要。

　　經驗表依契約經過年數考慮不考慮，分別為總合表，選擇表，截
斷表。元來被保險者之死亡率，雖同一年齡，按契約之經過年數各為
不同。在生存保險及年金保險，強健者似有自動地契約之傾向，而在
死亡保險，保險者經過醫師之診查，業務員之熟練及報告之切實，選
擇強健者，而避免弱體者。由此等之結果，自契約起最初幾年間之死
亡率較與同一年齡之一般死亡率為低。選擇表（select table）係根據
此理由，按被保險者之年齡及契約經過年數分別計算而得的死亡表。
截斷表（truncated table）是前述所選擇的結果，將以死亡率較低期
間除外，而契約後幾年數以上經過的被保險者之年齡別死亡率來作成
的死亡表，五年截斷表，七年截斷表等，依除外的年數附與名稱。總
合表（aggregate table）是不考慮契約後的經過年數，只以年齡區別
作成的死亡表。

　　玆將世界諸國所發表的主要經驗表列於如下：

(1)英國十七保險公司表（Combined Experience Table of Morta-
　　lity）1841年公布，總合表。

(2)日本三會社表，1911 年公布，包括男女選擇表，五年截斷表，
　　十年截斷表及總合表。

(3)美國經驗表 1886 年公布（American Experience Table of
　　Mortality）。

(4)英國二十公司經驗表（Institute of Actuaries' Table），1862
　　年公布。

（5）英國六十公司表（British Office Life Tables, 4 vol.1903），
　　1903 年公布，包括總合表，選擇表，五年截斷表。

（6）美國加奈大經驗表（American Canadian Mortality Tables　2 vol. 1903）。

（7）德國二十三公司表1883 年公布，總合表。

（8）德國人壽保險公司經驗表1926 年公布。

（9）商工省日本經驗生表，1931 年公布，包括，男女別總合表，選擇表，三年，五年，十年截斷表。

（10）日本全會社生命表（1960～'63）。
　　日本生命保險協會昭和47 年公布。

（11）日本全會社生命表（1965～'69）。
　　日本生命保險協會，昭和49年公布。

17·3　契約異動之圖示法

　　保險契約高，隨着新契約，消滅及復活不斷地而異動，此等之異動統計與現在統計之間成立種種之關係。

　　茲將此關係以圖表示，而圖示法有幾種：Becker, Knapp, Zeuners, Lexis 等之諸學者研究的方法，此等方法，請參閱 Czuber；Wahrscheinlichkeitsrechnung，Ⅱ 1924， s. 90-133內。

　　Lexis圖示法：

　　圖17·1 取得直交之兩直線 $X'OX, OY$。而 $X'OX$ 表示契約締結之時期軸，OY 表示契約經過年數軸，O 表示一定契約時期（民國 50 年1月1日），自0至右，各點表示51 年初，52 年初，53年初，54 年初……等。又OY 表示經過年數一年，二年，……等。

　　於是一契約之圖示，由其契約締結時期OX 上之點向上方畫一直

線而表示，例如 PQ 表示民國 51 年 7 月 1 日上午零時契約，而二年後消滅的契約。如此所有的契約各以一條直線表示，此稱爲契約線。契約線是 OX 上之一點開始，由死亡，滿期，失效，解約等之事實而終了。故契約線之上端稱爲消滅點。現在存續的契約線，因消滅點未定，故契約線之長度未定。

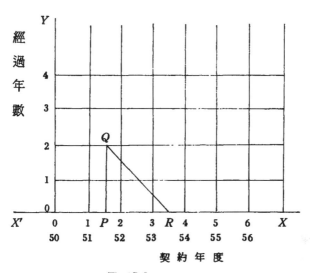

圖　17.1

　　若知其消滅點，卽由圖上發現其消滅時。例如，若求 Q 之消滅時期，與 PQ 同長之 PR，由 P 點向右方取得 R 點表示其時期，卽民國 53 年 7 月 1 日上午零時爲契約消滅之時期。今畫直線 QR，ΔPQR 爲二等邊直角三角形，QR 對兩軸 OX，OY 之交角各成 $45°$。故消滅點在於 QR 或其延長線上時，其消滅時期爲 R 所表示的時期，卽民國 53 年 7 月 1 日上午零時。同樣對 OX，OY 兩軸成 $45°$ 之直線與 OX 上之交點表示契約線上任意點之現在時期。對兩軸 OX，OY 之交角成 $45°$ 之直線稱爲同時線。消滅點依照契約消滅之種類，分別稱

爲死亡點，失效點，解約點等。

本圖示法之目的在於將各種統計以圖形內之消滅點或者與某直線相切之契約線之數而表示，由此觀察諸統計間之關係。

圖 17.2 中之畫成 45° 斜線表示各年初之同時線。例如 KLMN 表示 54 年年初之同時線，GHI 表示 53 年年初之同時線。若某一

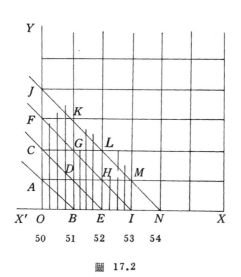

圖 17.2

公司之全契約各以一條契約線記入圖內，各種統計以契約線或消滅點之數而表示。先說明契約件數。例之，自 BE 出發的契約線等於 51 年中之新契約件數，與直線 DE 相切之契約線數爲 51 年中契約而51 年底現存之契約件數。因爲此等契約線在 DE 上面消滅。故其消滅期間是 52 年以後，即在 51年底現存的契約件數。同樣與 DH 相切之契約線之數等於 51 年中契約數之中到達經過一年以上之件數。

其次消滅數以圖表示種種之統計。例之，圖形 GDEH 內之消滅

點數是在 51 年中契約而在 52 年中消滅的契約件數。因爲此等消滅點是屬於自 BE 出發的契約線，即是 51 年之契約，此等之消滅點在於 DE 與 GH 之間，而消滅時期是 52 年中。又圖形 $CDHG$ 內之消滅點數，等於 52 年經過年數滿一年至二年間之消滅契約件數。又正方形 $GDHL$ 內之消滅點數等於 51 年契約中，經過年數滿一年至二年間之消滅件數。

　　以上只說明契約線及消滅而已，均未考慮復活。若契約失效後復活時，圖形內之復活點數等於復活統計。契約件數與消滅件數及復活件數之關係總括如下：

　　進入圖形內之契約線數與在圖形內復活契約線數之和等於由圖形內畫出來的契約線數與圖形內消滅之契約線數之和。

17·4　死力，廢疾力，死亡數及廢疾數

　1．死力：某瞬間之死力（force of mortality）　稱爲自其瞬間至無限小之期間內之死亡機率，除以其期間之長度之商之極限值。x 歲的人，在 $x+\Delta x$ 歲之生殘機率爲 $\dfrac{l_{x+\Delta x}}{l_x}$，故 Δx 期間內之死亡機率等於如下：

$$1-\frac{l_{x+\Delta x}}{l_x}=-\frac{l_{x+\Delta x}-l_x}{l_x}$$

故死力是上式除以 Δx，而 Δx 爲無限小之極限值相等，即

$$\mu_x=-\operatorname*{Lim}_{\Delta x\to 0}\frac{l_{x+\Delta x}-l_x}{l_x\,\Delta x}=-\frac{1}{l_x}\frac{dl_x}{dx} \tag{17·1}$$

（17·1）式爲死力計算式。

μ_x 爲既知，則 l_x 以下式計算之，卽

$$l_x = l_a\, e^{-\int_a^x \mu_x\, dx}$$

（17·2）

（17·2）式之證明如下：卽（17·2）式積分，

$$\log_e l_x = -\int \mu_x\, dx + c$$

$$\log_e l_x \quad \log_e l_a = -\int_a^x \mu_x\, dx$$

$$l_x = l_a\, e^{-\int_a^x \mu_x\, dx}$$

但 a 爲 μ_x 之積分範圍爲之任意年齡，又由（17·1）式卽得下式

$$l_x\, \mu_x = -\frac{d\, l_x}{dx}$$

（17·3）

2. 廢疾力：

廢疾力及廢疾保險使用之死力

某瞬間之廢疾力爲自其瞬間至無限小之期間內，成爲廢疾之機率，除以其期間之長度的極限值。

廢疾保險有兩種死力，卽健康的被保險者不致廢疾而死亡之死力，及成爲廢疾者而死亡之死力。對兩者之死力各以 μ_x^a 及 μ_x^i 表示，a 爲健康（active）之略號，i 爲廢疾（invalid）之略號。

3. 死亡數，廢疾數：

小期間內之死亡數及廢疾數

l_x 爲死亡生殘表之生存數，G 爲表示大數，則 Gl_x 人之 x 歲之被保險者，在 $x+t$ 歲與 $x+t+\Delta t$ 歲之間死亡之人員，Δt 爲微小時，近直地，等於 $Gl_{x+t}\, \mu_{x+t}\, \Delta t$。又 x 歲之健康的被保險者 Gl_x^{aa}

中自 $x+t$ 歲至 $x+t+\Delta t$，成爲廢疾人員，近直地，等於 $Gl^{aa}_{x+1}\,\upsilon_{x+t}\Delta t$ ，不成爲廢疾而死亡之人員等於 $Gl^{aa}_{x+t}\,\mu^a_{x+t}\Delta t$ 。但是 Δt 爲微小，而 G 爲甚大數。

　　x 歲之廢疾者 Gl^i_x 人中 $x+t$ 歲與 $x+t+\Delta t$ 歲間之死亡人員，近值地，等於 $Gl^i_{x+t}\,\mu^i_{x+t}\Delta t$ 。

17·5　經驗死亡率之算出式

　　死亡率 q 或 μ 之計算理論說明如下。國民表與經驗表各爲不同。又經驗表中，選擇表及總合表乃爲不同。茲就選擇表之死亡率計算法說明如下：

　　死亡率計算之理論，最明瞭地表示者爲 Lexis 圖示法列於如下。

　　假設契約年齡爲 x，而將此年齡之死亡率計算範圍全部契約線記入於圖 17.3 內。死亡率之計算如解約，失效，復活等計算在內時，極爲複雜，故爲了容易理解，最初此等解約，失效，復活等不在內之死亡率以 q_{x+t} 表示（ $t=0，1，2，\cdots$ ），其計算式如下：

$$q_{(x)} = \mathrm{AA}'\,a'a : \mathrm{AA}' \qquad\qquad （\mathrm{A}）$$

$$q_{(x+1)} = \mathrm{BB}'\,b'b : \mathrm{BB}' \qquad\qquad （\mathrm{B}）$$

$$q_{(x+2)} = \mathrm{CC}'\,c'c : \mathrm{CC}' \qquad\qquad （\mathrm{C}）$$

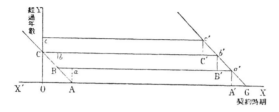

圖 17.3

依照死亡率之定義，AA' 為 x 歲在時期 AA' 之契約數，$AA'a'a$ 是其中一年以內之死亡數（假定無解約，失效）。故 (A) 式是第一年之死亡率。同樣 (B) 式之 BB' 為 x 歲契約者之中，契約後經過滿一年的契約數，$BB'b'b$ 是其中一年以內之死亡數，故 (B) 式為第二年之死亡率。其他類推。

以上所述之死亡率是時期 A 與 G 之間死亡之事實而求得。故該死亡率完全基於期間 AG 之社會狀態及營業狀態而定。

失效解約等計算在內的死亡率之計算方法有幾種*。兹將依死力之方法計算之**。此方法之基礎原理，以下列之定理來表示。

Lexis 圖 17.4 之任意閉曲線內之死亡數除以其閉曲線內之契約線之延年數，此等於，對閉曲線內之契約線之重心表示的經過年數之

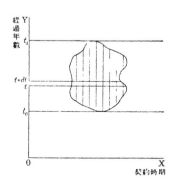

圖 17.4

* Czuber, l, c. II. S. 134-140.

  Blaschke, Vorlesungen über Mathematische Statistik S. 77-83.

** 龜田豐治朗，經驗死亡率算出方法，保險學雜誌第 315-316 號。

死力。但是假設圖形內之死力以經過年數之一次整式來表示。

[證明]對閉曲線內之死亡來證明此定理。t 為契約經過年數，x 歲之契約數中閉曲線內之部分，經過年數 t 之瞬間經過之數為 L_t，自 t 至 $t+dt$ 之區間內死亡的契約數之期望值等於如下：

$$L_t\,\mu_{(x)+t}\,dt \tag{17.8}$$

因 $\mu_{(x)+t}\,dt$ 等於在區間（t，$t+dt$）之死亡率（二次以上之小數省略）。茲假設 $\mu_{(x)+t}$ 在圖形內得以一次式表示，則

$$\mu_{(x)+t} = a + bt \tag{17.9}$$

此式代入於（17.8），在區間（t，$t+dt$）之死亡數之期望值等於如下：

$$L_t(a+bt)\,dt$$

故閉曲線內之死亡數，近值地，等於如下：

$$M = \int_{t_0}^{t_1} L_t(a+bt)\,dt$$

$$= a\int_{t_0}^{t_1} L_t\,dt + b\int_{t_0}^{t_1} L_t\,t\,dt \tag{17.10}$$

然而 $\displaystyle\int_{t_0}^{t_1} L_t\,dt$ (17.11)

等於閉曲線內之契約線之延年數。今（17.10）之兩端除以此延年數（17.11），則得

$$\frac{M}{\displaystyle\int_{t_0}^{t_1} L_t\,dt} \doteq a + b\frac{\displaystyle\int_{t_0}^{t_1} L_t\,t\,dt}{\displaystyle\int_{t_0}^{t_1} L_t\,dt} \tag{17.12}$$

然而　$\displaystyle\int_{t_0}^{t_1} L_t\, t\, dt : \int_{t_0}^{t_1} L_t\, dt$

上式是不外契約線之重心之坐標。故由（17.12）得知，閉曲線內之死亡數，除以延年數等於重心之死力 μ。如此，本定理已得證明。

　例之，圖 17.3，AA′a′a 內之死亡數，除以 AA′a′a 內之契約線之延年數等於在 AA′a′a 內之契約線之重心之死力。通常契約線視爲充滿在圖形內，（實際上爲了解約死亡，在上方契約線稍少），重心與圖形之重心爲一致。故在此例，死亡數除以延年數所得數值等於 $\mu_{(x)+\frac{1}{2}}$。以 $\mu_{(x)+\frac{1}{2}}$ 數值，依次項所述公式而計算 $l_t^{(1)}$，然後計算 $p_{(x)}$ 及 $q_{(x)}$ 等。

17.6　$l_t^{(1)}$ 與 $\mu_t^{(j)}$ 之關係

　$l_t^{(1)}$ 與 $\mu_t^{(j)}$ 之間可成立微分方程式。爲求此，G 表示大多數，由 $G l_0^{(1)}$ 個之契約，在區間（t，$t+\Delta t$）內，考慮發生變動時，$G l_t^{(1)} \mu_t^{(j)} \Delta t$ 爲自狀態〔1〕至狀態〔j〕之契約數，則得

$$G\, l_t^{(1)} - \sum_{j=2}^{m} G\, l_t^{(1)} \mu_t^{(j)} \Delta t = G\, l_{t+\Delta t}^{(1)}$$

$$-(G\, l_{t+\Delta t}^{(1)} - G\, l_t^{(1)}) - G\, l_t^{(1)} \sum_{j=2}^{m} \mu_t^{(j)} \Delta t = 0$$

$$(l_{t+\Delta t}^{(1)} - l_t^{(1)}) + l_t^{(1)} \sum_{j=2}^{m} \mu_x^{(j)} \Delta t = 0$$

$$\frac{l_{t+\Delta t}^{(1)} - l_t^{(1)}}{\Delta t} + l_t^{(1)} \sum_{j=2}^{m} \mu_t^{(j)} = 0$$

　故得以下微分方程式，

$$\frac{d l_t^{(1)}}{d t} + l_t^{(1)} \sum_{j=2}^{m} \mu_t^{(j)} = 0 \tag{17.13}$$

此微分方程式解之，

$$\frac{d\,l_t^{(1)}}{l_t^{(1)}} = -\sum_{j=2}^{m} \mu_t^{(j)}\,d\,t$$

$$\int \frac{d\,l_t^{(1)}}{l_t^{(1)}} = -\sum_{j=2}^{m} \int \mu_t^{(j)}\,d\,t + c$$

$$\ln l_t^{(1)} = -\sum_{j=2}^{m} \int \mu_t^{(j)}\,d\,t + c$$

$$\ln l_t^{(1)} - \ln l_0^{(1)} = -\sum_{j=2}^{m} \int_0^t \mu_t^{(j)}\,d\,t$$

$$\ln\left(\frac{l_t^{(1)}}{l_0^{(1)}}\right) = -\sum_{j=2}^{m} \int_0^t \mu_t^{(j)}\,d\,t$$

$$l_t^{(1)} = l_0^{(1)}\, e^{-\sum\limits_{j=2}^{m} \int_0^t \mu_t^{(j)}dt}$$

$$l_t^{(1)} = l_0^{(1)} \prod_{j=2}^{m} e^{-\int_0^t \mu_t^{(j)}dt} \qquad (17\cdot14)$$

$(17\cdot14)$ 中設 $0 = n$ 及 $t = n+1$，消去 $l_0^{(1)}$，則

$$l_{n+1}^{(1)} = l_n^{(1)} \prod_{j=2}^{m} e^{-\int_n^{n+1} \mu_t^{(j)}dt}$$

$\mu_t^{(j)}$ 在（ n , $n+1$ ）是，略近地，可以一次式表示，則

$$l_{n+1}^{(1)} \doteqdot l_n^{(1)} \prod_{j=2}^{m} e^{-\mu_{n+\frac{1}{2}}^{(j)}} \qquad (17\cdot15)$$

然而

$$e^{-\mu_{n+\frac{1}{2}}^{(j)}} = 1 - \mu_{n+\frac{1}{2}}^{(j)} + \frac{(\mu_{n+\frac{1}{2}}^{(j)})^2}{2} - \frac{(\mu_{n+\frac{1}{2}}^{(j)})^3}{6} + \cdots\cdots$$

$$\frac{1 - \dfrac{\mu_{n+\frac{1}{2}}^{(J)}}{2}}{1 + \dfrac{\mu_{n+\frac{1}{2}}^{(J)}}{2}} = 1 - \mu_{n+\frac{1}{2}}^{(J)} + \frac{(\mu_{n+\frac{1}{2}}^{(J)})^2}{2} - \frac{(\mu_{n+\frac{1}{2}}^{(J)})^3}{6} + \cdots\cdots$$

故 $\mu_{n+\frac{1}{2}}^{(J)}$ 微小時，則得

$$e^{-\mu_{n+\frac{1}{2}}^{(J)}} \doteqdot \frac{1 - \dfrac{\mu_{n+\frac{1}{2}}^{(J)}}{2}}{1 + \dfrac{\mu_{n+\frac{1}{2}}^{(J)}}{2}}$$

是故上式代入於（17.15），則得

$$l_{n+1}^{(1)} \doteqdot l_n^{(J)} \prod_{j=2}^{m} \left(\frac{1 - \dfrac{\mu_{n+\frac{1}{2}}^{(J)}}{2}}{1 + \dfrac{\mu_{n+\frac{1}{2}}^{(J)}}{2}} \right) \qquad (17 \cdot 16)$$

由（17.15）式，或（17.16）得計算 $l_n^{(1)}$，$l_{n+1}^{(1)}$，然後計算 p_n, q_n 等。

17·7 死亡表各函數之計算

本項僅以選擇表而說明，其他類推。由 $\mu_{(x)+t+\frac{1}{2}}$ 計算 $p_{(x)+t}$ 之方法已於前項詳述。死亡率 $q_{(x)+t} = 1 - p_{(x)+t}$，該死亡率含有偶然誤差，若此等以為 x 及 t 之函數而觀察，則顯示凹凸不規則的形狀。爲期增加其平滑度，以各種補整法（graduation）加以補整之。其補整法另行詳述。由補整死亡率 $q_{(x)+t}$ 再以前述方法計算 $l_{(x)+t}$ 及 $d_{(x)+t}$ 等。但通常死亡表所揭載之死亡率並非補整死亡率值。即 $l_{(x)+t}$，$d_{(x)+t}$ 算出後，再以下式，

$$q_{[x]+t} = d_{[x]+t} : l_{[x]+t}$$

計算的 $q_{[x]+t}$ 值揭載於死亡表內者，以爲數值之一致。

17·8 經驗生命表編算方法

世界各國之經驗生命表編算之原理大致相同。但是收集資料之數量多寡，性質及其內容之差異，自然對於編算方法應有所改變。1973 年 12 月間日本生命保險協會發表「日本全會社生命表（1960～'63）」。兹將此生命表爲例說明如下：

1. 蒐集資料及選擇

收集資料期間爲自 1955 年至 1963 年度之契約均爲分析之對象。是故觀察期間爲第 1 至第 9 保險年度。集計資料總經過契約件數爲 102862 千件，死亡件數 281 千件。嗣後其全部資料分析檢討結果，作爲日本全會社生命表編算之基礎資料如下：

（1）1960～1963 年之 4 觀察年度。

（2）第一保險年度除外。

（3）無診查，男性資料。

經過契約件數總計 2239 萬件，死亡總件數約 6 萬件。

2. 收集資料分類作成項目

資料中一般死亡率部分，通常依照下列方法整理之。

（1）全部資料分爲保險種類。

（2）種目：新契約、復活，其他之增加，死亡，死亡解除，廢疾，滿期，失效，其他減少。

（3）分類：診查方法，性，經過年數，契約年度，契約年齡別件數。但死因別死亡率部分只分爲有診查，無診查，性，經過年數，契約年度，契約年齡別件數，但契約年齡爲 5 歲組別（0－4，5－9，

……80～84，85～　　），經過期間為，未滿1年，1歲以上未滿2年，…，5年以上未滿6年，6年以上，等7組。

（4）年度區分：以上所列區分外尚有事業年度，契約年度，保險年度，觀察年度之區分。此等年度以Lexis圖表示如下：

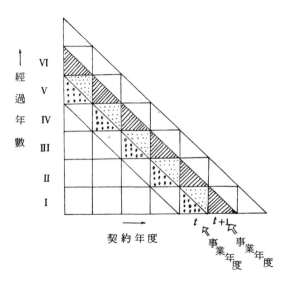

圖　17.5

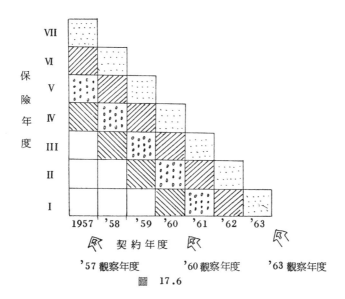

圖　17.6

3. 經過契約之算出方法

經驗死亡率，依照保險年度式算出為原則。死亡調查資料，按每

事業年度蒐集，圖 17.7 之 $t+1$ 事業年度之資料原則上，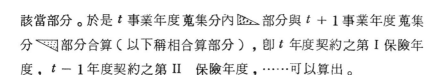

該當部分。於是 t 事業年度蒐集分內 ⬚ 部分與 $t+1$ 事業年度蒐集
分 ⬚ 部分合算（以下稱相合算部分），即 t 年度契約之第 I 保險年
度，$t-1$ 年度契約之第 II　保險年度，……可以算出。

　　茲將 t 年度契約第 I 保險年度之經過契約 $_tE_{(x)}$ 及保險年度末
$_tT_{(x)}$，由下式算出，即

圖 17.7

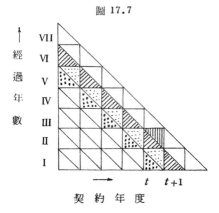

↑
經
過
年
數

VII
VI
V
IV
III
II
I

$\longrightarrow$　　t　$t+1$

契 約 年 度

$$_t E_{(x)} = {}_t N_{(x)} + \sum_{i=0}^{11} \frac{12-i}{12} ({}_t I^i_{(x)} + {}_t I'^i_{(x)}) - \sum_{i=0}^{11} \frac{12-i}{12} ({}_t W^i_{(x)} + {}_t W'^i_{(x)})$$
$$\cdots\cdots\cdots(1)$$

$$_t T_{(x)} = {}_t N_{(x)} + \sum_{i=0}^{11} ({}_t I^i_{(x)} + {}_t I'^i_{(x)}) - \sum_{i=0}^{11} ({}_t W^i_{(x)} + {}_t W'^i_{(x)}) - {}_t D_{(x)} \cdots(2)$$

式中 ${}_t N_{(x)}$： t 年度新契約

　　${}_t I^i_{(x)}$： t 年度契約之第 I 保險年度中之復活

　　${}_t I'^i_{(x)}$： 　　　　　　　 ″ 　　　　　　其他之增加，

　　${}_t W^i_{(x)}$： 　　　　　　　 ″ 　　　　　　失效

　　${}_t W'^i_{(x)}$： 　　　　　　　 ″ 　　　　　　滿期及其他之減少

　　${}_t D_{(x)}$： 　　　　　　　 ″ 　　　　　　死亡廢疾及死亡解除

此等資料是由 t ， $t+1$ ，事業年度之蒐集資料收得，而按下列
增減表欄相抵整理之。

同理， t 年度契約第 II 保險年度之 ${}_t E_{(x)+1}$ ， ${}_t T_{(x)+1}$ 由下式計
算之，即

$$_t E_{(x)+1} = {}_t T_{(x)} + \sum_{i=0}^{11} \frac{12-i}{12} ({}_t I^i_{(x)+1} + {}_t I'^i_{(x)+1})$$

$$- \sum_{i=0}^{11} \frac{12-i}{12} ({}_t W_{(x)+1}^i + {}_t W_{(x)+1}^{'i})$$

$$_t T_{(x)+1} = {}_t T_{(x)} + \sum_{i=0}^{11} ({}_t I_{(x)+1}^i + {}_t I_{(x)+1}^{'i})$$

$$- \sum_{i=0}^{11} ({}_t W_{(x)+1}^i + {}_t W_{(x)+1}^{'i}) - D_{(x)+1}$$

以下類推。

4. 經過契約件數之計算

所蒐集的一般死亡調查資料爲基礎，按契約年度，經過年數，契約年齡 5 歲組別，及各歲別，診査別，性別之各區分，以下式計算經過契約件數及翌年始契約件數。（契約件數極少契約年齡 75 歲以上之資料除外）。

$$_t E_x = {}_t N_x + \sum_i {}_{t,\tau} a^i \cdot {}_{t,\tau} H_x^i$$

$$_{t+1} N_x = {}_t N_x + \sum_i b^i \cdot {}_{t,\tau} H_x^i$$

各項符號中

x　契約年齡

t　經過年數

τ　經過月數

${}_{t,\tau} a^i \cdot$　係數 ⎫
b^i　係數 ⎬　表 17·1 所示。

表 17·1

異 動 種 目 (i)	異動符號	經過年月數		$_{t,\tau}a^i$	b^i
		年數（t）	月數（τ）		
新 契 約		0	0	+ 1	
復 活		0	0 ~6	$+\dfrac{12-\tau}{12}$	+ 1
		0	7 ~ 11	$+\dfrac{1}{4}$	
		1以上	0	+ 1	
		1以上	1 ~ 11	$+\dfrac{1}{2}$	
其他之增加				$+\dfrac{1}{2}$	
死 亡				0	
死 亡 解 除				0	−1
廢 疾				0	
失 效		0	0 ~6	$-\dfrac{12-\tau}{12}$	
		0	7 ~ 11	$-\dfrac{1}{4}$	
		1以上	0	− 1	
		1以上	1 ~ 11	$-\dfrac{1}{2}$	
滿 期				− 1	
其他之減少				$-\dfrac{1}{2}$	

$_tE_x$　契約年齡 x，第（$t+1$）保險年度之經過契約件數

$_{t+1}N_x$　契約年齡 x，第（$t+1$）保險年度年始契約件數

$_{t,\tau}H_x^i$　契約年齡 x，經過年數 t 年 τ 個月，異動種目 i 之異動件數

5．死亡率之算出方法

死亡關係 D 由下式算出，卽

$$_tD_{(x)} = _tD'_{(x)} + _tD_{(x)}^{(k+1)} + _tD_{(x)}^{(k+2)}$$

$$_tD'_{(x)} = _tD_{(x)}^{(1)} + \cdots\cdots + _tD_{(x)}^{(i)} + \cdots\cdots + _tD_{(x)}^{(k)}$$

式中　$_tD_{(x)}^{(i)}$ ；死因之死亡（ $1 \leqq i \leqq k$ ）

　　　　$_tD_{(x)}^{(k+1)}$ ；死亡解除

　　　　$_tD_{(x)}^{(k+2)}$ ；廢疾

於是，t 年契約第 I 保險年度之普通死亡率　$\dfrac{_tD'_{(x)}}{_tE_{(x)}}$

i 死因之普通死亡率　$\dfrac{_tD_{(x)}^{(i)}}{_tE_{(x)}}$

t 年契約第 I 保險年度之全死亡率　$\dfrac{_tD'_{(x)} + _tD_{(x)}^{(k+1)}}{_tE_{(x)}}$

t 年契約第 I 保險年度之死亡解除率　$\dfrac{_tD_{(x)}^{(k+1)}}{_tE_{(x)}}$

t 年契約第 I 保險年度之廢疾率　$\dfrac{_tD_{(x)}^{(k+2)}}{_tE_{(x)}}$

6．死亡率之計算

（1）　一般死亡率

以一般死亡率之資料而計算死亡率。先將經過契約件數及死亡件數，以同一區分而集計後，死亡件數除以經過契約件數（此數等於延年數），卽得死亡率。死亡件數集計時，與經過契約件數計算同樣，契約年齡 75 歲以上，因件數少除外。

死亡件數之集計及死亡率之計算方法如下：

$_tD_x(1)$　　契約年齡 x，第（$t+1$）保險年度之死亡件數。

$_tD_x(2)$　　契約年齡 x，第（$t+1$）保險年度之死亡解除件數。

$_tD_x(3)$　　契約年齡 x，第（$t+1$）保險年度之廢疾件數。

$_tD_x(4)={_tD_x(1)}+{_tD_x(2)}$

$_tD_x(6)={_tD_x(1)}+{_tD_x(2)}+{_tD_x(3)}$

$_tR_x(1)={_tD_x(1)}/{_tE_x}=$普通死亡率

$_tR_x(2)={_tD_x(2)}/{_tE_x}=$死亡解除率

$_tR_x(3)={_tD_x(3)}/{_tE_x}=$廢疾率

$_tR_x(4)={_tD_x(4)}/{_tE_x}=R(1)+R(2)=$全死亡率

$_tR_x(6)={_tD_x(6)}/{_tE_x}=R(1)+R(2)+R(3)$

（2）　死因別死亡率之計算

　　死因別死亡率是為分析保險加入者集團之死因構造之用。將死因別死亡率調查資料之死亡件數按契約年度，經過年數，契約年齡5歲組，診查，性別分類後，再將各死亡件數按死因大分類及死因小分類別集計之。如此所得死因別死亡件數，除以一般死亡率調查資料所計算的經過契約件數，即得死因別死亡率。但是契約年齡 75 歲以上之資料仍除外。死因別死亡件數之集計及死因別死亡率之計算列於如下：

$${_t^jR_x(2)}={_t^jD_x(2)}/{_tE_x}$$

$${_t^jR_x(6)}={_t^jD_x(6)}/{_tE_x}$$

　　但 j 死因分類（死因大分類，小分類）

　　　$_tE_x$　經過契約件數

　　　$_t^jD_x(2)$契約年齡 x，第（$t+1$）保險年度之死因 j 之死亡解除件數。

　　　$_t^jD_x(6)$契約年齡 x，第（$t+1$）保險年度之死因 j 之死亡，死亡解除，廢疾合計件數。

${}^{j}R(2)$ 死因區分 j 之死亡解除率。

${}^{j}R(6)$ 死因區分 j 之（死亡，死亡解除，廢疾）率。

17·9 安全增額論

1. 人壽保險之數學的危險論

壽險之數學的危險論係機率論之定理爲基本。

[基本定理] $\xi_1, \xi_2, \cdots, \xi_n$ 爲互相獨立的 n 個變數，其期望值及標準差各爲

$$a_1, a_2, \cdots, a_i, \cdots, a_n$$

$$\sigma_1, \sigma_2, \cdots, \sigma_i, \cdots, \sigma_n$$

$$\xi_1 + \xi_2 + \cdots\cdots + \xi_n$$

$\sum\limits_{i=1}^{n} \xi_i$ 比 $\sum\limits_{i=1}^{n} a_i + \gamma\sqrt{\sum\limits_{i=1}^{n} \sigma_i^2}$ 小的機率

近值地，等於 $\dfrac{1}{\sqrt{2\pi}} \displaystyle\int_{-\infty}^{\gamma} e^{-\frac{t^2}{2}} dt$

今將此定理應用於短期保險，變數 ξ_i 爲第 i 號之契約之支付保險金額。此金額如不發生保險事故時，等於零，被保險物全部滅失時，保險金額爲 S_i。故 ξ_i 爲自零至 S_i 可變的變數，而 ξ_i 之期望值 a_i 係相當於純保險料。於是此以 P_i 表示。故用此記號，則前定理可以如下表示。

n 契約之支付保險金額合計 $\sum\limits_{i=1}^{n} \xi_i$ 比

$$\sum\limits_{i=1}^{n} P_i + \gamma\sqrt{\sum\limits_{i=1}^{n} \sigma_i^2}$$

小的機率，近值地，等於

$$\frac{1}{\sqrt{2\pi}} \int_{-\infty}^{\gamma} e^{-\frac{t^2}{2}}\, dt$$

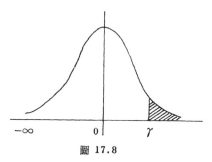

圖 17.8

若 $\gamma = 2$ ，則積分

$$\frac{1}{\sqrt{2\pi}} \int_{-\infty}^{2} e^{-\frac{t^2}{2}}\, dt = .9772499$$

$\gamma = 3$ $\quad \dfrac{1}{\sqrt{2\pi}} \displaystyle\int_{-\infty}^{3} e^{-\frac{t^2}{2}}\, dt = .9986501 \fallingdotseq 1$

$\gamma = 4$ $\quad \dfrac{1}{\sqrt{2\pi}} \displaystyle\int_{-\infty}^{4} e^{-\frac{t^2}{2}}\, dt = .9999683 \fallingdotseq 1$

$\gamma = 5$ $\quad \dfrac{1}{\sqrt{2\pi}} \displaystyle\int_{-\infty}^{5} e^{-\frac{t^2}{2}}\, dt = .9999997 \fallingdotseq 1$

故支付保險金額超過「純保險料加上 2 倍以上之 $\sqrt{\sum\limits_{i=0}^{n} \sigma_i^2}$ 」之機率爲 $1 - .9772499 = .0227501$ ，其 3 倍以上超過之機率爲 $.0013499$ ，4 倍以上超過的機率爲 $.0000317$ ，5 倍以上超過之機率爲 $.0000003$ 。此等 2 , 3 , 4 , 5 之倍數稱爲安全係數（Sicherheitskoeffizient）。安全係數愈大，超過機率愈小。

以上所知，支付保險金額比純保險料超過 $3\sqrt{\sum\limits_{i=1}^{n}\sigma_i^2}$ 以上之機率甚小。

2. 安全增額率計算方法

由危險論之立場，而採取安全增額率方法。此安全增額幅度為 2σ(死差損發生機率，2.5%)。實際計算所用的各年齡別件數為 3 萬件。

一般言之，彼保險者集團之生、死之機率現象，可視為隨從二項分配或卜氏分配。今由死亡率 q 之二項母集團，取出 n 樣本（相當於經過契約件數），而得經驗死亡率 $\hat{q}$。此 $\hat{q}$，近值地，表現正規分配 $N(q, q(1-q)/n)$。[參閱第 11 章第 5 節 (11.5) 中心極限定理]

故　　$U = (\hat{q} - q)\bigg/ \sqrt{\dfrac{q(1-q)}{n}}$

是表現標準正規分配 $N(0,1)$。

對於經驗值 $\hat{q}$，以危險率 ε，而將其上限 $\bar{q}$ 予以區間推定，

由　$P\left\{(\hat{q}-q)\bigg/\sqrt{\dfrac{q(1-q)}{n}} \geqq u(\varepsilon)\right\} = \varepsilon$，則得

$$\bar{q} = q + u(\varepsilon)\sqrt{\dfrac{q(1-q)}{n}}$$

茲將 q 以推定值 $\hat{q}$ 代替，則得上限 $\bar{q}$。而且 $u(\varepsilon)$ 為標準正規分配 $N(0,1)$ 之上邊之 ε 點。

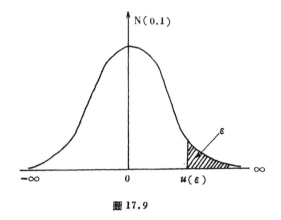

圖 17.9

上述計算式中

$$n = 30,000 \text{(件)}$$

$$u(\varepsilon) = 2.0 = 2\sigma$$

$$(\varepsilon \fallingdotseq 0.0228)$$

計算結果與安全增額率及增額幅度列於表 17.2 。

表17·2 安全增額粗死亡率，增額率及增額幅度

年　齡	粗死亡率 ①	安全增額 粗死亡率 ②	增額率 % ② / ①	增額幅度 ② − ①
1	0·00262	0·00321	123	0·00069
2	0·00183	0·00232	127	0·00049
3	0·00122	0·00162	133	0·00040
4	0·00115	0·00154	134	0·00039
5	0·00101	0·00138	137	0·00037
6	0·00100	0·00136	136	0·00036
7	0·00096	0·00132	138	0·00036
8	0·00076	0·00108	142	0·00032
9	0·00074	0·00105	142	0·00031
10	0·00053	0·00080	151	0·00027
11	0·00058	0·00086	148	0·00028
12	0·00057	0·00085	149	0·00028
13	0·00058	0·00086	148	0·00028
14	0·00064	0·00093	145	0·00029
15	0·00067	0·00097	145	0·00030
16	0·00095	0·00131	138	0·00036
17	0·00117	0·00156	133	0·00039
18	0·00136	0·00179	132	0·00043
19	0·00140	0·00183	131	0·00043

（續）

年　齡	粗 死 亡 率 ①	安 全 增 額 粗 死 亡 率 ②	增 額 率 ％ ③	增 額 幅 度 ④
20	0.00149	0.00194	130	0.00045
21	0.00141	0.00184	130	0.00043
22	0.00145	0.00189	130	0.00044
23	0.00150	0.00195	130	0.00045
24	0.00152	0.00197	130	0.00045
25	0.00142	0.00185	130	0.00043
26	0.00133	0.00175	132	0.00042
27	0.00136	0.00179	132	0.00043
28	0.00130	0.00172	132	0.00042
29	0.00141	0.00184	130	0.00043
30	0.00146	0.00190	130	0.00044
31	0.00136	0.00179	132	0.00043
32	0.00149	0.00194	130	0.00045
33	0.00162	0.00208	128	0.00046
34	0.00178	0.00227	128	0.00049
35	0.00184	0.00233	127	0.00049
36	0.00196	0.00247	126	0.00051
37	0.00207	0.00259	125	0.00052
38	0.00219	0.00273	125	0.00054
39	0.00242	0.00299	124	0.00057
40	0.00265	0.00324	122	0.00059

（續）

年　齢	粗 死 亡 率 ①	安 全 增 額 粗 死 亡 率 ②	增 額 率 ％ ③	增 額 幅 度 ④
41	0·00308	0·00372	121	0·00064
42	0·00322	0·00387	120	0·00065
43	0·00332	0·00398	120	0·00066
44	0·00388	0·00460	119	0·00072
45	0·00433	0·00509	118	0·00076
46	0·00480	0·00560	117	0·00080
47	0·00507	0·00589	116	0·00082
48	0·00587	0·00675	115	0·00088
49	0·00631	0·00722	114	0·00091
50	0·00682	0·00777	114	0·00095
51	0·00765	0·00866	113	0·00101
52	0·00850	0·00956	112	0·00106
53	0·00921	0·01031	112	0·00110
54	0·01057	0·01175	111	0·00118
55	0·01193	0·01318	110	0·00125
56	0·01357	0·01491	110	0·00134
57	0·01546	0·01688	109	0·00142
58	0·01809	0·01963	109	0·00154
59	0·01876	0·02033	108	0·00157
60	0·02198	0·02367	108	0·00169
61	0·02229	0·02399	108	0·00170

（續）

年　　齡	粗死亡率 ①	安全增額粗死亡率 ②	增額率 % ③	增額幅度 ④
62	0·02482	0·02662	107	0·00180
63	0·02991	0·03188	107	0·00197
64	0·02940	0·03135	107	0·00195
65	0·03842	0·04064	106	0·00222
66	0·03824	0·04045	106	0·00221
67	0·04217	0·04449	106	0·00232
68	0·05354	0·05614	105	0·00260
69	0·02121	0·02287	108	0·00166
70	0·03548	0·03762	106	0·00214

註：日本全會社生命表（1960～'63）P.134－135 轉載。

17·10　粗死亡率之補整

1. 以上所得的安全增額粗死亡率以 Greville 公式（ 3 次 9 項式 $m=3$ ）補整之。此公式之計算式及係數值如下：

（1）　$1 \leq x \leq 4$ 之時

$$q_x = \sum_{t=0}^{8} a_t^x \cdot q'_{t+1}$$

（2）　$5 \leq x \leq x_1 - 4$ 之時

$$q_x = \sum_{t=0}^{8} a_t^x \cdot q'_{x+t-4}$$

（3）　$x_1 - 3 \leq x \leq x_1$ 之時

$$q_x = \sum_{t=0}^{8} a_t^x \cdot q'_{x_1 + t - 8}$$

q_x: x 歲之補整死亡率

q'_x: x 歲之安全增額粗死亡率

x_1: 粗死亡率最高年齡

a_t^x: 公式係數

表 17·3 a_t^x 值

x \ t	0	1	2	3	4	5	6	7	8
1	.6478	.6719	.0672	—.4031	—.3024	.1037	.2783	.0686	—.1320
2	.2309	.3959	.3443	.1512	—.0252	—.0864	—.0463	.0120	.0236
3	.0132	.1968	.3930	.3887	.1728	—.0638	—.1289	—.0265	.0547
4	—.0594	.0648	.2915	.3978	.2915	.0833	—.0478	—.0370	.0153
5- x_1-4	—.0407	—.0099	.1185	.2665	.3312	.2665	.1185	—.0099	—.0407
x_1 - 3	.0153	—.0370	—.0478	.0833	.2915	.3978	.2915	.0648	—.0594
x_1 - 2	.0547	—.0265	—.1289	—.0638	.1728	.3887	.3930	.1968	.0132
x_1 - 1	.0236	.0120	—.0463	—.0864	—.0252	.1512	.3443	.3959	.2309
x_1	—.1320	.0686	.2783	.1037	—.3024	—.4031	.0672	.6719	.6478

2. 此次各歲別粗死亡率之補整，除上述之利用 Greville 3 次 9 項公式而補整外，同時同一資料之 5 歲組粗死亡率，以 Jenkins 公式來計算各歲別死亡率。此 5 歲組粗死亡率之補整所得各歲別補整死亡率與

Greville 公式補整值比較結果，得到 97％ 之接近度。故 Jenkins 公式雖是簡單，但一般認為補整相當有效。茲將 Jenkins 修正 5 次定差公式列於如下：

6 個鄰接點 $u_{-2}, u_{-1}, u_0, u_1, u_2, u_3$ 之粗死亡率，來求在區間（ 0 $\leqq x \leqq 1$ ）之挿補整（補整值）之 $f(x)$ 公式：

$$f(x) = x\,u_0 + \frac{1}{6}\,x\,(x^2-1)\,\delta^2 u_0 - \frac{1}{36}\,x^3 \delta^4 u_0$$

$$+ y u_1 + \frac{1}{6} y(y^2-1)\delta^2 u_1 - \frac{1}{36} y^3 \delta^4 u_1$$

但　$x + y = 1$

δ ： Shappard 之中央定差記號

$$\delta u_x = u_{x+\frac{1}{2}} - u_{x-\frac{1}{2}}$$

17·11　高年齡死亡率之補外計算

高年齡之死亡率，因無經驗值存在，故應以合理的基準來推算。而高年齡之死亡率之推算方法有兩種。一為借用國民生命表或簡易生命表之高年齡死亡率來連接之方法。二為補整死亡率之死亡曲線延長至高年齡之方法。此次係依據後者之方法。

1. 為求高年齡之死亡率曲線使用 Gompertz-Makeham 公式。此公式之係數以 King-Hardy 方法決定之。Gompertz-Makeham 公式如下：

$$l_x = k\,s^x\,g^{c^x} \tag{①}$$

x：年齡，k, s, g, c：常數

① 式之 4 個常數以 King-Hardy 方法決定說明如下：

先將 ① 式之兩邊取得對數，卽

$$\log l_x = \log k + x \log s + c^x \cdot \log g \qquad ②$$

② 式代入 n 個 l_x 值（l_x，l_{x+1}，……，l_{x+n-1}）及 x 值（x，$x+1$，…，$x+n-1$）所得的 n 個之等式各各合計，則得下式，

$$\sum_{i=0}^{n-1} \log l_{x+i} = n \log k + \frac{n}{2}(2x+n-1) \log s + c^x \frac{c^n-1}{c-1} \log g \cdots$$
$$\cdots\cdots A_1$$

同理，得以下三式，

$$\sum_{i=n}^{2n-1} \log l_{x+i} = n \log k + \frac{n}{2}(2x+3n-1) \log s$$
$$+ c^{x+n} \frac{c^n-1}{c-1} \log g \cdots\cdots\cdots\cdots A_2$$

$$\sum_{i=2n}^{3n-1} \log l_{x+i} = n \log k + \frac{n}{2}(2x+5n-1) \log s$$
$$+ c^{x+2n} \frac{c^n-1}{c-1} \log g \cdots\cdots\cdots\cdots A_3$$

$$\sum_{i=3n}^{4n-1} \log l_{x+i} = n \log k + \frac{n}{2}(2x+7n-1) \log s$$
$$+ c^{x+3n} \frac{c^n-1}{c-1} \log g \cdots\cdots\cdots A_4$$

此等 4 個等式 A_1，A_2，A_3，A_4（左邊均旣知），各各相減得三式，卽

$$A_2 - A_1 = n^2 \log s + c^x \frac{(c^n-1)^2}{c-1} \log g \cdots\cdots\cdots B_1$$

$$A_3 - A_2 = n^2 \log s + c^{x+n} \frac{(c^n - 1)^2}{c-1} \log g \cdots\cdots\cdots B_2$$

$$A_4 - A_3 = n^2 \log s + c^{x+2n} \frac{(c^n - 1)^2}{c-1} \log g \cdots\cdots\cdots B_3$$

由此等三個等式（B_1，B_2，B_3）得以下二式，即

$$B_2 - B_1 = c^x \frac{(c^n - 1)^3}{c-1} \log g \cdots\cdots\cdots\cdots\cdots ③$$

$$B_3 - B_2 = c^{x+n} \frac{(c^n - 1)^3}{c-1} \log g \cdots\cdots\cdots\cdots ④$$

由此等二式各邊相除求 c^n，

$$c^n = \frac{B_3 - B_2}{B_2 - B_1} \cdots\cdots\cdots\cdots\cdots\cdots\cdots ⑤$$

由 ③ 式求得 $\log g$。

$$\log g = (B_2 - B_1) \frac{c-1}{c^x (c^n - 1)^3} \cdots\cdots\cdots\cdots ⑥$$

③ 式變形，代入於 B_1 式得下式

$$B_1 = n^2 \log s + \frac{B_2 - B_1}{c^n - 1}$$

由此式求得 $\log s$，即

$$\log s = \frac{1}{n^2} \left(B_1 - \frac{B_2 - B_1}{c^n - 1} \right) \cdots\cdots\cdots\cdots ⑦$$

此等結果代入於 A_1 式得 $\log k$，即

$$\log k = \frac{1}{n} \left\{ A_1 - \frac{n}{2} (2x + n - 1) \log s - \frac{B_2 - B_1}{(c^n - 1)^2} \right\} \cdots\cdots ⑧$$

如此，由⑤，⑥，⑦，⑧式求得常數 k，s，g，c 值。

2. Greville 生存數列 $[\,l_x^{Gr}\,]$ 與 Gompertz-Makeham 生存數列 $[\,l_x^{G-M}\,]$ 之接續年齡之決定。

應用（21·22）Sprague 之 5 次差接觸插補公式文中所列<u>曲率計算公式</u>（21·23）及（23·76）來計算接續點之 l_x^{G-M} 曲線之曲率 $k^{G-M}(x)$ 及 l_x 曲線之曲率 $K(x)$。然後再以下式

$$\varepsilon(x) = \left| \frac{K^{G-M}(x) - K(x)}{K(x)} \right|$$

計算曲率之相對誤差 $\varepsilon(x)$，而 Min $\{\varepsilon(x)\}$ 之 $\widetilde{x}$ 即為接續年齡。結局，$\Delta(x) = |\,l_x^{Gr} - l_x^{G-M}\,|$ 最小的年齡 $\widetilde{x} - 1$，

$$l_x = \begin{cases} l_x^{Gr} & (x_0 \leqq x \leqq (\widetilde{x} - 1)) \\ l_x^{G-M} & (\widetilde{x} \leqq x \leqq \omega)\,. \end{cases}$$

第18章 特定死因與生命表

18·1 特定死因生命表

18·1·1 死亡數之死因別構成(composition)

生命表中之 x 歲之死亡率 q_x 係由普通之平均死亡率依下式計算。m_x 如下：

$$m_x = \frac{\text{年間 } x \text{ 歲死亡數}}{\text{年間之 } x \text{ 歲平均人口}}$$

上式中之死亡數未有按死因分別，於是生命表之 x 歲死亡數 d_x 之中，各種死因之死亡者數均包括在內。若其中某一特定死因 (i) 之死亡數，以 d_x^i 表示，則此對於全死因之死亡數 d_x 之比率為 d_x^i / d_x。今在死亡統計之 x 歲全死亡數 D_x 對 i 死因之死亡數 D_x^i 之比率為 $D_x^i / D_x = r_x^i$。上述比率 d_x^i / d_x 可視為相等，即

$$\frac{D_x^i}{D_x} = \frac{d_x^i}{d_x} = r_x^i$$

故先某年度之 $D_x^i / D_x = r_x^i$ 由死亡統計算出，而當該年度之生命表之 d_x 乘以 r_x^i，即得在 d_x 中之特定死因之死亡數 d_x^i。如此對各種死因加以計算，則得知 d_x 之死因別構成。其合計為 $\sum d_x^i = d_x$。

若將某年度之死亡統計與同年度之生命表，分為 5 歲組，先將全死亡統計中之各特定死因之比率

$$_5r_x^i = {}_5D_x^i / {}_5D_x$$

加以計算，然後將同年度之生命表之 $_5d_x$ 乘以此比率 $_5r_x^i$，而計算生命表之 $_5d_x$ 中各死因別死亡數。（在此，特別須注意者：此生命表之死亡年齡分布與死亡統計之死因別年齡分布兩者不同，此是因爲某年之現實人口統計之年齡分布與生命表之靜止人口（定常人口）之年齡分布不同。是故現實人口統計上所稱之死亡年齡分布與生命表之 d_x 之分布不同）。

18·1·2　特定死因之未必死亡公算（機率）

(probability of eventually dying from a specified cause)

以上所述的死因別死亡數 d_x^i，自最高年齡逐次累加至某年齡 x 歲爲止，其 $\sum\limits_x^\infty d_x^i$ 爲 x 歲以上之該死因死亡數 d_x^i 之合計。將此合計，除以生命表之 x 歲生存數 l_x，即

$$\frac{1}{l_x} \sum_x^\infty d_x^i \doteqdot i \text{ 死因之 } x \text{ 歲之未必死亡公算（機率）}$$

即 x 歲之生存數 l_x 之內，有 $\sum\limits_x^\infty d_x^i$，在 x 歲以上之年齡，早晚由該死因而死亡。故 $\frac{1}{l_x} \sum\limits_x^\infty d_x^i$ 爲其公算（probability）。 $x = 0$，即出生時，設 10 萬人（$l_0 = 100,000$）之內有 $\sum\limits_x^\infty d_x^i$，因 i 死因早晚死亡。未必死亡公算通常以千分比表示，即 $(\frac{1}{l_x} \sum\limits_x^\infty d_x^i) \times 1,000$。

18·1·3　特定死因死亡群之生命表

上述所知，在某年度之死亡統計之 i 死因之 x 歲死亡數（D_x^i）對 x 歲之全死亡數（D_x）之比率爲 r_x^i。 而同年度之生命表之死亡數 d_x 乘以 r_x^i，此（$r_x^i d_x$）爲 d_x 中之特定死因死亡數 d_x^i。而 $\sum\limits_{x}^{\infty} d_x^i$ 爲 x 歲以上之該死因之死亡數之合計。玆將 $\sum\limits_{x}^{\infty} d_x^i$ 擴大，假定爲 10 萬人。在此 10 萬人之 i 死因死亡數之年齡別分布，而 x 歲之發生數爲

$$(r_x^i d_x) \times \frac{100,000}{\sum\limits_{x}^{\infty} d_x^i}$$

此數稱爲 i 死因之生命表之死亡數 d_x。（此數是相當於 i 死因之普通生命表之死亡數）。故 i 死因生命表各年齡死亡數判明後，其他函數，死亡率，生存率，生存數，平均餘命等即可計算之。此稱爲 i 死因死亡之生命表。而在此計算過程中，亦可由 $\frac{1}{l_x}\sum\limits_{x}^{\infty} d_x^i$ 計算未必死亡公算。

18·1·4　各種死因之死亡率

各種死因之死亡率，普通以下式計算之：

$$\frac{特定死因之年間死亡數}{年間平均人口} \times 100,000$$

但是，此粗死亡率（crude death rate）與人口之年齡構成有不可分之關係。如其構成顯著地不同的人口，則該粗死亡率互相不可能比較。是故應使用標準人口，以標準人口年齡構成下之死亡率，而計算標準化死亡率（或稱訂正死亡率）供爲比較之用。至於標準人口，以當

該年度之生命表之靜止人口（定常人口）來代替標準人口算出訂正率。

利用生命表人口而訂正各種死因死亡率之兩種方法列於如下：

1. 使用生命表人口 L_x：

   D_x^i：由 i 死因之 x 歲之統計上之死亡數

   P_x：x 歲之人口

   L_x：生命表之 x 歲之靜止人口（x 歲之生存年數同），則

$$\frac{生命表人口之}{死因別死亡率} = \frac{\Sigma\left[(D_x^i/P_x)\times L_x\right]}{\Sigma L_x} \qquad (18\cdot1)$$

2. 上式之生命表人口之死因別死亡率，可由既述之0歲之未必死亡公算及平均餘命而計算，即

$$\left(\begin{matrix}生命表人口之\\死因別死亡率\end{matrix}\right) = \frac{0歲之該死因未必死亡公算}{0歲之平均餘命} \qquad (18\cdot2)$$

（18·1）與（18·2）計算結果相同。

茲將兩式之關係證明如下：

$$\frac{0歲之特定死因(i)之未必死亡公算}{0歲之平均餘命} = \frac{\Sigma\left(\dfrac{D_x^i}{D_x}d_x\right)}{l_0}\times\frac{l_0}{\Sigma L_x}$$

$$= \frac{\Sigma\left(\dfrac{d_x}{D_x}D_x^i\right)}{\Sigma L_x} \qquad (18\cdot3)$$

他方由（18·1）

$$\frac{\Sigma\left(\dfrac{D_x^i}{P_x}L_x\right)}{\Sigma L_x} = \frac{\Sigma\left(\dfrac{L_x}{P_x}D_x^i\right)}{\Sigma L_x} = \frac{\Sigma\left(\dfrac{d_x}{D_x}D_x^i\right)}{\Sigma L_x}$$

$$\because \quad \frac{d_x}{D_x} = \frac{L_x}{P_x}$$

$$或 \quad \frac{d_x}{L_x} = \frac{D_x}{P_x} = m_x$$

$$L_x = \frac{d_x}{m_x}$$

$$\therefore \quad \frac{\Sigma\left(\dfrac{D_x^i}{P_x} L_x\right)}{\Sigma L_x} = \frac{\Sigma\left(\dfrac{D_x^i}{D_x} d_x\right)}{l_0} \times \frac{1}{\overset{\circ}{e}_0} \tag{18.4}$$

（18.4）與（18.2），（18.3）為一致，則得證明。（18.4）式右端中，$\dfrac{1}{\overset{\circ}{e}_0}$ 為生命表入口之全死亡之死亡率，各死因之未必死亡公算為其構成比率，故兩者之積即為各死因之死亡率。

18.2 特定死因之死亡除外的生命表

某特定死因除外的生命表，依其除外之方法分為兩種。

茲將結核 i 死亡（註）完全除外的生命表為例說明如下。

就全死亡所作的生命表，同時出生（l_0）100,000 之內，結核死亡者為 5500 人，於是 $100,000 - 5500 = 94,500$ 人為結核以外之諸死因而死亡者數。其年齡分布是由全死因之死亡數 d_x 減去結核死亡（d_x^i），即 $d_x^{-i} = d_x - d_x^i$，$\Sigma d_x^{-i} = 94,500$。此數擴大為 100,000，則非結核死亡者為 $d_x^{-i} \times \dfrac{100,000}{94,500}$，此即為結核除外的生命表之死亡數 d_x。d_x 已知，則其他諸函數即得計算。

（註） 為避免混雜，特定死因，一律以 i 表示，以下同。

　　上記之結核死亡除外的生命表，好像與結核完全隔離無緣之社會環境的生命表。但在現實社會狀態觀之，結核死亡者與結核以外之死因死亡者之間互相接觸的環境下居住，形成同一社會中生活。而由結核死亡免權者中可能由結核以外之某種死因患疾死亡。故上述所作的特定死因除外的生命表，在現實社會上似有不合實際之點。

　　在同一社會環境下的場合來考慮時，可分為 6 種，分述如下：

18·2·1　水島治夫法：

　　x 歲之死亡數 d_x 內，結核死亡為 d_x^i，結核以外之死亡為 d_x^{-i}，則 $d_x = d_x^i + d_x^{-i}$。今若結核死亡完全消滅，換言之，結核死因減少至極限，則假定等於零，此種結核免權者 d_x^i，可能會患結核以外之死因而死亡。l_x 內之結核死亡數為 d_x^i，故可能患結核以外之死因之人們為（$l_x - d_x^i$）。由此等（$l_x - d_x^i$）中死亡者為 d_x^{-i}，其死亡率為 $d_x^{-i}/(l_x - d_x^i)$，是故結核免權者仍依照結核以外的死因之死亡率而死亡。故由結核死亡免權者內發生之結核以外死因死亡數為 $\dfrac{d_x^i\, d_x^{-i}}{l_x - d_x^i}$，則結核以外死因之 x 歲總死亡數為

$$\left(d_x^{-i} + \frac{d_x^i\, d_x^{-i}}{l_x - d_x^i} \right)$$

故結核除外的死亡率以 q_x^{-I} 表示，即

$$q_x^{-I} = \frac{1}{l_x}\left(d_x^{-i} + \frac{d_x^i\, d_x^{-i}}{l_x - d_x^i} \right) \tag{18.5}$$

式中 $q^{-i} = \dfrac{d_x^{-i}}{l_x}$，$q^{-i}$ 是，在於有結核死之場合，結核以外之死亡率，而 q_x^{-I} 是結核以外之死亡數 d_x^{-i} 加上結核死亡免權者由結核以外之

死因之死亡數，而此合計死亡數，除以 l_x 所得死亡率。

由 $(18 \cdot 5)$ 可知，q_x^{-i} 比 q_x^{-i} 大 $\dfrac{1}{l_x} \cdot \dfrac{d_x^i d_x^{-i}}{l_x - d_x^i}$。

18·2·2 Farr法：

x 歲人口為 P_x，全死亡為 D_x，特定死因 i 之死亡為 D_x^i，其他以外之死亡為 D_x^{-i}，則

$$\frac{D_x}{P_x} = \frac{D_x^i + D_x^{-i}}{P_x}$$

$$m_x = m_x^i + m_x^{-i}$$

$$\frac{2q_x}{2 - q_x} = \frac{2q_x^i}{2 - q_x^i} + \frac{2q_x^{-i}}{2 - q_x^{-i}}$$

$$\therefore \quad q_x^{-i} = \frac{q_x - q_x^i}{1 - q_x^i + \dfrac{1}{4} q_x q_x^i} \tag{18·6}$$

同理 $\quad {}_nq_x^{-i} = \dfrac{{}_nq_x - {}_nq_x^i}{1 - {}_nq_x^i + \dfrac{1}{4} {}_nq_x {}_nq_x^i}$ $\tag{18·7}$

18·2·3 Dublin-Lotka法：

年齡 x 歲之人，免罹全死因，而生殘至 $x+1$ 歲之生存機率 p_x 是，將至 $(x+1)$ 歲之特定死因 i 之免罹生存機率 p_x^i 與其特定死因以外之死因之免罹生存機率 p_x^{-i} 之積，即

$$p_x = p_x^i \cdot p_x^{-i}$$

$$p_x^{-i} = \frac{p_x}{p_x^i}$$

$$1 - q_x^{-i} = \frac{1 - q_x}{1 - q_x^i}$$

$$\therefore \quad q_x^{-i} = \frac{q_x - q_x^i}{1 - q_x^i} \tag{18·8}$$

同理 $\quad _n q_x^{-i} = \frac{_n q_x - _n q_x^{i}}{1 - _n q_x^{i}} \tag{18·9}$

上述（18·8），（18·9）式是特定死因 i 除外的死亡率公式。由此可計算生命表。

此 $D \cdot L$ 一法與 F 一法較之，在分母 F 法有 $\frac{1}{4} q_x q_x^i$ 而已。但此數值甚微，故可省略。又 Dublin-Lotka 法與水島一法相同。茲將兩式之關係證明如下：

水島法（18·5）公式列於如下：

$$q_x^{-I} = \frac{1}{l_x} \left(d_x^{-i} + \frac{d_x^i \, d_x^{-i}}{l_x - d_x^i} \right)$$

式中 $\quad q_x^{-i} = \frac{d_x^{-i}}{l_x} \quad , \quad q_x^i = \frac{d_x^i}{l_x}$

$$\therefore \quad q_x^{-I} = q_x^{-i} + \frac{d_x^i q_x^{-i}}{l_x - d_x^i}$$

又上式之右端第二項之分母子除以 l_x，則

$$q_x^{-I} = q_x^{-i} + \frac{q_x^i q_x^{-i}}{1 - q_x^i}$$

$$= \frac{q_x^{-i}}{1 - q_x^i} = \frac{q_x - q_x^i}{1 - q_x^i} \tag{18·10}$$

由 $D \text{-} L \text{-}$ 法（18·8）式，$\quad q_x^{-i} = \frac{q_x - q_x^i}{1 - q_x^i}$

則得， $q_x^{-I} = q_x^{-i}$ (18·11)

同理 $_n q_x^{-I} = _n q_x^{-i}$ (18·12)

故水島-法與 D - L - 法計算結果相等，已得證明。

Dublin-Lotka 法：特定死因除外的生命表之計算程序：

（1）年齡分組

（2）全死因 $_5 q_x$

（3）i 死因 $_5 q_x^i$

（4）$_5 q_x^{-i}$

（5）l_x

（6）$_5 d_x$

（7）全死因 $_5 g_x$

$$_5 L_x = 5 l_x - {_5 g_x} {_5 d_x}$$

$$_n g_x = \frac{n l_x - {_n L_x}}{_n d_x}$$

（8）$_5 L_x$

（9）T_x

（10）除死因 i 之 $\overset{\circ}{e}_x$

（11）全死因之 $\overset{\circ}{e}_x$

（12）·（10）-（11）

　　上述水島法及 D - L -法之計算法均係特定死因除外而計算生命表之例。

　　若只以特定死因而計算生命表時之死亡程序（Absterbeordnung）之計算方法如下：此方法可謂為「特定死因以外之死因除外的生命表」之計算，簡單地說，與前者相反的方法使用即可。茲將順序說明如下：

1.　由某年度之 x 歲之全死亡 (D_x) 中，取出特定死因 i 死亡(D_x^i) 所佔比率 r_x^i 。

2.　該年度之生命表之死亡數 d_x 中，若特定死因 i 之所佔比率與上記 r_x^i 視爲相同，則特定死因 i 之死亡數 d_x^i 爲

$$d_x^i = r_x^i d_x$$

而特定死因 i 以外之死亡數 d_x^{-i}爲

$$d_x^{-i} = d_x - d_x^i$$

於是，x 歲之特定死因 i 之死亡率 q_x^i 爲

$$q_x^i = \frac{d_x^i}{l_x - d_x^{-i}} \qquad (18 \cdot 13)$$

特定死因 i 以外之死因之死亡免患者（其數爲 d_x^{-i}），可作爲依從上述特定死因 i 而死亡，故由 d_x^{-i}發生之特定死因 i 之死亡數爲

$$\frac{d_x^{-i} \, d_x^i}{l_x - d_x^{-i}}$$

3.　特定死因 i 而死亡總數如下：

$$d_x^i + \frac{d_x^{-i} \, d_x^i}{l_x - d_x^{-i}}$$

此以 l_x 除之結果以 q_x^I 表示，此 q_x^I 是，僅以特定死因 i 而死亡者數及特定死因以外之死因免患者由特定死因而死亡者之兩者合計之特定死因 i 之死亡率。q_x^i 及q_x^I 均爲特定死因 i 之死亡率，其中 q_x^i 係特定死因 i 以外之全死因之影響存在時之特定死因 i 之死亡率，而 q_x^I係此 (q_x^i)再加上，免患特定死因 i 以外之死因死亡者之內，而由特定死因死亡之死亡率，卽

$$q_x^I = \frac{1}{l_x} \left(d_x^i + \frac{d_x^{-i} \, d_x^i}{l_x - d_x^{-i}} \right) \qquad (18 \cdot 14)$$

若 5 歲組，則

$$_5q_x^I = \frac{1}{l_x}\left(_5d_x^i + \frac{_5d_x^{-i}\,_5d_x^i}{l_x - _5d_x^{-i}}\right) \tag{18.15}$$

或前述 Dublin-Lotka (18·8) 式改為

$$q_x^i = \frac{q_x - q_x^{-i}}{1 - q_x^{-i}} \tag{18.16}$$

$$_5q_x^i = \frac{_5q_x - _5q_x^{-i}}{1 - _5q_x^{-i}} \tag{18.17}$$

但　$q_x = \dfrac{d_x}{l_x}$,　$q_x^{-i} = \dfrac{d_x^{-i}}{l_x}$

$$_5q_x = \frac{_5d_x}{l_x},\quad _5q_x^{-i} = \frac{_5d_x^{-i}}{l_x}$$

以上諸公式 (18·13), (18·14 or 18·15), 及 (18·16 or 18·17) 等形式不同，但結果相同，即 (18·14) 式，

$$q_x^I = q_x^i + \frac{q_x^i\,d_x^{-i}}{l_x - d_x^{-i}}$$

上式右邊第二項之分母子以 l_x 除之，則得

$$q_x^I = q_x^i + \frac{q_x^i\,q_x^{-i}}{1 - q_x^{-i}}$$

$$= \frac{q_x^i}{1 - q_x^{-i}} = \frac{q_x - q_x^{-i}}{1 - q_x^{-i}} \tag{18.18}$$

由 D-L-法 (18·16)

$$q_x^I = q_x^i = \frac{q_x - q_x^{-i}}{1 - q_x^{-i}} \tag{18.19}$$

結局，以（18·17）式可以計算之，其計算程序如下：

（1）年齡分組

（2）全死亡數

（3）i 死因 $_5q_x^i$

（4）（3）÷（2）

（5）$_5q_x$ 另由生命表取得

（6）$_5q_x^{-i} = _5q_x \{1-(4)\}$

（7）$_5q_x^I = \dfrac{_5q_x - _5q_x^{-i}}{1 - _5q_x^{-i}}$

（8）$l_{x+5} = l_x (1 - _5q_x^{-I})$

（9）d_x

18·2·4　Jordan法：

如上述

$$_nr_x^i = \frac{_nD_x^i}{_nD_x}, \quad _nr_x^{-i} = 1 - _nr_x^i$$

在特定死因 i 除外的生命表，自 x 歲至（$x+n$）歲生存機率爲 $_np_x^{-i}$，故 $_np_x^{-i}$，近值地，可以下式表示，卽

$$\text{colog } _np_x^{-i} = _nr_x^{-i} \text{ colog } _np_x \qquad (18·20)$$

但 $_np_x$ 爲全死因生命表之 $\dfrac{l_{x+n}}{l_x}$ 。

上式 colog 是小數之 log爲㈠，將其㈠除去，例如，

註：C. W. Jordan: Life Contingencies，Society of Actuaries，Chicago，1952.

M. Spiegelman : Introduction to Demography，Society of Actuaries Text-book，1955，p. 92.

$$\log 0 \cdot 4 = \bar{1} \cdot 60206 \doteq - \cdot 39794$$

$$\therefore \quad \text{colog} \, 0 \cdot 4 = \cdot 39794$$

colog $_np_x^{-i}$ 還算爲 $\log \,_np_x^{-i}$，而計算 $_np_x^{-i}$。 此爲 i 死因除外的生命表之 $_np_x$。$_np_x$ 已知，則其他函數卽可算出。

Jordan 法：特定死因 i 除外的生命表計算程序：

（1）年齡分組

（2）全死因 $_5p_x$

（3）$\log \,_5p_x$

（4）colog $_5p_x$

（5）$1 - \,_nr_x^i = \,_5r_x^{-i}$

（6）（4）×（5），$_5r_x^{-i} \,\text{colog} \,_5p_x$

$$（ 但 \,_5p_x = 全死因生命表之 \frac{l_{x+n}}{l_x} ）$$

（7）$\log \,_5p_x^{-i}$

（8）$_5p_x^{-i} = \,_5p_x$

（9）l_x

（10）$_5d_x$

（11）$\overset{\circ}{e}_x$

註：$_5L_x$，T_x，$_5L_x = 5 \, l_x - \,_5g_x \,_5d_x$

$$_ng_x = \frac{nl_x - \,_nL_x}{_nd_x}$$

18・2・5　Wiesler法（註1）:

註1 : H. Wiesler: Methodisches zur Sterblichkeitsmessung　Schweizerische Zeitschrift für Volkswissenschaf' und Statistik　88（3），1952.

特定死因 i 除外的生命表之死亡數爲 $^x d_x^i$，則

$$q_u = \frac{d_u}{l_u} = \frac{^x d_u^i + {}^x d_u^{-i}}{l_u} = {}^x q_u^i + {}^x q_u^{-i} \tag{18·21}$$

上式中 $^x d_u^i$ 及 $^x q_u^i$ 之×記號係爲以下所列出之 d_u^i 及 q_u^i 分別之用。

$$q_u^i = 1 - (1 - q_u)^{\frac{x_{q_u^i}}{q_u}} \tag{18·22}$$

此二項式展開，則

$$q_u^i = \frac{2 {}^x q_u^i}{2 - q_u + {}^x q_u^i} \tag{18·23}$$

同理　$$q_u^{-i} = \frac{2 {}^x q_u^{-i}}{2 - q_u + {}^x q_u^{-i}} \tag{18·24}$$

上式中　$^x q_u^i = r_u^i q_u$

$$r_u^i = \frac{D_u^i}{D_u}$$

$$^x q_u^{-i} = r_u^{-i} q_u = (1 - r_u^i) q_u$$

$$q_u = \frac{D_u}{P_u} \rightleftharpoons \frac{d_u}{l_u} = \frac{\Sigma d_x}{\Sigma l_x}$$

（但 $P_u = \Sigma P_r$，$P_x =$ 年初人口）

18·2·6　Greville法（註Ⅱ）：

（註Ⅱ）　1.　T. N. E. Greville: Mortality Tables Analyzed by Cause of Death. The Record，American Institute of Actuaries Vol. XXXVII, Part II. No. 76 Oct. 1948。

2.　日本 12 回生命表（厚生省大臣官房統計調查部）1970 年。

3.　林開煥：特定死因之影響除外的生命表編算方法之研究，中國統計學報 Vol. 11. No. 2. May 1973.

（I）死因別死亡表編算之基礎理論

死因別死亡表之基本的特徵是將生命表之死亡數 d_x 值分爲各種死因或者連關的死亡集團對應的多數部分。爲了適應此法研究之便利起見，全死因簡化爲 10 左右的死因集團（大分類），又死因中，某年齡之死亡者數不多，故必須作年齡組別，即年齡 x 歲至 $x+n$ 歲間之死亡表中死亡者總數。l_n-l_{x+n} 以 $_nd_x$ 表示，又 m 表示死因種類數，而 $_nd_x^i$ 表示 x 歲至 $x+n$ 歲間之 i 死因之死亡者數，則

$$\sum_{i=1}^{m} {}_nd_x^i = {}_nd_x$$

茲以 l_x^i 表示，死亡表中在滿 x 歲時生存的人數，至最後由 i 死因而死亡之人口數，故 l_x^i 係死亡表中 x 歲至全年齡間之 $_nd_x^i$ 之合計，則

$$\sum_{i=1}^{m} l_x^i = l_x \qquad (18.25)$$

若 $_np_x^i$ 表示，至最後因 i 死因而死亡的人，在滿 x 歲時生存的人數之比率，即

$$_\infty p_x^i = \frac{l_x^i}{l_x}$$

T_x-T_{x+n} 係 x 歲時之生存者數 l_x 之年齡 x 歲與 $x+n$ 歲間之生存年數，以 $_nL_x$ 表示，則

$$_nL_x^i = \int_0^n l_{x+t}^i \, dt \quad , \quad T_x^i = \int_0^\infty l_{x+t}^i \, dt$$

$$\sum_{i=1}^{m} {}_nL_x^i = {}_nL_x \quad , \quad \sum_{i=1}^{m} T_x^i = T_x$$

以 μ_x^i 表示，在滿 x 歲因 i 死因之瞬間死亡率（死力），則

$$\mu_x^i = -\frac{1}{l_x} \cdot \frac{d\,l_x^i}{d\,x}$$

由 (18·25) 式即得下式,

$$\dot{\mu}_x = \sum_{i=1}^{m} \mu_x^i$$

上式表示, 全死力爲部分死力之和。又在年齡間隔之部分死力 μ_{x+t}^i 與死亡者數 $_n d_x^i$ 間之關係式列於如下:

最初　$_n d_x^i = \int_0^n l_{x+t}\, \mu_{x+t}^i\, d\,t$ 　　　　　(18·26)

γ_x^i 之函數以下列關係式定義之, 即

$$\gamma_x^i = \frac{\mu_x^i}{\mu_x}$$

$$\therefore \quad \mu_x^i = \gamma_x^i\, \mu_x \qquad\qquad (18·27)$$

是故, (18·26) 由下列型式表示,

$$_n d_x^i = \int_0^n \gamma_{x+t}^i\, l_{x+t}\, \mu_{x+t}\, d\,t \qquad (18·28)$$

在此, 應用下述之積分中值定理, 即

$f(x)$ 與 $\Phi(x)$ 爲可能積分函數, $f(x)$ 在封閉區間 $a \leq x \leq b$ 是連續的, 一方 $\Phi(x)$ 在此區間, 符號不變, 如此則下式可能成立之點 z 在此區間至少一個存在。

$$\int_a^b f(x)\, \Phi(x)\, dx = f(z) \int_a^b \Phi(x)\, dx \,;\quad (a < z < b)$$

方程式 (18·28) 之中, $l_{x+t}\, \mu_{x+t}$ 常爲正值, 且 γ_{x+t}^i 爲連續的, 故此　$_n d_x^i = \gamma_x^i \int_0^n l_{x+t}\, \mu_{x+t}\, d\,t$

又　　$_n d_x^i = \gamma_x^i\, _n d_x$ 　　　　　　　(18·29)

式中 （ $x < z < x + n$ ）

$_nd_x^{-i}$, l_x^{-i} , $_\infty p_x^{-i}$, μ_x^{-i} , γ_x^{-i} ,各表示 i 死因除外所得的，所有死因之合計值。卽

$$_nd_x^{-i} = {_nd_x} - {_nd_x^i} \, , \; _nL_x^{-i} = {_nL_x} - {_nL_x^i} \, ,$$

$$l_x^{-i} = l_x - l_x^i \, , \; T_x^{-i} = T_x - T_x^i \, ,$$

$$_\infty p_x^{-i} = 1 - {_\infty p_x^i} \, , \; \gamma_x^{-i} = 1 - \gamma_x^i \, ,$$

$$\mu_x^{-i} = \mu_x - \mu_x^i \tag{18.30}$$

(II)特定死因之除外方法之理論

如 i 死因完全除外，而且其效能全無存在，則爲觀察其狀態如何表示，特將考慮「特定死亡表」之作成至爲有益的事項。此種特定死亡表之全死力以 μ_x^{-i} 表示，吾人通常可假定特定死亡表之基數（radix）與主要死亡表中之基數相同，卽 $l_0^{-i} = l_0$ 。

玆由 i 死因而計算函數引用右肩上附（ i ）記號表示。此等函數之關係式列於如下：

$$\mathrm{cologe} \; _np_x^{(-i)} = \int_0^n \mu_{x+t}^{-i} \, dt \tag{18.31}$$

同理 $\quad \mathrm{cologe} \; _np_x^{(i)} = \int_0^n \mu_{x+t}^i \, dt$

由（18.30）式

$$\mu_x^{-i} + \mu_x^i = \mu_x \, , \; 則$$

$$\mathrm{cologe} \; _np_x^{(-i)} \, _np_x^{(i)} = \int_0^n \mu_{x+t} \, dt = \mathrm{cologe} \; _np_x$$

換言之， $_np_x^{(-i)} \times {_np_x^{(i)}} = {_np_x} \tag{18.32}$

（18.32）式以下式表示，

$$\mathrm{cologe} \; _np_e^{(-i)} = \int_0^n \gamma_{x+t}^{-i} \mu_{x+t} \, dt$$

應用中值定理，則

$$\text{colog}_e \ {}_np_x^{(-i)} = \gamma_w^{-i} \int_0^n \mu_{x+t} \, dt$$

或　$\text{colog} \ {}_np_x^{(-i)} = \gamma_w^{-i} \text{colog} \ {}_np_x$　　　　(18·33)

式中 $x < w < x + n$

最後式中之 cologarithem 可取得任意底數，而底為 10 時最為方便。又以上所列公式是編算生命表的基本公式。

(Ⅲ)　特定死因之影響除外的生命表實際編算方法

在本項將實際編算方法解說如下。第 i 死因之生命函數以 i 符號，第 i 死因之影響除外的生命函數以 $(-i)$ 符號，寫在生命函數之右肩來表示。

今死力：　$\mu_x^i / \mu_x = \gamma_x^i$

第 i 死因之死亡數 ${}_nd_x^i$ 以下式求之，即

$${}_nd_x^i = \int_0^n l_{x+t} \, \mu_{x+t}^i \, dt = \int_0^n l_{x+t} \cdot \gamma_{x+t}^i \cdot \mu_{x+t} \, dt$$

應用中值定理，則

$${}_nd_x^i = \gamma_u^i \int_0^n l_{x+t} \cdot \mu_{x+t} \, dt = \gamma_u^i \ {}_nd_x ; \quad x \le u \le x+n$$

另一方面，在於生命表作成時點，對象人口集團之到達 x 歲之人數以 E_x 表示。與上述同理，第 i 死因發生死亡者數 ${}_nD_x^i$ 以下式表示，即

$${}_nD_x^i = \int_0^n E_{x+t} \cdot \mu_{x+t}^i \, dt = \int_0^n \gamma_{x+t}^i \cdot E_{x+t} \, \mu_{x+t} \, dt$$

以上同理應用中值定理，

$${}_nD_x^i = \gamma_v^i \int_0^n E_{x+t} \cdot \mu_{x+t} \, dt$$

$$_nD_x^i = \gamma_v^i \, _nD_x \; ; \; x \leq v \leq x + n$$

區間（ x , $x + n$ ）相當小的時候， $\gamma_u^i = \gamma_v^i$ ，由上述兩式，生命表上之第 i 死因之死亡數 $_nd_x^i$ 以下式可以計算：

$$_nd_x^i = \frac{_nD_x^i}{_nD_x} \cdot _nd_x$$

然而，將來第 i 死因之可能死亡機率（未必死亡機率）以下式表示：

$$\sum_{k=0}^{\infty} \, _nd_{x+kn}^i \, / \, l_x$$

μ_x^i 表示第 i 死因之死力，則

$$\mu_x = \mu_x^i + \sum_{k \neq i} \mu_x^k$$

之關係即可成立。此 $\sum_{k \neq i} \mu_x^k$ 是第 i 死因以外之死力之合計，以 $\mu_x^{(-i)}$ 表示。依據此式之生命表（特定死因之影響除外的生命表），以下式表示：

$$\mu_x^{(-i)} = - \frac{1}{l_x^{(-i)}} \cdot \frac{dl_x^{(-i)}}{dx}$$

上式予以積分，

$$\int_0^n \mu_{x+t}^{(-i)} \, dt = - \log \, _np_x^{(-i)} \qquad (18 \cdot 34)$$

一方 $\qquad r_x^{-i} = 1 - r_x^i$

又 $\qquad \mu_{x+t}^{(-i)} = r_{x+t}^{-i} \mu_{x+t}$

上式予以積分，

$$\int_0^n \mu_{x+t}^{(-i)} \, dt = \int_0^n r_{x+t}^{-i} \mu_{x+t} \, dt$$

應用中直定理，

$$\int_0^n \mu_{x+t}^{(-i)} \, dt = r_w^{-i} \int_0^n \mu_{x+t} \, dt = - r_w^{-i} \log {}_n p_x \quad (18 \cdot 35)$$

然而由上述兩式，即得

$$\log {}_n p_x^{(-i)} = r_w^{-i} \log {}_n p_x$$

之關係可成立。

於是　　　$r_w^{-i} = 1 - r_w^i \doteqdot \dfrac{{}_n D_x - {}_n D_x^i}{{}_n D_x}$

然後，特定死因之影響除外的死亡率 ${}_n q_x^{(-i)}$ 如下：

$$_n q_x^{(-i)} = 1 - \exp \left\{ \frac{{}_n D_x - {}_n D_x^i}{{}_n D_x} \cdot \log {}_n p_x \right\} \quad (18 \cdot 36)$$

由此公式，死亡率 ${}_n q_x^{(-i)}$ 可得計算之。

至於本生命表之特定死因之影響除外的生命表係，由上述公式計算的死亡率為基礎，然後其他之生命函數 $l_x^{(-i)}$, $d_x^{(-i)}$, $L_x^{(-i)}$, $T_x^{(-i)}$, $e_x^{(-i)}$ 等均以普通生命表所用的同樣方法（一部簡易化）計算而得。

第19章 人口學上生命表之應用

19·1 眞實人口自然增加率
(true rate of natural increase of population)

在此所述之眞實自然增加率之理論係 Dublin 與 Lotka 研究發現者（註1.）玆將其內容詳細介紹如下：

安定年齡構成（stable age composition），某一國全體人口之年齡構成，由戶口普查而獲得正確數字。而在狹小地域，或一小村落可舉辦特別調查獲得資料。此等現實之年齡構成，均在過去100年間之年年之出生與年齡別死亡所造成者。（但在此期間人口移動關係當然甚大，可是在此場合，僅考慮無移動封鎖人口 closed population）。此等出生，死亡每年時常演變。

他方，年齡別出生率，死亡率觀之，每年齡各不相同。故某年之出生數及死亡數與某年人口之年齡別構成具有不可分之關係。而且其年齡構成是因過去100年餘之出生，死亡所產生的，故此亦與過去的人口動態具有不可分的關係。

於是，假設某年（以下爲 t 年）之生命表之死亡率 q_x （實際上，至 x 歲之生存機率 $p(x)$ ）及年齡別出生率［以 $m(x)$ 表示］，認

（·註1.）L. I. Dublin and A. J. Lotka: On the true rate of natural increase. Jour. Amer. Statist. Assoc. Sept. 1925.

爲年年是一定不變，而且永久繼續。（但是便利上限於處理女性）。於是年齡構成雖年年變化，而終究地，其年齡構成是一定的。此爲安定年齡構成。在此安定年齡構成下之出生率，死亡率，自然增加率可稱爲 t 年之眞實率。而表示安定年齡構成之公式列於如下。

$N(t)$：某時期 t 之總人口，

$C(x)$：$N(t)$ 之內，x 歲人口之比率，

$N(t)C(x)dx$：在 t，年齡 x 與（$x+dx$）之範圍內之人口

$B(t-x)dx$：自（$t-x$）至（$t-x+dx$）間之出生數，

$p(x)$：在出生時至 x 歲之生存機率爲 $\dfrac{l_x}{l_0}$，則

$$B(t-x)\,p(x)\,dx = N(t)C(x)\,dx \qquad (19\cdot1)$$

$$\therefore \quad C(x) = \frac{B(t-x)\,p(x)}{N(t)} \qquad (19\cdot2)$$

其次，$D(t)$ 爲在 t 之全死亡，則

$$D(t) = N(t)\int_0^\infty C(x)\frac{d\,p(x)}{p(x)} \qquad (19\cdot3)$$

$p(x)$ 及 $C(x)$ 均與 t 無關係，則

$$\frac{D(t)}{N(t)} = d = 常數 \qquad (19\cdot4)$$

d 爲死亡率。

因 $C(x)$ 與 t 無關係，則

$$C(o) = 常數 = b \qquad (19\cdot5)$$

b 爲出生率。若自然增加率爲 r

$$r = b - d \qquad (19\cdot6)$$

$$B(t-x) = bN(t-x) \qquad (19\cdot7)$$

$$= bN(t)e^{-rx} \tag{19.8}$$

$$\therefore \quad \frac{B(t-x)}{N(t)} = be^{-rx} \tag{19.9}$$

（19.9）代入於（19.2）

$$C(x) = be^{-rx}p(x) \tag{19.10}$$

（19.10） 表示年齡分布公式，而爲 b ， r ， $p(x)$ 之函數。因總人口爲N ， x 歲之人口 P_x ，

$$P_x = Nbe^{-rx}p(x) \tag{19.11}$$

故爲計算$C(x)$ ，則須既知b ， r 值。此等之計算方法說明如下。

眞實自然增加率r 之計算公式：年齡 x 歲之婦女在一年間生產女嬰之平均數以$m(x)$ 表示，（19.11） 式所示 x 歲婦女人口總數爲 $Nbe^{-rx}p(x)$ ，而由此 x 歲婦女數生產之女嬰數爲

$$Nbe^{-rx}p(x)m(x) \tag{19.12}$$

故全年齡婦女所生產之女嬰總數（B）爲，

$$B = \int_0^\infty Nbe^{-rx}p(x)m(x)dx \tag{19.13}$$

$$= Nb\int_0^\infty e^{-rx}p(x)m(x)dx \tag{19.14}$$

然而 $Nb = B$ ，則

$$1 = \int_0^\infty e^{-rx}p(x)m(x)dx \tag{19.15}$$

（19.15）式中$p(x)$ 是 t 年之生命表之（$l_x \div l_0$），$m(x)$ 是（在 t 年，由 x 歲之母親產生之女嬰數）÷（ t 年之 x 歲之婦女人口），而（19.15） 式解之即得 r 值。此式之解法說明如下：設（19.15）爲y ，

$$y = \int_0^\infty e^{-rx} p(x) m(x) dx \qquad (19 \cdot 16)$$

上式對 r 微分，則

$$\frac{dy}{dr} = -\int_0^\infty x e^{-rx} p(x) m(x) dx \qquad (19 \cdot 17)$$

$$= -A \int_0^\infty e^{-rx} p(x) m(x) dx \qquad (19 \cdot 18)$$

$$= -Ay \qquad (19 \cdot 19)$$

（19·19）式對 y 積分，即

$$\int \frac{dy}{y} = -\int A\,dr + \ln c \qquad (19 \cdot 20)$$

$$y = y_0\, e^{-\int A dr} \qquad (19 \cdot 21)$$

但 y_0 爲（19·16）式 $r = 0$ 時之 y 之值，即得

$$y_0 = \int_0^\infty p(x) m(x) dx \qquad (19 \cdot 22)$$

上式中 $p(x)$，$m(x)$ 爲旣知，而將 y_0，以 x 之 範圍爲婦女之繁殖期間予以積分，其結果以 R_0 表示。R_0 爲淨繁殖率（net reproduction rate），一人婦女在生涯期間內生產女嬰之平均歐。此 R_0 代入於（19·21）

$$\therefore \quad y = R_0\, e^{-\int A dr} \qquad (19 \cdot 23)$$

在（19·15）　$y = 1$，

$$1 = R_0\, e^{-\int A dr} \qquad (19 \cdot 24)$$

或　　$R_0 = e^{\int A dr} \qquad (19 \cdot 25)$

上式中 $\int A dr$ 由下列方法決定之，即由（19·17）及（19·18）式

，得

$$A = \frac{\int_0^\infty x\, e^{-rx} p(x) m(x)\, dx}{\int_0^\infty e^{-rx} p(x) m(x)\, dx} \tag{19.26}$$

（19.26）式之分母，分子中之 e^{-rx} 依 Taylor 氏定理展開，則得

$$A = \frac{\int_0^\infty x p(x) m(x)\, dx - r \int_0^\infty x^2 p(x) m(x)\, dx + \dfrac{r^2}{2} \int_0^\infty x^3 p(x) m(x)\, dx - \cdots}{\int_0^\infty p(x) m(x)\, dx - r \int_0^\infty x p(x) m(x)\, dx + \dfrac{r^2}{2} \int_0^\infty x^2 p(x) m(x)\, dx - \cdots} \tag{19.27}$$

茲為簡化，

$$R_n = \int_0^\infty x^n p(x) m(x)\, dx \tag{19.28}$$

$$(n = 0 , 1 , 2 , \cdots)$$

$$A = \frac{R_1 - r R_2 + \dfrac{r^2}{2} R_3 - \dfrac{r^3}{6} R_4 + \cdots}{R_0 - r R_1 + \dfrac{r^2}{2} R_2 - \dfrac{r^3}{6} R_3 + \cdots} \tag{19.29}$$

$$= \alpha + \beta r + \gamma r^2 + \delta r^3 + \cdots \tag{19.30}$$

但 $\quad \alpha = \dfrac{R_1}{R_0} \tag{19.31}$

$$\beta = \alpha^2 - \dfrac{R_2}{R_0} \tag{19.32}$$

$$\gamma = \alpha^3 - \dfrac{3\alpha R_2}{2 R_0} + \dfrac{R_3}{2 R_0} \tag{19.33}$$

$$\delta = \alpha^4 - 2\frac{\alpha^2 R_2}{R_0} - \frac{2\alpha R_3}{3R_0} + \frac{R_2^2}{2R_0^2} - \frac{R_4}{6R_0} \qquad (19 \cdot 34)$$

（19·31）〜（19·34）係（19·29）之分子除以分母而得 。

（19·30 ）之收歛性大，故第 3 項以上滑去無妨，則得

$$A = \alpha + \beta r \qquad (19 \cdot 35)$$

$$\therefore \quad \int A dr = \alpha r + \frac{1}{2}\beta r^2 \qquad (19 \cdot 36)$$

$$\therefore \quad 由 (19 \cdot 25) \quad R_0 = e^{\alpha r + \frac{1}{2}\beta r^2} \qquad (19 \cdot 37)$$

$$\therefore \quad \frac{1}{2}\beta r^2 + \alpha r - \ln R_0 = 0 \qquad (19 \cdot 38)$$

$$\therefore \quad r = \frac{-\alpha + \sqrt{\alpha^2 + 2\beta \ln R_0}}{\beta} \qquad (19 \cdot 39)$$

$$或 \quad r = \frac{\dfrac{R_1}{R_0} - \sqrt{\left(\dfrac{R_1}{R_0}\right)^2 - 2\ln R_0 \left[\dfrac{R_2}{R_0} - \left(\dfrac{R_1}{R_0}\right)^2\right]}}{\dfrac{R_2}{R_0} - \left(\dfrac{R_1}{R_0}\right)^2} \qquad (19 \cdot 40)$$

r 之簡易計算法：

r 值如無須精密，而僅以近似值夠用時，則以下列簡單方法得求
之。

$$1 = \int_0^\infty e^{-rx} p(x) m(x) dx \qquad 前揭 (19 \cdot 15)$$

（19·15）式右端，就 r 依 Taylor 氏定理展開，

$$1 = \int_0^\infty p(x) m(x) dx - r \int_0^\infty x p(x) m(x) dx + \cdots\cdots$$

$$(19 \cdot 41)$$

$$= R_0 - r R_1 + \cdots\cdots \tag{19.42}$$

$$= R_0 \left(1 - r \frac{R_1}{R_0} \right) + \cdots\cdots \tag{19.43}$$

r 值通常極小,故第3項以上消去,

$$1 = R_0 \left(1 - r \frac{R_1}{R_0} \right) \tag{19.44}$$

由(19.31) $\frac{R_1}{R_0} = \alpha$

$$1 = R_0 (1 - \alpha r), \quad R_0 = \frac{1}{(1 - \alpha r)} \tag{19.45}$$

$$R_0 = 1 + \alpha r + \cdots\cdots$$

$$\fallingdotseq (1 + r)^{\alpha} \tag{19.46}$$

$$\therefore \quad \log (1 + r) = \frac{\log R_0}{\alpha} \tag{19.47}$$

由(19.47)式,不用 R_2 ,即可計算 r 值。

又 $R_0 = (1 + r)^{\alpha}$, R_0 是淨繁殖率,而且一代之增加率, α 為一代之長度, r 是一代之增加率換算爲一年之增加率。

19·2 眞實出生率及眞實死亡率

由(19.10)式 $C (x) = b e^{-rx} p (x)$ 予以積分

因 $\int_0^x C (x) d x = 1$

$$1 = b \int_0^{\infty} e^{-rx} p (x) d x \tag{19.48}$$

$$\therefore \quad \frac{1}{b} = \int_0^{\infty} e^{-rx} p (x) d x \tag{19.49}$$

上式中 $\dfrac{1}{b}$ 以 y 表示

$$y = \int_0^\infty e^{-rx} p(x)\,dx \tag{19.50}$$

上式對 r 微分，則

$$\frac{dy}{dr} = -\int_0^\infty x\,e^{-rx} p(x)\,dx \tag{19.51}$$

$$= -A' \int_0^\infty e^{-rx} p(x)\,dx \tag{19.52}$$

$$\frac{dy}{dr} = -A'\,y \tag{19.53}$$

（19.53）對 y 積分，則

$$\int \frac{dy}{y} = -\int A'\,dr + \ln c \tag{19.54}$$

$$\ln y - \ln c = -\int A'\,dr$$

$$y = y_0\,e^{-\int A'\,dr} \tag{19.55}$$

但 y_0 是（19.50）式之 $r = 0$ 時之 y 之值，卽

$$y_0 = \int_0^\infty p(x)\,dx \tag{19.56}$$

式中 $p(x)$ 是生命表之生存率（機率），至 x 歲之生存率。其結果以 L_0 表示，L_0 代入於（19.55）式，則得

$$y = L_0\,e^{-\int A'\,dr} \tag{19.57}$$

$$\therefore\quad \frac{1}{b} = L_0\,e^{-\int A'\,dr} \tag{19.58}$$

$$b L_0 = e^{\int A' d r} \qquad (19.59)$$

$$\therefore \quad b = \frac{e^{\int A' d r}}{L_0} \qquad (19.60)$$

上式之 $\int A' d r$ 由下列方法決定之，卽由（19.51）及（19.52）式，

$$A' = \frac{\int_0^\infty x \, e^{-r x} \, p(x) dx}{\int_0^\infty e^{-r x} \, p(x) \, dx} \qquad (19.61)$$

（19.61）式之分母，分子中之 $e^{-r x}$ 依 Tayror 氏定理展開，則

$$A' = \frac{\int_0^\infty x \, p(x) dx - r \int_0^\infty x^2 \, p(x) dx + \frac{r^2}{2} \int x^3 \, p(x) dx - \cdots\cdots}{\int_0^\infty p(x) dx - r \int_0^\infty x \, p(x) dx + \frac{r^2}{2} \int_0^\infty x^2 \, p(x) d_x - \cdots} \qquad (19.62)$$

爲簡化

$$L_n = \int_0^\infty x^n p(x) dx \qquad (n = 0, 1, 2, \cdots) \qquad (19.63)$$

$$A' = \frac{L_1 - r L_2 + \frac{r^2}{2} L_3 - \frac{r^3}{6} L_4 + \cdots\cdots}{L_0 - r L_1 + \frac{r^2}{2} L_2 - \frac{x^3}{6} L_3 + \cdots\cdots} \qquad (19.64)$$

$$A' = u + v r + w r^2 + \cdots\cdots \qquad (19.65)$$

但 $\quad u = \frac{L_1}{L_0} \qquad (19.66)$

$$v = u^2 - \frac{L_2}{L_0} \qquad (19.67)$$

$$w = u^3 - \frac{3}{2} u \frac{L_2}{L_0} + \frac{1}{2} \frac{L_3}{L_0} \tag{19.68}$$

（19·66）～（19·68）係（19·64）之分子除以分母而得。

由（19·59）　$bL_0 = e^{\int A' dr}$ 　　　　　　（19·69）

$$\ln(b L_0) = \int A' dr \tag{19.70}$$

$$= \int (u + vr + wr^2) dr$$

$$= u r + \frac{1}{2} vr^2 + \frac{1}{3} w r^3 \tag{19.71}$$

即先將 r 值以上述方法求出，其次 b 值由（19·71）式算出，然後死亡率 d 求之，則

$$d = b - r \tag{19.72}$$

一代（one generation）之平均長度

由（19·28），（19·37）式

$$R_0 = \int_0^\infty p(x) m(x) dx = e^{r(\alpha + \frac{1}{2}\beta r)}$$

上式 R_0 為淨繁殖率，而婦女在一代中生產女嬰數，即一代之增加率，故（ $\alpha + \frac{1}{2} \beta r$ ）為一代之長度（ T ）。

$$T = \alpha + \frac{1}{2} \beta r \tag{19.73}$$

如無須精密，而且 r 為微小，則

$$T \doteqdot \alpha = \frac{R_1}{R_0} = \frac{\int_0^\infty x m(x) p(x) dx}{\int_0^\infty m(x) p(x) d x} \tag{19.74}$$

　　此一代之意思是婦女大約 15 歲開始生殖，50歲前後終止，其間之出生率按年齡而變動，其重心是相當於 T。

19·3　安定年齡構成之計算

　　在總人口 N，出生率 b，自然增加率 r，自出生至 x 歲之生存機率 $p(x)$ 等之安定年齡構成之計算說明如下：

　　由前述之（19·11），x 歲人口 P_x 為

$$P_x = Nb\,e^{-rx}\,p(x) \tag{19.75}$$

上式中 N（全人口）與 b（出生率）均為常數，故此等對於年齡之百分比分布並無直接的關係。於是將 $e^{-rx}p(x)$ 按其各年齡 x 計算後加以合計，而其合計為100計算年齡別之百分比分布，卽 x 歲人口之比率 $C(x)$ 如下：

$$C(x) = \frac{e^{-rx}\,p(x)}{\sum e^{-rx}p(x)} \times 100 \tag{19.76}$$

　　實際計算，先求年齡別 e^{-rx} 值，此值乘以 $p(x)$ 為 $e^{-r}p(x)$，然後 $e^{rx}p(x)$ 除以 $\sum e^{-rx}p(x)$，再乘以 100，卽得。上式中 $p(x)$ 係各年齡之生存率由生命表求出，如各年齡組時，卽以各年齡組至中央之生存率 $p(x)$ 值由生命表之 l_x 求出。

　　以上所求得安定年齡別構成與同年戶口普查年齡別構成比較時，卽得發現人口之變動情形。

　　安定年齡構成之動態眞實率（自然增加率、出生率、死亡率）與同年動態統計之粗率之比較如下：

　　眞實出生率（b），眞實死亡率（d），眞實自然增加率（r）均已知，始能求得安定年齡構成。故此構成得判明，安定年齡構成乘以當該曆年之年齡別出生率並加以合計後，其合計除以100，卽得眞實出生

率（b）。又安定年齡構成，乘以當該曆年之平均死亡率 m_x，　並加以合計後，其合計除以100，即得眞實死亡率（d），於是 $b-d=r$　爲眞實自然增加率。

安定年齡構成式

$$\frac{e^{-rx}\,p(x)}{\sum e^{-rx}\,p(x)} \times 100$$

是 r（$=b-d$）及 $p(x)$ 之函數，　然而出生率對於安定年齡構成之影響力較死亡率爲大。如出生率 b 下降與死亡率 d 相等，則增加率 $r=0$。於是 $e^{-rx}=1$，x 歲人口 $P_x=Nb\,p(x)$，此對全人口之比率 $C(x)=\dfrac{p(x)}{\sum p(x)}$，　此等於當該年之生命表之靜止人口之年齡構成，即 $r=0$ 時之安定年齡構成與生命表人口（靜止人口）之年齡別分布相同。如出生率 b 下降至死亡率 d 以下時，增加率爲㈠。於是安定年齡構成呈示異常形態，中年以下部分顯示凹狀。如出生率增高時，安定年齡構成在若年部分稍高外，全體地並不顯著。

故安定年齡構成研究人口變動上至爲重要的公式。

第２０章　粗死亡率之補整式

20·1　Blaschke氏補整式(最小平方法公式)

本公式均利用最小平方法而求得的主要補整式，故先行求得一般式較爲方便，q_x 表示除去偶然誤差(accidental errors)之 x 歲死亡率，q_x 可視爲年齡之連續函數，故在 x 歲前後將其函數依Taylor氏定理展開而得如下：

$$q_{x+t} = a_0 + a_1 t + a_2 t^2 + a_3 t^3 + \cdots\cdots \qquad (20\cdot1)$$

茲就省略 t 之 $n+1$ 次之項，又爲計算之便利上，$n = 2i+1$($i =$ 0，1，2，……)，即 n 爲奇數，又計算之便利上，在 $x-m$ 歲至 $x+m$ 歲之各粗死亡率以下式表示：

$$q'_{x+t}(\ t = -m, -m+1, \cdots, 0, 1, 2, \cdots, m-1, m)$$
$$(20\cdot2)$$

但 m 爲正整數

設　$x \geq m > \dfrac{1}{2}(\ n - 1)$

但是 q_{x+t} 係除去偶然誤差的 x 歲死亡率，故 $q_{x+t} - q'_{x+t}$ 之誤差可視爲依從Gauss氏法則而變動，又其精度(precision)對於全部 t 視爲同一，則依最小平方法求得標準方程式(normal equations)，由此式而決定(20·1)中之 a_0，a_1，a_2，…，a_n 係數爲如下：

$$a_{2i} = \frac{\Delta_{2i}}{D}(\ i = 0, 1, 2, \cdots \frac{n-1}{2}) \qquad (20\cdot3)$$

$$a_{2i+1} = \frac{\Delta_{2i+1}}{E} \ (\ i = 0 \ , \ 1 \ , \ 2 \ , \ \cdots \frac{n-1}{2} \ ) \tag{20.4}$$

今 $\displaystyle\sum_{1}^{m} (t^{2i}) = S_{2i}$. $(\ i = 1 \ , \ 2 \ , \ \cdots n \ )$

$$\sum_{t=-m}^{t=m} (t^{2i} q'_{x+t}) = 2\,\omega_{2i} (\ i = 0, 1, 2, \cdots \frac{n-1}{2}) \tag{A}$$

設　$2m + 1 = 2\lambda$，則得

$$D = \begin{vmatrix} \lambda & S_2 & S_4 & \cdots & S_{2i} \\ S_2 & S_4 & S_6 & \cdots & S_{2i+2} \\ S_4 & S_6 & S_8 & \cdots & S_{2i+4} \\ \vdots & \vdots & \vdots & & \vdots \\ S_{2i} & S_{2i+2} & S_{2i+4} & \cdots & S_{4i} \end{vmatrix} \tag{20.5}$$

而 $\Delta_0, \Delta_2, \Delta_4, \cdots\cdots, \Delta_{n-1}$ 係順序地將 D 之行列式（determinant）中之第一行，第二行，第三行，$\cdots\cdots$ 第 $\dfrac{n+1}{2}$ 行，各以 $\omega_0, \omega_2, \omega_4,$ $\cdots\cdots \omega_{n-1}$ 之一行而置換者。又設

$$\sum_{t=-m}^{t=m} (t^{2i+1} q'_{x+t}) = 2\,\omega_{2i+1} (\ i = 0, 1, 2, \cdots \frac{n-1}{2} \ ) \tag{B}$$

然而

$$E = \begin{vmatrix} S_2 & S_4 & S_6 & \cdots & S_{2i+2} \\ S_4 & S_6 & S_8 & \cdots & S_{2i+4} \\ S_6 & S_8 & S_{10} & \cdots & S_{2i+6} \\ \vdots & \vdots & \vdots & & \vdots \\ S_{2i+2} & S_{2i+4} & S_{2i+6} & \cdots & S_{4i+2} \end{vmatrix}$$

$$\tag{20.6}$$

故 $\Delta_1, \Delta_3, \Delta_5, \cdots\cdots, \Delta_n$ 係順序地將 E 之行列式之第一行，第二行，第三行，$\cdots\cdots$第 $\dfrac{n+1}{2}$ 行各以 $\omega_1, \omega_3, \omega_5, \cdots\cdots\omega_n$ 行而置換者。

前述 $S_2, S_4, S_6, \cdots S_{4i+2}$ 係順序地自然數 $1, 2, 3, \cdots\cdots m$ 之各自以自乘冪，4乘冪，6乘冪，$\cdots\cdots 4i+2$ 乘冪之合計，此等可由 Bernoulli 定理求之，即

$$S_{2\varepsilon} = \frac{m^{r+1}}{r+1} + \frac{1}{2}m^r + \frac{r}{\underline{|2}}\, B_1\, m^{r-1} - \frac{r(r-1)(r-2)}{\underline{|4}}\, B_2\, m^{r-3}$$

$$+ \frac{r(r-1)(r-2)(r-3)(r-4)}{\underline{|6}}\, B_3\, m^{r-5} - \cdots\cdots$$

$$+ (-1)^{\varepsilon-1} B_\varepsilon\, m$$

式中　$r = 2\varepsilon\ (\ \varepsilon = 1, 2, 3, \cdots\cdots, 2i+1)$

$$B_1 = \frac{1}{6},\ B_2 = \frac{1}{30},\ B_3 = \frac{1}{42}\cdots\cdots$$

註：參閱 G. Chrystal Algebra, Part 11. 1926. p.p.231-233

其次對於 $S_2, S_4, S_6, \cdots\cdots$等，

設　$m(m+1) = k$，則可化爲簡單型態。又設 $S_{2\varepsilon}/S_2 = N_{2\varepsilon}\ (\ \varepsilon = 1, 2, 3, \cdots\cdots 2i+1\ )$ 則，

$$N_2 = 1,\ N_4 = \frac{3k-1}{5},\ N_6 = \frac{3k^2-3k+1}{7}$$

$$N_8 = \frac{5k^3-10k^2+9k-3}{15},\ N_{10} = \frac{3k^4-10k^3+17k^2-15k+5}{11}$$

$$N_{12} = \frac{105k^5-525k^4+1435k^3-2360k^2+2073k-691}{455}$$

$$N_{14} = \frac{3k^6-21k^5+84k^4-220k^3+359k^2-315k+105}{15}$$

等可求得。

然而由（20·3）式求得 a_{2i} 值，在此場合設 $S_{2e}=S_2 \cdot N_{2e}$ 時，計算可得方便。又同理，由（20·4）式求得 a_{2i+1} 值。

今將由（20·3）式及（20·4）式求得下式之各係數之計算式，

$$q_{x+t}=a_0+a_1 t+a_2 t^2+\cdots\cdots+a_r t^r \qquad (20\cdot7)$$

上式中 $t=0$，即得 $q_x=a_0$ $\qquad (20\cdot8)$

利用（20·8）式 $q_x=a_0$ 之關係，並將前面所述（A）

$$\sum_{t=-m}^{t=m}(t^{2i} q'_{x+t})=2\omega_{2i}\left(i=0,1,2,\cdots,\frac{n-1}{2}\right)$$

之數值代入於 a_0 之計算式內，予以演算後可得補整公式（修勻公式）。

茲將各種次數及各種項數之補整式之係數之計算列於如下：

1．次數 $n=2$，或 3 次，項數 $m=5$。若資料

表20·1

x	$i-2$	$i-1$	i	$i+1$	$i+2$
u''_x	u''_{i-2}	u''_{i-1}	u''_i	u''_{i+1}	u''_{i+2}

用最小平方法，配以 2 次（或 3 次）拋物線時，先移軸，將上表寫為

表20·2

x'	-2	-1	0	1	2
u'_x	u'_{-2}	u'_{-1}	u'_0	u'_1	u'_2

所配方程式爲 $u = a + bx' + cx'^2$（此式 $n = 2$）時，其標準方程式爲

$$\begin{cases} \Sigma u'_x = a\,5 & + c\Sigma x'^2 & \quad(1) \\ \Sigma x'u'_x = & b\Sigma x'^2 & \quad(2) \\ \Sigma x'^2 u'_x = a\Sigma x'^2 & + c\Sigma x'^4 & \quad(3) \end{cases}$$

由表 20·2 可知 $\Sigma x'^2 = 10$，$\Sigma x'^4 = 34$，代入 (1)，(3) 聯立解之，可得 a 及 c 值，若 $x' = 0$ 時 $u^* = a = u$。利用此關係可誘導修勻公式。

$$\Sigma u'_x = a\,5 + c\,10$$

$$\Sigma x'^2 u'_x = 10\,a + 34\,c$$

$$a = \frac{17\,\Sigma u'_x - 5\,\Sigma x'^2 u'_x}{35}$$

式中　$\Sigma u'_x = [\,u'_{-2} + u'_{-1} + u'_0 + u'_1 + u'_2\,]$

　　　　$\Sigma x'^2 u'_x = [(-2)^2 u'_{-2} + (-1)^2 u'_{-1} + (0)^2 u'_0 + (1)^2 u'_1$

　　　　　　　　　$+ (2)^2 u'_2\,]$

故此等數值代入於上式即得下列之所謂修勻公式，

$$u^*_0 = a = \frac{1}{35}\left[-3u'_{-2} + 12 u'_{-1} + 17 u'_0 + 12 u'_1 - 3u'_2 \right] \quad(20\cdot9)$$

同理係數 b，c 等可求得。

2. $n = 2$，或 3，$m = 9$

x'	-4	-3	-2	-1	0	1	2	3	4
u'_x	u'_{-4}	u'_{-3}	u'_{-2}	u'_{-1}	u'_0	u'_1	u'_2	u'_3	u'_4

所配方程式 $u^* = a + bx' + cx'^2$（此式 $n = 2$）時，其標準方

程式如下：

$$\begin{cases} \Sigma u'_x = 9\,a & + c\,\Sigma x'^2 & (1) \\ \Sigma x' u'_x = & b\,\Sigma x'^2 & (2) \\ \Sigma x'^2 u'_x = a\,\Sigma x'^2 & + c\,\Sigma x'^4 & (3) \end{cases}$$

$$\begin{cases} \Sigma u'_x = 9\,a + 60\,c \\ \Sigma x'^2 u'_x = 60\,a + 708\,c \end{cases}$$

$$a = \frac{708\,\Sigma u'_x - 60\,\Sigma x'^2\,u'_x}{2772}$$

前述同理，將 $\Sigma u'_x$ 及 $\Sigma x'^2 u'_x$ 之展開值代入於上式即得修勻公式如下：

$$u_0^* = \frac{1}{231}\big[\,-21\,u'_{-4} + 14\,u'_{-3} + 39\,u'_{-2} + 54\,u'_{-1} + 59\,u'_0$$
$$+\,54\,u'_1 + 39\,u'_2 + 14\,u'_3 - 21\,u'_4\,\big] \qquad (20\cdot10)$$

同理係數 b , c 可求得。

3. $n = 4$ ，或 5 ，$m = 9$

x′	−4	−3	−2	−1	0	1	2	3	4
u'_x	u'_{-4}	u'_{-3}	u'_{-2}	u'_{-1}	u'_0	u'_1	u'_2	u'_3	u'_4

配方程式 $u_x^* = a + b\,x' + c\,x'^2 + d\,x'^3 + e\,x'^4$ 時，標準方程式如下：

$$\begin{cases} \Sigma u'_x = 9a & + c\,\Sigma x'^2 & + e\,\Sigma x'^4 \\ \Sigma x' u'_x = & b\,\Sigma x'^2 & + d\,\Sigma x'^4 \\ \Sigma x'^2 u'_x = a\,\Sigma x'^2 & + c\,\Sigma x'^4 & + e\,\Sigma x'^6 \\ \Sigma x'^3 u'_x = & b\,\Sigma x'^4 & + d\,\Sigma x'^6 \\ \Sigma x'^4 u'_x = a\,\Sigma x'^4 & + c\,\Sigma x'^6 & + e\,\Sigma x'^8 \end{cases}$$

$$\begin{cases} \Sigma u'_x = 9a + 60c + 908e \\ \Sigma x'^2 u'_x = 60a + 908c + 9780e \\ \Sigma x'^4 u'_x = 708a + 9780c + 144708e \end{cases}$$

依行列式解之，則

$$a = \begin{vmatrix} \Sigma u'_x & 60 & 708 \\ \Sigma x'^2 u'_x & 708 & 9780 \\ \Sigma x'^4 u'_x & 9780 & 144708 \end{vmatrix} \div \begin{vmatrix} 9 & 60 & 708 \\ 60 & 708 & 9780 \\ 708 & 9780 & 144708 \end{vmatrix}$$

$$a = \frac{1}{1716} [716 \Sigma u'_x - 185 \Sigma x'^2 u'_x + 9 \Sigma x'^4 u'_x]$$

前述同理，$\Sigma u'_x$，$\Sigma x'^2 u'_x$，$\Sigma x'^4 u'_x$ 之展開值代入於上式卽得修勻公式如下：

$$u^*_0 = \frac{1}{429} [15 u'_{-4} - 55 u'_{-3} + 30 u'_{-2} + 135 u'_{-1} + 179 u'_0$$
$$+ 135 u'_1 + 30 u'_2 - 55 u'_3 + 15 u'_4] \qquad (20 \cdot 11)$$

同理 b，c，d，e 等可求得。

4. $n = 4$ 或 5，$m = 11$

x'	-5	-4	-3	-2	-1	0	1	2	3	4	5
u'_x	u'_{-5}	u'_{-4}	u'_{-3}	u'_{-2}	u'_{-1}	u'_0	u'_1	u'_2	u'_3	u'_4	u'_5

配方程式 $u_x = a + bx' + cx'^2 + dx'^3 + ex'^4$，標準方程式如下：

$$\begin{cases} \Sigma u'_x = 11a + c \Sigma x'^2 + e \Sigma x'^4 \\ \Sigma x' u'_x = b \Sigma x'^2 + d \Sigma x'^4 \\ \Sigma x'^2 u'_x = a \Sigma x'^2 + c \Sigma x'^4 + e \Sigma x'^6 \end{cases}$$

$$\begin{cases} \Sigma x'^8 u'_x = & b\Sigma x'^4 & + d\Sigma x'^6 \\ \Sigma x'^4 u'_x = a\Sigma x'^4 & + c\Sigma x'^6 & + e\Sigma x'^8 \end{cases}$$

$$\begin{cases} \Sigma u'_x = & 11\,a + & 110\,c + & 1958\,e \\ \Sigma x'^2 u'_x = & 110\,a + & 1958\,c + & 41030\,e \\ \Sigma x'^4 u'_x = & 1958\,a + & 41030\,c + & 925958\,e \end{cases}$$

依行列式解之，則

$$a = \begin{vmatrix} \Sigma u'_x & 110 & 1958 \\ \Sigma x'^2 u'_x & 1958 & 41030 \\ \Sigma x'^4 u_x & 41030 & 908958 \end{vmatrix} \div \begin{vmatrix} 11 & 110 & 1958 \\ 110 & 1958 & 41030 \\ 1958 & 41030 & 925958 \end{vmatrix}$$

$$a = \frac{1}{1716}[\,572\,\Sigma u'_x - 95\,\Sigma x'^2 u'_x + 3\,\Sigma x'^4 u'_x\,]$$

前述同理，$\Sigma u'_x$，$\Sigma x'^2 u'_x$，$\Sigma x'^4 u'_x$ 之展開值代入於上式，即得修匀公式如下：

$$u_0^* = \frac{1}{429}[\,18\,u'_{-5} - 45\,u'_{-4} - 10\,u'_{-3} + 60\,u'_{-2} + 120\,u'_{-1} + 143 u'_0$$
$$+ 120\,u'_1 + 60\,u'_2 - 10\,u'_3 - 45\,u'_4 + 18\,u'_5\,] \qquad (20\cdot12)$$

同理係數 b，c，d，e 等可求得。其餘各式類推。

5. 拋物線之次數 n 爲 7 以上之時

其計算比較複雜。玆爲計算之便利起見，採取下列方法進行之。詳細參閱第 23 章 $23\cdot1$ 行列式並本章 $(20\cdot3)$，$(20\cdot4)$ 及 $(20\cdot5)$，$(20\cdot6)$ 各式。

今將 $(20\cdot3)$ 及 $(20\cdot4)$ 兩式，曲線爲 7 次拋物線，即 $n = 7$ 之時，a_0，a_1，a_2，……a_7 之各別計算結果列於如下首先 a_0 及 t 之偶數冪之係數表示如下：

$$a_0 = \frac{5\cdot7}{L} \sum_{t=-m}^{t=m} [\,(35\,k^3 - 385\,k^2 + 882\,k - 180) - 3\cdot7(15\,k^2$$

$$-105\,k+101)\,t^2+3\cdot7\cdot11(3\,k-10)\,t^4$$

$$-3\cdot11\cdot13\,t^6]\,q'_{x+t} \quad \cdots\cdots\cdots\cdots\cdots\cdots\cdots\cdots\cdots\cdots \text{(1)}$$

$$a_2=-\frac{3\cdot7}{J}\sum_{t=-m}^{t=m}[5\cdot7\,k(k-2)(k-6)(15k^2-105\,k+101)$$

$$-3\cdot7(405\,k^4-4,590\,k^3+16,605\,k^2-18,975\,k$$

$$+7,798)\,t^2+3\cdot5\cdot11(135\,k^3-1,080\,k^2+2,502\,k$$

$$-1,288)\,t^4-3\cdot7\cdot11\cdot13(5\,k^2-25\,k+14)\,t^6]\,q'_{x+t}$$

$$\cdots\cdots\cdots\cdots\cdots\cdots\cdots\cdots\cdots\cdots\cdots \text{(2)}$$

$$a_4=\frac{3\cdot5\cdot7\cdot11}{J}\sum_{t=-m}^{t=m}[7k(k-2)(k-6)(3k-10)-3(135k^3$$

$$-1,080\,k^2+2,502\,k-1,288)t^2+3\cdot5\cdot7\cdot11(k^2$$

$$-5\,k+7)t^4-3\cdot7\cdot13(3k-7)t^6]\,q'_{x+t} \quad \cdots\cdots\cdots \text{(3)}$$

$$a_6=-\frac{3\cdot7\cdot11\cdot13}{J}\sum_{t=-m}^{t=m}[5k(k-2)(k-6)-3\cdot7(5\,k^2-25k$$

$$+14)t^2+3\cdot5\cdot7(3\,k-7)t^4-3\cdot7\cdot11,\,t^6]\,q'_{x+t}\cdots$$

$$\cdots\cdots\cdots\cdots\cdots \quad \cdots\cdots\cdots\cdots\cdots\cdots\cdots \text{(4)}$$

其次 t 之奇數冪之係數表示如下：

$$a_1=\frac{3^2}{J}\sum_{t=-m}^{t=m}[(3,675\,k^6-91,875\,k^5+823,935\,k^4$$

$$-3,195,220\,k^3+5,231,744\,k^2-2,684,808\,k$$

$$+547,920)t-3\cdot5\cdot7\cdot11(21\,k^5-420\,k^4+2,891k^3$$

$$-7,897\,k^2+7,938\,k-1,620)\,t^3+3\cdot7\cdot11\cdot13$$

$$(15\,k^4-230\,k^3+1,102\,k^2-1,764\,k+360)t^5$$

$$-5 \cdot 11 \cdot 13(35\,k^3 - 385\,k^2 + 882\,k - 180)\,t^7\,]\,q'_{x+t}$$

$$\cdots\cdots\cdots\cdots\cdots\cdots\cdots\cdots\cdots (5)$$

$$a_3 = -\frac{3^2 \cdot 7 \cdot 11}{H} \sum_{t=-m}^{t=m} [\,3 \cdot 5(21\,k^5 - 420\,k^4 + 2,891\,k^3$$

$$-7,897\,k^2 + 7,938\,k - 1,620)\,t - 3 \cdot 5 \cdot 11(15\,k^4$$

$$-230\,k^3 + 1,165\,k^2 - 2,055\,k + 1,267)\,t^3$$

$$+5 \cdot 7 \cdot 11 \cdot 13(k^3 - 11\,k^2 + 36k - 30)\,t^5$$

$$-3 \cdot 5 \cdot 13(15\,k^2 - 105\,k + 101)\,t^7\,]\,q'_{x+t} \cdots\cdots (6)$$

$$a_5 = \frac{3^2 \cdot 7 \cdot 11 \cdot 13}{H} \sum_{t=-m}^{t=m} [\,3(15\,k^4 - 230\,k^3 + 1,102\,k^2$$

$$-1,764\,k + 360)\,t - 5 \cdot 7 \cdot 11(k^3 - 11\,k^2 + 36\,k - 30)\,t^3$$

$$+3 \cdot 7 \cdot 13(3\,k^2 - 21\,k + 40)\,t^5$$

$$-3 \cdot 5 \cdot 11(3k - 10)\,t^7\,]\,q'_{x+t} \cdots\cdots\cdots\cdots\cdots (7)$$

$$a_7 = -\frac{3^2 \cdot 5 \cdot 11 \cdot 13}{H} \sum_{t=-m}^{t=m} [\,(35\,k^3 - 385\,k^2 + 882\,k - 180)\,t$$

$$-3 \cdot 7(15\,k^2 - 105\,k + 101)\,t^3 + 3 \cdot 7 \cdot 11(3k - 10)\,t^5$$

$$-3 \cdot 11 \cdot 13\,t^7\,]\,q'_{x+t} \cdots\cdots\cdots\cdots\cdots\cdots\cdots\cdots (8)$$

茲設 $k = m(m+1)$　$m > 3$

$$L = 4(2\,m - 5)(2\,m - 3)(2\,m - 1)(2\,m + 1)$$
$$(2\,m + 3)(2\,m + 5)(2\,m + 7)$$

$$J = (m-2)(m-1)m(m+1)$$
$$(m+2)(m+3).L$$

$$H = (m-3)(m+4) \cdot J$$

於此求得下式：

$$a_{x+t} = a_0 + a_1 t + a_2 t^2 + \cdots\cdots + a_r t^r \qquad (20 \cdot 13)$$

設 $t = 0$ ，即得

$$q_x = a_0$$

再由 $q_x = a_0$ 及（1）式即得補整式如下：

$$q_x = \frac{5 \cdot 7}{L} \sum_{t=-m}^{t=m} \left[(35 \, k^3 - 385 \, k^2 + 882 \, k - 180) - 3.7(15 \, k^2 \right.$$
$$- 105 \, k + 101) t^2 + 3 \cdot 7 \cdot 11(3 \, k - 10) t^4$$
$$\left. - 3 \cdot 11 \cdot 13 \, t^6 \right] q'_{x+t} \qquad (20 \cdot 14)$$

求得補整式。

此式係補整死亡曲線為七次拋物線，而以最小平方法求得補整式之一般型。在（20·1）式及（20·2）式之前提下，而以最小平方法求得補整式可稱為最小平方法公式，或者稱為 Blaschke 氏補整式（Dr. E. Blaschke：Vorlesungen über Mathematische Statistik, 1906），而與（20·14）式相應的（20·15）式可稱為實驗式（empirical formula）。

今 $m = 7$ 為例求得 a_0 , a_1 , a_2 , ……a_r 之數值列於第一表。

第　一　表

	分　母	$\Sigma q'_{x+t}$ 之係數	$\Sigma t^2 q'_{x+t}$ 之係數	$\Sigma t^4 q'_{x+t}$ 之係數	$\Sigma t^6 q'_{x+t}$ 之係數
a_0	453,492	+ 151,164	− 26,257	+ 1,106	− 13
a_1	8,162,856,000	− 472,626,000	+ 146,723,269	− 7,307,180	+ 92,911
a_2	3,265,142,400	+ 7,963,200	− 2,922,872	+ 157,465	− 2,093
a_3	1,255,824,000	− 36,000	+ 14,294	− 805	+ 11

	分　　母	$\Sigma q'_{x+t}$ 之係數	$\Sigma t' q'_{x+t}$ 之係數	$\Sigma t' q'_{x+t}$ 之係數	$\Sigma t' q'_{x+t}$ 之係數
a_1	29,628,144,000	+ 5,379,570,572	− 699,846,455	+ 25,388,818	− 272,935
a_3	30,474,662,400	− 719,842,068	+ 110,665,387	− 4,340,882	+ 48,763
a_5	5,860,512,000	+ 5,021,964	− 834,785	+ 34,216	− 395
a_7	16,409,433,600	− 151,164	+ 26,257	− 1,106	+ 13

第一表中 a_0 之列爲

$$a_0 = \frac{1}{453,492} \sum_{t=-7}^{t=7} [151,164 - 26,257\,t^2 + 1,106\,t^4 - 13\,t^6]\,q'_{x+t}$$

其他 $a_1, \cdots\cdots a_7$ 與此同理得求之。

又 $\overset{\bullet}{m} = 7$ 由（20·14）式求得補整式如下：

$$q_x = \frac{1}{12,597} [4,199\,q'_x + 3,500\,q'_{x\pm1} + 1,750\,q'_{x\pm2} - 140\,q'_{x\pm3}$$

$$- 1,085\,q'_{x\pm4} - 476\,q'_{x\pm5} + 910\,q'_{x\pm6} - 260\,q'_{x\pm7} \quad (20·15)$$

然而與（20·15）相應的實驗式可由第一表所列數值而求得。

再次將表示補整死亡率曲線次數各爲三次，五次，七次及九次，而有 $2n+1$ 項數之補整式之係數列於第二表。

第 二 表

	q'_x	$q'_{x\pm1}$	$q'_{x\pm2}$	$q'_{x\pm3}$	$q'_{x\pm4}$
$n=3$	+ 0.333,333,33	+ 0.285,714,29	+ 0.142,857,14	− 0.095,238,10	
$n=5$	+ 0.333,333,33	+ 0.279,720,28	+ 0.139,860,14	− 0.023,310,02	− 0.104,895,10
$n=7$	+ 0.333,333,33	+ 0.277,843,93	+ 0.138,921,97	− 0.011,113,76	− 0.086,131,62
$n=9$	+ 0.333,333,33	+ 0.277,022,48	+ 0.138,511,24	− 0.006,595,77	− 0.079,149,28

	$q'_{x\pm5}$	$q'_{x\pm6}$	$q'_{x\pm7}$	$q'_{x\pm8}$	$q'_{x\pm9}$
$n=5$	+ 0.041,958,04				
$n=7$	− 0.037,786,77	+ 0.072,239,42	− 0.020,639,83		
$n=9$	− 0.048,054,92	+ 0.034,863,37	+ 0.054,112,26	− 0.048,054,92	+ 0.010,678,87

再次補整死亡率曲線為七次拋物線，而有 9 至 21 項數之係數列於 第
三表。

第　三　表

m / q_x	4	5	6	7	8	9	10
q'_x	+ 0.619,269,62	+ 0.475,935,83	+ 0.391,067,14	+ 0.333,333,33	+ 0.291,052,74	+ 0.258,581,24	+ 0.232,784,43
$q'_{x\pm1}$	+ 0.304,584,30	+ 0.322,501,03	+ 0.303,102,47	+ 0.277,843,93	+ 0.253,683,59	+ 0.232,171,22	+ 0.213,409,91
$q'_{x\pm2}$	− 0.152,292,15	+ 0.011,517,89	+ 0.098,508,30	+ 0.138,921,97	+ 0.155,834,20	+ 0.160,936,87	+ 0.160,057,43
$q'_{x\pm3}$	+ 0.043,512,04	− 0.126,696,83	− 0.075,775,62	− 0.011,113,76	+ 0.036,240,51	+ 0.067,088,44	+ 0.086,184,77
$q'_{x\pm4}$	− 0.005,439,01	+ 0.066,227,89	− 0.078,048,89	− 0.086,131,62	− 0.053,998,36	− 0.018,279,71	+ 0.011,369,86
$q'_{x\pm5}$		− 0.011,517,89	+ 0.073,350,80	− 0.037,786,77	− 0.071,611,25	− 0.064,073,23	− 0.042,966,75
$q'_{x\pm6}$			− 0.016,670,64	+ 0.072,239,42	− 0.009,422,53	− 0.051,635,48	− 0.059,550,41
$q'_{x\pm7}$				− 0.020,639,83	+ 0.067,303,81	+ 0.009,261,00	− 0.032,951,95
$q'_{x\pm8}$					− 0.023,556,33	+ 0.060,869,57	+ 0.021,001,78
$q'_{x\pm9}$						− 0.025,629,29	+ 0.054,106,28
$q'_{x\pm10}$							− 0.027,053,14
計	0.999,999,98	1.000,000,01	0.999,999,98	1.000,000,01	1.000,000,02	1.000,000,02	0.999,999,99

20·2　Greville氏補整式

美國人口動態局 T. N. E. Greville 補整式登載於 "The Record
American Institute of Actuaries Vol. XXXVI, Part II. No. 74,
1947 及 Vol. XXXVII, Part I. No. 75. 1948".

兹將該補整式之概要記述如下：

1．基礎理論

先就此補整法之一般的理論作一簡單說明如下：

$$u'_0 \, , \, u'_1 \, , \, \cdots\cdots u'_n$$

之數列以 $\{u'_x\}$ 表示，而 u'_x 之補整值 u_x 以下式表示：

$$u_x = a_0\, u'_{x-p} + a_1\, u'_{x-p+1} + \cdots\cdots + a_p\, u'_x + \cdots\cdots + a_{p+q}\, u'_{x+q}$$

$$\cdots\cdots\cdots (1)$$

該補整值取得 u'_x 及前後幾個項之平均值稱為補整，而 u_x 稱為補整值。又如該 $\{u'_x\}$ 取得最大次數 r 次多項式之數值時，通常可成立下列之關係，

$$u_x = u'_x$$

則此補整法可稱，至 r 次階差為正確。又補整值之平滑度（smoothness），以補整值與 m 次多項式取得數值間之差異（接近值）來表示，以記號① Δ^m 表示 m 次階差；則平滑之測度可以下式表示：

$$X = \sum_m (\Delta^m u_x)^2$$

①數列 u_0，u_1，u_2，$\cdots\cdots$ 之一次階差可定義為各數之差，即

$$\Delta u_x = u_{x+1} - u_x$$

二次階差為各一次階差之差，即

$$\Delta^2 u_x = \Delta u_{x+1} - \Delta u_x = u_{x+2} - 2u_{x+1} + u_x$$

同理 m 次階差為

$$\Delta^m u_x = \Delta^{m-1} u_{x+1} - \Delta^{m-1} u_x$$
$$= {}_mC_m\, u_{x+m} - {}_mC_{m-1}\, u_{x+m-1} + \cdots\cdots + (-1)^{m-i}\,{}_mC_i\, u_{x+i}$$
$$- \cdots\cdots + (-1)^m\,{}_mC_0\, u_x \;。$$

$${}_mC_i = \frac{m!}{i!(m-i)!} = \frac{1\cdot 2\cdot 3\cdots\cdots\cdots\cdots\cdots\cdots m}{1\cdot 2\cdot 3\cdots\cdots i\,\cdot 1\cdot 2\cdot 3\cdots\cdots(m-i)}$$

如 u'_x 包含偶然量，X 亦可視為偶然量，但在適當的假定下，E 表示平均值之記號，C 為常數，則

$$EX = C \sum_i (\Delta^m a_i)^2$$

但設 a_i 在 $i < -p$，$i > q$ 之間均為 0（零）。

故 $K = \sum_i (\Delta^m a_i)^2$

卽使 K 之數值取得最小時之補整值可視為最平滑值。

通常 m 為 3 或 4。而 $\{a_i\}$ 表示滿足以上各條件之係數，而為求得 a_i 係數，Greville 氏使用 Tchebycheff 多項式來解決此問題。

Tchebycheff 多項式係以下式定義的一種多項式，即

$$T_i(x, n) = \Delta^i [X_{(i)} \cdot (X-n)_{(i)}] \quad (n \text{ 為正整數})$$

但 $x_{(i)} = \dfrac{x(x-1) \cdots (x-i+1)}{i!}$ .... (2)

今後 $T_i(x, n)$ 如以 $T_i(x)$ 來代替，則 $T_i(x)$ 有下列性質,即

$$\sum_{x=0}^{n-1} T_i(x) T_j(x) = 0 \quad (i \neq j) \quad \cdots\cdots\cdots (3)$$

如 $i = j$，則

$$\sum_{x=0}^{n-1} (T_i(x))^2 = \frac{n(n^2-1)(n^2-4) \cdots (n^2-i^2)}{(2i+1)(i!)^2} = S_i \cdots (4)$$

以數學的用語言之，$T_i(x)$ 有直交性。利用 $T_i(x)$ 之直交性可取得各種便利的事項。

先設 $P_r(x)$ 為 r 次之多項式，若 $r < n$ 則 $P_r(x)$ 可依 $T_i(x)$ 展開，即得

$$P_r(x) = \sum_{i=0}^{r} b_i T_i(x) \quad \cdots\cdots\cdots\cdots\cdots (5)$$

式中係數 b_i 以下式表示：

$$b_i = \frac{\displaystyle\sum_{y=0}^{n-1} T_i(y) P_r(y)}{S_i} \quad \cdots\cdots\cdots\cdots\cdots (6)$$

又如 $r \geq n$，由 (3) 及 (5)，則得

$$\sum_{x=0}^{n-1} T_j(x)\, P_r(x) = 0$$

茲爲簡化，(1)式中設 $x - p = 0$ ， $x + q = n - 1$ ，(1)爲

$$u_x = \sum_{v=0}^{n-1} a_v\, u'_v \tag{7}$$

但對於 a_v 而言，爲其 r 次之階差表示正確，對於最大 r 次之任意多項式 $P_r(y)$ ，應可得成立下式之關係，即

$$\sum_{v=0}^{n-1} a_v\, P_r(y) = P_r(x) \tag{8}$$

但此條件(8)，對於 $r + 1$ 之分開的條件 (separate conditions) ，即 $i = 0$ ， 1 ， 2 ， $\cdots\cdots r$ ，

$$\sum_{v=0}^{n-1} a_v\, T_i(y) = T_i(x) \tag{9}$$

之關係亦可成立，及同值之事實。此等事實，將任意多項式 $P_r(x)$ ，與(5)同理，可依 $T_i(x)$ 展開，可得明瞭。

然而滿足(9)之條件的 a_v 値可用以下之事實來求之：

茲有 n 個任意値 a_v （ $y = 0$ ， 1 ， $\cdots\cdots$ ， $n-1$ ），以此數値可以決定取得 n 個數値之最大 $n - 1$ 次之 Lagrange 多項式 $Q(y)$ 。

如 $Q(y)$ 決定，則與(5)同理，可轉向爲

$$a_v = Q(y) = \sum_{j=0}^{n-1} c_j\, T_j(y) \tag{10}$$

(10)代入於(9)，對於 $i = 0$ ， 1 ， 2 ， $\cdots\cdots$ ， r 可得

$$c_i = \frac{T_i(x)}{S_i} \tag{11}$$

其餘 c_j（ $j = r+1$ ， $r+2$ ， $\cdots\cdots$ ， $n+1$ ）亦可以任意決定。

2. 補整式上之應用

以上所得知識爲基礎，來說明 Greville 氏補整式。

今將 a_y 予以擴張，對於 $y = -m$，$-m+1$，……，-1 及 $y = n$，$n+1$，……，$n+m-1$

設 $a_y = 0$，$\Delta^m a_y = A_y$。

從之，至 r 次階差具有最大正確平滑度之補整式（取得 m 次階差爲平滑度基準）是可以滿足（8），且

$$K = \sum_{y=-m}^{n-1} A_y^2 \qquad (12)$$

可使取得最小值。

但 $A_y = \Delta^m a_y$，依照階差之性質可得下式，卽

$$A_y = \sum_{i=0}^{m} (-1)^{m-i} {}_mC_i a_{y+i}$$

${}_mC_i$ 係二項係數。

但對於 a_y，（8）式可成立，則可求得下式：

$$(-1)^m \sum_{y=0}^{n+m-1} A_{y-m} P_{r+m}(y) = \Delta^m P_{r+m}(x) \qquad (13)$$

但 $P_{r+m}(y)$ 爲最大 $r+m$ 次多項式。

以前所知（8）與（9）爲同值，同理（13）與下式

$$(-1)^m \sum_{y=0}^{n+m-1} A_{y-m} T_j'(y) = \Delta^m T_j'(x) \qquad (14)$$

爲同值。但 $i = 0$，1，……，$r+m$，而且 $T_j'(y) = T_j(y, n+m)$。

但是，依據最大 $n+m-1$ 次之 Lagrange 多項式 $Q(y)$，可得

設 $A_{y-m} = Q(y)$

$(y = -m$，$-m+1$，……，$n-1)$

將 $Q(y)$ 依 $T_i'(x)$ 展開爲

$$Q(y) = \sum_{j=0}^{n+m-1} b_j T'_j(y) \tag{15}$$

（15）式代入於（14）並利用 Tchebycheff 多項式之直交性，即得

$$b_i = \frac{(-1)^m \Delta^m T'_i(x)}{S'_i} \tag{16}$$

$$(\ i = 0, 1, 2, \cdots\cdots, r+m\ )$$

依照階差之性質，最大 $m-1$ 次多項式之 m 次階差爲零，因此由（16），

$$b_i = 0, (\ i = 0, 1, \cdots, m-1\ )$$

可以式立。

又由（12）及（15）即得

$$K = \sum_{j=0}^{n+m-1} b_j^2 S'_j \tag{17}$$

b_j 之中 $j = 0, 1, 2, \cdots\cdots, r+m$ 之部分可由（16）求得。故設 $b_j = 0\ (j = r+m+1, \cdots\cdots, n+m-1)$，則 K 爲最小值。

然而對於 $y = -m, -m+1, \cdots\cdots, -1$ 及 $y = n, n+1, \cdots\cdots, n+m-1$，$a_y$ 應爲零及 $\Delta^m a_y = A_y$，由此等事實，$b_j\ (j = r+m+1, \cdots\cdots, n+m-1)$ 不能取得任意值。

若 $b_j\ (j = r+m+1, \cdots, n+m-1)$ 能取得任意值，而使 K 值取得最小值之 A_y 可以下式表示，即

$$A_{y-m} = (-1)^m \sum_{i=m}^{r+m} \frac{T'_i(y) \Delta^m T'_i(x)}{S'_i} \tag{18}$$

從而就 $\{a_y\}$，$\Delta^m a_y = A_y$，$a_y = 0\ (y = -m, -m+1, \cdots, -1;$

n ， $n+1$ ， $\cdots$ ， $n+m-1$ ）,且 A_v 可以滿足（18），此 $\{a_v\}$ 即是所求者。若設

$$a_v = (-1)^m \sum_{i=m}^{r+m} \frac{\Delta^m T_i'(x) \Delta^{-m} T_i'(y+m)}{S_i'} \qquad (19)$$

此 $\{a_v\}$ 可以滿足全部的條件，以下列簡單的計算可以證明。

（19）式中

$$\Delta^{-m} T_i'(y+m) = \Delta^{i-m} \left[(y+m)_{(i)} (y-n)_{(i)} \right]$$

$$= \Delta^{i-m} \left(\frac{(y+m)(y+m-1)\cdots(y+m-i+1)}{i!} \right.$$

$$\left. \times \frac{(y-n)(y-n-1)\cdots(y-n-i+1)}{i!} \right)$$

上式中右邊括弧內之 $[(y+m)_{(i)} (y-n)_{(i)}]$ ，在 $y=-m$ ，$-m+1$ ，$\cdots\cdots$ ，$i-m-1$ ，n ，$n+1$ ，$\cdots\cdots$ ，$n+i-1$ 時為零，是故其（$i-m$）次階差， $\Delta^{-m} T_i'(y+m)$ ，在 $y=-m$ ，$-m+1$ ，$\cdots\cdots$ ，-1 ，n ，$n+1$ ，$\cdots\cdots$ ，$n+m-1$ 時為零。因之，滿足（19）式之 a_v 值可以求得。

又 $\Delta^m \Delta^{-m} T_i'(y+m) = T_i'(y+m)$ ，

由此即得 $\Delta^m a_v = A_v$ ，而（18）式即可證明。

為求 a_v 值，首先由下式

$$\frac{x(x-1)\cdots(x-i+1)}{i!} = \frac{x!}{i!(x-1)!} = {}_x C_i$$

$$\frac{(x-n)(x-n-1)\cdots(x-n-i+1)}{i!}$$

$$= \frac{(x-n)!}{i!(x-n-1)!} = {}_{x-n} C_i$$

　　由上式以 i , x 之各種數字來求得 $_xC_i$, 其次求得兩者之積 , 即 $_xC_i \cdot {_{x-n}C_i}$, 又求得其階差即得 $\Delta^m T'_i(x)$, $\Delta^{-m} T'_i(x+m)$, 而 S'_i 另行計算之。此等數值代入於 (19) , 即得 a_v 值。

　　茲就 $n=7$, $r=3$, $m=4$ 時之 a_v 值之實際求法加以說明之。

　　先由二項係數表求得二項係數 (binomial coefficients) 列於第一表 , 但由 (19) 可知 , $i=4,5,6,7$, $x=n+m-1=10$ 。

第 一 表

x \ i	4	5	6	7
4	1	0	0	0
5	5	1	0	0
6	15	6	1	0
7	35	21	7	1
8	70	56	28	8
9	126	126	84	36
10	210	252	210	120

由第一表之數字求兩者之積 , 即得第二表 , 其數值為 $G'_i(x)=(-1)^i {_xC_i} {_{10+i-x}C_i}$ 。

第 二 表

x	$G'_4(x)$	$G'_5(x)$	$G'_6(x)$	$G'_7(x)$
4	210	0	0	0
5	630	− 252	0	0
6	1050	− 756	210	0
7	1225	− 1176	588	− 120
8	1050	− 1176	784	− 288
9	630	− 750	588	− 288
10	210	− 252	210	− 120

依據 $\Delta^{-4}T_i'(y) = \Delta^{i-4}G_i'(y)$ 公式，由第二表取得（$i-4$）次之階差，求得 $\Delta^{-4}T_i'(x)$，列於第三表。

第 三 表

x	$\Delta^{-4}T_4'(x)$	$\Delta^{-4}T_5'(x)$	$\Delta^{-4}T_6'(x)$	$\Delta^{-4}T_7'(x)$
4	210	-252	210	-120
5	630	-504	168	72
6	1050	-420	-182	216
7	1225	0	-392	0
8	1050	420	-182	-216
9	630	504	168	-72
10	210	252	210	120

其次由第三表取得 4 次之階差，求得 $T_4'(x)$，然後再取得 4 次之階差，而求得 $\Delta^4 T_4'(x)$，結局由第三表取得 8 次之階差，而求得 $\Delta^4 T_i'(x)$，其結果列於第四表。

第 四 表

x	$\Delta^4 T_4'(x)$	$\Delta^4 T_5'(x)$	$\Delta^4 T_6'(x)$	$\Delta^4 T_7'(x)$
0	70	-756	3150	-6600
1	70	-504	840	1320
2	70	-252	-546	2376
3	70	0	-1008	0
4	70	252	-546	-2376
5	70	504	840	-1320
6	70	756	3150	6600

S'_i 由（4）公式以階乘表可得計算，此值列於第五表，卽

第　五　表

i	S'_i
4	3ɔ0,350
5	1,100,736
6	2,100,120
7	2,800,512

以上所得數值代入於（19）式，卽得 a_v 值，列於第六表。表中 x = 0，1，2 欄之係數係最初三項補整所用者。例之，第二項之補整式為

$$u_1 = 0.1810\,u'_0 + 0.4548\,u'_1 + 0.4344\,u'_2 + 0.0950\,u'_3$$
$$-0.1538\,u'_4 - 0.0747\,u'_5 + 0.0633\,u'_6 \qquad (20.16)$$

同理，x = 4，5，6 欄之係數係最後三項補整所用者。此等與前者較之，僅順序交換外，全部數值與前者相同。

x = 3 欄之係數除兩端外之任意項之補整所用者，所謂一般公式

$$u_x = -0.0543\,u'_{x-3} + 0.0489\,u'_{x-2} + 0.2932\,u'_{x-1} + 0.4244\,u'_x$$
$$+0.2932\,u'_{x+1} + 0.0489\,u'_{x+2} - 0.0543\,u'_{x+3} \qquad (20.17)$$

第　六　表　　　　（ $n=7$, $r=3$, $m=4$ ）

x	0	1	2	3	4	5	6·
0	-0.7986	0.1810	-0.0543	-0.0543	0.0339	0.0633	-0.1131
1	0.5430	0.4548	0.2606	0.0489	-0.0923	-0.0747	0.1900
2	-0.2715	0.4344	0.5344	0.2932	-0.0244	-0.1538	0.1697
3	-0.3167	0.0950	0.3421	0.4244	0.3421	0.0950	-0.3167
4	0.1697	-0.1538	-0.0244	0.2932	0.5344	0.4344	-0.2715
5	0.1900	-0.0747	-0.0923	0.0489	0.2606	0.4548	0.5430
6	-0.1131	0.0633	0.0339	-0.0543	-0.0543	0.1810	0.7936
計	1.0000	1.0000	1.0000	1.0000	1.0000	1.0000	1.0000

以上係 Greville論文所揭載。

此外 $n=5$, $r=3$, $m=3$; $n=7$, $r=3$, $m=3$; $n=9$, $r=3$, $m=3$ 之係數分別計算列於如下：

第 七 表 （ $n=5$, $r=3$, $m=3$ ）

x	0	1	2
0	0.965034	0.061189	− 0.073427
1	0.139860	0.755245	0.293706
2	− 0.209790	0.367133	0.559441
3	0.139860	− 0.244755	0.293706
4	− 0.034965	0.061189	− 0.073427
計	0.999999	1.000001	0.999999

（20·18）

第 八 表 （ $n=7$, $r=3$, $m=3$ ）

x	0	1	2	3
0	0.818182	0.183566	− 0.058741	− 0.058741
1	0.489510	0.451049	0.274126	0.058741
2	− 0.244755	0.428322	0.524475	0.293706
3	− 0.279720	0.104895	0.335664	0.412587
4	0.139860	−0.148601	− 0.013986	0.293706
5	0.181818	−0.087413	− 0.095105	0.058741
6	− 0.104895	0.068182	0.033566	− 0.058741
計	1.000000	1.000000	0.999999	0.999999

（20·19）

第九表　　（ $n=9$, $r=3$, $m=3$ ）

x	0	1	2	3	4
0	9,449	13,475	385	－ 1,155	－ 99
1	9,800	23,096	5,740	1,260	－ 24
2	980	20,090	11,464	5,670	288
3	－ 5,880	8,820	11,340	7,736	648
4	－ 4,410	－ 1,470	5,040	5,670	805
5	1,512	－ 5,040	－ 1,860	1,620	648
6	4,060	－ 2,702	－ 3,760	－ 930	288
7	1,000	700	－ 772	－ 720	－ 24
8	－ 1,925	1,375	1,595	297	－ 99
分母	14,586	58,344	29,172	19,448	2,431

$$(20\cdot20)$$

本文已將 Blaschke 氏及 Greville 氏補整式之理論及其補整式之演算過程詳加敍述，卽 Blaschke 氏補整式係以最小平方法計算而成，而 Greville 氏補整式係應用 Tchebycheff 多項式而研究創造的方法。兩者在理論上而言，可謂爲最理想的方法。

茲就兩補整式之優點作一總結列於如下。

①Blaschke 氏式之死亡率曲線之次數及項數未有固定，按其樣本規模（大小），可能採擇適當的死亡率曲線之次數及項數。

②Greville 氏式可用 n , r , m 之種種的數值而計算 a_v 之數值。故補整時，視其樣本之大小，可以選擇適當的補整式之係數。從來利用其他公式補整時所遭遇的困難就是死亡率曲線之兩端之補整。但是 Greville 氏公式，對此部分同時均可求得補整式之係數予以補整

。此點可謂爲 Greville 氏公式之優點。

③此等補整式係數之計算，因數字位數太多，通常計算並不容易。本文特將通常可能使用範圍之各補整式之係數加以計算，分別一併登載於本文內，以供有關方面人士之參考。

20·3 Woolhouse氏補整式

此公式係將（u'_{-7}，u'_{-2}，u'_3），（u'_{-6}，u'_{-1}，u'_4），（u'_{-5}，u'_0，u'_5），（u'_{-4}，u'_1，u'_6），（u'_{-3}，u'_2，u'_7）等五組，一般地可以 u'_{i-5}，u'_i，u'_{i+5} 表示，而每組通過三點，配以２次拋物線，將每組之拋物線求出在與 u'_0 爲同一橫坐標位置之數值，此五項數值之平均數即爲 u_0。其公式之求法如下：將３點 u'_{i-5}，u'_i，u'_{i+5} 配拋物線，即

$$\begin{cases} u'_{i-5} = a+b(i-5)+c(i-5)^2 \\ u'_i = a+b(i)+c(i)^2 \\ u'_{i+5} = a+b(i+5)+c(i+5)^2 \end{cases} \tag{1}$$

解之。

$$a = \begin{vmatrix} u'_{i-5} & (i-5) & (i-5)^2 \\ u'_i & (i) & (i)^2 \\ u'_{i+5} & (i+5) & (i+5)^2 \end{vmatrix} \div \begin{vmatrix} 1 & (i-5) & (i-5)^2 \\ 1 & (i) & (i)^2 \\ 1 & (i+5) & (i+5)^2 \end{vmatrix}$$

$$a = \frac{1}{50}\left[(i^2+5i)u'_{i-5}+(50-2i^2)u'_i+(i^2-5i)u'_{i+5}\right] \tag{2}$$

令 $i = -2，-1，0，1，2$ 各值代入於上式，求五個 a 值，而其平均數計算如下：

$$a = \frac{1}{5} \cdot \frac{1}{50}\left[-6u'_{-7}-4u'_{-6}+0 \times u'_{-5}+6u'_{-4}+14u'_{-3}\right.$$

$$+ 42\,u'_{-2} + 48\,u'_{-1} + 50\,u'_0 + 48\,u'_1 + 42\,u'_2$$

$$+ 14\,u'_3 + 6\,u'_4 + 0\times u'_5 - 4\,u'_6 - 6\,u'_7 \,]\qquad(3)$$

$$u_0 = \frac{1}{125}[-3u'_{-7} - 2\,u'_{-6} + 3\,u'_{-4} + 7\,u'_{-3} + 21u'_{-2}$$

$$+24\,u'_{-1} + 25\,u'_0 + 24\,u'_1 + 21\,u'_2$$

$$+ 7\,u'_3 + 3\,u'_4 - 2\,u'_6 - 3\,u'_7 \,]\qquad(20\cdot21)$$

此即是 Woolhouse 氏公式 。

$$u_0 = \frac{1}{125}[5]^3[-3,7,-3]\qquad(20\cdot22)$$

20·4　Spencer氏二十一項公式

本公式過去各國之國民生命表及經驗生命表方面所採用，但 Greville 氏公式出現以來採用此公式者甚少。故在此僅將公式列舉以資比較如下：

$$q'_x = \frac{1}{350}\{\, 60\,q_x + 57\,q_{x\pm1} + 47\,q_{x\pm2} + 33\,q_{x\pm3} + 18\,q_{x\pm4}$$

$$+ 6\,q_{x\pm5} - 2\,q_{x\pm6} - 5\,q_{x\pm7} - 5\,q_{x\pm8} - 3\,q_{x\pm9} - q_{x\pm10}\}$$

$q_x = $ 粗死亡率 ， $q'_x = $ 補整死亡率 $\qquad(20\cdot23)$

通常簡寫爲 。

$$u_0 = \frac{1}{350}[5]^2[7][-1,0,1,2,1,0,-1]\quad(20\cdot24)$$

20·5　Karup氏加合法公式

本公式與前公式同樣過去相當有用途，但最近未見應用。故僅將該公式列舉，以作比較參考。

$$q_x = 0.0016 \left[3(\sigma^3_{x-1} + \sigma^3_x + \sigma^3_{x+1}) - 2(\sigma^3_{x-3} + \sigma^3_{x+3}) \right]$$

$$(20 \cdot 25)$$

式中 $q_x = $ 補整死亡率，σ^3_x 爲如下：

$$\sigma^3_x = \sum_{x-2}^{x+2} \sigma^2_x$$

$$\sigma^2_x = \sum_{x-2}^{x+2} \sigma^1_x$$

$$\sigma^1_x = \sum_{x-2}^{x+2} \omega_x$$

$\omega_x = $ 粗死亡率。

20·6 死亡率之插補法

先將 5 歲組粗死亡率 $_5q'_x$ 算出後，由 5 歲組粗死亡率以插補法求得各歲別粗死亡率 q'_x。此方法係日本厚生省統計調查部，於 1954 年簡易生命表所採用的方法。註，本方法已於台灣省居民都市，鄉生命表（民國 55-56 年）所採用。茲將此方法概述如下。

此方法僅使用於 5 歲以上之各歲別死亡率之插補，故 5 歲以上各歲別死亡率 q'_x 係將以 5 歲組死亡率 $_5q'_x$ 由下述之插補法求之。

假設自 x − 10 歲至 x + 15 歲之範圍內之死力 μ_x 以 4 次多項式 $\mu_x = ax^4 + bx^3 + cx^2 + dx + e$ 表示，則自 5 歲至 84 歲爲止之各歲別死亡率 q'_x，可用下列插補公式計算。

依據死力 μ_x 之定義：

$$\mu_x = - \frac{1}{l_x} \cdot \frac{dl_x}{dx}$$

註：昭和 44 年簡易生命表，日本厚生省統計調查部編（昭和四十五年）。

$$\therefore \int_{x}^{x+5} \mu_x dx = \text{cology}_e(1 - {}_5q'_x)$$

$$\int_{x}^{x+1} \mu_x dx = \text{cology}_e(1 - q'_x)$$

上列各式均爲 4 次多項式，而 $\text{cology}_e(1 - {}_5q'_x)$，$\text{cology}_e(1 - q'_x)$ 各以 ${}_5\Psi_x$，Ψ_x 表示。求 μ_x 在積分範圍 $x \sim x + 5$ 之積分函數如下：

$$\int_{x}^{x+5} \mu_x dx = \left[\frac{a}{5}x^5 + \frac{b}{4}x^4 + \frac{c}{3}x^3 + \frac{d}{2}x^2 + ex \right]_{x}^{x+5} = {}_5\Psi_x$$

假設該方程式通過 5 點爲 $(x-10, {}_5\Psi_{x-10})$，$(x-5, {}_5\Psi_{x-5})$，$(x, {}_5\Psi_x)$，$(x+5, {}_5\Psi_{x+5})$，$(x+10, {}_5\Psi_{x+10})$，則可求得 ${}_5\Psi_{x-10}$，${}_5\Psi_{x-5}$，${}_5\Psi_x$，${}_5\Psi_{x+5}$，${}_5\Psi_{x+10}$ 之方程式，解此等方程式可求得 a，b，c，d，e 之係數。

吾人所求者係 Ψ_x 如下：

$$\Psi_x = \int_{x=0}^{x+1} \mu_x dx = \left[\frac{a}{5}x^5 + \frac{b}{4}x^4 + \frac{c}{3}x^3 + \frac{d}{2}x^2 + ex \right]_{x}^{x+1}$$

$$\Psi_x = \frac{a}{5} + \frac{b}{4} + \frac{c}{3} + \frac{d}{2} + e$$

同理求得 Ψ_{x+1}，Ψ_{x+2}，Ψ_{x+3}，Ψ_{x+4}，

上式內代入 a，b，c，d，e 則得第一插補公式如下：

$$\Psi_x = \frac{1}{15625}(-126 \, {}_5\Psi_{x-10} + 1029 \, {}_5\Psi_{x-5} + 2794 \, {}_5\Psi_x$$
$$-671 \, {}_5\Psi_{x+5} + 99 \, {}_5\Psi_{x+10})$$

$$\Psi_{x+1} = \frac{1}{15625}(-56 \, {}_5\Psi_{x-10} + 349 \, {}_5\Psi_{x-5} + 3289 \, {}_5\Psi_x$$
$$-526 \, {}_5\Psi_{x+5} + 69 \, {}_5\Psi_{x+10})$$

$$\Psi_{x+2} = \frac{1}{15625}\left(14_5\Psi_{x-10} - 181_5\Psi_{x-5} + 3459_5\Psi_x\right.$$

$$\left. -181_5\Psi_{x+5} + 14_5\Psi_{x+10}\right)$$

$$\Psi_{x+3} = \frac{1}{15625}\left(69_5\Psi_{x-10} - 526_5\Psi_{x-5} + 3289_5\Psi_x + 349_5\Psi_{x+5}\right.$$

$$\left. -56_5\Psi_{x+10}\right)$$

$$\Psi_{x+4} = \frac{1}{15625}\left(99_5\Psi_{x-10} - 671_5\Psi_{x-5} + 2794_5\Psi_x\right.$$

$$\left. +1029_5\Psi_{x+5} - 126_5\Psi_{x+10}\right)$$

$$(\ x = 15, 20, \cdots\cdots, 84\ )$$

由上列公式求得 15 歲至 84 歲之各歲別 Ψ 值。又關于自 5 歲至 14 歲之各歲別死亡率之計算，將死力 μ_x 之積分範圍各爲 4～5，5～10，10～15，15～20，20～25，予以積分求得積分函數值各爲 Ψ_4，Ψ_5，$_5\Psi_{10}$，$_5\Psi_{15}$，$_5\Psi_{20}$ 等，將 5 個方程式解之求得係數 a，b，c，d，e 值。

將此等係數代入方程式 Ψ_5，Ψ_6……Ψ_{14} 式內，即得第二插補公式如下：

$$\Psi_5 = \frac{1}{577500}\left(249375\Psi_4 + 89523_5\Psi_5 - 33369_5\Psi_{10}\right.$$

$$\left. +11319_5\Psi_{15} - 1848_5\Psi_{20}\right)$$

$$\Psi_6 = \frac{1}{577500}\left(43125\Psi_4 + 131829_5\Psi_5 - 33567_5\Psi_{10}\right.$$

$$\left. +10197_5\Psi_{15} - 1584_5\Psi_{20}\right)$$

$$\Psi_7 = \frac{1}{577500}(-69375\,\Psi_4 + 139449.5\,\Psi_5 - 12087.5\,\Psi_{10} + 2277.5\,\Psi_{15} - 264.5\,\Psi_{20})$$

$$\Psi_8 = \frac{1}{577500}(-113125\,\Psi_4 + 123419.5\,\Psi_5 + 21163.5\,\Psi_{10} - 7733.5\,\Psi_{15} + 1276.5\,\Psi_{20})$$

$$\Psi_9 = \frac{1}{577500}(-110000\,\Psi_4 + 93280.5\,\Psi_5 + 57860.5\,\Psi_{10} - 16060.5\,\Psi_{15} + 2420.5\,\Psi_{20})$$

$$\Psi_{10} = \frac{1}{577500}(-78750\,\Psi_4 + 57078.5\,\Psi_5 + 91266.5\,\Psi_{10} - 19866.5\,\Psi_{15} + 2772.5\,\Psi_{20})$$

$$\Psi_{11} = \frac{1}{577500}(-35000\,\Psi_4 + 21364.5\,\Psi_5 + 116228.5\,\Psi_{10} - 17248.5\,\Psi_{15} + 2156.5\,\Psi_{20})$$

$$\Psi_{12} = \frac{1}{577500}(8750\,\Psi_4 - 8806.5\,\Psi_5 + 129178.5\,\Psi_{10} - 7238.5\,\Psi_{15} + 616.5\,\Psi_{20})$$

$$\Psi_{13} = \frac{1}{577500}(43125\,\Psi_4 - 29871.5\,\Psi_5 + 128133.5\,\Psi_{10} + 10197.5\,\Psi_{15} - 1584.5\,\Psi_{20})$$

$$\Psi_{14} = \frac{1}{577500}(61875\,\Psi_4 - 39765.5\,\Psi_5 + 112695.5\,\Psi_{10} + 34155.5\,\Psi_{15} - 3960.5\,\Psi_{20})$$

以上面所求得各歲別 Ψ_x 而計算死亡率 q'_x，其關係式如下：

$$q'_x = 1 - 1n^{-1}(-\Psi_x)$$
$$\therefore \quad q'_x = 1 - e^{-\Psi_x}$$

以上所求得之 1～4 歲死亡率及 5～84 歲之各歲別死亡率，研討結果仍有波動，故全部各歲別死亡率以 Greville 三次九項公式予以補整之。將此補整死亡率作爲生命表諸函數計算之基礎數值。一般地言，在人口數相當大的地區，因各年齡別人口資料，除戶口普查年以外之中間年每年無法獲得，故應用此方法由每年之 5 歲組人口及死亡數可得計算各歲別死亡率。又人口數及死亡數較少的地區，雖有戶口普查之各歲別人口及死亡數，因直接計算所得的各年齡別死亡率，偶然誤差發生甚大，補整上遭遇過困難。故用此方法先行計算各年齡別死亡率然後施行補整。如用在簡易生命表時亦可獲得各年齡別死亡率。

第21章　接觸插值法

　　死亡表之編算方面，應用接觸插補法為數不尠。而使用普通插補公式來插補函數時，須要注意者，即是所插補之兩曲線間之連接點之坡度及曲率（curvature）之問題。通常認為可能會發生不連續的現象，致使所得到的兩曲線之接合點未能獲得合理的結果。為了此問題之解決，在逐次部分的插補曲線之接續點附近之坡度及曲率，使此種問題能獲理論的解答至為重要。為此所研究的插補方法特稱為接觸插補法（osculatory interpolation）。

21·1　Sprague氏公式

　　T. B. Sprague 氏，1880 年創作接觸插補公式，將此公式應用於他所作的選擇死亡表。其接觸插補公式係依據下列之概念下而誘導的。為了區間（ $0 \leq x \leq 1$ ）之函數之插補，採取通過6個鄰接點， $u_{-2}, u_{-1}, u_0, u_1, u_2, u_3$ 之5次曲線為根據。此公式係以前進差方式表示，列於如下：

$$u_x = u_{-2} + (x+2) \Delta u_{-2} + \frac{1}{2}(x+1)(x+2) \Delta^2 u_{-2}$$

$$+ \frac{1}{6} x(x+1)(x+2) \Delta^3 u_{-2} + \frac{1}{24} x(x^2-1)(x+2)$$

$$\Delta^4 u_{-2} + \frac{1}{120} x(x^2-1)(x^2-4) \Delta^5 u_{-2} \qquad (21·1)$$

　　上述通過6點中4點除外，而僅通過二點 u_0，u_1 爲條件，則應探取下列二條件代替之；

（1）在 u_0 點之第一次及第二次微係數與通過5點（u_{-2}，u_{-1}，u_0，u_1，u_2）之4次曲線之 u_0 點之第一次及第二次微係數均爲同值。

（2）在 u_1 點之第一次及第二次微係數與通過5點（u_{-1}，u_0，u_1，u_2，u_3）之4次曲線之第一次及第二次微係數均爲同值。

　　若以此5次曲線而插補，則逐次插補之連接點之坡度及曲率均爲同直，而圓滑連續。在區間（$0 \leqq x \leqq 1$）適用的接觸插補公式如下：

$$u_x = u_{-2} + (x+2) \Delta u_{-2} + \frac{1}{2}(x+1)(x+2) \Delta^2 u_{-2}$$

$$+ \frac{1}{6} x(x+1)(x+2) \Delta^3 u_{-2} + \frac{1}{24} x(x^2-1)$$

$$(x+2) \Delta^4 u_{-2} + \frac{1}{24} x^3(x-1)(5x-7) \Delta^5 u_{-2}$$

$$(21 \cdot 2)$$

　　此與（21·1）式較之，僅第5次差數之項目不同，而兩式之差異如下：

$$\frac{1}{30} x(x-1)(2x-1)(3x^2-3x-1) \Delta^5 u_{-2}$$

（21·2）式以中央差數表示，則

$$u_x = u_0 + x \Delta u_0 + \frac{x(x-1)}{2} \Delta^2 u_{-1} + \frac{x(x^2-1)}{6} \Delta^3 u_{-1}$$

$$+ \frac{1}{24} x(x^2-1)(x-2) \Delta^4 u_{-2} + \frac{1}{24} x^3(x-1)$$

$$(5x-7) \Delta^5 u_{-2}$$

$$(21 \cdot 3)$$

同樣，用 Sheppard 記號且 Everett 型表示的 Sprague 之接觸插
補公式如下：

$$u_x = x\,u_1 + \frac{x(x^2-1)}{6}\,\delta^2 u_1 + \frac{x^3(x-1)(5x-7)}{24}\,\delta^4 u_1$$

$$+\,y u_0 + \frac{y(y^2-1)}{6}\,\delta^2 u_0 + \frac{y^3(y-1)(5y-7)}{24}\,\delta^4 u_0$$

$$(21.4)$$

$$(\,x + y = 1\,)$$

21・2　Karup-King氏公式

1898 年 J. Karup-G. King 兩氏所誘導的 3 次差接觸插補公式
列於如下：

此式係在 4 點 0，1，2，3 之區域之中央區域（ 1 ・ 2 ）應用之接
觸插補公式 。

①通過 u_1，u_2 。

②在 u_1 之第一次微係數與通過 u_1，u_2，u_3 之二次曲線之在 u_1 之
第一次微係數為同值。

③在 u_2 之第一次微係數與通過 u_1，u_2，u_3 之二次曲線在 u_2 之第
一次微係數為同值 。

等之條件下而誘導的公式 。

此公式之前進差型（King），即

$$u_{1+x} = u_1 + x\,\Delta u_0 + \frac{x(x+1)}{2}\,\Delta^2 u_0 + \frac{x^2(x-1)}{2}\,\Delta^3 u_0$$

$$(21.5)$$

中央差型，即

$$u_x = u_0 + x \Delta u_0 + \frac{x(x-1)}{2} \Delta^2 u_{-1} + \frac{x^2(x-1)}{2} \Delta^3 u_{-1}$$

$$(21 \cdot 6)$$

Everett 型（J. Buchanan），即

$$u_x = x u_1 + \frac{x^2(x-1)}{2} \delta^2 u_1 + y u_0 + \frac{y^2(y-1)}{2} \delta^2 u_0 \quad (21 \cdot 7)$$

上式一般地應用甚爲方便。

此接觸揷補公式與普通三次差揷補公式之差異如下：

$$\left\{ \frac{x^2(x-1)}{2} - \frac{x(x^2-1)}{6} \right\} \Delta^3 u_{-1}$$
$$= \frac{1}{6} x(x-1)(2x-1) \Delta^3 u_{-1}$$

21·3 Shovelton氏公式

S. T. Shovelton 1913 年發表接觸揷補公式如下：

$$u_x = x u_1 + \frac{x(x^2-1)}{6} \delta^2 u_1 + \frac{x^2(x-1)(x-5)}{48} \delta^4 u_1$$

$$+ y u_0 + \frac{y(y^2-1)}{6} \delta^2 u_0 + \frac{y^2(y-1)(y-5)}{48} \delta^4 u_0$$

$$(21 \cdot 8)$$

但 $x + y = 1$

此式是 Sprague 之 Everett 型（21·4）之最終項（$\delta^4 u_1$ 及 $\delta^4 u_0$ 之項）變更而已，即（21·4）是 x 之 5 次式，但（21·8）爲低一次，即 4 次式。[參閱 Everett 揷値式（23·66），及（23·67）式]。

21·4　Jenkins氏公式

美國 W. A. Jenkins 1926 年新創作的一組接觸插補公式。其原理在於逐次插補曲線之接續點之坡度及曲率均為同值。由他誘導的公式中，區間（ $0 \leqq x \leqq 1$ ），x 之 4 次式如下：

$$u_x = \xi u_0 + \frac{1}{6} \xi (\xi^2 - 1) \delta^2 u_0 - \frac{1}{12} \xi^3 (\xi - 1) \delta^4 u_0$$

$$+ x u_1 + \frac{1}{6} x (x^2 - 1) \delta^2 u_1 - \frac{1}{12} x^3 (x-1) \delta^4 u_1$$

$$(21 \cdot 9)$$

但　$x + \xi = 1$

21·5　Jenkins氏修正公式

以上所述的接觸插補公式有強制使用區間兩端之數值，但Jenkins氏公式無此種限制，又無需要此種數值，僅逐次曲線在接續點之坡度及曲率均應同值為條件，1927 年發表一公式。此公式稱為Jenkins氏修正接觸公式。

Everett 型修正 3 次差公式如下：

$$y_x = \xi u_0 + \frac{1}{4} \xi^3 \delta^2 u_0 + x u_1 + \frac{1}{4} x^2 \delta^2 u_1 \qquad (21 \cdot 10)$$

但　$x + \xi = 1$

修正 5 次接觸插補公式如下：

$$y_x = \xi u_0 + \frac{1}{6} \xi (\xi^2 - 1) \delta^2 u_0 - \frac{1}{36} \xi^3 \delta^4 u_0 + x u_1$$

$$+\frac{1}{6} x(x^2-1)\delta^2 u_1 - \frac{1}{36} x^3 \delta^4 u_1 \qquad (21\cdot11)$$

但　$x + \xi = 1$

δ　：Sheppard 中央差數記號

$\delta u_x = u_{x+\frac{1}{2}} - u_{x-\frac{1}{2}}$

茲　$x = 0$，則（$21\cdot10$），（$21\cdot11$）式各爲，

$$y_0 = u_0 + \frac{1}{4}\delta^2 u_0$$

$$y_0 = u_0 - \frac{1}{36}\delta^4 u_0$$

u_0 表示死亡率，而未補整值之第 2 次差，一般地，表現正數，但第 4 次差爲正或負。因此前者公式所得補整值未必滿足適當。但是後者之補整値至爲適當合理。故 Jenkens 氏公式亦可作爲補整式之用。註：（$21\cdot4$），（$21\cdot8$），（$21\cdot11$）各式與 Everett 插值公式（$23\cdot66$），（$23\cdot67$）比較之，（$\delta^4 u_1$ 及 $\delta^4 u_0$ 之項）有差異。

21·6 Jenkins氏修正接觸插補公式之誘導(註)
(Jenkins' modified osculatory formŭla)

　　茲就 Jenkins 5 次接觸公式之誘導方法說明，其他從略。區間（$x + x + 1$）之 Jenkins 5 次接觸公式，以 6 個關鍵點（pivotal points），u_{x-2}，u_{x-1}，u_x，u_{x+1}，u_{x+2}，u_{x+3}，爲根據。此公式作爲基本的條件如下：

註：Elements of graduation by Morton D. Miller. p.p. 67-68. Published by the actuarial society of America, American institute of actuaries, 1964.

（i）在 x 點，對於鄰接區間（$x-1$，x）及（x，$x+1$）之插補曲線函數取得同值，即此等曲線可以相交，而且此等之第一次及第二次微係數各自相等。

（ii）5 點關鍵點 u_{x-2}，u_{x-1}，u_x，u_{x+1}，u_{x+2} 位於同一的 3 次曲線上時，在 x 點之插補曲線之符合點可能為關鍵點 u_x。此公式是，在上述條件下予以適當的修正誘導的，而且差次數不同的一組修正接觸公式之一種。

假設在區間（x，$x+1$）之插補函數，以 Everett 型表示，則

$$u_{x+s} = A(s)\,u_{x+1} + B(s)\,\delta^2 u_{x+1} + C(s)\,\delta^4 u_{x+1}$$
$$+ A(1-s)u_x + B(1-s)\delta^2 u_x + C(1-s)\delta^4 u_x \quad (21.12)$$

式中 $A(s)$，$B(s)$，$C(s)$ 是依上述條件而決定的最低次數之 S 之函數。

若（21.12）式配 $s=0$ 之結果與配 $s=1$ 及以 $x-1$ 代替 x 之結果相等，即此與符合（i）條件所得結果，則

$$A(0)(u_{x+1}-u_{x-1}) + B(0)(\delta^2 u_{x+1} - \delta^2 u_{x-1})$$
$$+ C(0)(\delta^4 u_{x+1} - \delta^4 u_{x-1}) = 0 \quad (21.13)$$

由此應得 $A(0) = B(0) = C(0) = 0$。

若配 $s=0$ 時，（21.12）之第一次微係數與配 $s=1$ 及以 $x-1$ 代替 x 時，（21.12）之第一次微係數相等，則得

$$A'(0)(u_{x+1}+u_{x-1}) - A'(1)(2u_x)$$
$$+ B'(0)(\delta^2 u_{x+1} + \delta^2 u_{x-1}) - B'(1)(2\delta^2 u_x)$$
$$+ C'(0)(\delta^4 u_{x+1} + \delta^4 u_{x-1}) - C'(1)(2\delta^4 u_x) = 0$$
$$(21,14)$$

上式再予以編排，則

$$2[A'(0)-A'(1)]u_x+[2B'(0)-2B'(1)+A'(0)]\delta^2 u_x$$
$$+C'(0)[\delta^4 u_{x+1}+o^4 u_{x-1}]+[B'(0)-2C'(1)]\delta^4 u_x=0$$

$$(21\cdot15)$$

由此，$A'(0)=A'(1)$，$2B'(0)-2B'(1)+A'(0)=0$，

$$C'(0)=0,\ B'(0)=2C'(1)$$

若配 $s=0$ 時（12·12）之第二微係數與配 $s=1$ 及以 $x-1$ 代替 x 時，（12·12）之第二微係數相等，則

$$A''(0)(u_{x+1}-u_{x-1})+B''(0)(\delta^2 u_{x+1}-\delta^2 u_{x-1})$$
$$+C''(0)(\delta^4 u_{x+1}-\delta^4 u_{x-1})=0 \qquad (21\cdot16)$$

由此，$A''(0)=B''(0)=C''(0)=0$。

最後，若應用條件（ii），$\delta^4 u_x=0$ 時，應該得

$$u_x=A(0)u_{x+1}+B(0)\delta^2 u_{x+1}+C(0)\delta^4 u_{x+1}$$
$$+A(1)u_x+B(1)\delta^2 u_x+C(1)\delta^4 u_x \qquad (21\cdot17)$$

由此，$A(1)=1$，$B(1)=0$。

然而滿足以下各條件（$A(0)=A''(0)=0$，及 $A(1)=1$）之最低次數之函數爲 $A(s)=s$。 結局 $A'(0)=1$，及滿足各條件，（即

$B(0)=B(1)=B''(0)=0$，及 $2B'(0)-2B'(1)+1=0$）之最低

次數之函數爲 $B(s)=\dfrac{s(s^2-1)}{6}$。是以 $B'(0)=-\dfrac{1}{6}$，而且滿足各

條件，即（$C(0)=C'(0)=C''(0)=0$，及 $2C'(1)+\dfrac{1}{6}=0$）之最

低次數之函數爲 $C(s)=\dfrac{-s^3}{36}$。

於是求得 Jenkins 5 次差修正接觸公式如下：

$$u_{x+s}=su_{x+1}+\frac{s(s^2-1)}{6}\delta^2 u_{x+1}-\frac{s^3}{36}\delta^4 u_{x+1}$$

$$+（1-s）u_x+\frac{（1-s）[（1-s）^2-1]}{6}\delta^2 u_x$$

$$-\frac{（1-s）^3}{36}\delta^4 u_x \tag{21.18}$$

此式之利用最爲普遍。

其次爲容易計算，將上式再予以編排如下：·

$$u_{x+s}=s（u_{x+1}-\frac{1}{36}\delta^4 u_{x+1}）-\frac{1}{6}s（1-\delta^2）（\delta^2 u_{x+1}$$

$$-\frac{1}{6}\delta^4 u_{x+1}）+s'（u_x-\frac{1}{36}\delta^4 u_x）-\frac{1}{6}s'（1-s'^2）$$

$$（\delta^2 u_x-\frac{1}{6}\delta^4 u_x） \tag{21.19}$$

$$（s=0，s'=1）$$

玆爲適應一般的利用之公式型態，上面（21·18）式中 $x=0$，s 改寫爲 x 表示，則

$$u_x=x u_1+\frac{x（x^2-1）}{6}\delta^2 u_1-\frac{x^3}{36}\delta^4 u_1$$

$$+（1-x）u_0+\frac{（1-x）[（1-x）^2-1]}{6}\delta^2 u_0$$

$$-\frac{（1-x）^3}{36}\delta^4 u_0 \tag{21.20}$$

又爲一般實際引用，區間（ $0\leqq x\leqq 1$ ），$x+\xi=1$，則

$$u_x=x u_1+\frac{x（x^2-1）}{6}\delta^2 u_1-\frac{x^3}{36}\delta^4 u_1+\xi u_0$$

$$+\frac{\xi(\xi^2-1)}{6}\delta^2 u_0-\frac{\xi^3}{36}\delta^4 u_0 \qquad (21\cdot21)$$

此型態公式已於前項列舉之（21·11）式相同。

註：此（21·20）及（21·21）兩式與 Evevett 氏插值式（23·66）及（23·67）比較之，得知，（$\delta^4 u_1$ 及 $\delta^4 u_0$ 之項）略有差異。

21·7　接觸插補公式與插補曲線之曲率之計算法

1.　Sprague 之 5 次差接觸插補公式

(1) 玆設 6 個鄰接點 u_{-2}, u_{-1}, u_0, u_1, u_2, u_3，區間（$0\leqq x\leqq1$），求插補值 u_x 之公式中 Everett 型（21.4）如下：

$$u_x=\left\{xu_1+\frac{x(x^2-1)}{6}\delta^2 u_1+\frac{x^3(x-1)(5x-7)}{24}\delta^4 u_1\right\}$$
$$+\left\{yu_0+\frac{y(y^2-1)}{6}\delta^2 u_0+\frac{y^3(y-1)(5y-7)}{24}\delta^4 u_0\right\}$$
$$(21\cdot22)$$

　　　　$y=1-x$

　　　　δ：Sheppard 中央差記號

(2) u_x 在於 u_1 點之第 1 次及第 2 次微係數，則

　　　第 1 次微係數：

$$u_1'=u_1-u_0+\frac{1}{12}(4\delta^2 u_1+2\delta^2 u_0-\delta^4 u_1)$$

　　　第 2 次微係數：$u_1''=\delta^2 u_1-\frac{1}{12}\delta^4 u_1$

(3) 此插補曲線在於 u_1 之曲率（23,76）式如下：

$$K = \frac{u_1''}{\{1 + (u_1')^2\}^{3/2}}$$

（4）上記微係數及曲率與通過 5 點 u_{-1} , u_0 , u_1 , u_2 , u_3 之 4 次曲線，在其 u_1 點之第 1 次，第 2 次微係數及曲率均爲同直。

2. Greville 補整生存數列 $\{l_x^{Gr}\}$ 與 Gompertz-Makeham 補整值列（高年齡部分）$\{l_x^{G-M}\}$ 之接續點

（1）由 Greville 補整死亡率列 $\{q_x^{Gr}\}$, $p_x^{Gr} = 1 - q_x^{Gr}$ 等誘導生存數列 $\{l_x^{Gr}\} = 100,000$, $l_{x+1}^{Gr} = l_x^{Gr} \cdot p_x^{Gr}$ 。

（2）Gompertz-Makeham 式補整值

由生存數列 $\{l_x^{Gr}\}$ 求得 Gompertz-Makeham 常數 k , s , g , c ,

常數計算所用的 l_x^{Gr} 之年齡範圍：$\alpha \leq x < \alpha + 4\beta - 1$

例之，$54 \leq x \leq 77$

由上記常數（k , s , g , c），求得 Gompertz-Makeham 生存數列 $\{l_x^{G-M}\}$，即

計算式 $l_x^{G-M} = k s^x g^{c^x}$ (x = α_1 , $\alpha + 1$, ……, ω)

（3）生存數列 $\{l_x^{Gr}\}$ 與 $\{l_x^{G-M}\}$ 之接續點之曲率

接續年齡爲 x 歲，適用前記接觸插補公式：

$$u_{-1} \to l_{x-2}^{Gr} = A_1$$

$$A_1' = A_2 - A_1$$

$$A_1'' = A_2' - A_1'$$

$$u_0 \to l_{x-1}^{Gr} = A_2$$

$$A_2' = A_3 - A_2 \qquad A_1''' = A_2'' - A_1''$$

$$u_1 \to l_x^{G-M} = A_3 \qquad A_2'' = A_3' - A_2' \qquad A_1'''' = A_2''' - A_1'''$$

$$A_3' = A_4 - A_3 \qquad A_2''' = A_3'' - A_2''$$

$$u_2 \to l_{x+1}^{G-M} = A_4 \qquad A_3'' = A_4' - A_3'$$

$$A_4' = A_5 - A_4$$

$$u_3 \to l_{x+2}^{G-M} = A_5$$

第 1 次微係數 $u_1' = A_2' + \dfrac{1}{12}(4A_2'' + 2A_1'' - A_1''')$,

第 2 次微係數 $u_1'' = A_2'' - \dfrac{1}{12}A_1'''$

x 歲之上記插補曲線之曲率，即

$$K(x) = \frac{u_1''}{\{1 + (u_1')^2\}^{3/2}} \tag{21.23}$$

同理 $K^{G-M}(x)$ 得求之

曲率之相對誤差： $\varepsilon(x) = \left| \dfrac{K^{G-M}(x) - K(x)}{K(x)} \right| \tag{21.24}$

(4) 生存數列 $\{ l_x^{Gr} \}$ 與 $\{ l_x^{G-M} \}$ 之接續

生存數列 $\{ l_x^{Gr} \}$ 與 $\{ l_x^{G-M} \}$ ，使兩者圓滑地接續為主要目標，而決定接續年齡。

接續後之生存數列： $\{ l_x \}$

$$l_x = \begin{cases} l_x^{Gr} & (x_0 \leq x < \tilde{x} - l) \\ l_x^{G-M} & (\tilde{x} \leq x \leq \omega) \end{cases} \quad \tilde{x}: 接續年齡$$

〔採用方式〕

在接續點之 l_x^{G-M} 曲線之曲率 $K^{G-M}(x)$ 與 l_x 曲線之曲率 $K(x)$ （於 x 歲作接續點為目標，各別，5 次差接觸插補公式之插補曲線前後之年齡作連結起來計算曲率），然後由（21.24）計算曲率之相對誤差 $\varepsilon(x)$ 值為最小的年齡 $\tilde{x}$ 作為接續點。而 $\{ \varepsilon(\tilde{x}) \}$ 之計算範圍如下： $\alpha \leq x < \alpha + 4\beta - 1$ 。

結局， $\Delta(x) = | l_x^{Gr} - l_x^{G-M} |$ 為最小之年齡為 $\tilde{x} - 1$ ，

$$l_x = \begin{cases} l_x^{Gr} & (\ x_0 \leqq x \leqq \tilde{x} - 1\ ) \\ l_x^{G-M} & (\ \tilde{x} \leqq x \leqq \omega\ ) \end{cases}$$

求得同一結果。

第２２章 保險料與計算基數

22·1 予定生命表與予定利率

生命表之主要的用途在於生命保險部門，惟此部門之應用方法之詳論是屬於保險數學之範圍，在此僅將兩者之關係之概念簡述如下。

關于保險契約之計算，在契約締結時，事先應該假定事故發生機率，此機率計算所使用之死亡表稱爲予定死亡表，又生命保險契約是屬於長期性的事項，因此其計算必須採取複利計算，其利率須予定，此稱爲予定利率。因此最近編製的生命表或經驗生命表較爲適當。

22·2 純保險料（費）計算之原則

一般的生命保險契約有關的純保險料算定之原則，以數學的表示如下：

契約期間內，限於生死有關的 k 個之事象 $(E_1), (E_2), \cdots, (E_k)$ 發生時，對此事象，自契約起各 $t_1, t_2, \cdots t_k$ 年後，各支付保險金 $S_1, S_2, \cdots, S_k$，對應此，限於 l 個之事象 $(E'_1), (E'_2), \cdots, (E'_l)$ 發生時，自契約時起，各爲 $t'_1, t'_2, \cdots, t'_l$ 年後，各繳付保險料 $P_1, P_2, \cdots, P_l$。事象 $(E_1), (E_2), \cdots, (E_k)$ 及 $(E'_1), (E'_2), \cdots (E'_l)$ 之發生機率各爲 $p_1, p_2, \cdots, p_k$ 及 $p'_1, p'_2, \cdots, p'_l$，即

$$S = \sum_{\lambda=1}^{k} v^{t_\lambda} S_\lambda p_\lambda$$

$$P = \sum_{\lambda=1}^{l} v^{t'_\lambda} P_\lambda\, p'_\lambda \qquad\qquad (22\cdot1)$$

此等各為在契約時之保險金及保險料之數學的期望值之現價。依照等價之原理

$$S = P \qquad\qquad (22\cdot2)$$

此契約為公平。於是如（22·2）式可成立之保險料決定時，則此為純保險料。但（22·1）式所用之機率及利率係由予定死亡表及予定利率為基礎而獲得。（22·2）式稱為給付，反給付之原則。

此原則由另一方面來觀察。今上述之保險，假設大多數之 N 人同時契約，則至保險期間終了時（此為 n 年），保險料之總收入及保險金支付總額，利殖後之元利合計，各為

$$P' = \sum_{\lambda=1}^{l} N p'_\lambda P_\lambda\,(1+i)^{n-t'_\lambda}$$

$$S' = \sum_{\lambda=1}^{k} N p_\lambda S_\lambda\,(1+i)^{n-t_\lambda} \qquad (22\cdot3)$$

於是由（22·1）

$$P' = (1+i)^n N \sum_{\lambda=1}^{l} v^{t'_\lambda}\, p'_\lambda P_\lambda = (1+i)^n N P$$

$$S' = (1+i)^n N \sum_{\lambda=1}^{k} v^{t_\lambda}\, p_\lambda S_\lambda = (1+i)^n N S \qquad (22\cdot4)$$

若（22·2）式成立，

$$P' = S' \qquad\qquad (22\cdot5)$$

於是，保險料之總收入及保險金之總支出之利殖後之元利合計相等。此原則又稱為收支相等之原則。給付，反給付相等之原則與收支相等之原則係同一原則而立場不同而已。

又生命保險按其被保險契約者之數分爲兩種，被保險者一人者稱爲單生命保險（single life insurance），2人以上生死連關支付保險金爲條件者稱爲連生保險（ joint life insurance）。在此僅就單生命保險說明如下：

22·3　單生命保險之一次繳付純保險料

保險契約時一次繳付保險料稱爲一次繳付保險料（single premium）。依給付，反給付相等之原則，契約時之保險金之期望値之現價（此簡稱爲期望現價）應該等於一次繳付純保險料。故欲計算一次繳付純保險料，只求得保險金之期望現價卽可。在本項，就各種單生命保險之一次繳付純保險料之公式之誘導方法列於如下：

1. 生存保險

被保險者自契約起至一定期間後生存時，支付一定額之保險金之保險稱爲生存保險（ pure endowment assurance ）。被保險者 (x) 在 t 年後生存時，支付保險金1之生存保險之一次繳付純保險料以 $_tE_x$ 或 $A_{x:\overline{t}|}^{1}$ 表示

$$A_{x:\overline{t}|}^{1}= v^t\, _tp_x = v^t\, \frac{l_{x+t}}{l_x} \qquad (22\cdot6)$$

此記號 $_{x:\overline{t}|}$　中 $\overline{t}$ 之上之1表示 x 之死亡以前期間完了時，支付保保險金之意。

（22·6）式亦可如下方法求得。

若 l_x 人之 (x) 契約，t 年後生存之被保險者之人數爲 l_{x+t}，其保險金總額爲 $1 \times l_{x+t}$，此契約時之現價爲 $v^t l_{x+t}$，一方契約時繳付

的一次繳付純保險料之總額為 $A_x \frac{1}{t|} \times l_x$，依等價之原理，則

$$A_x \frac{1}{:t|}\ l_x = v^t l_{x+t}$$

由此即得（22·6)式。

設　$D_x = v^x l_x$　　　　　　　　　　　　　　　　　（22·7)

，則得

$$A_x \frac{1}{:t|} = \frac{v^t l_{x+t}}{l_x} = \frac{v^{x+t} l_{x+t}}{v^x l_x} = \frac{D_{x+t}}{D_x} \qquad (22·8)$$

2. 生命年金

被保險者生存中，週期地，一連的支付之契約稱為單生命年金（single life annuity）。一連的支付平常有一定時稱為定額年金，每支付有變動者稱為變額年金，單生命定額年金簡稱為生命年金。當該各次支付額（年額）稱為年金額。

(1) 期末支付終身年金

各保險年度末，每被保險者生存，支付定額年金，此種支付，如被保險者生存，仍繼續支付年金稱為期末支付終身年金（whole life annuity）。

被保險者(x)，年金額 1 之期末支付終身年金之一次支付純保險料為 a_x。此係因由期間 1 年，2 年，3 年，……（至無限）之生存保險所組合成，則

$$a_x = \sum_{t=1}^{\infty} A_x \frac{1}{:t|} = \sum_{t=1}^{\infty} v^t\ {}_t p_x = \frac{1}{l_x} \sum_{t=1}^{\infty} v^t l_{x+t}$$

$$= \frac{1}{v^x l_x} \sum_{t=1}^{\infty} v^{x+t} l_{x+t} = \frac{1}{D_x} \sum_{t=1}^{\infty} D_{x+t} \qquad (22·9)$$

設　$N = \sum_{t=0}^{\infty} D_{x+t}$　　　　　　　　　　　　（22·10)

則　$a_x = \dfrac{N_{x+1}}{D_x}$　　　　　　　　　　　(22·11)

（2）　期始支付終身年金

在各保險年度始，被保險者之生存爲條件，支付年金額，而在被保險者生存中繼續支付之年金稱爲期始支付終身年金（whole life annuity-due）。被保險者（x），年金額1之期始支付終身年金之一次支付純保險料爲 $\ddot{a}_x$，則

$$\ddot{a}_x = \sum_{t=0}^{\infty} v^t{}_t p_x = \frac{1}{l_x} \sum_{t=0}^{\infty} v^t l_{x+t}$$

$$= \frac{1}{v^x l_x} \sum_{t=0}^{\infty} v^{x+1} l_{x+t} = \frac{1}{D_x} \sum_{t=0}^{\infty} D_{x+t} = \frac{N_x}{D_x} \quad (22·12)$$

3．死亡保險

對於被保險者之死亡支付保險金之保險稱爲死亡保險。

（1）定期保險（年末支付）

自契約一定期間中被保險者死亡時，支付一定額之保險金之保險稱爲定期死亡保險，或簡稱爲定期保險（temporary life assurance）。

通常支付保險金之時期係死亡即刻後（此稱爲瞬間支付，或即時支付）。但爲了簡化計算，死亡發生的保險年金末支付者稱爲年末支付。

對於被保險者（x）之 n 年間之定期保險（年末支付），保險金1之一次支付純保險料如下：

$$A^{1}_{x:\,\overline{n}|} \quad 或 \quad {}_nA_x$$

此記號 ${}^{1}_{x:\,\overline{n}|}$ 之 x 之上面之1係在期間 n 完了前（x）死亡時支

付保險金之意。

今設 $n=1$

$$A_{x:\overline{1}|}^{1} = vq_x = \frac{vd_x}{l_x}$$

設 $C_x = v^{x+1}d_x$ (22·13)

則, $A_{x:\overline{1}|}^{1} = \frac{vd_x}{l_x} = \frac{v^{x+1}d_x}{v^x l_x} = \frac{C_x}{D_x}$ (22·14)

n 爲一般時

$$A_{x:\overline{n}|}^{1} = vq_x + v^2{}_{1}|q_x + v^3{}_{2}|q_x + \cdots + v^n{}_{n-1}|q_x$$

$$= \frac{1}{l_x}(vd_x + v^2 d_{x+1} + v^3 d_{x+2} + \cdots + v^n d_{x+n-1})$$

$$= \frac{1}{v^x l_x}(v^{x+1}d_x + v^{x+2}d_{x+1} + v^{x+3}d_{x+2} + \cdots$$
$$+ v^{x+n}d_{x+n-1})$$

$$= \frac{1}{D_x}\left(\sum_{t=0}^{\infty} C_{x+t} - \sum_{x=n}^{\infty} C_{x+t}\right)$$ (22·15)

設 $M_x = \sum_{t=0}^{\infty} C_{x+t}$ (22·16)

$$A_{x:\overline{n}|}^{1} = \frac{M_x - M_{x+n}}{D_x}$$ (22·17)

（2） 終身保險（年末支付）

被保險者之死亡時期爲不限定，無論何時死亡時，支付一定額之保險金之保險稱爲終身保險（whole life assurance）。

被保險者 (x)，保險金 1 之終身保險（年末支付）之一次支付純保險料以 A_x 表示，則

$$A_x = vq_x + v_{1|}^2 q_x + v_{2|}^3 q_x + \cdots\cdots$$

$$= -\frac{1}{v^x l_x}(v^{x+1}d_x + v^{x+2}d_{x+1} + v^{x+3}d_{x+2} + \cdots\cdots)$$

$$A_x = \frac{M_x}{D_x} \qquad\qquad (22\cdot18)$$

22·4 計算基數公式

1. 在一次繳付純保險料之計算所列各式如 (22·7), (22·10), (22·13), (22·16) 所定義的函數為 D_x, N_x, C_x, M_x，使用此等函數以簡單的公式表示如下：

$$D_x = v^x l_x$$
$$N_x = D_x + D_{x+1} + D_{x+2} + \cdots\cdots + D_{\omega-1}$$
$$C_x = v^{x+1} d_x$$
$$M_x = C_x + C_{x+1} + C_{x+2} + \cdots\cdots + C_{\omega-1}$$

此等函數稱為計算基數（commutation columns）。將計算基數按各年齡別計算作成一表，由此容易計算保險有關之價格數值。此表稱為計算基數表。而計算基數表應註明其基礎死亡表並利率。

D，N 由生存數，C，M 由死亡數而計算，故各稱為生存基數及死亡基數。

2. 選擇表之計算基數

經驗生命表中之選擇表之計算基數之表示法列於如下：

$_t p_x, _{t|}q_x$ 以 $_t p_{(x)}, _{t|}q_{(x)}$ 代替使用，其計算基數如下：

$$D_{(x)} = v^x l_{(x)}, \quad D_{(x)+t} = v^{x+t} l_{(x)+t},$$
$$N_{(x)} = D_{(x)} + D_{(x)+1} + D_{(x)+2} + \cdots\cdots,$$
$$N_{(x)+t} = D_{(x)+t} + D_{(x)+t+1} + \cdots\cdots\cdots,$$

$$C_{(x)} = v^{x+1} d_{(x)} \ , \ C_{(x)+t} = v^{x+t+1} d_{(x)+t} \ ,$$

$$M_{(x)} = C_{(x)} + C_{(x)+1} + \cdots\cdots\cdots ,$$

$$M_{(x)+t} = C_{(x)+t} + C_{(x)+t+1} + \cdots\cdots ,$$

即前項公式之 x 以 $[x]$ 代替而得。若選擇期間為 k 年時， k 年截斷總合表作為終局表而接續於選擇表時， $[x]+t$ （ $t \geqq k$ ）之計算基數使用終局表卽可，則

$$\left.\begin{array}{l} D_{(x)+t} = D_{x+t} = v^{x+t} l_{x+t} \\[4pt] C_{(x)+t} = C_{x+t} = v^{x+t+1} d_{x+t} \\[4pt] N_{(x)+t} = N_{x+t} \\[4pt] M_{(x)+t} = M_{x+t} \end{array}\right\} \qquad (22 \cdot 19)$$

例之，關于選擇表之死亡保險如下：

$$A_{(x):\overline{1}|}^{1} = \frac{C_{(x)}}{D_{(x)}}$$

$$A_{(x):\overline{n}|}^{1} = \begin{cases} \dfrac{M_{(x)} - M_{(x)+n}}{D_{(x)}} \ , \ n < k \\[16pt] \dfrac{M_{(x)} - M_{(x)+n}}{D_{(x)}} \ , \ n \geqq k \end{cases}$$

$$A_{(x)} = \frac{M_{(x)}}{D_{(x)}}$$

$$_{n|}A_{(x)} = \begin{cases} \dfrac{M_{(x)+n}}{D_{(x)}} \quad n < k \\[16pt] \dfrac{M_{x+n}}{D_{(x)}} \quad n \geqq k \end{cases}$$

$$_{n|m}A_{(x)}=\begin{cases} \dfrac{M_{(x)+n}-M_{x+n+m}}{D_{(x)}} & n<k \text{ 且 } n+m\geqq k \\[3mm] \dfrac{M_{x+n}-M_{x+n+m}}{D_{(x)}} & n\geqq k \end{cases}$$

3. 純保險料之公式一覽表

表 22·1 一次繳付純保險料之公式加入年齡 x ，保險金 1

保　險　種　類		記　號	以 $t|q_x$,np_x 之 計算公式	以計算基數之 計算公式
終身保險	即　付	$\overline{A}_x$	$\displaystyle\sum_{t=0}^{\infty} t|q_x v^{t+\frac{1}{2}}$	$\dfrac{\overline{M}_x}{D_x}$
	年末付	A_x	$\displaystyle\sum_{t=0}^{\infty} t|q_x v^{t+1}$	$\dfrac{\overline{M}_x}{D_x}$
n 年定期 保　　險	即　付	$\overline{A}^1_{x:\overline{n|}}$	$\displaystyle\sum_{t=0}^{n-1} t|q_x v^{t+\frac{1}{2}}$	$\dfrac{\overline{M}_x-\overline{M}_{x+n}}{D_x}$
	年末付	$A^1_{x:\overline{n|}}$	$\displaystyle\sum_{t=0}^{n-1} t|q_x v^{t+1}$	$\dfrac{M_x-M_{x+n}}{D_x}$
n 年滿期生存保險		$A_{x:\overline{n|}}^{\ 1}$ 或 $_nE_x$	$_np_x v^n$	$\dfrac{D_{x+n}}{D_x}$
n 年滿期 養老保險	即　付	$\overline{A}_{x:\overline{n|}}$	$\displaystyle\sum_{t=0}^{n-1} t|q_x v^{t+\frac{1}{2}}+_np_x v^n$	$\dfrac{\overline{M}_x-\overline{M}_{x+n}+D_{x+n}}{D_x}$
	年末付	$A_{x:\overline{n|}}$	$\displaystyle\sum_{t=0}^{n-1} t|q_x v^{t+1}+_np_x v^n$	$\dfrac{M_x-M_{x+n}+D_{x+n}}{D_x}$

4．生命年金現價之公式一覽表

表22·2　生命年金現價之公式
加入年齡 x，年金額 1

年金形式	記　號	以 $_t p_x$ 之計算公式	以計算基數之計算公式
終身年金（後付）	a_x	$\sum\limits_{t=1}^{\infty} v^t {}_t p_x$	$\dfrac{N_{x+1}}{D_x}$
（前付）	$\ddot{a}_x$	$\sum\limits_{t=0}^{\infty} v^t {}_t p_x$	$\dfrac{N_x}{D_x}$
n年定期年金（後付）	$a_{x:\overline{n}|}$ 或 ${}_n a_x$	$\sum\limits_{t=1}^{n} v^t {}_t p_x$	$\dfrac{N_{x+1}-N_{x+n+1}}{D_x}$
（前付）	$\ddot{a}_{x:\overline{n}|}$ 或 ${}_n \ddot{a}_x$	$\sum\limits_{t=0}^{n-1} v^t {}_t p_x$	$\dfrac{N_x-N_{x+n}}{D_x}$
m年攔置終身年金（後付）	${}_{m|}a_x$	$\sum\limits_{t=m+1}^{\infty} v^t {}_t p_x$	$\dfrac{N_{x+m+1}}{D_x}$
（前付）	${}_{m|}\ddot{a}_x (={}_{m-1|}a_x)$	$\sum\limits_{t=m}^{\infty} v^t {}_t p_x$	$\dfrac{N_{x+m}}{D_x}$
m年攔置n年定期年金（後付）	${}_{m|n}a_x$ 或 ${}_{m|}a_{x:\overline{n}|}$	$\sum\limits_{t=m+1}^{m+n} v^t {}_t p_x$	$\dfrac{N_{x+m+1}-N_{x+m+n+1}}{D_x}$
（前付）	${}_{m|n}\ddot{a}$ 或 ${}_{m|}\ddot{a}_{x:\overline{n}|}$ $(={}_{m-1|n}a_x)$	$\sum\limits_{t=m}^{m+n-1} v^t {}_t p_x$	$\dfrac{N_{x+m}-N_{x+m+n}}{D_x}$

第２３章 生命統計應用數理

23・1 行列式

1. 行列式之主要性質

(1)一行列式依次交換其行與列（即第一行變爲第一列，第二行變爲第二列，……），其值不變。即

$$\text{若 } \Delta_1 = \begin{vmatrix} a_1 & b_1 & c_1 \\ a_2 & b_2 & c_2 \\ a_3 & b_3 & c_3 \end{vmatrix}, \quad \Delta_2 = \begin{vmatrix} a_1 & a_2 & a_3 \\ b_1 & b_2 & b_3 \\ c_1 & c_2 & c_3 \end{vmatrix}; \text{則} \Delta_1 = \Delta_2$$

(2)行列式中任一行或任一列之諸元爲零，此行列式之值爲零。

(3)在已知行列式中，任取二行或二列互換，則所得之行列式與原行列式同值而異號，卽

$$\text{若 } \Delta_1 = \begin{vmatrix} a_1 & b_1 & c_1 \\ a_2 & b_2 & c_2 \\ a_3 & b_3 & c_3 \end{vmatrix}, \quad \Delta_2 = \begin{vmatrix} b_1 & a_1 & c_1 \\ b_2 & a_2 & c_2 \\ b_3 & a_3 & c_3 \end{vmatrix}, \quad \text{則 } \Delta_1 = -\Delta_2$$

①一行列式中，任一行（列）與他行（列）互換，若互換的次數爲偶數，則所得行列式與原行列式之值相等；若互換之次數爲奇數，則所得行列式與原行列式同值而異號。

②一行列式中，有兩行或兩列之各元均同，此行列式之值爲零。

(4)一行列式中之任一行或任一列之諸元以 k 乘之，則所得行列式爲原行列式之 k 倍。由此性質可得推論如下：若行列式中之二行或二列之相當元成比例，則此列式爲零。

(5)一行列式中之一行或一列的諸元，各爲二元之和，則此行列式可

以二行列式之和表示之。

設　$\Delta_1 = \begin{vmatrix} a_1 + a_1' & b_1 & c_1 \\ a_2 + a_2' & b_2 & c_2 \\ a_3 + a_3' & b_3 & c_3 \end{vmatrix}$,　則 Δ_1 可化成

$$\Delta_2 = \begin{vmatrix} a_1 & b_1 & c_1 \\ a_2 & b_2 & c_2 \\ a_3 & b_3 & c_3 \end{vmatrix} \text{ 及 } \Delta_3 = \begin{vmatrix} a_1' & b_1 & c_1 \\ a_2' & b_2 & c_1 \\ a_3' & b_3 & c_3 \end{vmatrix} \text{ 之和。}$$

（6）以常數 k 偏乘一行列式中之任一行或任一列諸元，而以每一積各與他行或他列之相當元相加，則所得行列式與原行列式之值相等。

設　$\Delta_1 = \begin{vmatrix} a_1 & b_1 & c_1 \\ a_2 & b_2 & c_2 \\ a_3 & b_3 & c_3 \end{vmatrix}$,　$\Delta_2 = \begin{vmatrix} a_1 & b_1 + ka_1 & c_1 \\ a_2 & b_2 + ka_2 & c_2 \\ a_3 & b_3 + ka_3 & c_3 \end{vmatrix}$,　則

$$\Delta_2 = \begin{vmatrix} a_1 & b_1 & c_1 \\ a_2 & b_2 & c_2 \\ a_3 & b_3 & c_3 \end{vmatrix} + \begin{vmatrix} a_1 & ka_1 & c_1 \\ a_2 & ka_2 & c_2 \\ a_3 & ka_3 & c_3 \end{vmatrix} = \begin{vmatrix} a_1 & b_1 & c_1 \\ a_2 & b_2 & c_2 \\ a_3 & b_3 & c_3 \end{vmatrix} = \Delta_1$$

2．子式，餘因式與 n 級行列式之展開

在任何行列式 Δ 中，取一元 e，而抽去其所在之行與列，將其餘各元，不改其原有之關係位置而成另一行列式，此行列式稱為 e 元之子式(minor)，以 $\Delta(e)$ 表示；故原行列式之各元皆可有其子式；如在

$$\Delta = \begin{vmatrix} a_1 & b_1 & c_1 \\ a_2 & b_2 & c_2 \\ a_3 & b_3 & c_3 \end{vmatrix} \text{ 中 } a_1, a_2, a_3, \cdots, \text{ 諸元之子式分別為}$$

$$\Delta(a_1) = \begin{vmatrix} b_2 & c_2 \\ b_3 & c_3 \end{vmatrix}, \quad \Delta(a_2) = \begin{vmatrix} b_1 & c_1 \\ b_3 & c_3 \end{vmatrix},$$

$$\Delta(a_3) = \begin{vmatrix} b_1 & c_1 \\ b_2 & c_2 \end{vmatrix} \cdots\cdots$$

又
$\begin{vmatrix} a_1 & b_1 & c_1 \\ a_2 & b_2 & c_2 \\ a_3 & b_3 & c_3 \end{vmatrix}$
中第一行之諸元與其子式之積為,

$$a_1 \Delta(a_\nu) = a_1 \begin{vmatrix} b_2 & c_2 \\ b_3 & c_3 \end{vmatrix}, \qquad a_2 \Delta(a_2) = a_2 \begin{vmatrix} b_1 & c_1 \\ b_3 & c_3 \end{vmatrix},$$

$$a_3 \Delta(a_3) = a_3 \begin{vmatrix} b_1 & c_1 \\ b_2 & c_2 \end{vmatrix},$$

故行列式之展開為,

$$\begin{vmatrix} a_1 & b_1 & c_1 \\ a_2 & b_2 & c_2 \\ a_3 & b_3 & c_3 \end{vmatrix} = a_1 \Delta(a_1) - a_2 \Delta(a_2) + a_3 \Delta(a_3) \quad (23.1)$$

由是,得任一行列式展開法則:

先取行列式中任一行(如第 i 行)或任一列(如第 j 列)的諸元與其子式之積,順次以正負相間之符號聯結,再以 $(-1)^{i-1}$ 或 $(-1)^{j-1}$ 乘其結果,即得其展開式。如第三行 $i = 3$,

$$\begin{vmatrix} a_1 & b_1 & c_1 & d_1 \\ a_2 & b_2 & c_2 & d_2 \\ a_3 & b_3 & c_3 & d_3 \\ a_4 & b_4 & c_4 & d_4 \end{vmatrix} = (-1)^{3-1} [\, c_1 \Delta(c_1) - c_2 \Delta(c_2) + c_3 \Delta(c_3) \\ - c_4 \Delta(c_4) \,]$$

$$= c_1 \Delta(c_1) - c_2 \Delta(c_2) + c_3 \Delta(c_3) - c_4 \Delta(c_4)$$

以 $A_1 = \Delta(a_1)$, $A_2 = -\Delta(a_2)$, $A_3 = \Delta(a_3)$, $A_4 = -\Delta(a_4)$;

$B_1 = -\Delta(b_1)$, $B_2 = \Delta(b_2)$, $B_3 = -\Delta(b_3)$, $B_4 = \Delta(b_4)$;

………, 則

$$\Delta = a_1 A_1 + a_2 A_2 + a_3 A_3 + a_4 A_4 \qquad (23.2)$$

$$= b_1 B_1 + b_2 B_2 + b_3 B_3 + b_4 B_4$$

$$= c_1 C_1 + c_2 C_2 + c_3 C_3 + c_4 C_4 = \cdots\cdots$$

$$= a_1 A_1 + b_1 B_1 + c_1 C_1 + d_1 D_1 = \cdots\cdots$$

式中，A_1，A_2，A_3，……　各稱 a_1，a_2，a_3，…… 之餘因式（cofac-tor）。

餘因式重要性質：一行列式之任一行（列）之各元與其他一行（列）對應各元的餘因式之積，其和爲零。

因　$\Delta = \begin{vmatrix} a_1 & b_1 & c_1 \\ a_2 & b_2 & c_2 \\ a_3 & b_3 & c_3 \end{vmatrix} = a_1A_1 + a_2A_2 + a_3A_3$

若將 Δ 中之 a_1，a_2，a_3，分別以 b_1，b_2，b_3，代換，則

$$b_1A_1 + b_2A_2 + b_3A_3 \qquad\qquad (23.3)$$

$$= b_1 \begin{vmatrix} b_2 & c_2 \\ b_3 & c_3 \end{vmatrix} - b_2 \begin{vmatrix} b_1 & c_1 \\ b_3 & c_3 \end{vmatrix} + b_3 \begin{vmatrix} b_1 & c_1 \\ b_2 & c_2 \end{vmatrix}$$

$$= b_1b_2c_3 - b_1b_3c_2 - b_2b_1c_3 + b_2b_3c_1 + b_3b_1c_2 - b_3b_2c_1 = 0$$

同理，　$c_1A_1 + c_2A_2 + c_3A_3$

$$= c_1 \begin{vmatrix} b_2 & c_2 \\ b_3 & c_3 \end{vmatrix} + c_2 \begin{vmatrix} b_1 & c_1 \\ b_3 & c_3 \end{vmatrix} + c_3 \begin{vmatrix} b_1 & c_1 \\ b_2 & c_2 \end{vmatrix}$$

$$= c_1b_2c_3 - c_1b_3c_2 - c_2b_1c_3 + c_2b_3c_1 + c_3b_1c_2$$
$$\quad - c_3 l_2 c_1 = 0$$

又因　$\Delta = a_1A_1 + b_1B_1 + c_1C_1$，若將 Δ 中之 a_1，b_1，c_1，分別以 a_2，b_2，c_2，代換，則同理，$a_2A_1 + b_2B_1 + c_2C_1 = 0$，

同理，$a_3A_1 + b_3B_1 + c_3C_1 = 0$

故由上述得知，行列式之展開，係取其中任一行或任一列之諸元各與其子式之積之代數和。

3. 多元一次聯立方程式之解法

多元一次聯立方程式應用行列式之方法解之。

設有三變數三個一次聯立方程式如下：

$$a_1 x + b_1 y + c_1 z = 1 \qquad (1)$$

$$a_2 x + b_2 y + c_2 z = m \qquad (2)$$

$$a_3 x + b_3 y + c_3 z = n \qquad (3)$$

取得變數 x，y，z 之係數 a，b，c 按原有關係之位置排成行列式，卽

$$\Delta = \begin{vmatrix} a_1 & b_1 & c_1 \\ a_2 & b_2 & c_2 \\ a_3 & b_3 & c_3 \end{vmatrix} = \begin{vmatrix} a_1 & b_2 & c_3 \end{vmatrix}$$

以 a_1，a_2 與 a_3 之餘因式 A_1，A_2，與 A_3 依次乘 (1),(2),(3) 式後相加，得

$$(a_1 A_1 + a_2 A_2 + a_3 A_3) x + (b_1 A_1 + b_2 A_2 + b_3 A_3) y$$
$$+ (c_1 A_1 + c_2 A_2 + c_3 A_3) z = 1 A_1 + m A_2 + n A_3$$

由 (23·3) 式，y 與 z 之係數為零，又由 (23·2) 式，卽

$$a_1 A_1 + a_2 A_2 + a_3 A_3 = \Delta = \begin{vmatrix} a_1 b_2 c_3 \end{vmatrix},$$

$$\therefore \quad \begin{vmatrix} a_1, b_2, c_3 \end{vmatrix} x = 1 A_1 + m A_2 + n A_3$$

但 $\quad 1 A_1 + m A_2 + n A_3 = 1 \begin{vmatrix} b_2 & c_2 \\ b_3 & c_3 \end{vmatrix} - m \begin{vmatrix} b_1 & c_1 \\ b_3 & c_3 \end{vmatrix}$

$$+ n \begin{vmatrix} b_1 & c_1 \\ b_2 & c_2 \end{vmatrix} = \begin{vmatrix} 1 & b_1 & c_1 \\ m & b_2 & c_2 \\ n & b_3 & c_3 \end{vmatrix} = \begin{vmatrix} 1 & b_2 & c_3 \end{vmatrix}$$

若 $\Delta \neq 0$，則

$$x = \frac{\begin{vmatrix} 1 & b_2 & c_2 \end{vmatrix}}{\begin{vmatrix} a_1 & b_2 & c_3 \end{vmatrix}}$$

同理，b_1，b_2，b_3 之餘因式 B_1，B_2，B_3，依次乘 (1),(2),(3) 式後相加，得

$$(a_1 B_1 + a_2 B_2 + a_3 B_3) x + (b_1 B_1 + b_2 B_2 + b_3 B_3) y$$

$$+ (c_1 B_1 + c_2 B_2 + c_3 B_3) z \doteq l B_1 + m B_2 + n B_3$$

由（23·3）式 x 與 z 之係數爲零，又由（23·1）式 $b_1 B_1 + b_2 B_2 + b_3 B_3 = \Delta = | a_1 \ b_2 \ c_3 |$

∴　$| a_1 \ b_2 \ c_3 | \ y = l B_1 + m B_2 + n B_3$

但　$l B_1 + m B_2 + n B_3 = - l \begin{vmatrix} a_2 & c_2 \\ a_3 & c_3 \end{vmatrix} + m \begin{vmatrix} a_1 & c_1 \\ a_3 & c_3 \end{vmatrix}$

$$- n \begin{vmatrix} a_1 & c_1 \\ a_2 & c_2 \end{vmatrix} = \begin{vmatrix} a_1 & l & c_1 \\ a_2 & m & c_2 \\ a_3 & n & c_3 \end{vmatrix} = | a_1 \ m \ c_3 |$$

∴　$y = \dfrac{| a_1 \ m \ c_3 |}{| a_1 \ b_2 \ c_3 |}$

同理 c_1，c_2，c_3 之餘因式 C_1，C_2，C_3，依次乘（1），（2），（3）式後相加，得

$$(a_1 C_1 + a_2 C_2 + a_3 C_3) x + (b_1 C_1 + b_2 C_2 + b_3 C_3) y$$

$$+ (c_1 C_1 + c_2 C_2 + c_3 C_3) z = l C_1 + m C_2 + n C_3$$

由（23.3）式，x，y 之係數爲零，由（23·2）式 $c_1 C_1 + c_2 C_2 + c_3 C_3 = \Delta = | a_1 \ b_2 \ c_3 |$

$$| a_1 \ b_2 \ c_3 | \ z = l C_1 + m C_2 + n C_3$$

但　$l C_1 + m C_2 + n C_3 = l \begin{vmatrix} a_2 & b_2 \\ a_3 & b_3 \end{vmatrix} - m \begin{vmatrix} a_1 & b_1 \\ a_3 & b_3 \end{vmatrix} + n \begin{vmatrix} a_1 & b_1 \\ a_2 & b_2 \end{vmatrix}$

$$= \begin{vmatrix} a_1 & b_1 & l \\ a_2 & b_2 & m \\ a_3 & b_3 & n \end{vmatrix} = | a_1 \ b_2 \ n |$$

∴　$z = \dfrac{| a_1 \ b_2 \ n |}{| a_1 \ b_2 \ c_3 |}$

由上述得解多元一次聯立方程式以行列式解法之原理如下：

未知數之係數所排成之行列式 Δ 爲分母；再以未知數 x，y，z 各所佔位置之行列式之第一行，第二行，…，各行以常數項所成之一行（ l，m，n，…） 代換，成另一行列式爲分子，如此所成之分數式，卽得該未知數之值。依同法，可求其他未知數之值。

未知量 z_1，z_2，$\cdots z_n$ 之一次聯立方程式之解法，同樣類推。

4.　q 個之未知量 z_1，z_2，z_3……，z_q 之間之一次式，在同一條件下，而觀測，取得 M_1，M_2；M_3，……，M_n 值，但 n＞q，其觀測方程式如下，此法稱爲間接測定法：

$$
\left.
\begin{aligned}
a_1 z_1 + b_1 z_2 + c_1 z_3 + \cdots\cdots + 1_1 z_q &= M_1 \\
a_2 z_1 + b_2 z_2 + c_2 z_3 + \cdots\cdots + 1_2 z_q &= M_2 \\
a_3 z_1 + b_3 z_2 + c_3 z_3 + \cdots\cdots + 1_3 z_q &= M_3 \\
\cdots\cdots\cdots\cdots\cdots\cdots\cdots\cdots\cdots \\
\cdots\cdots\cdots\cdots\cdots\cdots\cdots\cdots\cdots \\
a_n z_1 + b_n z_2 + c_n z_3 + \cdots\cdots + 1_n z_q &= M_n
\end{aligned}
\right\}
\qquad (23 \cdot 4)
$$

依最小平方法，由 (23.4) 式求得標準方程式，如下，

在最小平方法，便利上，$\sum\limits_{i=1}^{n} a_1^2$ ，$\sum\limits_{1}^{n} (a_1, b_1)$ 各以 [aa]，[ab] 表示，卽

$$
\left.
\begin{aligned}
[aa]z_1 + [ab]z_2 + [ac]z_3 + \cdots\cdots + [a1]z_q &= [aM] \\
[ab]z_1 + [bb]z_2 + [bc]z_3 + \cdots\cdots + [b1]z_q &= [bM] \\
[ac]z_1 + [bc]z_2 + [cc]z_3 + \cdots\cdots + [c1]z_q &= [cM] \\
\cdots\cdots\cdots\cdots\cdots\cdots\cdots\cdots\cdots\cdots \\
\cdots\cdots\cdots\cdots\cdots\cdots\cdots\cdots\cdots\cdots \\
[a1]z_1 + [b1]z_2 + [c1]z_3 + \cdots\cdots + [11]z_q &= [1M]
\end{aligned}
\right\}
$$

(23·5)

未知量 z_1, z_2, z_3, …… z_q 之係數 [aa], [ab], [ac] ……
[11] 等排成行列式，

$$\Delta = \begin{vmatrix} [aa] & [ab] & [ac] & \cdots & [a1] \\ [ab] & [bb] & [bc] & \cdots & [b1] \\ [ac] & [bc] & [cc] & \cdots & [c1] \\ \cdots & \cdots & \cdots & \cdots & \cdots \\ \cdots & \cdots & \cdots & \cdots & \cdots \\ [a1] & [b1] & [c1] & \cdots & [11] \end{vmatrix} = \begin{vmatrix} [aa][bb]\cdots[11] \end{vmatrix}$$

(23·6)

Δ_1, Δ_2, Δ_3, …, Δ_q 係順次將 Δ 之第一行，第二行，…，第 q
行，各以 [aM], [bM], [cM], …, [1M] 之一行代換者。故
z_1, z_2, z_3 …… z_q 值由下式求之，

$$z_i = \frac{\Delta_i}{\Delta} \quad (i = 1, 2, 3, \cdots\cdots, q) \tag{23·7}$$

5. 實驗式以一般代數整式表示，則

$$y = a_0 + a_1 x + a_2 x^2 + \cdots + a_q x^q \quad n > q ,$$

x , y 之 n 對觀測值，(x_1, y_1)，(x_2, y_1)，…… (x_n, y_n)，
觀測方程式如下：

$$\left. \begin{array}{l} a_0 + a_1 x_1 + a_2 x_1^2 + \cdots\cdots\cdots + a_q x_1^q = y_1 \\ a_0 + a_1 x_2 + a_2 x_2^2 + \cdots\cdots\cdots + a_q x_2^q = y_2 \\ \cdots\cdots\cdots\cdots\cdots\cdots\cdots\cdots\cdots\cdots\cdots \\ \cdots\cdots\cdots\cdots\cdots\cdots\cdots\cdots\cdots\cdots\cdots \\ a_0 + a_1 x_n + a_2 x_n^2 + \cdots\cdots\cdots + a_q x_n^q = y_n \end{array} \right\} \tag{23·8}$$

依最小平方法求 a_0, a_1, a_2, …… a_q 之最確值，而得其標準方

程式如下：

$$na_0 + a_1[x] + a_2[x^2] + \cdots\cdots + a_q[x^q] = [y]$$
$$a_0[x] + a_1[x^2] + a_2[x^3] + \cdots + a_q[x^{q+1}] = [xy]$$
$$\cdots\cdots\cdots\cdots\cdots\cdots\cdots\cdots\cdots\cdots$$
$$\cdots\cdots\cdots\cdots\cdots\cdots\cdots\cdots\cdots\cdots$$
$$a_0[x^q] + a_1[x^{q+1}] + a_2[x^{q+2}] + \cdots\cdots + a_q[x^{2q}]$$
$$= [x^q y]$$

$$(23 \cdot 9)$$

a_0，a_1，a_2，……，a_q 之係數，即常數項 n，$[\,x\,]$，$[\,x^2\,]$，$[\,x^3\,]$，……$[\,x^{2q}\,]$ 等排成行列式，而行列式以 Δ 表示，則，

$$\Delta = \begin{vmatrix} n & [x] & [x^2] & \cdots & [x^q] \\ [x] & [x^2] & [x^3] & \cdots & [x^{q+1}] \\ \cdots & \cdots & \cdots & \cdots & \cdots \\ \cdots & \cdots & \cdots & \cdots & \cdots \\ [x^q] & [x^{q+1}] & [x^{q+2}] & \cdots & [x^{2q}] \end{vmatrix} = \begin{vmatrix} n & [x^2] & [x^4] & \cdots & [x^{2q}] \end{vmatrix}$$

$$(23 \cdot 10)$$

Δ_0，Δ_1，Δ_2，…，Δ_q 係順次 Δ 之第一行，第二行，…，第 q 行，各以 $[y]$，$[xy]$，$[x^2y]$，…$[x^qy]$ 之一行代換者，則

$$a_i = \frac{\Delta_i}{\Delta} \quad (\,i = 0，1，2，\cdots q\,) \qquad (23 \cdot 11)$$

如此 a_0，a_1，a_2，……，a_q 值由（$23 \cdot 11$）式求得。

6． x 之函數 y 依 Taylor 定理展開，如

$$y = a_0 + a_1x + a_2x^2 + a_3x^3 + \cdots + a_\mu x^\mu \qquad (23 \cdot 12)$$

$\mu + 1$ 次以上之項數省略。又爲計算之便利起見，假定 $\mu = 2i + 1$（ $i = 0$，1，2，…），則 μ 爲奇數，再以原點爲中心點 $x = -j$，$-j+1$，…，0，1，2，…，$j-1$，j，（ j 表示正整數

，即 $j > \dfrac{1}{2}(\mu - 1)$。依最小平方法而求（23·12）式之未知常數

$a_0, a_1, a_2, \cdots, a_\mu$，則其標準方程式如下：

$$a_0(2j+1) + a_1[x] + a_2[x^2] + \cdots + a_\mu[x^\mu] = [y]$$

$$a_0[x] + a_1[x^2] + a_2[x^3] + \cdots\cdots + a_\mu[x^{\mu+1}] = [xy]$$

$$\cdots\cdots\cdots\cdots\cdots\cdots\cdots\cdots\cdots\cdots\cdots\cdots\cdots\cdots\cdots\cdots\cdots\cdots\cdots$$

$$\cdots\cdots\cdots\cdots\cdots\cdots\cdots\cdots\cdots\cdots\cdots\cdots\cdots\cdots\cdots\cdots\cdots\cdots$$

$$a_0[x^\mu] + a_1[x^{\mu+1}] + a_2[x^{\mu+2}] + \cdots + a_\mu[x^{2\mu}] = [x^\mu y]$$

$$(23\cdot13)$$

故　$a_0 = \dfrac{1}{\Delta} \begin{vmatrix} [y] & [x] & [x^2] & \cdots & [x^\mu] \\ [yx] & [x^2] & [x^3] & \cdots & [x^{\mu+1}] \\ \cdots\cdots\cdots\cdots\cdots\cdots\cdots\cdots\cdots\cdots \\ [yx^\mu] & [x^{\mu+1}] & [x^{\mu+2}] & \cdots & [x^{2\mu}] \end{vmatrix}$

式中　$\Delta = \begin{vmatrix} (2j+1) & [x] & [x^2] & \cdots\cdots & [x^\mu] \\ [x] & [x^2] & [x^3] & \cdots\cdots & [x^{\mu+1}] \\ \cdots\cdots\cdots\cdots\cdots\cdots\cdots\cdots\cdots\cdots \\ [x^\mu] & [x^{\mu+1}] & [x^{\mu+2}] & \cdots\cdots & [x^{2\mu}] \end{vmatrix}$

而　$[x] = [x^3] = \cdots\cdots\cdots\cdots = [x^{2\mu-1}] = 0$

$$[x^{2p}] = 2(1^{2p} + 2^{2p} + 3^{3p} + \cdots\cdots + j^{2p})$$

$$p = 1, 2, 3, \cdots\cdots, \mu。$$

如上述，μ 為奇數，則，

$a_0 = \dfrac{1}{\Delta} \begin{vmatrix} [y] & 0 & [x^2] & 0 & \cdots\cdots & [x^{\mu-1}] & 0 \\ [yx] & [x^2] & 0 & [x^4] & \cdots\cdots & 0 & [x^{\mu+1}] \\ \cdots\cdots\cdots\cdots\cdots\cdots\cdots\cdots\cdots\cdots\cdots\cdots \\ [yx^\mu] & [x^{\mu+1}] & 0 & [x^{\mu+3}] & \cdots & 0 & [x^{2\mu}] \end{vmatrix}$

$$a_0 = \frac{1}{\Delta} \begin{vmatrix} [y] & [x^2] & \cdots [x^{\mu-1}] & 0 \cdots\cdots\cdots\cdots\cdots 0 \\ [yx^2] & [x^4] & \cdots [x^{\mu+1}] & 0 \cdots\cdots\cdots\cdots\cdots 0 \\ \cdots\cdots\cdots\cdots\cdots\cdots\cdots\cdots\cdots\cdots\cdots \\ [yx^{\mu-1}][x^{\mu+1}] \cdots & [x^{2\mu-2}] & 0 \cdots\cdots\cdots\cdots 0 \\ [yx] & 0 \cdots\cdots\cdots \quad 0 & [x^2] & [x^4] \cdots [x^{\mu+1}] \\ [yx^3] & 0 \cdots\cdots\cdots \quad 0 & [x^4] & [x^6] \cdots [x^{\mu+3}] \\ \cdots\cdots\cdots\cdots\cdots\cdots\cdots\cdots\cdots\cdots\cdots \\ [yx^{\mu}] & 0 \cdots\cdots\cdots \quad 0 & [x^{\mu+1}][x^{\mu+3}] \cdots [x^{2\mu}] \end{vmatrix}$$

$$a_0 = \frac{1}{\Delta} \begin{vmatrix} [y] & [x^2] & \cdots [x^{\mu-1}] \\ [yx^2] & [x^4] & \cdots [x^{\mu+1}] \\ \cdots\cdots\cdots\cdots\cdots\cdots \\ [yx^{\mu-1}][x^{\mu+1}] \cdots [x^{2\mu-2}] \end{vmatrix} \begin{vmatrix} [x^2] & [x^4] & \cdots [x^{\mu+1}] \\ [x^4] & [x^6] & \cdots [x^{\mu+3}] \\ \cdots\cdots\cdots\cdots\cdots\cdots \\ [x^{\mu+1}][x^{\mu+3}] \cdots [x^{2\mu}] \end{vmatrix}$$

$$\Delta = \begin{vmatrix} (2j+1) & 0 & [x^2] & 0 & \cdots\cdots [x^{\mu-1}] & 0 \\ 0 & [x^2] & 0 & \cdots\cdots\cdots\cdots & 0 & [x^{\mu+1}] \\ [x^2] & 0 & \cdots\cdots\cdots\cdots\cdots\cdots\cdots\cdots\cdots \\ 0 \cdots\cdots\cdots\cdots\cdots\cdots\cdots\cdots\cdots\cdots\cdots\cdots \\ \cdots\cdots\cdots\cdots\cdots\cdots\cdots\cdots\cdots\cdots\cdots\cdots \\ 0 & [x^{\mu+1}] & 0 \cdots\cdots\cdots\cdots 0 & [x^{2\mu}] \end{vmatrix}$$

$$\Delta = \begin{vmatrix} (2j+1) & [x^2] & \cdots [x^{\mu-1}] \\ [x^2] & [x^4] & \cdots [x^{\mu+1}] \\ [x^4] & \cdots\cdots\cdots\cdots\cdots \\ \cdots\cdots\cdots\cdots\cdots\cdots \\ [x^{\mu-1}] & [x^{\mu+1}] & \cdots [x^{2\mu-2}] \end{vmatrix} \begin{vmatrix} [x^2] & [x^4] & \cdots [x^{\mu+1}] \\ [x^4] & [x^6] & \cdots [x^{\mu+3}] \\ \cdots\cdots\cdots\cdots\cdots\cdots \\ \cdots\cdots\cdots\cdots\cdots\cdots \\ [x^{\mu+1}][x^{\mu+3}] \cdots [x^{2\mu}] \end{vmatrix}$$

由上述兩式中相同部分消去，即得，

$$a_0 = \frac{\begin{vmatrix} [y] & [x^2] & \cdots\cdots & [x^{\mu-1}] \\ [yx^2] & [x^4] & \cdots\cdots & [x^{\mu+1}] \\ \cdots\cdots\cdots\cdots\cdots\cdots\cdots\cdots\cdots\cdots\cdots \\ [yx^{\mu-1}] & [x^{\mu+1}] & \cdots\cdots\cdots & [x^{2\mu-2}] \end{vmatrix}}{\begin{vmatrix} (2j+1) & [x^2] & \cdots\cdots\cdots & [x^{\mu-1}] \\ [x^2] & [x^4] & \cdots\cdots\cdots & [x^{\mu+1}] \\ \cdots\cdots\cdots\cdots\cdots\cdots\cdots\cdots\cdots\cdots \\ [x^{\mu-1}] & [x^{\mu+1}] & \cdots\cdots\cdots & [x^{2\mu-2}] \end{vmatrix}} = \frac{\Delta_0}{D}$$

同理，

$$a_1 = \frac{1}{\Delta} \begin{vmatrix} (2j+1) & [y] & [x^2] & \cdots & [x^{\mu}] \\ [x] & [yx] & [x^3] & \cdots & [x^{\mu+1}] \\ [x^2] & [yx^2] & [x^4] & \cdots & [x^{\mu+2}] \\ \cdots\cdots\cdots\cdots\cdots\cdots\cdots\cdots\cdots\cdots\cdots \\ [x^{\mu}] & [yx^{\mu}] & [x^{\mu+2}] & \cdots & [x^{2\mu}] \end{vmatrix}$$

$$a_1 = \frac{1}{\Delta} \frac{\begin{vmatrix} [yx] & [x^4] & [x^6] & \cdots & [x^{\mu+1}] \\ [yx^3] & [x^6] & [x^8] & \cdots & [x^{\mu+3}] \\ [yx^5] & \cdots\cdots\cdots\cdots\cdots\cdots\cdots\cdots\cdots \\ \cdots\cdots\cdots\cdots\cdots\cdots\cdots\cdots\cdots\cdots\cdots \\ [yx^{\mu}] & [x^{\mu+3}] & [x^{\mu+5}] & \cdots & [x^{2\mu}] \end{vmatrix}}{\begin{vmatrix} (2j+1) & [x^2] & [x^4] & \cdots & [x^{\mu-1}] \\ [x^2] & [x^4] & [x^6] & \cdots & [x^{\mu+1}] \\ [x^4] & \cdots\cdots\cdots\cdots\cdots\cdots\cdots\cdots\cdots \\ \cdots\cdots\cdots\cdots\cdots\cdots\cdots\cdots\cdots\cdots\cdots \\ [x^{\mu-1}] & [x^{\mu+1}] & [x^{\mu+3}] & \cdots\cdots & [x^{2\mu-2}] \end{vmatrix}}$$

由以上兩式中相同部分消去，即得

$$a_1 = \frac{\begin{vmatrix} [y] & [x^4] & \cdots\cdots\cdots & [x^{\mu+1}] \\ [yx^2] & [x^6] & \cdots\cdots\cdots & [x^{\mu+3}] \\ \multicolumn{4}{c}{\cdots\cdots\cdots\cdots\cdots\cdots\cdots} \\ [yx^\mu] & [x^{\mu+3}] & \cdots\cdots\cdots & [2^{2\mu}] \end{vmatrix}}{\begin{vmatrix} [x^2] & [x^4] & \cdots\cdots\cdots & [x^{\mu+1}] \\ [x^4] & [x^6] & \cdots\cdots\cdots & [x^{\mu+3}] \\ \multicolumn{4}{c}{\cdots\cdots\cdots\cdots\cdots\cdots\cdots} \\ [x^{\mu+1}] & [x^{\mu+3}] & \cdots\cdots\cdots & [x^{2\mu}] \end{vmatrix}} = \frac{\Delta_1}{E}$$

同理，

$$a_2 = \frac{1}{\Delta}\begin{vmatrix} (2j+1) & [x] & [y] & \cdots & [x^\mu] \\ [x] & [x^2] & [yx] & \cdots & [x^{\mu+1}] \\ [x^2] & [x^3] & [yx^2] & \cdots & [x^{\mu+2}] \\ \multicolumn{5}{c}{\cdots\cdots\cdots\cdots\cdots\cdots\cdots\cdots\cdots} \\ [x^\mu] & [x^{\mu+1}] & [yx^\mu] & \cdots & [x^{2\mu}] \end{vmatrix}$$

$$a_2 = \frac{1}{\Delta}\begin{vmatrix} (2j+1) & [y] & \cdots & [x^{\mu-1}] \\ [x^2] & [yx^2] & \cdots & [x^{\mu+1}] \\ \multicolumn{4}{c}{\cdots\cdots\cdots\cdots\cdots\cdots} \\ [x^{\mu-1}] & [yx^{\mu+1}] & \cdots & [2^{2\mu-2}] \end{vmatrix}\begin{vmatrix} [x^2] & [x^4] & \cdots & [x^{\mu+1}] \\ [x^4] & [x^6] & \cdots & [x^{\mu+2}] \\ \multicolumn{4}{c}{\cdots\cdots\cdots\cdots\cdots\cdots} \\ [x^{\mu+1}] & [x^{\mu+2}] & \cdots & [x^{2\mu}] \end{vmatrix}$$

由上兩式中相同部分消去，即得

$$a_2 = \frac{\begin{vmatrix} (2j+1)[y] & \cdots\cdots & [x^{\mu-1}] \\ [x^2] & [yx^2] & \cdots\cdots & [x^{\mu+1}] \\ \cdots & \cdots & \cdots\cdots & \cdots \\ [x^{\mu-1}] & [yx^{\mu+1}] & \cdots\cdots & [x^{2\mu-2}] \end{vmatrix}}{D} = \frac{\Delta_2}{D}$$

但　$D = \begin{vmatrix} (2j+1) & [x^2] & \cdots\cdots [x^{\mu-1}] \\ [x^2] & [x^4] & \cdots\cdots [x^{\mu+1}] \\ \cdots\cdots\cdots\cdots\cdots\cdots\cdots\cdots\cdots \\ [x^{\mu-1}] & [x^{\mu+1}] & \cdots\cdots [x^{2\mu-2}] \end{vmatrix}$

同理

$a_3 = \dfrac{1}{\Delta} \begin{vmatrix} (2j+1) & [x] & [x^2] & [y] & \cdots & [x^{\mu}] \\ [x] & [x^2] & [x^3] & [yx] & \cdots & [x^{\mu+1}] \\ [x^2] & [x^3] & [x^4] & [yx^2] & \cdots & [x^{\mu+2}] \\ \cdots & \cdots & \cdots & \cdots & \cdots & \cdots \\ [x^{\mu}] & [x^{\mu+1}] & [x^{\mu+2}] & [yx^{\mu}] & \cdots & [x^{2\mu}] \end{vmatrix}$

$a_3 = \dfrac{1}{\Delta} \begin{vmatrix} [x^2] & [yx] & [x^6] & \cdots & [x^{\mu+1}] \\ [x^4] & [yx^3] & [x^8] & \cdots & [x^{\mu+3}] \\ [x^6] & [yx^5] & [x^{10}] & \cdots & [x^{\mu+5}] \\ \cdots & \cdots & \cdots & \cdots & \cdots \\ [x^{\mu+1}] & [yx^{\mu}] & [x^{\mu+5}] & & [x^{2\mu}] \end{vmatrix}$

$\begin{vmatrix} (2j+1) & [x^2] & [x^4] & \cdots & [x^{\mu-1}] \\ [x^2] & [x^4] & [x^6] & \cdots & [x^{\mu+1}] \\ [x^4] & [x^6] & [x^8] & \cdots & [x^{\mu+3}] \\ \cdots & \cdots & \cdots & \cdots & \cdots \\ [x^{\mu-1}] & [x^{\mu+1}] & [x^{\mu+3}] & \cdots & [x^{2\mu-2}] \end{vmatrix}$

由上兩式中相同部分消去，即得

$$a_3 = \frac{\begin{vmatrix} [x^2] & [yx] & [x^6] & \cdots & [x^{\mu+1}] \\ [x^4] & [yx^3] & [x^8] & \cdots & [x^{\mu+3}] \\ [x^6] & [yx^5] & [x^{10}] & \cdots & [x^{\mu+5}] \\ \cdots & \cdots & \cdots & \cdots & \cdots \\ [x^{\mu+1}] & [yx^{\mu}] & [x^{\mu+5}] & \cdots & [x^{2\mu}] \end{vmatrix}}{\begin{vmatrix} [x^2] & [x^4] & [x^6] & \cdots & [x^{\mu+1}] \\ [x^4] & [x^6] & [x^8] & \cdots & [x^{\mu+3}] \\ \cdots & \cdots & \cdots & \cdots & \cdots \\ [x^{\mu+1}] & [x^{\mu+3}] & [x^{\mu+5}] & \cdots & [x^{2\mu}] \end{vmatrix}} = \frac{\Delta_3}{E}$$

其他 a_4，a_5，$\cdots$，a_μ 直類推得求之。以上得知，Δ_0，Δ_2，Δ_4，$\cdots$，$\Delta_{\mu-1}$ 為上列行列式（determinant） D 之第一行，第二行，第三行，$\cdots$，第 $\frac{\mu+1}{2}$ 行，順次以 $[y]$，$[yx^2]$，$\cdots$ $[yx^{\mu-1}]$ 之一行替換者。此等 a_{2i} 之一般式為

$$a_{2i} = \frac{\Delta_{2i}}{D} \left(i = 0 , 1 , 2 , \cdots\cdots , \frac{\mu-1}{2} \right), \tag{23.14}$$

而 Δ_1，Δ_3，Δ_5，$\cdots\cdots$，Δ_μ 為上列行列式 E 之第一行，第二行，第三行，$\cdots\cdots$，第 $\frac{\mu+1}{2}$ 行，順次以 $[yx]$ $[yx^3]$，$\cdots$，$[yx^\mu]$ 之一行替換者。此等 a_{2i+1} 之一般式為

$$a_{2i+1} = \frac{\Delta_{2i+1}}{E} \left(i = 0 , 1 , 2 , \cdots , \frac{\mu-1}{2} \right)。 \tag{23.15}$$

如此 a_0，a_1，a_2，a_3，$\cdots$，a_μ 由（23.14）及（23.15）公式求得。

23·2　最小平方法 (method of least squares,Methode der kleinsten Quadrate)

最小平方法，在各種量值之測定中，把發生的不規則的誤差（所謂偶然誤差）之除去方法之研究為主要目的。

1. 誤差機率：玆有兩數 a , b(a ＜ b)，其誤差在（ a , b ）之區間內之機率，以函數 F（ a , b）表示。F（ a , b）為 a , b 之連續函數，而以一函數 f(x) 表示，即得

$$F(a, b) = \int_a^b f(x) \, dx$$

而誤差在（a , b）區間內之機率，可以自 x = a , 至 x = b 間之曲線與 x 軸間之面積表示。此曲線稱為機率曲線（probability curve, Wahrscheinlichkeitskurve），函數 f(x) 稱為機率函數，積分稱為機率積分。

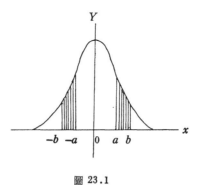

圖 23.1

2. 最確值（most probable value , Wahrscheinlichster Wert）；設 a 為所與的一數，h 為正數，誤差在（a－h , a＋h）區間內之機率

為 $\displaystyle\int_{a-h}^{a+h}$ f(x)dx。 依積分中值（平均）定理，其值為

$\qquad$ f（a−h+θ・2h）2h，（0<θ<1）

同樣另一數為b，誤差在（b−h，b+h）區間內之機率為

$\qquad$ f（b−h+θ_1・2h）2h，（0<θ_1<1）

作兩者之比，h→0時求其極限值，則得

$$\lim_{h\to 0}\frac{f（a-h+\theta\cdot 2h）}{f（b-h+\theta_1\cdot 2h）}=\frac{f(a)}{f(b)}$$

此稱為比較機率。

　　若對一個量之一次之測定值為M，而其真值為z，則其誤差為z−M。然而z−M之誤差發生之比較機率為f（z−M）。若n次之測定值M_1，M_2，… M_n之誤差為z−M，z−M_2，…z−M_n，比較機率為f（z−M_1），f（z−M_2），…f（z−M_n），依複事象機率計算法，各次測定之一連的誤差發生的機率（換言之，真值是z之比較機率）以下式表示，則

$\qquad$ f（z−M）f（z−M_2）…f（z−M_n）

使比較機率為最大之z值稱為測定值之最確值。此機率函數亦可稱為正常分布曲線；普通以下式表示，則

$$f（x）=\frac{h}{\sqrt{\pi}}e^{-h^2x^2} \qquad (23\cdot16)$$

3. 最小平方法之原理

　　茲把m個量值z_1，z_2，…，z_m 之n個函數（n$\geqq$m），

$\qquad$ F_1（z_1，z_2，…，z_m）

$\qquad$ F_1（z_1，z_2，…，z_m）

$\qquad$ ……

$\qquad$ ……

$$F_n(z_1, z_2, \cdots, z_m)$$

以上函數之測定值各為 $M_1, M_2, \cdots, M_n$，真值與觀測值之差以誤差 error, Fehler（或殘差 residual）$x_1, x_2, \cdots, x_n$ 表示。為求此等量之最確值，使

$$F_1(z_1, z_2, \cdots, z_m) - M_1 = x_1$$
$$F_2(z_1, z_2, \cdots, z_m) - M_2 = x_2$$
$$\cdots\cdots\cdots$$
$$\cdots\cdots\cdots$$
$$F_n(z_1, z_2, \cdots, z_m) - M_n = x_n$$

時，須求得 $z_1, z_2, \cdots z_n$ 值，使機率函數之積，

$$f(x_1)f(x_2)\cdots f(x_n)$$

取得最大值。

若用（23·16）

$$\left(\frac{h}{\sqrt{\pi}}\right)^n e^{-h^2(x_1^2 + x_2^2 + \cdots + x_n^2)}$$

結局使上式取得最大值時之 z 值，換言之，使誤差 $x_1^2 + x_2^2 + \cdots + x_n^2$ 取得最小值時之 z 值。由此得知最小平方法之名稱之由來卽是誤差之平方和取得最小值為原則之意。

試述，一量 z 測定 n 次，其測定值為 $M_1, M_2, \cdots, M_n$，而其誤差，

$$z - M_1 = x_1, \quad z - M_2 = x_2, \cdots, z - M_n = x_n$$

其量之最確值是使

$$\varphi(z) = (z - M_1)^2 + (z - M_2)^2 + \cdots + (z - M_n)^2$$

取得最小值之 z 值。此等由下式求之，

$$\varphi'(z) = 2\{(z - M_1) + (z - M_2) + \cdots + (z - M_n)\} = 0 \text{，卽}$$

得

$$z = \frac{M_1 + M_2 + \cdots\cdots + M_n}{n}$$

此即爲觀測值之相加平均。

是故使誤差之平方和爲最小之 z 值爲最確值，此即爲最小平方法之根本原則。

4. 最確值之求法

(1) 間接測定（indirect observation, Mittele Beobachtung）

未知量 $z_1, z_2, \cdots, z_m$，此等之 n 個函數爲 $F_1(z_1, z_2, \cdots, z_m)$，$i = 1, 2, \cdots n$，測定值爲 M_i（$i = 1, 2, \cdots, n$），$n \geqq m$，即得 n 個觀測方程式(observation equation, Beobachtungsgleichung)

$$F_i(z_1, z_2, \cdots, z_m) = M_i, \quad i = 1, 2, \cdots, n,$$

其 n 個方程式中，任意取出 m 個方程式作聯立方程式解之，則可得 $z_1, z_2, \cdots, z_m$ 之大略數值。其近似值爲 $z_1', z_2', \cdots, z_m'$，

$$z_1 = z_1' + \varepsilon_1, \quad z_2 = z_2' + \varepsilon_2, \cdots, z_m = z_m' + \varepsilon_m$$

$\varepsilon_1, \varepsilon_2, \cdots, \varepsilon_m$ 是極微小之數，其平方以上之數值消去，則得下式

$$F_i(z_1, z_2, \cdots, z_m) = F_i(z_1' + \varepsilon_1, z_2' + \varepsilon_2, \cdots, z_m' + \varepsilon_m)$$

$$= F_i(z_1', z_2', \cdots, z_m') + \left(\frac{\partial F_1}{\partial z_1}\varepsilon_1 + \frac{\partial F_1}{\partial z_2}\varepsilon_2 + \cdots + \frac{\partial F_1}{\partial z_m'}\varepsilon_m\right)$$

$F_i(z_1', z_2', \cdots, z_m')$ 是既知數，此以 N_i 表示，

$$\frac{\partial F_1}{\partial z_1'}\varepsilon_1 + \frac{\partial F_1}{\partial z_2'}\varepsilon_2 + \cdots + \frac{\partial F_1}{\partial z_m'}\varepsilon_m = M_i - N_i, \quad (i = 1, 2, \cdots, n)$$

此即爲關於 ε 之聯立一次方程式，由此求得 ε 之最確值，由是即得 z 之最確值。

故若求最確值，最初就 F_1 函數只作一次函數即可，即

$$a_1 z_1 + b_1 z_2 + \cdots\cdots + l_1 z_m = p_1$$
$$a_2 z_1 + b_2 z_2 + \cdots\cdots + l_2 z_m = p_2$$
$$\cdots\cdots\cdots\cdots\cdots\cdots\cdots\cdots\cdots\cdots\cdots$$
$$\cdots\cdots\cdots\cdots\cdots\cdots\cdots\cdots\cdots\cdots$$
$$a_n z_1 + b_n z_2 + \cdots\cdots + l_n z_m = p_n$$

$$(23\cdot17)$$

由此求得 z_1，z_2，$\cdots\cdots$，z_m 之最確值。

依最小平方法之原理，欲求最確值是必須使下式之和成爲最小值，即

$$S = (a_1 z_1 + b_1 z_2 + \cdots\cdots + l_1 z_m - p_1)^2$$
$$+ (a_2 z_1 + b_2 z_2 + \cdots\cdots + l_2 z_m - p_2)^2$$
$$+ \cdots\cdots\cdots\cdots\cdots\cdots\cdots\cdots\cdots\cdots\cdots$$
$$\cdots\cdots\cdots\cdots\cdots\cdots\cdots\cdots\cdots\cdots$$
$$+ (a_n z_1 + b_n z_2 + \cdots\cdots + l_n z_m - p_n)^2$$

於是將 S 對 z_1，z_2，$\cdots\cdots$，z_m 分別偏微分，而偏微分係數各爲零，即

$$\frac{\partial S}{\partial z_1} = 0, \quad \frac{\partial S}{\partial z_2} = 0, \quad \cdots\cdots, \quad \frac{\partial S}{\partial z_m} = 0$$

則得聯立一次方程式，即

$$[aa] z_1 + [ab] z_2 + \cdots\cdots + [al] z_m = [ap]$$
$$[ba] z_1 + [bb] z_2 + \cdots\cdots + [bl] z_m = [bp]$$
$$\cdots\cdots\cdots\cdots\cdots$$
$$\cdots\cdots\cdots\cdots\cdots$$
$$[la] z_1 + [lb] z_2 + \cdots\cdots + [ll] z_m = [lp]$$

$$(23\cdot18)$$

但　$[aa] = a_1^2 + a_2^2 + \cdots\cdots + a_n^2$，

$[ab] = a_1 b_1 + a_2 b_2 + \cdots\cdots + a_n b_n$，等

（23.17）稱爲觀測方程式，(observation equation, Beobacht-ungsgleichung)(23.18)稱爲標準方程式（normal equation, Normalgleichung）。(23.18)之聯立方程式解之，卽得 z_1，z_2，……，z_m 值。

(2)實驗式（empirical formula, Empirisches-gleichung）

　依實驗所得資料來探查二個量 x，y 間之關係時，對觀測結果具有良好表現的方程式來表示爲一般的方法。此種方程式稱爲實驗式（empirical formula）。實驗式所用之方程式中包括直線，抛物線（代數整式），指數函數，及週期曲線等。其中代數整式用途最多。又爲期實驗式之正確，採取多數之觀測值，故平常觀測式較係數之數更多。玆將用最小平方法求方程式之係數之最確值如下：代數整式，

$$y = a_0 + a_1 x + a_2 x^2 + a_3 x^3 + \cdots\cdots + a_q x^q \qquad (23.19)$$

x 爲同一巨離，而 x，y 相對應之觀測值爲 (x_1, y_1)，(x_2, y_2)，(x_3, y_3)，…(x_n, y_n)，則觀測方程式如下：

$$\left.\begin{array}{l} a_0 + a_1 x_1 + a_2 x_1^2 + a_3 x_1^3 + \cdots\cdots + a_q x_1^q = y_1 \\ a_0 + a_1 x_2 + a_2 x_2^2 + a_3 x_2^3 + \cdots\cdots + a_q x_2^q = y_2 \\ \cdots\cdots\cdots\cdots\cdots\cdots\cdots\cdots\cdots\cdots \\ \cdots\cdots\cdots\cdots\cdots\cdots\cdots \\ a_0 + a_1 x_n + a_2 x_n^2 + a_3 x_n^3 + \cdots\cdots + a_q x_n^q = y_n \end{array}\right\} \qquad (23,20)$$

而 a_0，a_1，a_2，……a_q 之最確值由下式求之。依最小平方法而求最確值，使下式之和爲最小值，則

$$S = (a_0 + a_1 x_1 + a_2 x_1^2 + \cdots\cdots\cdots\cdots + a_q x_1^q - y_1)^2$$
$$+ (a_0 + a_1 x_2 + a_2 x_2^2 + \cdots\cdots\cdots + a_q x_2^q - y_2)^2$$
$$\cdots\cdots\cdots\cdots\cdots\cdots\cdots\cdots\cdots\cdots\cdots$$

$$+(a_0+a_1 x_n + a_2 x_n^2 + \cdots\cdots\cdots + a_q x_n^q - y_n)^2$$

於是使 S 對 $a_0, a_1, \cdots, a_q$ 之偏微分，而偏微分係數各爲零，卽

$$\frac{\partial s}{\partial a_0} = 0 \ , \ \frac{\partial s}{\partial a_1} = 0 \ , \ \frac{\partial s}{\partial a_2} = 0 \ , \cdots\cdots\cdots , \ \frac{\partial s}{\partial a_q} = 0 \ ,$$

則得下列聯立方程式，

$$\left.\begin{array}{l}
n a_0 + a_1 [x] + a_2 [x^2] + \cdots\cdots + a_q [x^q] = [y] \\
a_0 [x] + a_1 [x^2] + a_2 [x^3] + \cdots\cdots + a_q [x^{q+1}] = [xy] \\
a_0 [x^2] + a_1 [x^3] + a_2 [x^4] + \cdots + a_q [x^{q+2}] = [x^2 y] \\
\cdots\cdots\cdots\cdots\cdots\cdots\cdots\cdots\cdots\cdots\cdots\cdots\cdots\cdots \\
a_0 [x^q] + a_1 [x^{q+1}] + a_2 [x^{q+2}] + \cdots + a_q [x^{2q}] = [x^q y]
\end{array}\right\}$$

$$(23 \cdot 21)$$

但

$$[x] = x_1 + x_2 + \cdots\cdots + x_n \ , \ [y] = y_1 + y_2 + \cdots + y_n$$

$$[x^2] = x_1^2 + x_2^2 + \cdots\cdots + x_n^2 , [xy] = x_1 y_1 + x_2 y_2 + \cdots + x_n y_n$$

$$[x^n] = x_1^n + x_2^n + \cdots + x_n^n \ , \ [x^n y] = x_1^n y_1 + x_2^n y_2 + \cdots + x_n^n y_n$$

（23·20）式稱爲觀測方程式，（23·21）式稱爲標準方程式。
（23·21）式解之卽得 $a_1, a_2 \cdots\cdots a_n$ 之係數值。

以上所列各種方程式是一般式。若設方程式爲直線卽 $y = a + bx$，則其標準方程式如下：

$$\left.\begin{array}{l}
na + b\Sigma x = \Sigma y \\
a \Sigma x + b \Sigma x^2 = \Sigma xy
\end{array}\right\}$$

因 x 是採取同一距離，故若觀測式之數爲奇數，而且原點（0點）置於中央點，則標準方程式中之 Σx 爲零。故標準方程式，

$$\left.\begin{array}{l}
na = \Sigma y \\
b\Sigma x^2 = \Sigma xy
\end{array}\right\}$$

由此等式求得 a，b 值。

設方程式為二次抛物線 $y = a + bx + cx^2$，則標準方程式：

$$na + b\Sigma x + c\Sigma x^2 = \Sigma y$$
$$a\Sigma x + b\Sigma x^2 + c\Sigma x^3 = \Sigma xy$$
$$a\Sigma x^2 + b\Sigma x^3 + c\Sigma x^4 = \Sigma x^2 y$$

若觀測方程式之數為奇數，且 x 之原點（0 點）置於中央點，則 Σx，Σx^3 項為零，標準方程式：

$$na + c\Sigma x^2 = \Sigma y$$
$$b\Sigma x^2 = \Sigma xy$$
$$a\Sigma x^2 + c\Sigma x^4 = \Sigma x^2 y$$

由此等標準方程式求得 a，b，c 值。

高次抛物線之標準方程式之求法與上面各式同樣類推。

至於指數函數式 $y = ab^x$，此式之 x 值以等差級數，而 y 以等比級數變化之。此種形態之方程式中最簡單的例為複利計算式，即本金為 a，年利率為 r，x 年後之本利合計為 y，則複利式為 $y = a(1 + r)^x$。此與前式相同。茲將上列方程式之兩端取得對數，

$$\log y = \log a + x \log b$$

其標準方程式，

$$n \log a + \log b \Sigma x = \Sigma \log y$$
$$\log a \Sigma x + \log b \Sigma x^2 = \Sigma x \log y$$

x 之原點（0 點）置於中央點，則

$$n \log a = \Sigma \log y$$
$$\log b \Sigma x^2 = \Sigma x \log y$$

由此等標準方程式求得 $\log a$，$\log b$ 值，由是求得 a，b 值。

指數函數還有兩種型態如下：

$y = a e^{cx}$ ， $e = 2 \cdot 7182818$ （自然對數之底）

兩端取得對數，則

$$\log y = \log a + cx \log e = \log a + 0 \cdot 43429 \, cx$$

其標準方程式：

$$\left. \begin{array}{l} n \log a + c \log e \, \Sigma x = \Sigma \log y \\ \log a \, \Sigma x + c \log e \, \Sigma x^2 = \Sigma x \log y \end{array} \right\}$$

由此求得 $\log a$ ， $c \log e$ 值，由是求得 a ， c 值。

$y = k x^m$ ，兩端取得對數，則

$$\log y = \log k + m \log x$$

其標準方程式：

$$\left. \begin{array}{l} n \log k + m \Sigma x = \Sigma \log y \\ \log k \, \Sigma x + m \Sigma x^2 = \Sigma x \log y \end{array} \right\}$$

由此求得 $\log k$ ， m 值，由 $\log k$ 再求 k 值。

以上兩方程式之 x 之原點置於中央點，則其標準方程式之 Σx 項為零。

23·3　Rolle氏定理及中值定理

1. Rolle 氏定理

設 $f(x)$ 與 $f'(x)$ 連續於區間 I （ $a \leq x \leq b$ ） 內，且 $f(a) = f(b) = 0$ ，則在 a 與 b 之間 x 至少有一值能使 $f'(x) = 0$ 。

(1)若 $f(x)$ 在區間 I 內為常數，定理卽成立，

(2)若 $f(x)$ 在區間 I 內不為常數，因 $f(x)$ 為連續函數，且 $f(a) = f(b) = 0$ ，故 $f(x)$ 至少有一次先增後減或先減後增，設一函

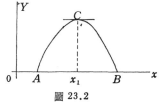
圖 23.2

數 $y = f(x)$ 爲先增後減，此點之 y 值稱爲 $f(x)$ 之極大值 (maximum value)，反之，先減後增，此點之 y 值稱爲 $f(x)$ 之極小值 (minimum value)。而函數增加時，$f'(x) > 0$，函數減少時，$f(x)' < 0$；因 $f'(x)$ 爲連續

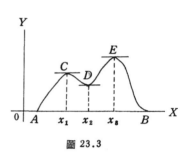

圖 23.3

，當 $f'(x)$ 由正變負或由負變爲正，必有 $f'(x) = 0$ 存在。設相當於 $f'(x) = 0$ 之 $x = x_1$，則 $f'(x_1) = 0$。

茲將以圖型說明：

$f(x)$ 在通過 $A(a, 0)$ 與 $B(b, 0)$ 之連續曲線上，A 與 B 之間，各點各有唯一切線，且其切線均不垂直於 x 軸，則在 A 與 B 間至少有一個切線平行於 x 軸。圖 23·2，C 點之切線平行於 x 軸，故 $f'(x_1) = 0$，而圖 23·3，C，D，E 點之切線平行於 x 軸，故各點之 $f'(x_1)$，$f'(x_2)$，$f'(x_3)$ 均爲零。

2. 第一中值定理

設 $y = f(x) \geqq 0$ 連續於 $a \leqq x \leqq b$ 之間，則

$$\int_a^b f(x) \, dx \geqq 0$$

若 m 與 M 爲 $f(x)$ 在 $x = a$ 與 $x = b$ 間之最小值與最大值，則有

$$\int_a^b m \, dx \leqq \int_a^b f(x) \, dx \leqq \int_a^b M \, dx$$

但 $\int_a^b m \, dx = m \int_a^b dx = m(b-a)$，$\int_a^b M \, dx = M(b-a)$

$$\therefore \quad m(b-a) \leqq \int_a^b f(x) \, dx \leqq M(b-a) \tag{1}$$

若 α 爲 m 與 M 間之一值，即 $m \leqq \alpha \leqq M$，則

$\displaystyle\int_a^b f(x)dx$ 可以 $\alpha(b-a)$ 表示之。即

$$\int_a^b f(x)dx = \alpha(b-a)$$

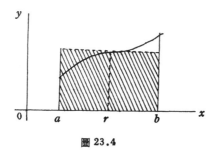

圖 23.4

α 爲 $f(x)$ 之一值，故在 a 與 b 之間 x 必有一值能使 $f(x)=\alpha$，設此 $x=r$，則 $f(r)=\alpha$

$$\therefore \int_a^b f(x)dx = (b-a)f(r), \quad a \leqq r \leqq b \qquad (23.22)$$

上式稱爲積分之第一中值定理。

推廣：設 $p(x) \geqq 0$ 爲任意函數連續於 $x=a$ 與 $x=b$ 之間，則可有與 (1) 相似之關係式，即

$$m\int_a^b p(x)dx \leqq \int_a^b f(x)p(x)dx$$

$$\leqq M\int_a^b p(x)dx \qquad (2)$$

或 $\displaystyle\int_a^b f(x)p(x)dx = f(r)\int_a^b p(x)dx$, $a \leqq r \leqq b$

由是得廣義的第一中值定理：若 $f(x)$ 與 $p(x)$ 連續於 $a \leqq x \leqq b$

之間，且 $p(x) \geqq 0$ ，則

$$\int_a^b f(x)p(x)dx = f(r)\int_a^b p(x)dx, \quad a \leqq r \leqq b \quad (23 \cdot 23)$$

$f(r)$ 稱爲 $f(x)$ 在 $x = a$ 與 $x = b$ 間之<u>算術平均數</u>，

$$f(r) = \frac{\displaystyle\int_a^b f(x)p(x)dx}{\displaystyle\int_a^b p(x)dx} \quad (23 \cdot 24)$$

若 $p(x) = 1$ ，$\displaystyle\int_a^b 1 \cdot dx = (b-a)$ ，則

$$f(x) = \frac{1}{b-a}\int_a^b f(x)dx \quad (23 \cdot 25)$$

3. 中值定理（mean value theorem）

設 $f(x)$ 與 $f'(x)$ 連續於 I（ $a \leqq x \leqq b$ ）內，則在 I 內 x 必有一值 x_1 合於下列關係：

$$f(b) = f(a) + (b-a)f'(x_1)$$

設 m 爲常數而合於

$$f(b) - f(a) - (b-a)m = 0$$

若能證得 $m = f'(x_1)$ ，$a < x_1 < b$ ，則

定理成立。

使 $b = x$ 並使 $F(x) = f(x) - f(a) - m(x-a)$ ，

因 $F(b)$ 與 $F(a)$ 均等於零，$f(x)$ 與 $f'(x)$ 在 I 內連續；由 Rolle 氏定理，在 a 與 b 之間，x 至少有一值 x_1 能使 $F'(x_1) = 0$ 。

但 $F(x) = f(x) - f(a) - m(x-a)$

故 $F'(x) = f'(x) - m$ ，於是 $F'(x_1) = f'(x_1) - m = 0$ ，

即 $m = f'(x_1)$

同埋使 $a = x$ 並 $F(x) = f(b) - f(x) - m(b-x)$

改　$F'(x) = -f'(x) + m$

於是　$F'(x_1) = -f'(x_1) + m = 0$

即　$m = f'(x_1)$

$\therefore$　$f(b) - f(a) = (b-a)f'(x_1)$

$$(23 \cdot 26)$$

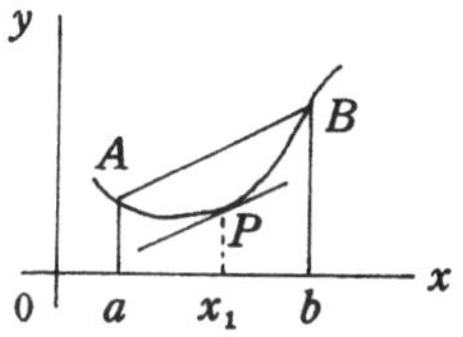

此定埋以圖 23.5 說明：設 $y = f(x)$

圖 23.5

連續於曲線上之二點 $A(x=a)$ 與 $B(x=b)$

之間，若各點各有唯一的切線且其切線均不垂直於 x 軸時，則在 AB

弧上至少有一點 $P(x=x_1)$ 之切線平行於 AB 弦。

因若 $(23 \cdot 26)$ 式可得成立，則

$$f'(x_1) = \frac{f(b) - f(a)}{b-a} , \quad a < x < b$$

上式右端表示，通過 $A(a, f(a))$ 與 $B(a, f(b))$ 之直線之傾斜度

（slope），左端 $f'(x_1)$ 表示在 $P(x_1, f(x_1))$ 之切線之傾斜度。

又因　$a < x_1 < b$ 時　$0 < x_1 - a < b-a)$

$a > x_1 > b$ 時　$0 > x_1 - a > (b-a)$

由上右邊兩式，無論如何兩者結果相同，即 $0 < \dfrac{x_1 - a}{b-a} < 1$

使 $\dfrac{x_1 - a}{b-a} = \theta$ ，即得 $x_1 = a + \theta(b-a)$ ，$0 < \theta < 1$ 此值於

$(23 \cdot 26)$ 代入，即得

$$f(b) - f(a) = (b-a)f'\{a + \theta(b-a)\}, 0 < \theta < 1 \quad (23 \cdot 27)$$

如　$b - a = h$，即 $a + h = b$，則

$$f(a+h) = f(a) + h f'[a + \theta h] \quad (23 \cdot 28)$$

在此式中，若 $a = 0$，$h = x$，則

$$f(x) = f(0) + x f'(\theta x) \qquad (23 \cdot 29)$$

4. 中值定理之推廣

中值定理可推廣為含高級導數之形式。茲設 $f(x)$, $f'(x)$ 與 $f''(x)$ 連續於區間 I（ $a \leq x \leq b$ ）內，則在 I 內至少有一值 x_2 合於下列關係；

$$f(b) = f(a) + (b-a) f'(a) + \frac{1}{2}(b-a)^2 f''(x_2)$$

$$(23 \cdot 30)$$

使 p 為常數而合於方程式

$$f(b) - f(a) - (b-a) f'(a) - \frac{1}{2}(b-a)^2 p = 0$$

在此式中，使 b = x 並使

$$F(x) = f(x) - f(a) - (x-a)f'(a) - \frac{1}{2}(x-a)^2 p$$

於是 $F(a) = F(b) = 0$，由 Rolle 氏定理，在 a 與 b 之間，x 至少有一值 x_1 能使 $F'(x) = 0$，但 $F'(x) = f'(x) - f'(a) - (x-a)p$ 此式中 x 以 x_1 代入，則 $F'(x_1) = 0$ 。

同理，在 a 與 x_1 之間（即在 a 與 b 之間），x 有一值 x_2 能使 $F''(x_2) = 0$ 。但 $F''(x) = f''(x) - p$，以 x_2 代入，則

$$F''(x_2) = f''(x_2) - p = 0 \quad 即 \quad p = f''(x_2)$$

$$f(b) = f(a) + (b-a)f'(a) + \frac{1}{2}(b-a)^2 f''(x_2)$$

$$(23 \cdot 31)$$

若使 $x_2 = a + \theta_2(b-a)$，並使 h = b - a，則

$$f(a+h) = f(a) + h f'(a) + \frac{1}{2} h^2 f''(a + \theta_2 h), \quad 0 < \theta_2 < 1$$

$$(23\cdot 32)$$

在此式中，使 a＝0，h＝x，則

$$f(x)= f(0)+ x f'(0)+\frac{1}{2} x^2 f''(\theta_2 x) \quad 0<\theta_2<1 \quad (23\cdot 33)$$

以同樣方法可推廣至含第三，第四，…第 n 導數之形式。

23·4　無窮級數

1.　定義第 n 項

設 $u_1, u_2, u_3, \cdots\cdots, u_n, \cdots\cdots$，為依大小順序而合於某種固定規則之無盡數列，則

$$u_1+ u_2+ u_3+\cdots\cdots+ u_n+\cdots\cdots$$

稱為無窮級數 (infinite series)，簡寫為 Σu_n；各項依次稱為第一項，第二項，第三項，……，第 n 項。

在 Σu_n 中，若各項皆為正，稱為正項級數 (positive series)；若各項之符號正負相間，稱為交項級數 (alternating series)。

由定義，級數之各項，合於某種固定之規則；反之依某種固定規則，即可確定之級數之各項；此種規則，隨各級數而不同，通常一已知級數僅有數項，依此數項之關係即可確定其任何一項或第 n 項。

2.　收歛與發散

設　$\Sigma u_n = u_1+u_2+ u_3+\cdots\cdots+ u_n+\cdots\cdots$　　　　(1)

若 $n \to \infty$，$\lim \Sigma u_n = s$，且 s 為一常數，則 (1) 為收歛級數 (convergent series)，否則 (1) 為發散級數 (divergent series)；s 為此級數之和。而決定級數是否存在（或收歛）則為重要，如何決定之收歛或發散，即為以後所欲討論之問題。

(1)　級數

$$\sum_{n=1}^{\infty} \frac{1}{n} = 1 + \frac{1}{2} + \frac{1}{3} + \frac{1}{4} + \cdots\cdots + \frac{1}{n} + \cdots\cdots \qquad (2)$$

若 $n \to \infty$ ，則此級數之和 S 為無窮大，故級數（2）為發散級數，（2）稱為調和級數（harmonic series）。凡調和級數均為發散級數，其一普遍形式為

$$\sum_{n=0}^{\infty} \frac{1}{a+nd} = \frac{1}{a} + \frac{1}{a+d} + \frac{1}{a+2d} + \frac{1}{a+3d} + \cdots\cdots + \frac{1}{a+(n-1)d}$$
$$+ \cdots\cdots \qquad (3)$$

（2）　等比級數

$$\sum_{n=0}^{\infty} ar^n = a + ar + ar^2 + ar^3 + \cdots\cdots + ar^{n-1} + \cdots\cdots, \quad r \neq 0 \quad (4)$$

使　$S_n = a + ar + ar^2 + ar^3 + \cdots\cdots + ar^{n-1} \qquad (a)$

　　$rS_n = ar + ar^2 + ar^3 + \cdots\cdots + ar^{n-1} + ar^n \qquad (b)$

(a) $-$ (b)　$(1-r)S_n = (a - ar^n)$

$\therefore \quad S_n = \dfrac{a - ar^n}{1-r}$

若 $n \to \infty$ ，則

$$S = \lim S_n = \lim \frac{a - ar^n}{1-r} = \lim \left(\frac{a}{1-r} - \frac{ar^n}{1-r} \right)$$

$$= \frac{a}{1-r} - \lim \frac{ar^n}{1-r}$$

（ i ）$|r| < 1$ ，$\lim \dfrac{r^n}{1-r} = 0$

（ii）$|r| > 1$ ，$\lim r^n = \infty \quad \lim S_n = \infty$

（iii）$r = 1$ ，$S = a + a + a + \cdots + a = na$

$$\therefore \quad \lim S_n = \lim na = \infty$$

（iv）$r = -1$，$S = a - a + a - a + \cdots + (-1)^{n-1}a$

　　若 n 為奇數，$S_n = a$；若 n 為偶數，$S_n = 0$，

（v）　$r < -1$，若 n 為奇數，$\lim r^n = -\infty$

　　　　　　若 n 為偶數，$\lim r^n = \infty$

　結論　[A]　$|r| < 1$　（4）為收歛

　　　　[B]　$|r| \geqq 1$　（4）為發散。

3. 積分檢驗法

　　一正項級數各項 u_n 之大小隨 n 而不同，故 u_n 可視為 n 之函數，亦可書為 $u_n = f(n)$，於是

$$\Sigma u_n = f(1) + f(2) + \cdots\cdots + f(n)$$

　　定理設 $x \geqq 1$，$f(x)$ 為正且為減函數，級數 $\Sigma u_n = \Sigma f(n)$ 為收歛抑發散，視積分 $\int_1^\infty f(x)\,dx$ 之收歛或發散而定。

　　因　$S_n = \overset{n}{\underset{1}{\Sigma}} u_n = \overset{n}{\underset{1}{\Sigma}} f(n)$ 　　　　　　　　　（1）

使 $f(n)$ 為圖 23‧6 中之縱坐標而成若干矩形，各矩形之面積即為以單位長為底，$f(x)$ 為高之面積。同一底上，有一高矩形與一矮矩形，各高矩形之上端均在曲線 $y = f(x)$ 之上，矮矩形之上端，在曲線 $y = f(x)$ 之下，故在 $x = 1$ 與

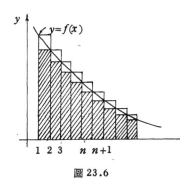

圖 23.6

$x = n+1$ 間，曲線下之面積小於各高矩形面積之和，而大於各矮矩形面積之和。但高矩形面積之和為 S_n [見（1）]，矮矩形面積之和為

$$\sum_{2}^{\overline{n+1}} u_n = \sum_{2}^{n+1} f(n)$$

$$\therefore \quad S_n > \int_1^n f(x)dx \ 與 \ \sum_{2}^{n+1} f(n) < \int_1^{n+1} f(x)dx \qquad (2)$$

但 $\quad \sum_{2}^{n+1} f(n) = S_{n+1} - u_1$

故 $\quad S_{n+1} < \int_1^{n+1} (x)dx + u_1 \qquad (3)$

又因 $\quad y = f(x)$ 爲正，故得

$$\int_1^{n+1} f(x)dx < \int_1^{\infty} f(x)dx$$

在此不等式中，若其右端收斂而趨於極限 L ，則 $S_{n+1} < L + u_1$ ，由是 S_{n+1} 之值爲有限，亦卽 $f(1) + f(2) + f(3) + \cdots\cdots$ 爲收斂。依同法，若證得 $\int_1^{\infty} f(x)dx$ 爲發散，則

$f(1) + f(2) + f_s(3) + \cdots\cdots$ 亦爲發散。

4. 比值檢驗法

定理　設有正項級數

$$\Sigma u_n = u_1 + u_2 + u_3 + \cdots\cdots + u_n + \cdots\cdots \qquad (1)$$

$$\lim \frac{u_{n+1}}{u_n} = r \qquad (2)$$

（ⅰ）若 $r < 1$ ，Σu_n 爲收斂級數；

（ⅱ）若 $r > 1$ ，Σu_n 爲發散級數。

（此爲 D'Alembert 檢驗法）

（ⅰ）由假設，有

$u_{n+1}/u_n < r + \varepsilon$ 或 $u_{n+1} < u_n(r + \varepsilon)$ ，ε 爲甚小之正數。

(3)

設 $r+\varepsilon < R < 1$ ，並使 m 為 n 最小之一值能使（3）成立，則可書

$$u_{m+1} < u_m R$$

由是　　　$$u_{m+2} < u_{m+1} R < u_m R^2$$

$$u_{m+3} < u_{n+2} R < u_m R^3,$$

………

故　$u_{m+1} + u_{m+2} + \cdots < u_m (R + R^2 + R^3 + \cdots)$　　　（4）

括弧中為一個等比級數，其和為 $R/(1-R)$ ；故級數（1）為有限，即此級數為收歛。

（ii）若 $r>1$ ，則自 u_{m+1} 項起之各項大於（4）之右端的相當項；當 $R>1$ ，（4）之右端為發散，故級數（1）發散。

如 $r=1$ ，此撿驗法失敗，級數之收歛抑發散不能確定。

5. 冪級數

設 $a_0, a_1, a_2, \cdots a_n, \cdots$ 為常數，x 為變數

$$a_0 + a_1 x + a_2 x^2 + \cdots + a_n x^n + \cdots \tag{1}$$

稱為冪級數（power series）。 級數（1）是否收歛，依下列定理決定。

定理冪級數（1）之係數之比 $| a_n / a_{n+1} | \to r$ ，則當 $| x | < r$ 時，級數（1）為絕對收歛； $| x | > r$ 時，級數（1）為發散。

（1）級數取得絕對值，即

$$| a_0 | + | a_1 x | + | a_2 x^2 | + \cdots + | a_n x^n | + \cdots \tag{2}$$

之 $| u_{n+1} / u_n |$ 為 $| a_{n+1} x^{n+1} / a_n x^n | = | a_{n+1} / a_n | \cdot | x | \to | x | / r$ ，若 $| x | / r < 1$ ，即 $| x | < r$ ，級數（2）為收歛，亦即級數（1）為絕對收歛；

若 $| x | / r > 1$ ，即 $| x | > r$ ，級數（2）為發散，級數（1）亦為發散。因 $| x | / r > 1$ ，即 $| a_n x^n | < | a_{n+1} x^{n+1} |$ ， 若 m 相當大 ，則

$$| a_m x^m | < | a_{m+1} x^{m+1} | < | a_{m+2} x^{m+2} | < \cdots$$

$$\therefore \quad \lim | a_n x^n | \neq 0$$

故級數（1）發散。

上列定理之 r 稱爲收歛限（limit of convergence），（$-r$，r）稱爲收歛節（interval of convergence），$x = -r$ 或 r 時，級數可能收歛，亦可能發散。

23·5 函數之展開

1. $f(x) = 1 / (1-x)$，由除法

$$1 / (1-x) = 1 + x + x^2 + x^3 + \cdots + x^{n-1} + r_n ,$$
$$r_n = x^n / (1-x) \tag{1}$$

若 $| x | < 1$，$n \to \infty$，$r_n = 0$，則（1）式右端爲無窮等比級數，其和之極限爲 $1 / (1-x)$，即函數 $f(x) = 1 / (1-x)$ 可以冪級數

$$1 + x + x^2 + x^3 + \cdots \cdots \tag{2}$$

表示之。但 $| x | < 1$，即 $-1 < x < 1$ 爲（2）之收歛節，故欲以冪級數表示 $f(x) = 1 / (1-x)$，必須 x 之值在此冪級數之收歛節內。因若取 $| x | > 1$，則（1）之左端爲有限値，右端非有限値，故當 $| x | > 1$ 時，（1）不成立，由是若冪級數

$$a_0 + a_1 x + a_2 x^2 + \cdots \cdots + a_n x^n \tag{3}$$

之收歛節爲（$-r$，r），x 爲此收歛節內之一値，則在此收歛節內，（3）爲 x 之函數，即可書

$$f(x) = a_0 + a_1 x + a_2 x^2 + \cdots , \quad | x | < r$$

2. $(1+x)^m$ 之展開（$| x | < 1$）

$$(1+x)^m = 1 + mx + \frac{m(m-1)}{2!} x^2 + \frac{m(m-1)(m-2)}{3!} x^3$$

$$+\cdots+\frac{m(m-1)(m-2)\cdots(m-n+2)}{(n-1)!}x^{n-1}$$

$$+\frac{m(m-1)(m-2)\cdots(m-n+1)}{n!}x^{n}+\cdots$$

連續兩項係數之比値爲

$$a_n/a_{n+1}=n/(m-n+1)$$

當 $n\to\infty$ ，$\lim|a_n/a_{n+1}|=\lim|n/(m-n+1)|=1=r$

故 $|x|<r=1$ 時收歛，亦即當 $|x|<1$ 時，$(1+x)^m$ 可以

冪級數表示之。此級數稱爲二項級數（binomial series）

$$(1+x)^m=1+mx+\frac{m(m-1)}{2!}x^2$$

$$+\frac{m(m-1)(m-2)}{2!}x^3+\cdots,\ |x|<1\ (23\cdot34)$$

若一函數 $f(x)$ 可以冪級數表示，則此冪級數稱爲 $f(x)$ 之展開式。

23·6　Taylor氏定理及Maclaŭrin氏定理

1.　Taylor 氏定理

設 $f(x)$ 在 $a\le x\le b$ 間有連續之第 $n+1$ 導數，則

$$f(b)=f(a)+(b-a)f'(a)+\frac{1}{2}(b-a)^2 f''(a)+\cdots$$

$$+\frac{(b-a)^n}{n!}f^{(n)}(a)+\frac{(b-a)^{n+1}}{(n+1)!}f^{(n+1)}(x_1)\quad(23\cdot35)$$

$$(a\le x_1\le b)$$

此式稱爲廣義的中値定理，其定理之證明，使 P 適合方程式

$$f(b)-f(a)-(b-a)f'(a)-\frac{1}{2}(b-a)^2 f''(a)-\cdots$$

$$-\frac{(b-a)^n}{n!}f^{(n)}(a)-\frac{(b-a)^{n+1}}{(n+1)!}P=0 \qquad (A)$$

若能證得 $P=f^{(n+1)}(x_1)$，則（23·35）成立。 在（A）中使 a 為 x ，並使

$$F(x)=f(b)-f(x)-(b-x)f'(x)-\frac{1}{2}(b-x)^2 f''(x)-\cdots$$

$$-\frac{(b-x)^n}{n!}f^{(n)}(x)-\frac{(b-x)^{n+1}}{(n+1)!}P$$

因 $F(a)=F(b)=0$ ，由 Rolle 氏定理，在 a 與 b 之間， x 必有一值 x_1 能使 $F'(x)=0$ 。兹將上式微分，

$$F'(x)=-f'(x)+f'(x)-(b-x)f''(x)+(b-x)f''(x)$$

$$-\frac{(b-x)^2}{2!}f'''(x)+\cdots$$

$$\cdots+\frac{(b-x)^{n-1}}{(n-1)!}f^{(n)}(x)-\frac{(b-x)^n}{n!}f^{(n+1)}(x)$$

$$+\frac{(b-x)^n}{n!}P$$

$$F'(x)=-\frac{(b-x)^n}{n!}f^{(n+1)}(x)+\frac{(b-x)^n}{n!}P$$

使 $F'(x_1)=0$ 即 $P=f^{(n+1)}(x_1)$

在（23·35） 式中使 b = x ，則得 Taylor 氏定理：

$$f(x)=f(a)+(x-a)f'(a)+\frac{(x-a)^2}{2}f''(a)+\cdots$$

$$+\frac{(x-a)^n}{n!}f^{(n)}(a)+\frac{(x-a)^{n+1}}{(n+1)!}f^{(n+1)}(x_1),$$

$$a<x_1<b \qquad (23\cdot36)$$

或使 $h=x-a$，並於中值定理之 $(23\cdot27)$，使 $x_1=a+\theta(b-a)$ 代入，則

$$f(x)=f(a+h)=f(a)+hf'(a)+\frac{h^2}{2}f''(a)+\cdots$$

$$+\frac{h^n}{n!}f^{(n)}(a)+\frac{h^{n+1}}{(n+1)!}f^{(n+1)}(a+\theta h),$$

$$0<\theta<1 \qquad (23\cdot37)$$

因　$a<x_1<b$，　$\frac{x_1-a}{b-a}=\theta$，$0<\theta<1$

$$x_1=a+\theta(b-a)$$

$$h=(b-a)$$

$$\therefore \quad x_1=a+\theta h$$

上列兩式中之最後一項，稱為 Lagrange 氏餘項，常以 R_n 表示之。用此定理，可將 $f(x)$ 展開為 $x-a$ 之多項式，各項（R_n 除外）之係數均為常數，且為 $f(x)$ 之各級導數於 $x=a$ 點之值。R_n 中（$x-a$）$^{n+1}$ 之係數為 x_1 之函數，故其值隨 x_1 而不同。但若 n 增加，R_n 減少，當 $n\to\infty$，$R_n\to0$，可消去 $R_n\to0$ 之值而得 $f(x)$ 之近似值。亦即 $f(x)$ 可以一無窮級數表示之，此級數稱為 Taylor 氏級數：

$$f(x)=f(a)+(x-a)f'(a)+\frac{1}{2}(x-a)^2f''(a)$$

$$+ \frac{1}{3!}(x-a)^3 \ f'''(a) + \cdots \qquad (23 \cdot 38)$$

在 Taylor 氏定理與級數中，使 a = 0 ，則分別得 Maclaurin 氏定理與級數 。

$$f(x) = f(0) + x \ f'(0) + \frac{1}{2} x^2 \ f''(0) + \cdots\cdots$$

$$+ \frac{x^{n+1}}{(n+1)!} f^{(n+1)}(\theta x), \ 0 < \theta < 1 \qquad (23 \cdot 39)$$

$$f(x) = f(0) + x \ f'(0) + \frac{x^2}{2!} f''(0) + \frac{x^3}{3!} f'''(0) + \cdots$$

$$(23 \cdot 40)$$

2. Maclaurin 氏定理

函數之冪級數，

$$f(x) = A_0 + A_1 x + A_2 x^2 + \cdots\cdots \quad + A_n x^n + \cdots\cdots \qquad (1)$$

上式逐次微分，

$$\left.\begin{array}{l} f'(x) = A_1 + 2 A_2 x + \cdots\cdots + n A_n x^{n-1} + \cdots, \\[4pt] f''(x) = \quad 2 A_2 + \cdots\cdots + n(n-1) A_n x^{n-2} + \cdots, \\[4pt] \cdots\cdots\cdots\cdots\cdots\cdots\cdots\cdots\cdots\cdots\cdots\cdots\cdots\cdots\cdots\cdots \\[4pt] f^{(n)}(x) = \qquad\qquad n! A_n + \cdots\cdots\cdots \\[4pt] \cdots\cdots\cdots\cdots\cdots\cdots\cdots\cdots\cdots\cdots\cdots\cdots\cdots\cdots\cdots\cdots \end{array}\right\} \qquad (2)$$

於此等級數，使 x = 0 ，則

$$f(0) = A_0, \ f'(0) = A_1, \ f''(0) = 2 A_2, \cdots\cdots,$$

$$f^{(n)}(0) = n! A_n, \cdots$$

一般地， $A_n = \dfrac{f^{(n)}(0)}{n!}$ ，

此等數值代入於（1）則

$$f(x)=f(0)+x\,f'(0)+\frac{1}{2}\,x^2\,f''(0)+\cdots+\frac{x^n}{n!}\,f^{(n)}(0)+\cdots$$

$$(23\cdot41)$$

此爲 Maclaurin 氏級數，而上式加上 R_n

$$f(x)=f(0)+x\,f'(0)+\frac{1}{2}\,x^2\,f''(0)+\cdots+\frac{x^n}{n!}\,f^{(n)}(0)+R_n$$

$$(23\cdot42)$$

此式稱爲 Maclaurin 氏定理。此與（23·39）相同。

Taylor 氏定理，函數 $f(x)$ 中 x 改爲 $x+h$ 之函數 $f(x+h)$ 是 h 之函數，卽

$$f(x+h)=F(h),$$

$$F(0)=f(x)，及\ F^{(n)}(0)=f^{(n)}(x)，（n=1，2，3\cdots）$$

將 $f(x+h)$ 由 Maclaurin 氏定理 h 冪展開，

$$f(x+h)=f(x)+f'(x)h+\frac{f''(x)}{2!}\,h^2+\cdots\cdots$$

$$+\frac{f^{(n)}(x)}{n!}\,h^n+R_n \qquad (23\cdot43)$$

使　$x=a$，$x+h=b$，於是　$h=b-a$，則

$$f(b)=f(a)+(b-a)\,f'(a)+\frac{(b-a)^2}{2!}\,f''(a)+\cdots$$

$$+\frac{(b-a)^n}{n!}\,f^{(n)}(a)+R_n \qquad (23\cdot44)$$

此式與（23·35）相同，又可稱爲 Taylor 氏定理之一形式。

在（23·44）中，使 $b=x$，則得 Taylor 氏定理：

$$f(x)=f(a)+(x-a)f'(a)+\frac{(x-a)^2}{2!}f''(a)+\cdots$$

$$+\frac{(x-a)^n}{n!}f^{(n)}(a)+R_n \qquad (23\cdot45)$$

此式與（23·36）相同。

3. 展開式之餘項

關于展開式之餘項特作一般性的理論加以詳述。

設函數 $f(x)$ 在某區間（變域）有連續之第 n 次導數（註），而在其區間內之二個 x 值爲 a 及 b，則

$$f(b)=f(a)+(b-a)f'(a)+\frac{(b-a)^2}{2!}f''(a)+\cdots$$

$$+\frac{(b-a)^{n-1}}{(n-1)!}f^{(n-1)}(a)+R_n \qquad (1)$$

使 p 爲任意正數，則

$$R_n=(b-a)^p k$$

（1）爲

$$f(b)-f(a)-(b-a)f'(a)-\frac{(b-a)^2}{2!}f''(a)-\cdots$$

$$-\frac{(b-a)^{n-1}}{(n-1)!}f^{(n-1)}(a)-(b-a)^p k=0 \qquad (2)$$

在上式左端，使 $a=x$，且爲函數 $F(x)$，則

$$F(x)=f(b)-f(x)-(b-x)f'(x)-\frac{(b-x)^2}{2!}f''(x)-\cdots$$

（註）：本項爲便利上，所用項數至第 n 次導數爲止。

$$-\frac{(b-x)^{n-1}}{(n-1)!} f^{(n-1)}(x)-(b-x)^{p}k \qquad (3)$$

$$F'(x)=-f'(x)-\{(b-x)f''(x)-f'(x)\}$$

$$-\left\{\frac{(b-x)^{2}}{2!} f'''(x)-(b-x)f''(x)\right\}-\cdots$$

$$-\left\{\frac{(b-x)^{n-1}}{(n-1)!} f^{(n)}(x)-\frac{(b-x)^{n-2}}{(n-2)!} f^{(n-1)}(x)\right\}$$

$$+P(b-x)^{p-1}k$$

$$=-\frac{(b-x)^{n-1}}{(n-1)!} f^{(n)}(x)+p(b-x)^{p-1}k \qquad (4)$$

由 (2)及 (3) $F(a)=0$ ，$F(b)=0$ ，則

依 Rolle 氏定理，在 a 與 b 間至少有 x 之一值，使爲 c ，對 c ，$F'(c)=0$ 。

於是，由 (4)

$$-\frac{(b-c)^{n-1}}{(n-1)!} f^{(n)}(c)+p(b-c)^{p-1}k=0$$

由是

$$k=\frac{f^{(n)}(c)}{(n-1)! p}(b-c)^{n-p} ，則得$$

$$R_{n}=\frac{f^{(n)}(c)}{(n-1)! p}(b-c)^{n-p}(b-a)^{p}$$

在中值定理（或平均值定理），$0<\theta<1$ 時，用其一數 θ 值，卽，以 $a+\theta(b-a)$ 代 c ，則

$$R_{n}=\frac{f^{(n)}\{a+\theta(b-a)\}}{(n-1)! p}(1-\theta)^{n-p}(b-a)^{n} ，$$

$$0 < \theta < 1 \qquad (5)$$

此稱爲 Roche 氏餘項。

上式中使 p = n，以 L_n 代替 R_n，則

$$L_n = \frac{f^{(n)}\{a+\theta(b-a)\}}{n!}(b-a)^n, \ 0 < \theta < 1 \qquad (6)$$

此稱爲 Lagrange 氏餘項。

又在 R_n 式中 p = 1，以 C_n 代替 R_n，則

$$C_n = \frac{f^{(n)}\{a+\theta(b-a)\}}{(n-1)!}(1-\theta)^{n-1}(b-a)^n,$$
$$0 < \theta < 1 \qquad (7)$$

此稱爲 Cauchy 氏餘項。

以上三種餘項之關係觀之，

由 $R_n = (b-a)^p k$，則得 Roche 氏餘項，

若 $R_n = (b-a)^n k$，計算結果則得 Lagrange 氏餘項，

同理，若 $R_n = (b-a)k$，則得 Cauchy 氏餘項。

23·7 指數函數及對數函數

1. 函數 $y = a^x$ 稱爲 x 指數函數（exponential function），上項方程式可定 x 爲 y 之函數，並書爲 $x = \log_a y$，此函數稱爲 a 爲底 y 之對數函數（logarithmic function）。 對數之底，通常所用者，乃以 10 爲底之對數，稱爲常用對數，以 $\log_{10} y$ 或以 log y 表示。但在高等數學中，用 e = 2.7182818… 爲對數之底，此種對數稱爲自然對數，以符號 lny 表示 y 之自然對數。

常用對數與自然對數可互轉換，其轉換公式如下：

$$\log x = 0.43429 \ln x, \quad \ln x = 2.30259 \log x$$

蓋因使　$x = a^m = b^n$，則　$m = \log_a x$，

$n = \log_b x$　及　$a^{m/n} = b$ ；

於是　$\log_a b = \log_a x / \log_a x$，故

$\log_a x = \log_b x \cdot \log_a b$，　使 $x = a$，則

$\log_a b \cdot \log_b a = 1$

<u>自然對數之底數</u> $e = \lim(1+h)^{1/h}$，$h \to 0$ 。在證明此極限值前，先看下表。

h	$(1+h)^{1/h}$	h	$(1+h)^{1/h}$
1	2	-0.9	$(0.1)^{-10/9} = 12.916$
1/2	$(3/2)^2 = 2.25$	$-1/2$	$(1/2)^{-2} = 4$
1/3	$(4/3)^3 = 2.3704$	$-1/3$	$(2/3)^{-3} = 3.375$
1/5	$(6/5)^5 = 2.4883$	$-1/5$	$(4/5)^{-5} = 3.0518$
0.1	$(1.1)^{10} = 2.5937$	-0.1	$(0.9)^{-10} = 2.868()$
0.01	$(1.01)^{100} = 2.7048$	-0.01	$(0.99)^{-100} = 2.7320$
0.001	$(1.001)^{1000} = 2.7169$	-0.001	$(0.999)^{-1000} = 2.7196$

由上表，不論 h 爲正爲負，當其趨於零時，$(1+h)^{1/h} \to$

2.7182818

效證　$e = \lim(1+h)^{1/h}$，$h \to 0$ 。

(i)使 $\dfrac{1}{h} = n$，並設 n 爲正整數，由二項定理

$(1+h)^{1/h} = (1 + \dfrac{1}{n})^n$

可以 $n+1$ 項之和表示之，卽

$$\left(1+\frac{1}{n}\right)^n = 1 + n\frac{1}{n} + \frac{n(n-1)}{2!}\frac{1}{n^2}$$

$$+\frac{n(n-1)(n-2)}{3!}\frac{1}{n^3} + \cdots\cdots + \frac{1}{n^n}$$

$$= 1 + 1 + \frac{1}{2!}\left(1-\frac{1}{n}\right) + \frac{1}{3!}\left(1-\frac{1}{n}\right)\left(1-\frac{2}{n}\right) + \cdots + \frac{1}{n^n}$$

(1)

在(1)中,除前兩項,每項均小於下列級數之相當項

$$e = 1 + 1 + \frac{1}{2!} + \frac{1}{3!} + \frac{1}{4!} + \cdots\cdots + \frac{1}{n!} \ , \ n \to \infty \qquad (2)$$

又因 $3! > 2^2$, $4! > 2^3$, $5! > 2^4$, $\cdots\cdots$, $n! > 2^{n-1}$

$$\therefore 1 + 1 + \frac{1}{2!} + \frac{1}{3!} + \cdots\cdots + \frac{1}{n!} < 1 + 1 + \frac{1}{2} + \frac{1}{2^2} + \frac{1}{2^3} + \cdots\cdots$$

$$+ \frac{1}{2^{n-1}} = 1 + \frac{1-(1/2)^n}{1-1/2} < 3$$

$$\therefore \quad e < 3$$

又(1)之各項(除前兩項)均趨於(2)之相當項,如 n 相當大,則(1)之前 m+1 項之和趨近於(2)之相當項數之和,故 n 若甚大,而 m 為定數,則

$$e > \left(1+\frac{1}{n}\right)^n > 1 + 1 + \frac{1}{2!} + \frac{1}{3!} + \cdots\cdots + \frac{1}{m!}$$

如 m 甚大而趨於 n ,則當 $n \to \infty$, $\lim\left(1+\frac{1}{n}\right)^n = e$,則

$$\lim_{h \to 0}(1+h)^{1/h} = e \qquad (3)$$

由(2)之計算結果 , $e = 2.7182818\cdots$ 此數稱為 napier 數。

茲將重要公式列於如下：

$$\lim_{n \to \infty} \left(1 + \frac{x}{n} \right)^n = e^x \qquad\qquad (4)$$

使 $\frac{x}{n} = h$ ，則 $n = \frac{x}{h}$ ；當 $n \to \infty$ ， $h \to 0$

$$\lim_{n \to \infty} \left(1 + \frac{x}{n} \right)^n = \lim_{h \to 0} \left[(1 + h)^{\frac{1}{h}} \right]^x = e^x$$

同理

$$\lim_{n \to \infty} \left(1 - \frac{x}{n} \right)^n = e^{-x}$$

使 $-\frac{x}{n} = h$ ，則 $n = -\frac{x}{h}$

$$\lim_{n \to \infty} \left(1 - \frac{x}{n} \right)^n = \lim_{h \to 0} \left[(1 + h)^{\frac{1}{h}} \right]^{-x} = e^{-x}$$

2．指數函數（exp(x)）之展開

$$f(x) = e^x , \quad f^{(n)}(x) = e^x , \quad n = 1, 2, \cdots\cdots$$

$$\therefore \quad f(0) = 1 , \quad f'(0) = 1 , \quad f''(0) = 1 , \cdots\cdots, \quad f^{(n)}(0) = 1,$$

$$\cdots\cdots$$

依 Maclaurin 氏定理展開，則

$$\exp(x) = 1 + x + \frac{1}{2!} + \frac{1}{3!} + \cdots\cdots + \frac{x^n}{n!}$$

$$+ \frac{x^{n+1}}{(n+1)!} \exp(\theta x) \qquad (0 < \theta < 1)$$

此餘項考慮爲 Lagrange 氏餘項 R_n ，對於 x 之任意值，

$$\lim_{n \to \infty} \frac{x^{n+1}}{(n+1)!} = 0 ，則 \quad 0 < e^{\theta x} < e^{|x|}$$

$$\therefore \quad \lim_{n \to \infty} R_n = \lim_{n \to \infty} \frac{x^{n+1}}{(n+1)!} e^{\theta x} = 0$$

$$\therefore \quad \exp(x) = 1 + x + \frac{x^2}{2!} + \frac{x^3}{3!} + \cdots + \frac{x^n}{n!} + \cdots \quad (-\infty < x < \infty)$$

$$(23 \cdot 46)$$

由是得<u>指數級數</u>（exponential series）

若 $x = 1$ ，則

$$e = 1 + 1 + \frac{1}{2!} + \frac{1}{3!} + \cdots + \frac{x^n}{n!} + \cdots$$

由此級數可計算 e 之數值，e = 2·7182818 。

3. 對數函數 $\ln(1+x)$ 之展開

設 $f(x) = \ln(1+x)$, $f^{(n)}(x) = (-1)^{n-1} \dfrac{(n-1)!}{(1+x)^n}$,

$n = 1, 2, \cdots$

$$\therefore \quad f(0) = 0 , f'(0) = 1 , f''(0) = -1 , f''(0) = 2! , \cdots$$
$$f^{(n)}(0) = (-1)^{n-1}(n-1)!$$

$0 \le x \le 1$ 時，取得 Lagrange 氏餘項 R_n（$0 > x > -1$ 時，Caushy 氏餘項 C_n）。

依 Maclaurin 氏定理展開，則

$$\ln(1+x) = x - \frac{x^2}{2} + \frac{x^3}{3} - \frac{x^4}{4} + \cdots + (-1)^{n-1} \frac{x^n}{n} + R_n$$

$$R_n = \frac{(-1)^n}{n+1} \left(\frac{x}{1+\theta x} \right)^{n+1}$$

$$(23 \cdot 47)$$

若 $0 \le x \le 1$ ，則 $0 < x < 1 + \theta x$

故 $0 < \dfrac{x}{1+\theta x} < 1$

$$|R| < \frac{1}{n}, \quad \therefore \quad \lim_{n \to \infty} R_n = 0$$

又　$C_n \doteq (-1)^{n-1} \dfrac{(1-\theta)^{n-1} x^n}{(1+\theta x)^n}$,

若　$-1 < x < 0$

　　設　$x = -z$

　　$0 < z < 1$, $0 < 1-\theta < 1-\theta z$

故　$|C_n| = \dfrac{(1-\theta)^{n-1} z^n}{(1-\theta z)^n} < \dfrac{z^n}{1-\theta z}$

　　$\therefore \quad \lim_{n \to \infty} C_n = 0$

若　$-1 < x < 0$, 亦得同樣結果, 故

$$\ln(1+x) = x - \frac{x^2}{2} + \frac{x^3}{3} - \frac{x^4}{4} + \cdots \cdots \qquad (23 \cdot 48)$$

$$-1 \leq x \leq 1 \text{ , 即 } 0 < 1+x \leq 2 \text{ ,}$$

在(1)中以 $-x$ 代 x, 則得

$$\ln(1-x) = -x - \frac{x^2}{2} - \frac{x^3}{3} - \cdots - \frac{x^n}{n} - \cdots \qquad (23 \cdot 49)$$

以此二式相減, 即

$$\ln(1+x) - \ln(1-x) = \ln[(1+x)/(1-x)]$$

$$\ln \frac{1+x}{1-x} = 2\left(x + \frac{x^3}{3} + \frac{x^5}{5} + \frac{x^7}{7} + \cdots \cdots + \frac{x^{2n-1}}{2n-1} + \cdots \right)$$

使　$\dfrac{1+x}{1-x} = a$, 即　$x = \dfrac{a-1}{a+1}$,

$$\ln a = 2\left\{ \frac{a-1}{a+1} + \frac{1}{3}\left(\frac{a-1}{a+1}\right)^3 + \cdots \cdots \right.$$

$$+\frac{1}{2\,n-1}\left(\frac{a-1}{a+1}\right)^{2n-1}+\cdots\biggr\}$$

此式可作計算對數之用。

4．二項定理

（1）（ a＋b ）^{n} 式之代數學的展開法

先設一次二項式的因子爲 $a+b_1$, $a+b_2$,…, $a+b_n$,由乘法，則得

$$(a+b_1)(a+b_2)\cdots(a+b_n)=a^n+A_1a^{n-1}+A_2a^{n-2}+\cdots$$
$$+A_n \qquad (1)$$

式中　$A_1 = b_1+b_2+\cdots+b_n \qquad = \Sigma\,b_i,(\,i=1,2,\cdots n)$

$A_2 = b_1b_2+b_2b_3+\cdots+b_{n-1}b_n = \Sigma\,b_i\,b_j,\ i \neq j$

$A_3 = b_1b_2b_3+b_2b_3b_4+\cdots \qquad = \Sigma\,b_i\,b_j\,b_k, i \neq j \neq k$

$\vdots$

$A_n = b_1b_2b_3\cdots\cdots b_n$

上式（1）之右端係 a 的降冪排列，其最高次項的係數爲 1 ，第二項的係數爲 $\Sigma\,b_i$,第三項的係數爲 $\Sigma b_i\,b_j$, ….,最後一項的係數爲 $b_1\,b_2\,b_3\cdots\cdots b_n$ ；

同樣 Σb_i 的項數爲 $C(n,1)$;$\Sigma\,b_i\,b_j$ 的項數爲 $C(\,n,2\,)$ ；$\Sigma\,b_i\,b_j\,b_k$ 的項數爲 $C(\,n,3\,)$,…, $b_1b_2b_3\cdots b_n$ 的項數爲 $C(n,n)$。

又若　$b_1=b_2=b_3=\cdots=b_n=b$ ，則

$$(a+b_1)(a+b_2)\cdots(a+b_n)=(\,a+b\,)^n$$

連乘積中 a^n, a^{n-1},…, a^{n-2}, …之係數依次爲 $C(n,0)$, $C(n,1)b$, $C(\,n,2\,)b^2\cdots\cdots$, 由是得 $(a+b)^n$ 的展開式：

$$(a+b)^n=a^n+C(n,1)a^{n-1}b+C(n,2)a^{n-2}b^2$$
$$+\cdots+C(n,r)a^{n-r}b^r+\cdots+b^n \qquad (2)$$

此式稱為二項定理（binomial theorem），其右端稱為二項展開式。

（2）利用 Maclaurin　氏定理之展開法

（i）$f(x)=(1+x)^m$，m為任意之實數，則

$$f^{(m)}(x)=m(m-1)\cdots(m-n+1)(1+x)^{m-n},$$
$$n=1,2,\cdots\cdots$$

故 $f(0)=1$，$f^{(n)}(0)=m(m-1)\cdots(m-n+1)$，$n=1,2\cdots$

依 Maclaurin 氏定理展開得下列展開式，即

$$(1+x)^m=1+mx+\frac{m(m-1)}{2!}x^2+\cdots\cdots$$

$$+\frac{m(m-1)\cdots(m-n+2)}{(n-1)!}x^{n-1}+C_n,$$

式中　$C_n=\frac{m(m-1)\cdots(m-n+1)}{(n-1)!}(1+\theta x)^{m-n}$,

$$(1-\theta)^{n-1}x^n,\qquad 0<\theta<1$$

故　$-1<x<1$ 時，對於任意之實數m，則得

$$(1+x)^m=1+mx+\frac{m(m-1)}{2!}x^2+\cdots$$

$$+\frac{m(m-1)\cdots(m-n+1)}{n!}x^n+\cdots$$

$$(23\cdot50)$$

之展開式，此稱為二項定理。

（ii）　$f(x)=(x+a)^m$，m為正整數，一般地，

$$f^{(n)}(x)=m(m-1)\cdots(m-n+1)(x+a)^{m-n},n=1,2,\cdots$$

$$f^{(n)}(0)=m(m-1)\cdots(m-n+1)a^{m-n}$$

n＞m時，$f^{(n)}(0) = 0$ ，

又　$f(0) = a^m$

故，由 Maclaurin 氏定理，

$$f(x) = f(0) + f'(0)x + \frac{f''(0)}{2!} x^2 + \cdots + \frac{f^{(n)}(0)}{n!} x^n + \cdots$$

將　$f(x) = (x+a)^m$ 展開，則得

$$(x+a)^m = a^m + ma^{m-1}x + \frac{m(m-1)}{2!} a^{m-2}x^2 + \cdots$$

$$+ \frac{m(m-1)\cdots(m-n+1)}{n!} a^{m-n}x^n + \cdots + x^m \qquad (23 \cdot 51)$$

此式與上式相同。

5. 正弦及餘弦之展開

設　$f(x) = \sin x$ ，

$$f^{(n)}(x) = \sin\left(x + \frac{n\pi}{2}\right) , n = 1, 2, \cdots$$

故　$f(0) = 0$ ，$f'(0) = 1$ ，$f''(0) = 0$ ，

$f'''(0) = -1$，$f''''(0) = 0$ ，

高次微分係數值是將 1，0，－1，0 之四值循環地取得。又

$\sin\left(x + \frac{n\pi}{2}\right)$　值是無論 x 值，取得有限值。故依 Maclaurin 定理即

得如下展開式：

$$\sin = x - \frac{x^3}{3!} + \frac{x^5}{5!} - \cdots + (-1)^n \frac{x^{2n+1}}{(2n+1)!} + \cdots \qquad (23 \cdot 53)$$

此展開式對於 x 之有限值均成立。

同樣對於 x 之有限值，下列展開式亦均成立：

$$\cos x = 1 - \frac{x^2}{2!} + \frac{x^4}{4!} - \cdots + (-1)^n \frac{x^{2n}}{(2n)!} + \cdots \quad (23 \cdot 54)$$

注意：上式中 x 為角之弧度，並非度數。

6．特種展開法

(1)利用導數而 $\mathrm{Tan}^{-1}\, x$ 之展開

先設

$$\mathrm{Tan}^{-1} x = a_0 + a_1 x + a_2 x^2 + \cdots + a_n x^n + \cdots \quad (1)$$

兩邊微分，則得

$$\frac{1}{1+x^2} = a_1 + 2a_2 x + 3a_3 x^2 + \cdots + na_n x^{n-1} + \cdots \quad (2)$$

若　$|x| < 1$ 時，依二項定理，即得

$$\frac{1}{1+x^2} = 1 - x^2 + x^4 - \cdots + (-1)^n x^{2n} + \cdots \quad (3)$$

(2)與(3)比較

$$a_1 = 1 , \ 2a_2 = 0 , \ 3a_3 = -1 , \cdots$$

(1)式中使 $x = 0$ ，則 $a_0 = 0$

一般地，　$a_{2n} = 0$ ，$a_{2n+1} = (-1)^n \dfrac{1}{2n+1}$ ，

此等數值代入於(1)，即得

$$\mathrm{Tan}^{-1} x = x - \frac{x^3}{3} + \frac{x^5}{5} - \cdots + (-1)^n \frac{x^{2n+1}}{2n+1} + \cdots \quad (4)$$

以上僅將展開可能並決定展開式之係數之形式而已，尚未能檢討證明所得 x 冪級數確實等於 Tan^{-x} 之事實。

(2)函數之和，差及積之展開，

設　$e^x = 1 + x + \dfrac{x^2}{2} + \dfrac{x^3}{6} + \dfrac{x^4}{24} + \cdots$

$$\cos x = 1 - \frac{x}{2} + \frac{x^4}{24} - \cdots\cdots$$

若兩者對於所有 x 值共爲成立，且此級數絕對收歛，則得下列展展開式。

$$e^x + \cos x = 2 + x + \frac{x^3}{6} + \frac{x^4}{12} + \cdots\cdots,$$

$$e^x - \cos x = x + x^2 + \frac{x^3}{6} + \cdots\cdots,$$

$$e^x \cos x = 1 + x - \frac{x^3}{3} - \frac{x^4}{6} - \cdots\cdots$$

23·8 有限差

1. 差數符號

$u_{x+h} - u_x$ 稱爲 u_x 之第一差數（1st difference），以符號 $\underset{h}{\Delta} u_x$ 表示之，卽

$$\underset{h}{\Delta} u_x = u_{x+h} - u_x \tag{23.55}$$

若 $\underset{h}{\Delta} u_x$ 仍爲 x 之函數，則可求第二差數（2nd difference）

$$\underset{h}{\Delta^2} u_x = \underset{h}{\Delta} (\underset{h}{\Delta} u_x) = \underset{h}{\Delta} (u_{x+h} - u_x) = \underset{h}{\Delta} u_{x+h} - \underset{h}{\Delta} u_x$$

$$= (u_{x+2h} - u_{x+h}) - (u_{x+h} - u_x)$$

$$= u_{x+2h} - 2u_{x+h} + u_x$$

如此繼續運算，可求

$$\underset{h}{\Delta^3} u_x = \underset{h}{\Delta} (\underset{h}{\Delta^2} u_x), \quad \underset{h}{\Delta^4} u_x = \underset{h}{\Delta} (\underset{h}{\Delta^3} u_x), \cdots$$

$$\underset{h}{\Delta^n} u_x = \underset{h}{\Delta} (\underset{h}{\Delta^{n-1}} u_x)$$

若 h = 1，運算符號 $\underset{1}{\Delta}$ 以 Δ 代之，由是

$$\Delta u_x = u_{x+1} - u_x$$

2．差數表

茲設 u_x 為 x 之函數，若 x 與其相應之函數值為，

$\quad$ x: $\quad -3, \quad -2, \quad -1, \quad 0, \quad 1, \quad 2, \cdots$

$\quad$ u_x: $\quad u_{-3}, \quad u_{-2}, \quad u_{-1}, \quad u_0, \quad u_1, \quad u_2, \cdots$

按上列方法求其各級差數如下表：

表　23·1

x	u_x	Δu_x	$\Delta^2 u_x$	$\Delta^3 u_x$	$\Delta^4 u_x$	$\Delta^5 u_x$
-3	u_{-3}					
		Δu_{-3}				
-2	u_{-2}		$\Delta^2 u_{-3}$			
		Δu_{-2}		$\Delta^3 u_{-3}$		
-1	u_{-1}		$\Delta^2 u_{-2}$		$\Delta^4 u_{-3}$	
		Δu_{-1}		$\Delta^3 u_{-2}$		$\Delta^5 u_{-3}$
0	u_0		$\Delta^2 u_{-1}$		$\Delta^4 u_{-2}$	
		Δu_0		$\Delta^3 u_{-1}$		$\Delta^5 u_{-2}$
1	u_1		$\Delta^2 u_0$		$\Delta^4 u_{-1}$	
		Δu_1		$\Delta^3 u_0$		
2	u_2		$\Delta^2 u_1$			
		Δu_2				
3	u_3					

上表中各級差數之附指標與其函數之附指標相同者，則此各級差數依次稱為該函數之第 1，第 2，……首差(leading difference)，如 $\Delta u_0, \Delta^2 u_0, \cdots$ 等為 u_0 之各級首差；又因其同在向右下方傾斜之

直綫上，故又稱爲 u_0 之降差或前進差（descending or forward difference）。如各級差數同在向右上方之斜綫上，如 Δu_{-1}，$\Delta^2 u_{-2}$，…則稱爲 u_0 之升差或後退差（ascending or backward differ-ence）。

3. 有限差之運算定理

定理一　若 c 爲常數，則　$\Delta c = c - c = 0$　　　　　　　　(1)

定理二　若 u_x，v_x 與 w_x 均爲 x 之函數，則　　　　　　(2)

$$\Delta^n(u_x + v_x - w_x) = \Delta^n u_x + \Delta^n v_x - \Delta^n w_x$$

定理三　若 c 爲常數，u_x 爲 x 之函數，則

$$\Delta^n c u_x = c \Delta^n u_x \tag{3}$$

定理四　若 n 爲正整數，則

$$\Delta^n x^n = n! \tag{4}$$

定義：連續乘積　　　　　　　　　　　　　　　　　(5)

$$(a+bx)^{(n)} = (a+bx)(a+bx-1)\cdots(a+bx-n+1);$$

$$(a+bx)^{(n)} = (a+bx)(a+bx+1)\cdots(a+bx+n-1)$$

$$(a+bx)^{(0)} = 1; \qquad\qquad (a+bx)^{|0|} = 1。$$

稱爲階乘式（factorial expression）。若 a = 0，b = 1，則

$$x^{(n)} = x(x-1)(x-2)\cdots(x-n+1);$$

$$x^{|n|} = x(x+1)(x+2)\cdots(x+n-1)。$$

定理五　$\Delta(a+bx)^{(n)} = bn(a+bx)^{(n-1)}$　。　　　(6)

定理六　Newton 氏定理。

若 u_x 爲 x 之 n 次多項式，則此多項式爲

$$u_x = u_0 + (x)_1 \Delta u_0 + (x)_2 \Delta^2 u_0 + \cdots \tag{23.56}$$

$$+ (x)_n \Delta^n u_0,$$

$$但 \quad (x)_r = x^{(r)}/r!$$

設　$u_x = a_0 + a_1 x^{(1)} + a_2 x^{(2)} + \cdots\cdots + a_n x^{(n)}$　　（A）

則、$\Delta u_x = a_1 + 2a_2 x^{(1)} + 3a_3 x^{(2)} + \cdots + n a_n x^{(n-1)}$

$\Delta^2 u_x = 2 \cdot 1 a_2 + 3 \cdot 2 a_3 x^{(1)} + \cdots + n(n-1) a_n x^{(n-2)}$

$\Delta^3 u_x = 3 \cdot 2 \cdot 1 a_3 + \cdots + n(n-1)(n-2) a_n x^{(n-3)}$

$\cdots\cdots\cdots\cdots\cdots\cdots\cdots\cdots\cdots\cdots\cdots\cdots$

$\Delta^n u_x = a_n(n!)$

上列各式爲恒等式，使　$x = 0$，則

$$a_0 = u_0, \quad a_1 = \Delta u_0, \quad a_2 = \frac{1}{2!}\Delta^2 u_0, \cdots, \quad a_n = \frac{1}{n!}\Delta^n u_0$$

以 $a_0, a_1, a_2, \cdots$ 之等量代入（A），即得（23·56）式。

4．符號算子

由　（23·55）　$\underset{h}{\Delta} u_x = u_{x+h} - u_x$，則

$$u_{x+h} = (1 + \underset{h}{\Delta}) u_x \quad 或 \quad u_{x+1} = (1 + \Delta) u_x,$$

在此二式中，使 $1 + \underset{h}{\Delta} = \underset{h}{E}$，$1 + \Delta = E$，則

$\underset{h}{E} u_x = (1 + \underset{h}{\Delta}) u_x$，$E u_x = (1 + \Delta) u_x$，即　$\underset{h}{E} u_x = u_{x+h}$，

$E u_x = u_{x+1}$，　前列各式中之 Δ，$1 + \Delta$，$E \cdots$ 表示對 u_x 之運算符號，均稱符號算子（symbolic operator），因 $\Delta(\Delta^{n-1} u_x)$ $= \Delta^n u_x$，　$1 + \Delta$ 與 E 亦可如此運算，即

$$E(E^{n-1} u_x) = (1 + \Delta)[(1 + \Delta)^{n-1} u_x] = (1 + \Delta)^n u_x = E^n u_x$$

但　$E^2 u_x = E(E u_x) = E u_{x+1} = u_{x+2}$，

$E^3 u_x = E[E^2 u_x] = E u_{x+2} = u_{x+3}, \cdots, E^n u_x = u_{x+n}$

若　$n = -m$，$E^{-m} u_x = u_{x-m}$

因　$(1 + \Delta)^n u_x = [1 + n\Delta + (n)_2 \Delta^2 + (n)_3 \Delta^3 + \cdots + \Delta^n] u_x$

$\therefore \quad E^n u_x = (1 + \Delta)^n u_x = u_x + n \Delta u_x$

$$+(n)_2\Delta^2 u_x + \cdots + \Delta^n u_x \qquad (23\cdot57)$$

若 $D^n u_x$ 表示 u_x 之第 n 導數，由 Taylor 氏級數（23·38）展開，則

$$u_{x+h} = u_x + h D u_x + \frac{h^2}{2!} D^2 u_x + \frac{h^3}{3!} D^3 u_x + \cdots + \frac{h^n}{n!} D^n u_x + \cdots$$

$$= \left[1 + hD + \frac{(hD)^2}{2!} + \frac{(hD)^3}{3!} + \cdots \right] u_x = e^{hD} u_x$$

但 $\underset{h}{E} u_x = \underset{h}{E} u_x$ ，故 $\underset{h}{E} \doteqdot e^{hD}$ ，$E \doteqdot e^D$ ，由是

$$\underset{h}{E} \doteqdot (1 + \underset{h}{\Delta}) \doteqdot e^{hD} , \quad E \doteqdot (1 + \Delta) \doteqdot e^D \qquad (23\cdot58)$$

由此等又得下列各等式

$$hD \doteqdot \ln \underset{h}{E} \doteqdot \ln(1 + \underset{h}{\Delta}) , \quad D \doteqdot \ln E \doteqdot \ln(1 + \Delta)$$

$$(23\cdot59)$$

23·9 插值法

設有若干自變數，其相應之函數值缺少一個或數個，以數學方法補足之。此種方法稱爲挿值法（interpolation）， 如 x 與相應之函數值以一關係式表示之時立即可求得。倘函數關係不知，則不易求其函數值，此時即需應用挿值公式。

1. Newton 氏挿值公式

設自變數 x 與其相應之函數值適合一階乘多項式（或多項式）：

$$u_x = A_0 + A_1 x + A_2 x^{(2)} + \cdots\cdots + A_n x^{(n)} \qquad (1)$$

按 Newton 氏定理（23·56） 之方法求得各係數 A_i（i = 0, 1, 2 ……）如下：$A_0 = u_0$ ，$A_1 = \Delta u_0$ ，$A_2 = \Delta^2 u_0 / 2!$ ，……

$A_n = \Delta^n u_0 / n!$ ，各係數代入（1），即得

$$u_x = u_0 + x \Delta u_0 + (x)_2 \Delta^2 u_0 + (x)_3 \Delta^3 u_0 + \cdots$$

$$+ (x)_n \Delta^n u_0 , 但 (x)_r = x^{(r)}/r! \qquad (23.60)$$

（i）此式中所用之函數爲 u_0 及各級前進差，故稱爲 Newton 氏前進差挿值公式。

（ii） $\Delta^k u_0$ 爲常數，則 $\Delta^{k+1} u_0 = 0$，故 u_x 爲 k 次多項式，但通常 k 級差不爲常數，而爲相近之數值，k＋1 級差不爲零，故用 Newton 氏公式只能求 u_0 之近似值。

（iii） u_0 可爲 u_x 之任一數，但通常所取者，繼 u_0 之後尚有 u_x 之值，欲求之 u_x 應包括於此等數值之間。

倘 u_0 近於差數表之下端，Newton 氏前進差公式中所需之差數無法求得，該公式卽不能應用，如用後退差數卽可計算。由是有 Newton 氏後退差挿值公式

$$u_x = u_0 + (x)_1 \Delta u_{-1} + (x+1)_2 \Delta^2 u_{-2}$$

$$+ (x+2)_3 \Delta^3 u_{-3} + \cdots + (x+n-1)_n \Delta^n u_{-n}$$

$$(23.61)$$

今設

$$u_x = A_0 + A_1 x + A_2 (x+1)^{(2)} + A_3 (x+2)^{(3)} + \cdots$$

$$+ A_n (x+n-1)^{(n)} \qquad (2)$$

對 u_x 求差數至 n 次，而在 u_x 中，使 x＝0；Δu_x 中，x＝－1；$\Delta^2 u_x$ 中，x＝－2，…，則得 $A_0 = u_0$，$A_1 = \Delta u_{-1}$，$A_2 = \dfrac{1}{2!} \Delta^2 u_{-2}$，……，$A_n = \dfrac{\Delta^n u_{-n}}{n!}$，其次將 A_1，A_2，…… 之值代入（2）卽得上式。但 $(x)_r = x^{(r)}/r!$。

2. Gauss，Stirling，Bessel 與 Everett 氏公式

按有限差之運算法則，有下列各等式，

$$\Delta^2 u_0 = \Delta^2 u_{-1} + \Delta^3 u_{-1}$$

$$\Delta^3 u_0 = \Delta^3 u_{-1} + \Delta^4 u_{-1} = \Delta^3 u_{-1} + \Delta^4 u_{-2} + \Delta^5 u_{-2}$$

將 $\Delta^2 u_0$，$\Delta^3 u_0$ …之等量代入 Newton 氏前進差公式（23·61），即得

$$u_x = u_0 + x\Delta u_0 + (x)_2 \Delta^2 u_{-1} + (x+1)_3 \Delta^3 u_{-1}$$

$$+ (x+1)_4 \Delta^4 u_{-2} + (x+2)_5 \Delta^5 u_{-2} + \cdots \quad (23 \cdot 62)$$

此式稱爲 Gauss 氏前進差挿値公式，所用之偶級差均在表（23·1）中央線上（卽在 u_0 之水平線上），奇數差均在僅低於中央線之下一水平線上（卽在 Δu_0 之水平線上），上列所用之各級差數，爲（表 23·1)中以實線連結之各數。

Gauss 之後退差挿値公式可以同法求得，因

$$\Delta u_0 = \Delta u_{-1} + \Delta^2 u_{-1}, \quad \Delta^3 u_{-1} = \Delta^3 u_{-2} + \Delta^4 u_{-2},$$

$$\Delta^5 u_{-2} = \Delta^5 u_{-3} + \Delta^6 u_{-3}, \cdots\cdots$$

以 Δu_0，$\Delta^3 u_{-1}$，$\Delta^5 u_{-2}$，… 之相當量代入（23·62），即得

$$u_x = u_0 + x\Delta u_{-1} + (x+1)_2 \Delta^2 u_{-1} + (x+1)_3 \Delta^3 u_{-2}$$

$$+ (x+2)_4 \Delta^4 u_{-2} + (x+2)_5 \Delta^5 u_{-3} + \cdots (23 \cdot 63)$$

此式中之偶級差均在中央線上（表23·1），奇級差爲僅高於中央線之水平線上（卽在 Δu_{-1} 之水平線上），上列所用之各級差數爲該表中以虛線連者。上列兩式〔（23·62)，(23·63)〕之平均數卽爲 Stirling（中央差數）挿値公式，卽

$$u_x = u_0 + x\Delta u + \frac{x^2}{2!} \Delta^2 u_{-1} + (x+1)_3 \Delta^3 u$$

$$+ \frac{x}{4} (x+1)_3 \Delta^4 u_{-2} + (x+2)_5 \Delta^5 u + \cdots \quad (23 \cdot 64)$$

式中 $\Delta u = (\Delta u_{-1} + \Delta u_0)/2$，$\Delta^3 u = (\Delta^3 u_{-2} + \Delta^3 u_{-1})/2$，

$\Delta^5 u = (\Delta^5 u_{-3} + \Delta^5 u_{-2})/2 , \cdots\cdots$

Stirling氏公式中所用之偶級差均在中央線上（表23·1），奇數差中央線上下差數之平均數。

Bessel　氏公式可以下式求之，因

$\Delta^3 u_{-1} = \Delta^2 u_0 - \Delta^2 u_{-1} , \Delta^5 u_{-2} = \Delta^4 u_{-1} - \Delta^4 u_{-2}$

$\Delta^7 u_{-3} = \Delta^6 u_{-2} - \Delta^6 u_{-3} , \cdots\cdots$

將上式諸值代入（23·62），即得 Bessel 氏公式；

$$u_x = u_0 + x \Delta u_0 + (x)_2 \Delta^2 u$$

$$+ \tfrac{1}{3} (x)_2 (x - \tfrac{1}{2}) \Delta^3 u_{-1} + (x+1)_4 \Delta^4 u$$

$$+ \tfrac{1}{5} (x+1)_4 (x - \tfrac{1}{2}) \Delta^5 u_{-2} + \cdots\cdots \quad (23.65)$$

式中　$\Delta^2 u = (\Delta^2 u_{-1} + \Delta^2 u_0)/2 ,$

$\Delta^4 u = (\Delta^4 u_{-2} + \Delta^4 u_{-1})/2 , \cdots\cdots$

Everett 氏公式亦可由 Gauss氏 前進公式推演而得，在（23·62）中之各奇級差代以下列諸等式

$\Delta u_0 = u_1 - u_0 , \Delta^3 u_{-1} = \Delta^2 u_0 - \Delta^2 u_{-1} ,$

$\Delta^5 u_{-2} = \Delta^4 u_{-1} - \Delta^4 u_{-2} , \cdots\cdots$

則　$u_x = u_0 + x(u_1 - u_0) + (x)_2 \Delta^2 u_{-1}$

$$+ (x+1)_3 (\Delta^2 u_0 - \Delta^2 u_{-1}) + (x+1)_4 \Delta^4 u_{-2}$$

$$+ (x+2)_5 (\Delta^4 u_{-1} - \Delta^4 u_{-2}) + \cdots\cdots$$

$$= u_0 + x u_1 - x u_0 + (x)_2 \Delta^2 u_{-1} + (x+1)_3 \Delta^2 u_0$$

$$- (x+1)_3 \Delta^2 u_{-1} + (x+1)_4 \Delta^4 u_{-2}$$

$$+ (x+2)_5 \Delta^4 u_{-1} - (x+2)_5 \Delta^4 u_{-2} + \cdots\cdots$$

再以 $(x+1)_{r+1} - (x)_r = (x)_{r+1}$ 代入，即得 Everett 氏公式

$$u_x = (x)_1 u_1 + (x+1)_3 \Delta^2 u_0 + (x+2)_5 \Delta^4 u_{-1} + \cdots$$

$$-(\,x-1\,)_1\,u_0-(\,x\,)_3\,\Delta^2 u_{-1}-(\,x+1\,)_5\,\Delta^4 u_{-2}+\cdots\cdots$$

$$(23\cdot66)$$

若 x 之數值小於 1 ，欲求 u_0 與 u_1 間之數值，最便於應用之形式爲使 $\alpha = 1 - x$ ，則

$$u_x = (\,x\,)_1\,u_1+(\,x+1\,)_3\,\Delta^2 u_0+(\,x+2\,)_5\,\Delta^4 u_{-1}+\cdots\cdots$$

$$+(\,\alpha\,)_1\,u_0+(\,\alpha+1\,)_3\,\Delta^2 u_{-1}+(\,\alpha+2\,)_5\,\Delta^4 u_{-2}+\cdots$$

$$(23\cdot67)$$

3. Lagrange 氏插值公式

前列所述插值方法，均假定自變數相隔之區間均等，求相當於某一變數之函數值。若自變數相隔之區間不等，前列所述各法皆不能應用。茲求一公式對於自變數相隔之區間等與不等均可應用，此公式卽爲 Lagrange 氏公式。

設 x 及其相應之函數值 u_x 如下：

x　：　x_0　　x_1　　x_2　　$\cdots$　　x_n

u_x　：　u_0　　u_1　　u_2　　$\cdots$　　u_n

茲使 u_x 爲插值函數

$$
\begin{aligned}
u_x = &A_0(\,x-x_1\,)(\,x-x_2\,)(\,x-x_3\,)\cdots(\,x-x_n\,)\\
&+A_1(\,x-x_0\,)(\,x-x_2\,)(\,x-x_3\,)\cdots(\,x-x_n\,)\\
&+A_2(\,x-x_0\,)(\,x-x_1\,)(\,x-x_3\,)\cdots(\,x-x_n\,)\\
&+\quad\cdot\qquad\qquad\cdot\qquad\qquad\cdot\\
&+A_n(\,x-x_0\,)(\,x-x_1\,)(\,x-x_2\,)\cdots(\,x-x_{n-1}\,)\quad(1)
\end{aligned}
$$

上式爲 n 次式，共有 n + 1 個常數 A_0，A_1，A_2，$\cdots$，A_n，此等常數可由已知數值確定。使（x_0，u_0）滿足（1），則

$$u_0 = A_0(x_0-x_1)(x_0-x_2)\cdots(x_0-x_n)$$

$$A_0 = u_0/(\,x_0-x_1\,)(\,x_0-x_2\,)\cdots(\,x_0-x_n\,)$$

以同樣方法，使 $(x_1，u_1)，(x_2，u_2)，\cdots(x_n，u_n)$ 滿足 (1)，
則得

$$A_1 = u_1/(x_1-x_0)(x_1-x_2)\cdots(x_1-x_n)$$

$$A_2 = u_2/(x_2-x_0)(x_2-x_1)\cdots(x_2-x_n)$$

$$\cdot \qquad\qquad \cdot \qquad\qquad \cdot$$

$$A_n = u_n/(x_n-x_1)(x_n-x_2)\cdots(x_n-x_{n-1})$$

求得之各常數代入 (1)，即得 Lagrange 插值公式。

$$
\left.
\begin{aligned}
u_x &= \frac{(x-x_1)(x-x_2)(x-x_3)\cdots(x-x_n)}{(x_0-x_1)(x_0-x_2)(x_0-x_3)\cdots(x_0-x_n)} u_0 \\[2mm]
&+ \frac{(x-x_0)(x-x_2)(x-x_3)\cdots(x-x_n)}{(x_1-x_0)(x_1-x_2)(x_1-x_3)\cdots(x_1-x_n)} u_1 \\[2mm]
&+ \quad\cdot\qquad\qquad\cdot\qquad\qquad\cdot \\[2mm]
&+ \frac{(x-x_0)(x-x_1)(x-x_2)\cdots(x-x_{n-1})}{(x_n-x_0)(x_n-x_1)(x_n-x_2)\cdots(x_n-x_{n-1})} u_n
\end{aligned}
\right\}
$$

$$(23\cdot68)$$

23·10　Euler-Maclaurin氏積分公式

茲先說明下列展開式，由 $(23\cdot46)$ 式變化爲下式，則

$$\frac{x}{e^x-1} = \left[1+\frac{x}{2!}+\frac{x^2}{3!}+\cdots\cdots\right]^{-1}$$

使 $\left[1+\dfrac{x}{2!}+\dfrac{x^2}{3!}+\cdots\right]^{-1} = B_0+B_1 x+\dfrac{B_2 x^2}{2!}+\dfrac{B_3 x^3}{3!}+\cdots$

同樣　$\dfrac{x}{e^x-1} = B_0+B_1 x+\dfrac{B_2 x^2}{2!}+\dfrac{B_3 x^3}{3!}+\cdots$

$$x = (e^x - 1)(B_0 + B_1 x + \frac{B_2 x^2}{2!} + \frac{B_3 x^3}{3!} + \cdots \cdots)$$

$$x = (x + \frac{x^2}{2!} + \frac{x^3}{3!} + \cdots)(B_0 + B_1 x + \frac{B_2 x^2}{2!} + \frac{B_3 x^3}{3!} + \cdots)$$

上式右端展開後，再使 x 同次方係數相等，則得 $B_{2n+1} = 0$，（ n

$= 1，2，3，\cdots$），$B_0 = 1$，$B_1 = -\frac{1}{2}$，$B_2 = \frac{1}{6}$，$B_4 = -\frac{1}{30}$，

$B_6 = \frac{1}{42}$，$B_8 = -\frac{1}{30}$，$B_{10} = \frac{5}{66}$，$\cdots\cdots$上列各數稱為 Bernoulli 氏數。

以下用有限積分之方法，求一級數之和，茲使函數 u_x 與 v_x 適合下列關係式，即

$$\Delta v_x = u_x \quad (1) \text{ 或 } \quad v_x = \Delta^{-1} u_x \tag{2}$$

（1）之意義，即為 $v_{x+1} - v_x = u_x$ \qquad\qquad\qquad (3)

在（3）中，使 $x = a，a+1，a+2，\cdots，n-1，n$，則有下列諸等式；

$$v_{a+1} - v_a = u_a，\qquad v_{a+2} - v_{a+1} = u_{a+1}，$$

$$\cdots\cdots\cdots\cdots\cdots\cdots\cdots\cdots\cdots\cdots\cdots\cdots$$

$$v_n - v_{n-1} = u_{n-1}，v_{n+1} - v_n = u_n$$

上列各式之兩端相加，得

$$u_a + u_{a+1} + u_{a+2} + \cdots\cdots + u_n$$

$$= \sum_a^n u_x = v_{n+1} - v_a = v_x \Big|_a^{n+1} = \Delta^{-1} u_x \Big|_a^{n+1}$$

因　$\Delta^{-1} u_x = v_x + c$ 為 u_x 之有限不定積分，故稱

$$\Delta^{-1} u_x \Big|_a^{n+1} = (v_{n+1} + c) - (v_a + c) = v_{n+1} - v_a$$

為 u_x 之有限定積分。

由上列說明知求一級數之和，即爲求一函數之有限定積分，即

$$\sum_a^b u_x = v_{b+1} - v_a = v_x \Big|_a^{b+1} = \Delta^{-1} u_x \Big|_a^{b+1}$$

由上列公式，使 $a = 0$ ，$b = n - 1$ ，則

$$\sum_0^{n-1} u_x = u_0 + u_1 + \cdots\cdots + u_{n-1}$$

$$= \Delta^{-1} u_x \Big|_0^n = v_x \Big|_0^n = v_n - v_0$$

因　由 (23·58) 式，

$$Eu_x = (1 + \Delta) u_x = e^D u_x$$

$$u_x + \Delta u_x = e^D u_x$$

$$\Delta u_x = (e^D - 1) u_x$$

$$(e^D - 1)^{-1} u_x = \Delta^{-1} u_x$$

故　$v_x = \Delta^{-1} u_x = (e^D - 1)^{-1} u_x$

$$= \Big[D + \frac{D^2}{2!} + \frac{D^3}{3!} + \cdots\cdots \Big]^{-1} u_x \qquad (23·69)$$

$$= D^{-1} \Big[1 + \frac{D}{2!} + \frac{D^2}{3!} + \cdots \Big]^{-1} u_x$$

$$= D^{-1} \Big[B_0 + B_1 D + \frac{B_2 D^2}{2!} + \frac{B_4 D^4}{4!} + \cdots \Big] u_x$$

$$= B_0 D^{-1} u_x + B_1 u_x + \frac{B_2}{2!} D u_x + \frac{B_4}{4!} D^3 u_x + \cdots$$

由是

$$v_n - v_0 = B_0 D^{-1} (u_n - u_0) + B_1 (u_n - u_0) + \frac{B_2}{2!} D(u_n - u_0)$$

$$+\frac{B_4}{4!} D^3(u_n-n_0)+\cdots$$

因　$D^{-1}(u_n-u_0)=\int_0^n u_x\,dx$ ；$D(u_n-u_0)=(u'_n-u'_0)$

$$; D^3(u_n-u_0)=(u'''_n-u'''_0)\,; \cdots$$

$$\therefore \sum_0^{n-1} u_x = B_0\int_0^n u_x\,dx + B_1(u_n-u_0)+\frac{B_2}{2!}(u'_n-u'_0)$$

$$+\frac{B_4}{4!}(u'''_n-u'''_0)+\frac{B_6}{6!}(u_n^{(5)}-u_0^{(5)})+\cdots \qquad (23.70)$$

此即爲 Euler-Maclaurin 氏公式，將 B_i 之數值代入，則

$$\int_0^n u_x\,dx = \sum_0^{n-1} u_x + \frac{1}{2}(u_n-u_0)-\frac{1}{12}(u'_n-u'_0)$$

$$+\frac{1}{720}(u'''_n-u'''_0)-\frac{1}{30240}(u_n^{(5)}-u_0^{(5)})+\cdots \qquad (23.71)$$

在（23.71）中，假定 x 相隔之區間爲一，若 x 相隔之區間爲 h，則以 $(e^{hD}-1)^{-1}$ 爲母函數（generating function），可得更普遍之 Euler-Maclaurin 氏公式。

$$\int_a^{a+nh} u_x\,dx = h\left[\sum_a^{n-1} u_x + \frac{1}{2}(u_n-u_a)\right]$$

$$-\frac{h^2}{12}(u'_n-u'_a)+\frac{h^4}{720}(u'''_n-u'''_a)$$

$$-\frac{h^6}{30240}(u_n^{(5)}-u_a^{(5)})+\cdots \qquad (23.72)$$

上式除以 h，即得

$$\frac{1}{h}\int_{a}^{a+nh} u_x\,dx = \left[\overset{n-1}{\underset{a}{\Sigma}}\,u_x + \frac{1}{2}\,(u_n - u_a)\right]$$

$$-\frac{h}{12}\,(u'_n - u'_a) + \frac{h^3}{720}\,(u'''_n - u'''_a)$$

$$-\frac{h^5}{30240}\,(u_n^{(5)} - u_a^{(5)}) + \cdots \qquad (23\cdot 73)$$

又由（23·59）及以（23·48）式展開，則

$$D = \ln(1+\Delta) = \Delta - \frac{1}{2}\Delta^2 + \frac{1}{3}\Delta^3 - \frac{1}{4}\Delta^4 + \cdots$$

$$D^2 = \Delta^2 - \Delta^3 + \frac{11}{12}\Delta^4 - \frac{5}{6}\Delta^5 + \cdots\cdots$$

$$D^3 = \Delta^3 - \frac{3}{2}\Delta^4 + \frac{7}{4}\Delta^5 + \cdots\cdots$$

由此數式，Euler-Maclaurin 氏公式中之各級導數可以各級差數表示之。

23·11　平面積，曲線及曲率

1. 平面形之面積

今曲線 $y = f(x)$ 上之二點 P，Q，此等對 x 軸之垂線為 PA，PB，茲欲決定平面形 PQBA 之面積，OA ＝ a，OB ＝ b，a ＜ b，在區間（a，b），假定函數 $f(x)$ 為連續且正值。在曲線 PQ 上，自 P 向 Q 之方向，順次任意取得（n－1）個之點 P_1，P_2，…，

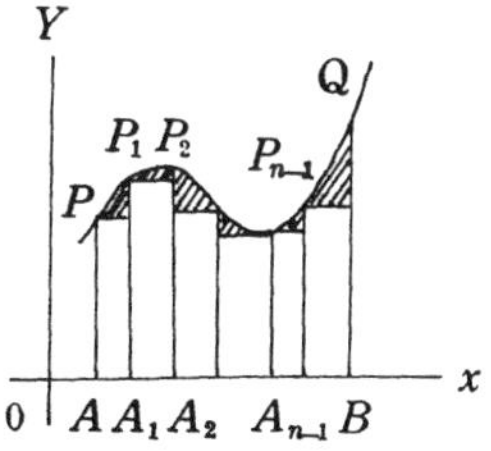

圖 23.7

P_{n-1}，其各點之縱線各爲 P_1A_1，P_2A_2，…，$P_{n-1}A_{n-1}$。今 $AA_1=$ h_1，$A_1A_2=h_2$，…，$A_{n-1}B=h_n$，又 AA_1，A_1A_2，…，$A_{n-1}B$ 之各區間之縱線之最小值各爲 $f(x_1)$，$f(x_2)$，…，$f(x_n)$，而底邊爲 h_1，h_2，…，h_n，高度爲 $f(x_1)$，$f(x_2)$，…，$f(x_n)$ 之 n 個矩形（圖 23.7 中之 PA_1，P_1A_2，…，$P_{n-1}B$），其面積之和，

$$S_n = f(x_1)h_1 + f(x_2)h_2 + \cdots\cdots + f(x_n)h_n,$$

n →∞，同時所有的 h 爲無窮小，S_n 之極限值爲 S，則

$$S = \int_a^b f(x)dx$$

在 P Q B A 之內部充塡上述之矩形，如上述取得極限時，此等矩形以外之殘餘部分（圖 23.7 中之陰影部分），可無限地減少，因爲一般地，在 $A_{k-1}A_k$ 區間之縱線之最大值爲 $f(\xi_k)$，則上記矩形 $f(x_k)h_k$ 之上面殘餘部分之面積不可能大於如下：

$$\left\{ f(\xi_k) - f(x_k) \right\} h_k$$

茲 k = 1，2，…，n，則 $f(\xi_k)-f(x_k)$ 中之最大值爲 D，結局殘部之總和不可能大於如下：

$$D(h_1 + h_2 + \cdots + h_n) = D(b-a)$$

然而在 h →0 之極限，D→0，於是殘部成爲無窮小。

總之，S 之決定法係於圖形內，逐次充塡矩形，使其面積逐漸增大，則使殘餘部分成爲無窮小，卽爲求此等矩形面積之和之極限值作爲平面形之面積。

由是矩形之定義，一般地可確定，但實際上言，前述之 P Q B A 之面積以下式求之，卽

$$S = \int_a^b f(x)dx \tag{23.74}$$

又如於圖 23·8 之閉曲線，先以 y 軸平行之二切線 x ＝ a，x ＝ b 欄截，曲線之上半之方程式爲 y ＝ $f_1(x)$，下半之方程式爲 y ＝ $f_2(x)$，則閉曲線之面積如下：

$$S = \int_a^b f_1(x)\,dx - \int_a^b f_2(x)\,dx$$

$$= \int_a^b \{ f_1(x) - f_2(x) \}\,dx \qquad (23\cdot75)$$

以上係 a ＜ b，f(x) ＞ 0，但欲其面積常正值，則以下式表示

$$S = \left| \int_a^b | f(x) |\,dx \right|$$

$$S = \left| \int_a^b | f_1(x) - f_2(x) |\,dx \right|$$

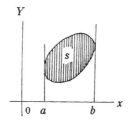

圖 23.8

2. 平面曲線之長度

茲就一般平面曲線之長度之計量方法說明如下：

曲線之方程式爲 y ＝ f(x)，在曲線上之二點 P，Q 之橫坐標各爲 a，b（a ＜ b），而函數 f(x) 及 f'(x) 均爲連續於區間（a，b）內。而在曲線上，自 P 起向 Q 之方向順次任意取得（n － 1）個之點 P_1，P_2，…P_{n-1}，作一曲折線 $P P_1 P_2 … P_{n-1} Q$。然而使 n 無限的

增大，同時使各線分 PP_1，P_1P_2，…
，$P_{n-1}Q$ 無限的減小時，以曲折線
$PP_1P_2\cdots P_{n-1}Q$ 之長度之極限值作
爲在 P，Q 間，此曲線之長度。

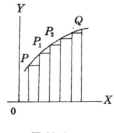

圖 23.9

今一般地將點 $P_k(k=0，1，2，$
$\cdots\cdots，n-1；P_0=P)$ 之橫坐標僅
以 x 表示，P_{k+1} 之橫坐標以 x + h
表示，則

$$\overline{P_kP_{k+1}} = \sqrt{h^2 + \{f(x+h)-f(x)\}^2} \tag{1}$$

由中值定理，右端式中

$$f(x+h)-f(x) = f'(x+\theta h)h，$$

$$\therefore \overline{P_kP_{k+1}} = \sqrt{h^2 + f'(x+\theta h)^2 h^2}$$

$$= h\sqrt{1 + f'(x+\theta h)^2}，0<\theta<1 \tag{2}$$

是故曲折線之長度，

$$\sum h\sqrt{1 + f'(x+\theta h)^2}$$

上式取得極限，而其和等於一積分，以 L 表示，

$$L = \int_a^b \sqrt{1 + f'(x)^2}\,dx \tag{3}$$

或 $$L = \int_a^b \sqrt{1 + \left(\frac{dy}{dx}\right)^2}\,dx \tag{4}$$

若曲線方程式 x = f(y)，則

$$L = \int_\alpha^\beta \sqrt{1 + \left(\frac{dx}{dy}\right)^2}\,dy \tag{5}$$

一般池，略記爲

$$L = \int \sqrt{(dx)^2 + (dy)^2} \tag{6}$$

若曲線方程式

$$x = \phi(t) \quad , \quad y = \psi(t) \text{，則}$$

$$L = \int \sqrt{\phi'(t)^2 + \psi'(t)^2} \, dt \tag{7}$$

3. 曲線 PQ 之長度 S 與線分 PQ 之長度 l 之比率

兩者之比率，P，Q 兩點於無限量地相

相接近的極限為 1，則

$$\lim \frac{s}{l} = 1$$

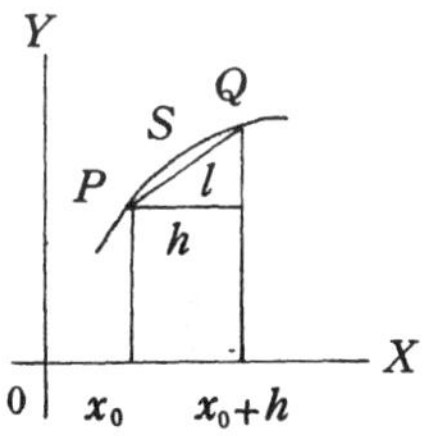

茲將曲線之方程式為 $y = f(x)$，P 及

Q 之橫坐標各為 x_0 及 $x_0 + h$，由前項

(3) 即得

圖 23.10

$$s = \int_{x_0}^{x_0 + h} \sqrt{1 + f'(x)^2} \, dx$$

又由前項 (1) 及 (2) 各為如下：

$$h \sqrt{1 + f'(x_0 + \theta h)^2} \quad , \quad 0 < \theta < 1$$

$$l = \sqrt{h^2 + \{f(x_0 + h) - f(x_0)\}^2}$$

$$= h \sqrt{1 + f'(x_0 + \theta_1 h)^2} \quad , \quad 0 < \theta < 1 \tag{8}$$

是故 $\quad \lim\limits_{h \to 0} \dfrac{s}{l} = \lim\limits_{h \to 0} \dfrac{\sqrt{1 + f'(x_0 + \theta h)^2}}{\sqrt{1 + f'(x_0 + \theta_1 h)^2}} = 1 \tag{9}$

4. 曲率及曲率半徑

在曲線上之一點 P 之切線之方向，以在該點之曲線之方向定之。

在同一曲線上之二點 P，Q 之二切線之交角為 ω，則 ω 表示 P 至 Q 間

之曲線之方向變化之角度。今 PQ 間之曲線之長度以 S 表示，$\dfrac{\omega}{S}$ 表示

隨着曲線，在自 P 至 Q 之間，對進行距離每一單位，平均方向變化之

比率。欲求在一點 P 之此比率，則考慮 $\lim\limits_{s \to 0} \dfrac{\omega}{S}$ 之極限即可，此稱為

在P點之此曲線之<u>曲率</u>或<u>曲度</u>。

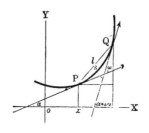

圖 23.11

　　一般言，在任意曲線上之各點，各有不同的曲率。今計算曲線之一小部分之長度 s，對其連結兩端之線分之長度 l 之比率，在其 s 之極限假定為

$$\lim_{s \to 0} \frac{s}{l} = 1$$

　　曲線上之二點 P（x，y）及 Q（x＋Δx，y＋Δy）之切線與 x 軸之角度各為 α 及 α＋$\Delta\alpha$，$\Delta\alpha$ 相當於上述之 ω，於是在 P 點之曲率如下：

$$\lim_{s \to 0} \left| \frac{\Delta\alpha}{s} \right| = \lim_{s \to 0} \left| \frac{\Delta\alpha}{l} \right| = \lim_{\Delta x \to 0} \left| \frac{\Delta\alpha}{\Delta\alpha} \frac{\Delta x}{l} \right|$$

$$= \left(\lim_{\Delta x \to 0} \left| \frac{\Delta\alpha}{\Delta x} \right| \right) \left(\lim_{\Delta x \to 0} \left| \frac{\Delta x}{l} \right| \right)$$

α 為 x 之函數，則

$$\tan \alpha = \frac{dy}{dx}$$

$$\alpha = \tan^{-1} \frac{dy}{dx}$$

故　$\lim\limits_{\Delta x \to 0}\left|\dfrac{\Delta \alpha}{\Delta x}\right| = \left|\dfrac{d\alpha}{dx}\right| = \left|\dfrac{\dfrac{d^2 y}{dx^2}}{1+\left(\dfrac{dy}{dx}\right)^2}\right|$

又　$l = \sqrt{(\Delta x)^2+(\Delta y)^2}$, 則

$$\lim\limits_{\Delta x \to 0}\left|\dfrac{\Delta x}{l}\right| = \lim\limits_{\Delta x \to 0}\left|\dfrac{\Delta x}{\sqrt{(\Delta x)^2+(\Delta y)^2}}\right|$$

$$= \lim\limits_{\Delta x \to 0}\left|\dfrac{1}{\sqrt{1+\left(\dfrac{\Delta y}{\Delta x}\right)^2}}\right| = \left|\dfrac{1}{\sqrt{1+\left(\dfrac{dy}{dx}\right)^2}}\right|$$

故結局在 P 點之曲率以 k 表示,

$$k = \left|\dfrac{\dfrac{d^2 y}{dx^2}}{\left\{1+\left(\dfrac{dy}{dx}\right)^2\right\}^{\frac{3}{2}}}\right| \qquad\qquad (23\cdot76)$$

即在曲線上之一點之曲率等於在其點之切觸圓之半徑之倒數.

今就曲線為半徑 r 之切觸圓之場合說明之。由圓心角之弧度法,則得

$$\dfrac{\Delta \alpha}{\Delta s} = \dfrac{1}{r} \ , \ \Delta \alpha = \omega$$

$$\therefore \ \dfrac{d\alpha}{ds} = \lim\limits_{\Delta s \to 0}\dfrac{\Delta \alpha}{\Delta s} = \dfrac{1}{r}$$

於是圓之曲率 k 如下:

$$k = \dfrac{1}{r} \qquad\qquad (23\cdot77)$$

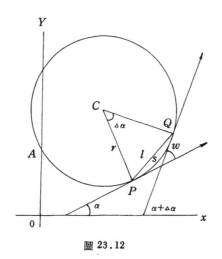

圖 23.12

　　一般言之，在 P 點之曲線 C 之曲率以 k 表示，則接近 P 點之曲線之一部分即是曲率為｜k｜之圓（切觸圓），即視為半徑等於 1／｜k｜之圓周之一部分，故曲率 k 之倒數 1／｜k｜稱為在 P 點之曲線之曲率半徑或曲度半徑。

附　　錄

1.	台灣地區居民生命表 （民國五十五年 —— 民國五十六年）
2.	台灣地區都市居民生命表 （民國五十五年 —— 民國五十六年）
3.	台灣地區鄉居民生命表 （民國五十五年 —— 民國五十六年）
4.	台灣地區居民生命表圖 1 — 4
5.	階乘函數及其對數
6.	二項係數
7.	二項分配
8.	卜氏分配
9.	常態分配函數
10.	常態曲線密度函數之縱坐標
11.	累積常態分配
12.	平方根，平方
13.	指數函數，常數
14.	希臘字母

1. 台灣地區居民生命表

男　　　（民國五十五年—民國五十六年）

年齡 x	生存數 l_x	死亡數 d_x	生存率 p_x	死亡率 q_x	死力 μ_x	平均餘命 $\overset{\circ}{e}_x$	定常人口 L_x	T_x
日 Day								
0	100 000	527	0.99473	0.00527	0.34940	65.32	1 912	6 532 342
7	99 473	241	0.99758	0.00242	0.20126	65.65	1 905	6 530 429
14	99 232	141	0.99858	0.00142	0.10041	65.79	1 902	6 528 524
21	99 091	102	0.99897	0.00103	0.06394	65.87	1 899	6 526 623
28	98 989	315	0.99681	0.00319	0.05039	65.91	8 889	6 524 723
月 Month								
2	98 674	161	0.99836	0.00164	0.02727	66.03	8 216	6 515 835
3	98 512	345	0.99649	0.00351	0.01825	66.06	24 582	6 507 619
6	98 167	546	0.99444	0.00556	0.01309	66.04	48 940	6 483 037
年 Year								
0	100 000	2 379	0.97621	0.02379	0.34940	65.32	98 245	6 532 342
1	97 621	627	0.99358	0.00642	0.00960	65.91	96 770	6 434 097
2	96 994	376	0.99613	0.00387	0.00380	65.34	96 800	6 337 327
3	96 619	219	0.99773	0.00227	0.00293	64.59	96 500	6 240 527
4	96 400	133	0.99862	0.00138	0.00172	63.73	96 329	6 144 028
5	96 267	98	0.99898	0.00102	0.00114	62.82	96 216	6 047 699
6	96 169	87	0.99909	0.00091	0.00094	61.89	96 124	5 951 483
7	96 081	81	0.99916	0.00084	0.00087	60.94	96 040	5 855 359
8	96 000	76	0.99921	0.00079	0.00082	59.99	95 962	5 759 318
9	95 924	71	0.99926	0.00074	0.00077	59.04	95 889	5 663 356
10	95 854	66	0.99931	0.00069	0.00071	58.08	95 820	5 567 468
11	95 788	63	0.99934	0.00066	0.00067	57.12	95 756	5 471 647
12	95 725	63	0.99934	0.00066	0.00065	56.16	95 694	5 375 89?
13	95 662	69	0.99928	0.00072	0.00068	55.20	95 628	5 280 19?
14	95 593	79	0.99917	0.00083	0.00077	54.24	95 554	5 184 56?
15	95 513	94	0.99902	0.00098	0.00090	53.28	95 467	5 089 01?
16	95 419	110	0.99885	0.00115	0.00107	52.33	95 366	4 993 54?
17	95 309	125	0.99869	0.00131	0.00123	51.39	95 248	4 898 18?
18	95 185	142	0.99850	0.00150	0.00140	50.46	95 115	4 802 934
19	95 042	159	0.99833	0.00167	0.00159	49.53	94 964	4 707 819
20	94 883	170	0.99821	0.00179	0.00174	48.62	94 799	4 612 856
21	94 713	179	0.99811	0.00189	0.00184	47.70	94 624	4 518 057
22	94 534	186	0.99803	0.00197	0.00193	46.79	94 442	4 423 432
23	94 348	194	0.99794	0.00206	0.00202	45.88	94 251	4 328 991
24	94 153	203	0.99785	0.00215	0.00211	44.98	94 053	4 234 739
25	93 951	209	0.99778	0.00222	0.00220	44.07	93 847	4 140 687
26	93 742	211	0.99775	0.00225	0.00225	43.17	93 636	4 046 840
27	93 531	210	0.99775	0.00225	0.00226	42.27	93 425	3 953 204
28	93 320	210	0.99775	0.00225	0.00225	41.36	93 215	3 859 779
29	93 110	212	0.99772	0.00228	0.00226	40.45	93 005	3 766 563
30	92 898	218	0.99766	0.00234	0.00231	39.54	92 790	3 673 559
31	92 681	225	0.99758	0.00242	0.00239	38.64	92 569	3 580 768
32	92 456	230	0.99751	0.00249	0.00246	37.73	92 341	3 488 199
33	92 226	235	0.99745	0.00255	0.00252	36.82	92 109	3 395 858
34	91 991	240	0.99739	0.00261	0.00258	35.91	91 872	3 303 749
35	91 751	249	0.99729	0.00271	0.00266	35.01	91 627	3 211 878
36	91 502	261	0.99715	0.00285	0.00278	34.10	91 372	3 120 250
37	91 241	276	0.99698	0.00302	0.00294	33.20	91 104	3 028 878
38	90 965	288	0.99683	0.00317	0.00310	32.30	90 822	2 937 774
39	90 677	302	0.99667	0.00333	0.00325	31.40	90 527	2 846 952
40	90 375	319	0.99647	0.00353	0.00342	30.50	90 218	2 756 424
41	90 056	343	0.99619	0.00381	0.00367	29.61	89 887	2 666 207
42	89 713	373	0.99585	0.00415	0.00398	28.72	89 529	2 576 320
43	89 340	407	0.99545	0.00455	0.00435	27.83	89 140	2 486 790
44	88 934	448	0.99496	0.00504	0.00479	26.96	88 713	2 397 650
45	88 485	497	0.99438	0.00562	0.00533	26.09	88 241	2 308 937
46	87 988	548	0.99377	0.00623	0.00594	25.24	87 719	2 220 696
47	87 440	601	0.99313	0.00687	0.00657	24.39	87 144	2 132 977
48	86 840	656	0.99245	0.00755	0.00723	23.56	86 516	2 045 833
49	86 184	711	0.99175	0.00825	0.00792	22.73	85 833	1 959 316

1. THE LIFE TABLES OF TAIWAN

(1966-1967)　　　　　　　　　　　　　　　　MALE

年　齡	生存數	死亡數	生存率	死亡率	死　力	平均餘命	定　常　人　口	
x	l_x	d_x	p_x	q_x	μ_x	$\dot{e}_x$	L_x	T_x
50	85 473	778	0.99090	0.00910	0.00870	21.92	85 090	1 873 483
51	84 695	842	0.99006	0.00994	0.00956	21.12	84 280	1 788 393
52	83 854	906	0.98919	0.01081	0.01040	20.32	83 406	1 704 114
53	82 947	987	0.98810	0.01190	0.01137	19.54	82 462	1 620 707
54	81 961	1 090	0.98670	0.01330	0.01262	18.77	81 425	1 538 246
55	80 871	1 223	0.98488	0.01512	0.01426	18.01	80 271	1 456 820
56	79 648	1 361	0.98291	0.01703	0.01622	17.28	78 978	1 376 550
57	78 287	1 492	0.98095	0.01905	0.01825	16.57	77 551	1 297 571
58	76 795	1 603	0.97913	0.02087	0.02017	15.89	76 002	1 220 020
59	75 192	1 710	0.97726	0.02274	0.02202	15.21	74 347	1 144 018
60	73 482	1 836	0.97502	0.02498	0.02412	14.56	72 574	1 069 671
61	71 646	1 948	0.97281	0.02719	0.02642	13.92	70 681	997 098
62	69 698	2 063	0.97040	0.02960	0.02877	13.29	68 676	926 416
63	67 635	2 180	0.96777	0.03223	0.03135	12.68	66 555	857 740
64	65 455	2 309	0.96473	0.03527	0.03427	12.09	64 312	791 185
65	63 147	2 441	0.96134	0.03866	0.03758	11.51	61 932	726 873
66	60 706	2 590	0.95733	0.04267	0.04147	10.95	59 422	664 935
67	58 115	2 703	0.95349	0.04651	0.04561	10.42	56 773	605 513
68	55 412	2 807	0.94935	0.05065	0.04975	9.90	54 017	548 741
69	52 605	2 900	0.94488	0.05512	0.05428	9.40	51 163	494 724
70	49 706	2 979	0.94007	0.05993	0.05918	8.92	48 222	443 561
71	46 727	3 042	0.93489	0.06511	0.06449	8.46	45 210	395 338
72	43 685	3 088	0.92931	0.07069	0.07024	8.01	42 144	350 128
73	40 597	3 113	0.92331	0.07669	0.07647	7.59	39 041	307 985
74	37 483	3 117	0.91685	0.08315	0.08321	7.18	35 924	268 943
75	34 367	3 096	0.90991	0.09009	0.09051	6.78	32 816	233 019
76	31 271	3 050	0.90246	0.09754	0.09841	6.40	29 741	200 204
77	28 220	2 978	0.89446	0.10554	0.10697	6.04	26 724	170 463
78	25 242	2 881	0.88587	0.11413	0.11623	5.69	23 792	143 739
79	22 361	2 758	0.87667	0.12333	0.12626	5.36	20 971	119 946
80	19 603	2 611	0.86681	0.13319	0.13713	5.05	18 285	98 975
81	16 992	2 442	0.85627	0.14373	0.14889	4.75	15 756	80 691
82	14 550	2 255	0.84499	0.15501	0.16162	4.46	13 406	64 934
83	12 295	2 054	0.83295	0.16705	0.17541	4.19	11 250	51 528
84	10 241	1 842	0.82010	0.17990	0.19035	3.93	9 302	40 278
85	8 399	1 626	0.80642	0.19358	0.20652	3.69	7 568	30 976
86	6 773	1 410	0.79186	0.20814	0.22402	3.46	6 050	23 408
87	5 363	1 199	0.77639	0.22361	0.24298	3.24	4 746	17 358
88	4 164	999	0.75998	0.24002	0.26351	3.03	3 648	12 612
89	3 164	815	0.74260	0.25740	0.28574	2.83	2 742	8 964
90	2 350	648	0.72423	0.27577	0.30980	2.65	2 013	6 222
91	1 702	502	0.70486	0.29514	0.33585	2.47	1 439	4 209
92	1 200	379	0.68446	0.31554	0.36409	2.31	1 001	2 769
93	821	277	0.66304	0.33696	0.39464	2.15	675	1 768
94	544	196	0.64060	0.35940	0.42772	2.01	441	1 093
95	349	134	0.61717	0.38283	0.46353	1.87	278	653
96	215	88	0.59275	0.40725	0.50229	1.74	168	375
97	128	55	0.56741	0.43259	0.54422	1.62	98	207
98	72	33	0.54118	0.45882	0.58957	1.51	54	109
99	39	19	0.51415	0.48585	0.63856	1.40	29	55
100	20	10	0.48640	0.51360	0.69144	1.29	14	26
101	10	5	0.45805	0.54195	0.74840	1.19	7	12
102	4	3	0.42920	0.57080	0.80959	1.07	3	5
103	2	1	0.40002	0.59998	0.87506	0.91	1	2
104	0.77	0.48	0.37065	0.62935	0.94467	0.64	0.49	0.64

1. 台灣地區居民生命表（續）

女

(民國五十五年—民國五十六年)

年　齡 x	生存數 l_x	死亡數 d_x	生存率 p_x	死亡率 q_x	死　力 μ_x	平均餘命 $\overset{\circ}{e}_x$	定　常　人　口 L_x	T_x
日 Day								
0	100 000	419	0.99581	0.00419	0.27293	69.72	1 913	6 971 598
7	99 581	211	0.99789	0.00211	0.16486	69.99	1 908	6 969 685
14	99 370	115	0.99884	0.00116	0.08547	70.12	1 905	6 967 777
21	99 255	85	0.99915	0.00085	0.05247	70.18	1 903	6 965 873
28	99 171	283	0.99715	0.00285	0.04221	70.22	8 907	6 963 970
月 Month								
2	98 888	163	0.99835	0.00165	0.02553	70.33	8 233	6 955 063
3	98 725	341	0.99655	0.00345	0.01830	70.37	24 636	6 946 830
6	98 384	536	0.99455	0.00545	0.01288	70.36	49 051	6 922 194
年 Year								
0	100 000	2 152	0.97848	0.02152	0.27293	69.72	98 456	6 971 598
1	97 848	655	0.99331	0.00669	0.00954	70.24	96 964	6 873 143
2	97 193	391	0.99598	0.00402	0.00424	69.72	96 988	6 776 179
3	96 803	223	0.99770	0.00230	0.00302	69.00	96 681	6 679 191
4	96 580	128	0.99868	0.00132	0.00171	68.16	96 510	6 582 510
5	96 452	85	0.99912	0.00088	0.00103	67.25	96 407	6 486 000
6	96 367	68	0.99929	0.00071	0.00076	66.30	96 332	6 389 592
7	96 299	57	0.99941	0.00059	0.00064	65.35	96 270	6 293 260
8	96 242	50	0.99948	0.00052	0.00055	64.39	96 216	6 196 990
9	96 192	46	0.99952	0.00048	0.00049	63.42	96 169	6 100 774
10	96 146	45	0.99954	0.00046	0.00047	62.45	96 124	6 004 605
11	96 101	46	0.99953	0.00047	0.00047	61.48	96 079	5 908 481
12	96 056	48	0.99950	0.00050	0.00048	60.51	96 032	5 812 402
13	96 008	54	0.99944	0.00056	0.00053	59.54	95 981	5 716 370
14	95 954	61	0.99936	0.00064	0.00060	58.57	95 924	5 620 389
15	95 892	71	0.99926	0.00074	0.00069	57.61	95 858	5 524 465
16	95 821	81	0.99916	0.00084	0.00079	56.65	95 782	5 428 608
17	95 741	87	0.99909	0.00091	0.00088	55.70	95 698	5 332 826
18	95 653	93	0.99903	0.00097	0.00094	54.75	95 608	5 237 128
19	95 561	98	0.99898	0.00102	0.00100	53.80	95 512	5 141 521
20	95 463	104	0.99891	0.00109	0.00106	52.86	95 412	5 046 008
21	95 359	111	0.99884	0.00116	0.00113	51.92	95 304	4 950 597
22	95 248	117	0.99877	0.00123	0.00120	50.98	95 190	4 855 293
23	95 131	122	0.99872	0.00128	0.00126	50.04	95 071	4 760 102
24	95 009	124	0.99869	0.00131	0.00130	49.10	94 947	4 665 032
25	94 885	126	0.99867	0.00133	0.00132	48.16	94 822	4 570 085
26	94 758	129	0.99864	0.00136	0.00135	47.23	94 694	4 475 263
27	94 629	132	0.99861	0.00139	0.00138	46.29	94 563	4 380 569
28	94 497	136	0.99856	0.00144	0.00142	45.36	94 429	4 286 006
29	94 361	141	0.99850	0.00150	0.00147	44.42	94 291	4 191 576
30	94 220	149	0.99842	0.00158	0.00154	43.49	94 146	4 097 286
31	94 071	158	0.99832	0.00168	0.00163	42.55	93 993	4 003 140
32	93 913	167	0.99822	0.00178	0.00173	41.63	93 830	3 909 147
33	93 746	176	0.99812	0.00188	0.00183	40.70	93 659	3 815 317
34	93 570	185	0.99803	0.00197	0.00193	39.77	93 478	3 721 658
35	93 385	195	0.99791	0.00209	0.00203	38.85	93 289	3 628 180
36	93 191	207	0.99778	0.00222	0.00215	37.93	93 088	3 534 891
37	92 983	223	0.99760	0.00240	0.00231	37.02	92 873	3 441 802
38	92 761	240	0.99741	0.00259	0.00249	36.10	92 642	3 348 929
39	92 520	259	0.99720	0.00280	0.00269	35.20	92 333	3 256 287
40	92 262	281	0.99696	0.00304	0.00292	34.29	92 123	3 163 895
41	91 981	303	0.99671	0.00329	0.00318	33.40	91 831	3 071 771
42	91 678	319	0.99652	0.00348	0.00340	32.50	91 520	2 979 940
43	91 359	332	0.99637	0.00363	0.00356	31.62	91 194	2 888 420
44	91 027	346	0.99619	0.00381	0.00372	30.73	90 856	2 797 226
45	90 681	367	0.99595	0.00405	0.00393	29.84	90 499	2 706 371
46	90 314	392	0.99566	0.00434	0.00420	28.96	90 120	2 615 871
47	89 922	419	0.99534	0.00466	0.00450	28.09	89 714	2 525 752
48	89 502	450	0.99497	0.00503	0.00485	27.22	89 280	2 436 037
49	89 052	487	0.99453	0.00547	0.00525	26.35	88 812	2 346 757

1. THE LIFE TABLES OF TAIWAN (*Cont.*)

(1966-1967)

FEMALE

年 齡 x	生存數 l_x	死亡數 d_x	生存率 p_x	死亡率 q_x	死 力 μ_x	平均餘命 $\mathring{e}_x$	定 常 L_x	人 口 T_x
50	88 565	535	0.99395	0.00604	0.00575	25.49	88 302	2 257 945
51	88 030	590	0.99330	0.00670	0.00639	24.65	87 740	2 169 643
52	87 441	638	0.99270	0.00730	0.00704	23.81	87 125	2 081 903
53	86 802	673	0.99224	0.00776	0.00757	22.98	86 468	1 947 778
54	86 129	704	0.99183	0.00817	0.00798	22.16	85 780	1 908 739
55	85 425	754	0.99117	0.00883	0.00849	21.33	85 053	1 822 529
56	84 671	827	0.99023	0.00977	0.00930	20.52	84 265	1 737 476
57	83 844	918	0.98905	0.01095	0.01039	19.72	83 393	1 653 211
58	82 926	1 009	0.98783	0.01217	0.01162	18.93	82 429	1 569 818
59	81 917	1 098	0.98660	0.01340	0.01285	18.16	81 376	1 487 389
60	80 819	1 199	0.98516	0.01484	0.01419	17.40	80 228	1 406 013
61	79 620	1 312	0.98352	0.01648	0.01575	16.65	78 974	1 325 785
62	78 308	1 435	0.98167	0.01833	0.01752	15.92	77 601	1 246 811
63	76 873	1 561	0.97969	0.02031	0.01947	15.21	76 104	1 169 210
64	75 312	1 703	0.97738	0,02262	0.02167	14.51	74 472	1 093 107
65	73 908	1 832	0.97511	0.02489	0.02402	13.84	72 703	1 018 635
66	71 777	1 971	0.97254	0.02746	0.02646	13.18	70 803	945 932
67	69 806	2 124	0.96957	0.03043	0.02931	12.54	68 757	875 128
68	67 682	2 278	0.96634	0.03366	0.03252	11.91	66 556	806 371
69	65 404	2 432	0.96282	0.03718	0.03601	11.31	64 200	739 816
70	62 972	2 583	0.95899	0.04101	0.03982	10.73	61 693	675 615
71	60 389	2 728	0.95482	0.04518	0.04399	10.17	59 037	613 922
72	57 661	2 866	0.95030	0.04970	0.04854	9.62	56 239	554 885
73	54 795	2 993	0.94538	0.05462	0.05350	9.10	53 309	498 646
74	51 802	3 106	0.94003	0.05997	0.05892	8.60	50 258	445 337
75	48 696	3 203	0.93423	0.06577	0.06485	8.11	47 101	395 080
76	45 493	3 278	0.92793	0.07207	0.07131	7.65	43 859	347 978
77	42 214	3 330	0.92111	0.07889	0.07838	7.20	40 552	304 119
78	38 884	3 355	0.91371	0.08629	0.08609	6.78	37 207	263 567
79	35 529	3 350	0.90570	0.09430	0.09452	6.37	33 852	226 360
80	32 178	3 313	0.89703	0.10297	0.10372	5.98	30 517	192 508
81	28 865	3 243	0.88766	0.11234	0.11376	5.61	27 236	161 991
82	25 622	3 138	0.87753	0.12247	0.12473	5.26	24 043	134 754
83	22 484	2 999	0.86661	0.13339	0.13672	4.92	20 972	110 711
84	19 485	2 829	0.85483	0.14517	0.14980	4.61	18 055	89 740
85	16 657	2 629	0.84216	0.15784	0.16410	4.30	15 324	71 684
86	14 027	2 405	0.82853	0.17147	0.17970	4.02	12 805	56 360
87	11 622	2 163	0.81390	0.18610	0.19675	3.75	10 520	43 555
88	9 459	1 909	0.79821	0.20179	0.21537	3.49	8 483	33 035
89	7 550	1 650	0.78143	0.21857	0.23570	3.25	6 704	24 552
90	5 900	1 395	0.76350	0.23650	0.25790	3.03	5 181	17 848
91	4 505	1 151	0.74439	0.25561	0.28215	2.81	3 909	12 666
92	3 353	925	0.72407	0.27593	0.30864	2.61	2 873	8 757
93	2 428	722	0.70250	0.29750	0.33757	2.42	2 051	5 884
94	1 706	546	0.67989	0.32031	0.36916	2.25	1 419	3 833
95	1 159	399	0.65562	0.34438	0.40367	2.08	949	2 414
96	760	281	0.63031	0.36969	0.44135	1.93	611	1 466
97	479	190	0.60378	0.39622	0.48249	1.78	378	855
98	289	123	0.57608	0.42392	0.52741	1.65	223	477
99	167	75	0.54728	0.45272	0.57641	1.52	126	254
100	91	44	0 51747	0.48253	0.62984	1.41	67	128
101	47	24	0.48677	0.51323	0.68802	1.30	34	61
102	23	13	0.45531	0.54469	0.75126	1.19	16	27
103	10	6	0.42328	0.57672	0.81980	1.09	7	11
104	4	3	0.39087	0.60913	0.89370	0.98	3	4
105	2	1	0.35829	0.64171	0.97279	0.85	1	1
106	0 62	0.42	0.32582	0.67418	1.05638	0.61	0.38	0.38

2. 台灣地區都市居民生命表

男　　　（民國五十五年—民國五十六年）

年　齡 x	生存數 l_x	死亡數 d_x	生存率 p_x	死亡率 q_x	死　力 μ_x	平均餘命 $\mathring{e}_x$	定　常　人　口	
							L_x	T_x
日Day								
0	100 000	473	0.99527	0.00473	0.31348	65.82	1 913	6 582 227
7	99 527	218	0.99781	0.00219	0.18100	66 12	1 906	6 580 314
14	99 309	130	0.99869	0.00131	0.09120	66.24	1 903	6 578 408
21	99 179	88	0.99911	0.00089	0.05720	66.31	1 901	6 576 505
28	99 091	293	0 99705	0.00295	0.04386	66.35	8 899	6 574 603
月 Month								
2	98 799	156	0.90842	0.00158	0.02567	66.46	8 226	6 565 704
3	98 643	310	0.99686	0.00314	0.01738	66.48	24 619	6 557 478
6	98 333	470	0.99522	0 00478	0.01158	66.44	49 042	6 532 859
年Year								
0	100 000	2 137	0.97863	0.02137	0.31348	65.82	98 410	6 582 227
1	97 863	551	0 99437	0.00563	0.00828	66.25	97 121	6 483 817
2	97 313	320	0 99671	0.00329	0.00324	65.63	97 146	6 386 696
3	96 992	181	0.99814	0 00186	0.00245	64.85	96 893	6 289 550
4	96 812	109	0.99888	0.00112	0.00140	63.97	96 754	6 192 656
5	96 703	83	0.99914	0.00086	0.00095	63.04	96 660	6 095 903
6	96 620	78	0.99919	0.00081	0.00081	62.09	96 581	5 999 242
7	96 542	73	0.99924	0.00076	0.00078	61.14	96 505	5 902 662
8	96 469	67	0.99931	0.00069	0.00073	60.19	96 435	5 806 157
9	96 402	61	0.99937	0.00063	0.00066	59.23	96 371	5 709 723
10	96 341	57	0.99941	0.00059	0.00060	58.27	96 312	5 613 352
11	96 284	56	0.99942	0.00058	0.00058	57 30	96 256	5 517 039
12	96 228	58	0.99939	0.00061	0.00059	56.33	96 200	5 420 783
13	69 170	65	0.99933	0.00067	0.00063	55 37	96 139	5 324 583
14	96 106	75	0.99922	0.00078	0.00072	54.40	96 069	5 228 445
15	96 031	87	0.99910	0.00090	0.00084	53.44	95 989	5 132 375
16	95 944	100	0.99896	0.00104	0.00097	52.49	95 895	5 036 387
17	95 844	112	0.99883	0.00117	0.00111	51.55	95 789	4 940 491
18	95 732	124	0.99871	0.00129	0.00124	50.61	95 671	4 844 702
19	95 608	134	0.99860	0.00140	0.00135	49.67	95 542	4 749 031
20	65 474	144	0.99849	0.00151	0.00146	48.74	95 403	4 653 490
21	95 330	154	0.99839	0.00161	0.00156	47.81	95 254	4 558 087
22	95 176	162	0.99829	0.00171	0.00166	46.89	95 096	4 462 833
23	95 014	171	0.99820	0.00180	0.00175	45.97	94 929	4 367 738
24	94 843	179	0.99812	0.00188	0.00184	45.05	94 754	4 272 809
25	94 664	186	0.99804	0.00196	0.00192	44.14	94 572	4 178 055
26	94 479	192	0.99797	0.00203	0.00200	43.22	94 383	4 083 483
27	94 287	197	0.99791	0.00209	0.00206	42.31	94 189	3 989 100
28	94 090	202	0.99786	0.00214	0.00212	41.40	93 989	3 894 911
29	93 888	206	0.99781	0.00219	0.00217	40.48	93 786	3 800 922
30	93 683	210	0.99776	0.00224	0 00222	39.57	93 578	3 707 136
31	93 473	214	0.99771	0.00229	0.00224	38.66	93 367	3 613 558
32	93 259	219	0.99765	0.00235	0 00232	37.75	93 150	3 520 191
33	93 041	225	0.99758	0.00242	0.00238	36.83	92 929	3 427 041
34	92 815	233	0.99749	0.00251	0.00246	35.93	92 700	3 334 112
35	92 583	242	0.99739	0.00261	0.00256	35.01	92 462	3 241 412
36	92 341	253	0.99726	0.00274	0.00268	34.10	92 215	3 148 950
37	92 088	265	0.99712	0 00288	0.00281	33.19	91 956	3 056 735
38	91 823	279	0.99696	0.00304	0.00296	32.29	91 685	2 964 779
39	91 544	295	0.99678	0.00322	0.00313	31.38	91 398	2 873 094
40	91 249	314	0.99656	0.00344	0.00333	30.48	91 094	2 781 696
41	90 935	337	0.99630	0.00370	0.00357	29.59	90 769	2 690 602
42	90 599	364	0.99598	0.00402	0.00386	28.70	90 419	2 599 833
43	90 235	397	0.99560	0.00440	0.00421	27.81	90 039	2 509 414
44	89 838	436	0.99515	0.00485	0.00463	26.93	89 623	2 419 374
45	89 402	480	0.99464	0.00536	0.00511	26 06	89 166	2 329 751
46	88 922	527	0.99407	0.00593	0.00565	25.20	88 663	2 240 586
47	88 395	577	0.99348	0.00652	0.00624	24 34	88 111	2 151 923
48	87 818	627	0.99286	0.00714	0.00685	23.50	87 509	2 063 812
49	87 191	681	0.99219	0.00781	0.00749	22.67	86 855	1 976 303

2. THE LIFE TABLES OF TOWNSHIP OF TAIWAN

(1966-1967)　　　　　　　　　　　　　　　　MALE

年　齢 x	生存數 l_x	死亡數 d_x	生存率 p_x	死亡率 q_x	死　力 μ_x	平均餘命 e_x	定　常　人　口 L_x	T_x
50	86 510	742	0.99143	0.00857	0.00820	21.84	86 145	1 889 448
51	85 769	813	0.99052	0.00948	0.00904	21.03	85 368	1 803 303
52	84 955	901	0.98939	0.01061	0.01006	20.22	84 513	1 717 935
53	84 054	1 007	0.98802	0.01198	0.01132	19.43	83 560	1 633 422
54	83 047	1 128	0.93642	0.01358	0.01283	18.66	82 494	1 549 862
55	81 919	1 237	0.98465	0.01535	0.01455	17.91	81 301	1 467 368
56	80 662	1 390	0.98277	0.01723	0.01641	17.18	79 978	1 386 067
57	79 272	1 517	0.98086	0.01914	0.01835	16.48	78 524	1 306 089
58	77 755	1 638	0.97894	0.02106	0.02030	15.79	76 946	1 227 565
59	76 117	1 753	0.97697	0.02303	0.02228	15.12	75 250	1 150 619
60	74 364	1 871	0.97484	0.02516	0.02436	14.46	73 438	1 075 369
61	72 493	1 995	0.97247	0.02753	0.02665	13.82	71 506	1 001 930
62	70 497	2 131	0.96977	0.03023	0.02924	13.20	69 444	930 424
63	68 366	2 278	0.96668	0.03332	0.03223	12.59	67 240	860 981
64	66 088	2 431	0.96322	0.03678	0.03567	12.01	64 884	793 741
65	63 657	2 543	0.96005	0.03995	0.03911	11.45	62 395	728 857
66	61 114	2 660	0.95647	0.04353	0.04257	10.91	59 794	666 462
67	58 454	2 770	0.95261	0.04739	0.04647	10.38	57 078	606 668
68	55 684	2 870	0.94846	0.05154	0.05067	9.87	54 257	549 590
69	52 814	2 958	0.94400	0.05600	0.05521	9.38	51 342	495 333
70	49 857	3 031	0.93921	0.06079	0.06011	8.91	48 317	443 991
71	46 826	3 088	0.93405	0.06597	0.06540	8.45	45 286	395 644
72	43 738	3 127	0.92852	0.07148	0.07112	8.01	42 177	350 358
73	40 611	3 144	0.92257	0.07743	0.07729	7.59	39 040	308 181
74	37 467	3 140	0.91620	0.08380	0.08397	7.18	35 896	269 142
75	34 327	3 111	0.90936	0.09064	0.09117	6 79	32 768	233 246
76	31 216	3 058	0.90203	0.09797	0.09696	6.42	29 681	200 478
77	28 157	2 980	0.89418	0.10582	0.10737	6.07	26 660	170 797
78	25 178	2 876	0.88577	0.11423	0.11645	5.72	23 730	144 138
79	22 302	2 748	0.87678	0.12322	0.12627	5.40	20 916	120 408
80	19 554	2 597	0.86717	0.13283	0.13687	5.09	18 241	99 492
81	16 956	2 426	0.85691	0.14309	0.14832	4 79	15 728	81 250
82	14 530	2 238	0.84596	0.15404	0.16069	4.51	13 395	65 522
83	12 292	2 037	0.83429	0.16571	0.17405	4.24	11 256	52 128
84	10 255	1 827	0.82186	0.17814	0.18849	3.99	9 324	40 871
85	8 428	1 613	0.80865	0.19135	0.20408	3.74	7 604	31 548
86	6 815	1 400	0.79461	0.20539	0.22092	3.51	6 098	23 944
87	5 416	1 193	0.77972	0.22028	0.23912	3.30	4 802	17 846
88	4 223	997	0.76395	0.23605	0.25878	3.09	3 708	13 044
89	3 226	815	0.74727	0.25273	0.28002	2.89	2 804	9 335
90	2 411	652	0.72966	0.27034	0.30296	2.71	2 072	6 531
91	1 759	508	0.71111	0.28889	0.32774	2.54	1 494	4 459
92	1 251	385	0.69160	0.30840	0.85451	2.37	1 049	2 966
93	865	284	0.67112	0.32888	0.38343	2.22	715	1 917
94	581	203	0.64968	0.35032	0.41467	2.07	473	1 202
95	377	141	0.62729	0.37271	0 44840	1.93	302	729
96	237	94	0.60396	0.39604	0.48483	1.80	186	427
97	143	60	0.57974	0.42026	0.52416	1.68	111	240
98	83	37	0.55467	0.44533	0.56660	1.57	63	130
99	46	22	0.52880	0.47120	0.61236	1.45	34	67
100	24	12	0.50221	0.49779	0.66167	1.35	18	33
101	12	6	0.47499	0.52501	0.71471	1 24	9	15
102	6	3	0.44724	0.55276	0.77166	1 11	4	6
103	3	2	0.41908	0.58092	0.83260	0 94	2	2
104	1	1	0.39065	0.60935	0.89752	0 65	1	1

2. 台灣地區都市居民生命表（續）

女　　　（民國五十五年—民國五十六年）

年齡 x	生存數 l_x	死亡數 d_x	生存率 p_x	死亡率 q_x	死　力 μ_x	平均餘命 e_x	定　常　人　口 L_x	T_x
日Day								
0	100 000	361	0.99639	0.00361	0.23521	70.35	1 914	7 034 708
7	99 639	182	0.99817	0.00183	0.14220	70.58	1 909	7 032 794
14	99 457	101	0.99898	0.00102	0.07421	70.69	1 906	7 030 885
21	99 355	79	0.99921	0.00079	0.04716	70.75	1 905	7 028 979
28	99 277	263	0.99735	0.00265	0.03923	70.78	8 917	7 027 074
月Month								
2	99 014	145	0.99854	0.00146	0.02333	70.88	8 245	7 018 157
3	98 869	294	0.99702	0.00298	0.01618	70.90	24 678	7 009 912
6	98 574	471	0.99523	0.00477	0.01115	70.86	49 163	6 985 234
年Year								
0	100 000	1896	0.98104	0.01896	0.23521	70.35	98 637	7 034 708
1	98 104	556	0.99434	0.00566	0.00828	70.70	97 352	6 936 071
2	97 548	331	0.99661	0.00339	0.00352	70.11	97 375	6 838 719
3	97 217	190	0.99805	0.00195	0.00255	69.34	97 114	6 741 344
4	97 028	112	0.99884	0.00116	0.00147	68.48	96 967	6 644 230
5	96 915	79	0.99919	0.00081	0.00093	67.56	96 874	6 547 263
6	96 836	65	0.99933	0.00067	0.00073	66.61	96 803	6 450 389
7	96 771	53	0.99946	0.00054	0.00061	65.66	96 744	6 353 587
8	96 718	43	0.99955	0.00045	0.00049	64.69	96 696	6 256 843
9	96 675	38	0.99961	0.00039	0.00041	63.72	96 656	6 160 147
10	96 637	36	0.99963	0.00037	0.00038	62.74	96 619	6 063 491
11	96 601	38	0.99961	0.00039	0.00038	61.77	96 582	5 966 872
12	96 563	42	0.99957	0.00043	0.00041	60.79	96 543	5 870 290
13	96 522	47	0.99951	0.00049	0.00046	59.82	96 499	5 773 747
14	96 475	54	0.99945	0.00055	0.00052	58.85	96 449	5 677 248
15	96 421	61	0.99937	0.00063	0.00059	57.88	96 391	5 580 799
16	96 360	68	0.99929	0.00071	0.00067	56.92	96 327	5 484 408
17	96 292	76	0.99921	0.00079	0.00075	55.96	96 255	5 388 081
18	96 216	84	0.99913	0.00087	0.00083	55.00	96 174	5 291 826
19	96 132	91	0.99905	0.00095	0.00091	54.05	96 087	5 195 652
20	96 040	98	0.99898	0.00102	0.00099	53.10	95 992	5 099 565
21	95 942	104	0.99891	0.00109	0.00106	52.15	95 891	5 003 573
22	95 838	109	0.99886	0.00114	0.00111	51.21	95 784	4 907 683
23	95 729	112	0.99883	0.00117	0.00116	50.27	95 673	4 811 899
24	95 617	114	0.99880	0.00120	0.00119	49.32	95 560	4 716 226
25	95 502	116	0.99878	0.00122	0.00121	48.38	95 445	4 620 666
26	95 386	118	0.99876	0.00124	0.00123	47.44	95 327	4 525 221
27	95 268	121	0.99873	0.00127	0.00125	46.50	95 208	4 429 894
28	95 147	125	0.99869	0.00131	0.00129	45.56	95 085	4 334 686
29	95 023	130	0.99864	0.00136	0.00134	44.62	94 958	4 239 600
30	94 893	136	0.99857	0.00143	0.00140	43.68	94 826	4 144 642
31	94 757	142	0.99850	0.00150	0.00146	42.74	94 687	4 049 816
32	94 615	150	0.99841	0.00159	0.00155	41.80	94 541	3 955 129
33	94 465	159	0.99831	0.00169	0.00164	40.87	94 386	3 860 589
34	94 305	169	0.99820	0.00180	0.00174	39.94	94 222	3 766 203
35	94 136	181	0.99808	0.00192	0.00186	39.01	94 047	3 671 981
36	93 955	194	0.99794	0.00206	0.00199	38.08	93 860	3 577 935
37	93 762	208	0.99778	0.00222	0.00214	37.16	93 659	3 484 075
38	93 554	224	0.99761	0.00239	0.00230	36.24	93 443	3 390 416
39	93 330	242	0.99741	0.00259	0.00249	35.33	93 210	3 296 973
40	93 088	261	0.99719	0.00281	0.00270	34.42	92 959	3 203 762
41	92 826	281	0.99697	0.00303	0.00292	33.51	92 688	3 110 804
42	92 546	300	0.99676	0.00324	0.00314	32.61	92 397	3 018 116
43	92 246	317	0.99657	0.00343	0.00334	31.72	92 089	2 925 719
44	91 929	334	0.99637	0.00363	0.00354	30.82	91 764	2 833 630
45	91 596	353	0.99615	0.00385	0.00374	29.93	91 421	2 741 866
46	91 243	375	0.99589	0.00411	0.00398	29.05	91 508	2 650 445
47	90 868	404	0.99556	0.00444	0.00427	28.17	90 669	2 559 387
48	90 464	441	0.99513	0.00487	0.00465	27.29	90 247	2 468 719
49	90 024	484	0.99462	0.00538	0.00513	26.42	89 785	2 378 471

2. THE LIFE TABLES OF TOWNSHIP OF TAIWAN (*Cont.*)

(1966-1967)　　　　　　　　　　　　　　　　　**FEMALE**

年 齡	生 存 數	死 亡 數	生 存 率	死 亡 率	死　力	平均餘命	定　常　人　口	
x	l_x	d_x	p_x	q_x	μ_x	$\mathring{e}_x$	L_x	T_x
50	89 539	532	0.99406	0.00594	0.00567	25.56	89 277	2 288 686
51	89 007	582	0.99346	0.00654	0.00626	24.71	88 720	2 199 409
52	88 425	632	0.99285	0.00715	0.00687	23.87	88 113	2 110 688
53	87 793	681	0.99224	0.00776	0.00748	23.04	87 456	2 022 575
54	87 112	731	0.99161	0.00839	0.00810	22.21	86 750	1 935 119
55	86 380	786	0.99090	0.00910	0.00877	21.40	85 992	1 848 368
56	85 595	847	0.99011	0.00989	0.00952	20.59	85 177	1 762 376
57	84 748	918	0.98917	0.01083	0.01039	19.79	84 295	1 677 199
58	83 830	1 000	0.98803	0.01192	0.01141	19.00	83 338	1 592 904
59	82 831	1 092	0.98632	0.01318	0.01261	18.22	82 293	1 509 566
60	81 739	1 193	0.98540	0.01460	0.01396	17.46	81 151	1 427 273
61	80 545	1 303	0.98383	0.01617	0.01548	16.71	79 903	1 346 123
62	79 243	1 418	0.98211	0.01789	0.01716	15.98	78 543	1 266 219
63	77 825	1 537	0.98025	0.01975	0.01898	15.26	77 066	1 187 676
64	76 287	1 663	0.97820	0.02180	0.02096	14.56	75 467	1 110 610
65	74 624	1 797	0.97592	0.02408	0.02316	13.87	73 738	1 035 143
66	72 827	1 941	0.97335	0.02665	0.02564	13.20	71 870	961 406
67	70 887	2 098	0.97041	0.02959	0.02846	12.55	69 851	889 536
68	68 789	2 266	0.96706	0.03294	0.03169	11.92	67 670	819 685
69	66 522	2 446	0.96323	0.03677	0.03542	11.30	65 314	752 015
70	64 077	2 609	0.95929	0.04071	0.03948	10.72	62 785	686 701
71	61 468	2 758	0.95514	0.04486	0.04368	10.15	60 101	623 915
72	58 711	2 900	0.95061	0.04939	0.04820	9.60	57 272	563 814
73	55 811	3 032	0.94568	0.05432	0.05317	9.08	54 306	506 542
74	52 779	3 150	0.94031	0.05969	0.05861	8.57	51 214	452 236
75	49 629	3 253	0.93446	0.06554	0.06457	8.08	48 011	401 022
76	46 377	3 334	0.92810	0.07190	0.07110	7.61	44 715	353 012
77	43 042	3 393	0.92118	0.07882	0.07824	7.16	41 350	308 297
78	39 650	3 423	0.91366	0.08634	0.08607	6.73	37 939	266 947
79	36 226	3 423	0.90550	0.09450	0.09465	6.32	34 513	229 008
80	32 803	3 391	0.89664	0.10336	0.10404	5.93	31 103	194 495
81	29 412	3 322	0.88704	0.11296	0.11432	5.56	27 744	163 391
82	26 090	3 218	0.87664	0.12336	0.12558	5.20	24 470	135 648
83	22 871	3 079	0.86539	0.13461	0.13792	4.86	21 319	111 177
84	19 793	2 905	0.85324	0.14676	0.15143	4.54	18 324	89 858
85	16 888	2 700	0.84012	0.15988	0.16623	4.24	15 520	71 534
86	14 188	2 469	0.82599	0.17401	0.18243	3.95	12 933	56 014
87	11 719	2 217	0.81078	0.18922	0.20018	3.68	10 589	43 081
88	9 501	1 953	0.79445	0.20555	0.21962	3.42	8 503	32 493
89	7 549	1 684	0.77694	0.22306	0.24092	3.18	6 684	23 990
90	5 865	1 418	0.75820	0.24180	0.26424	2.95	5 134	17 306
91	4 447	1 164	0.73820	0.26180	0.28978	2.74	3 844	12 172
92	3 282	929	0.71689	0.28311	0.31776	2.54	2 799	8 328
93	2 353	719	0.69427	0.30573	0.34840	2.35	1 977	5 529
94	1 634	539	0.67031	0.32969	0.38197	2.17	1 351	3 552
95	1 035	389	0.64501	0.35499	0.41873	2.01	890	2 201
96	706	270	0.61840	0.38160	0.45899	1.86	563	1 312
97	437	179	0.59052	0.40948	0.50308	1.71	341	749
98	258	113	0.56142	0.43858	0.55133	1.58	197	408
99	145	68	0.53119	0.46881	0.60411	1.46	108	211
100	77	38	0.49995	0.50005	0.66180	1.34	56	103
101	38	20	0.46783	0.53217	0.72475	1.23	27	47
102	18	10	0.43502	0.56498	0.79327	1.13	12	20
103	8	5	0.40172	0.59828	0.86753	1.04	5	8
104	3	2	0.36917	0.63183	0.94748	0.93	2	3
105	1	1	0.33463	0.66537	1.03263	0.81	1	1
106	0.39	0.27	0.30139	0.69861	1.12166	0.59	0.23	0.23

3. 台灣地區鄉居民生命表

男　　　　　　（民國五十五年—民國五十六年）

年　齡 x	生存數 l_x	死亡數 d_x	生存率 p_x	死亡率 q_x	死　力 μ_x	平均餘命 $\mathring{e}_x$	定　常　人　口	
							L_x	T_x
日 Day								
0	100 000	599	0.99401	0.00599	0.39777	64.74	1 912	6 473 896
7	99 401	272	0.99726	0.00274	0.22857	65.11	1 903	6 471 984
14	99 129	157	0.99842	0.00158	0.11282	65.27	1 899	6 470 081
21	98 972	120	0.99878	0.00122	0.07303	65.35	1 897	6 468 182
28	98 851	346	0.99650	0.00350	0.05920	65 41	8 875	6 466 285
月 Month								
2	98 505	168	0.99829	0.00171	0.02942	65.55	8 201	6 457 410
3	98 337	393	0.99600	0.00400	0.01941	65.58	24 533	6 449 209
6	97 944	646	0.99340	0.00660	0.01510	65.60	48 803	6 424 676
年 Year								
0	100 000	2 702	0.97298	0.02702	0.39777	64.74	98 022	6 473 896
1	97 293	728	0.99252	0.00748	0.01135	65.53	96 303	6 375 874
2	96 570	448	0.99536	0.00464	0.00454	63.03	96 338	6 279 571
3	96 122	272	0.99717	0.00283	0 00359	64.33	95 975	6 183 233
4	95 849	175	0.99818	0.00182	0.00222	63.51	95 757	6 087 238
5	95 675	131	0.99863	0.00187	0.00153	62.62	95 607	5 991 502
6	95 544	112	0.99883	0.00117	0.00125	61.71	95 487	5 895 895
7	95 432	94	0.99902	0.00098	0.00107	60.78	95 384	5 800 408
8	95 339	80	0.99916	0.00084	0.00090	59.84	95 298	5 705 624
9	95 259	71	0.99926	0.00074	0.00078	58.89	95 223	5 609 726
10	95 188	67	0.99930	0.00070	0.00071	57.93	95 155	5 514 503
11	95 122	67	0.99929	0.00071	0.00070	56.97	95 088	5 419 348
12	95 054	72	0.99925	0.00075	0.00073	56.01	95 019	5 324 260
13	94 983	79	0.99917	0.00083	0.00079	55.05	94 944	5 229 241
14	94 904	88	0.99907	0.00093	0.00088	54.10	94 861	5 134 297
15	94 816	100	0.99894	0.00106	0.00099	53.15	94 767	5 039 436
16	94 715	114	0.99879	0.00121	0.00113	52.21	94 660	4 944 669
17	94 601	132	0.99861	0.00139	0.00129	51.27	94 537	4 850 010
18	94 470	152	0.99839	0.00161	0.00150	50.34	94 395	4 755 478
19	94 317	175	0.99814	0.00186	0.00173	49.42	94 232	4 661 078
20	94 142	197	0.99790	0.00210	0.00198	48.51	94 045	4 566 846
21	93 945	217	0.99769	0.00231	0.00221	47.61	93 838	4 472 800
22	93 728	231	0.99754	0.00246	0.00240	46.72	93 614	4 378 963
23	93 497	237	0.99746	0.00254	0.00251	45.83	93 379	4 285 349
24	93 260	238	0.99745	0 00255	0.00256	44.95	93 141	4 191 970
25	93 022	236	0.99747	0.00253	0.00255	44.06	92 904	4 098 829
26	92 787	232	0 99750	0.00250	0.00252	43.17	92 670	4 005 924
27	92 554	231	0.99751	0.00249	0.00250	42.28	92 489	3 913 254
28	92 324	232	0 99749	0.00251	0.00250	41.38	92 208	3 820 815
29	92 092	234	0.99746	0.00254	0.00253	40.49	91 975	3 728 607
30	91 858	238	0.99741	0.00259	0.00257	39.59	91 739	3 636 632
31	91 620	242	0.99736	0.00264	0.00262	38 69	91 499	3 544 892
32	91 378	246	0.99730	0.00270	0.00267	37.79	91 255	3 453 393
33	91 132	251	0.99724	0.00276	0.00273	36 89	91 006	3 362 187
34	90 880	258	0.99717	0.00283	0.00280	35.99	90 752	3 271 131
35	90 623	265	0.99708	0.00292	0.00288	35.09	90 491	3 180 379
36	90 358	274	0.99697	0.00303	0.00298	34.20	90 221	3 089 888
37	90 084	284	0.99684	0.00316	0.00310	33.30	89 942	2 999 667
38	89 799	295	0.99671	0.00329	0.00323	32.40	89 652	2 909 724
39	89 504	309	0.99655	0.00345	0.00337	31.51	89 351	2 820 072
40	89 195	325	0 99635	0.00365	0.00355	30.62	89 034	2 730 721
41	88 870	347	0.99610	0.00390	0.00377	29.73	88 698	2 641 087
42	88 523	376	0.99575	0.00425	0.00407	28.84	88 338	2 552 989
43	88 147	414	0 99530	0.00470	0.00447	27.96	87 943	2 164 652
44	87 732	461	0.99475	0.00525	0.00497	27.09	87 506	2 376 708
45	87 272	512	0 99414	0 00586	0.00556	26.23	87 020	2 289 262
46	86 760	565	0 99348	0 00651	0.00620	25.38	86 482	2 202 182
47	86 195	617	0 99284	0 00716	0.00686	24.35	85 891	2 115 700
48	85 578	666	0 99222	0.00778	0.00750	23.72	85 249	2 029 809
49	84 912	714	0 99159	0 00841	0.00812	22.90	84 559	1 944 560

3. THE LIFE TABLES OF SHIANG OF TAIWAN

(1966-1967)

MALE

年　齡	生 存 數	死 亡 數	生 存 率	死 亡 率	死　力	平均餘命	定　常　人　口	
x	l_x	d_x	p_x	q_x	μ_x	$\dot{e}_x$	L_x	T_x
50	84 198	766	0.99090	0.00910	0.00878	22.09	83 820	1 860 001
51	83 432	827	0.99009	0.00991	0.00952	21.29	83 024	1 776 181
52	82 605	901	0.98909	0.01091	0.01042	20.50	82 162	1 693 157
53	81 705	992	0.98786	0.01214	0.01155	19.72	81 217	1 610 995
54	80 713	1 097	0.98641	0.01359	0.01292	18.95	80 173	1 529 778
55	79 616	1 207	0.98484	0.01516	0.01446	18.21	79 022	1 449 605
56	78 409	1 318	0.98319	0.01681	0.01611	17.48	77 759	1 370 583
57	77 090	1 422	0.98156	0.01844	0.01779	16.77	76 388	1 292 824
58	75 669	1 513	0.98000	0.02000	0.01941	16.08	74 919	1 216 437
59	74 155	1 599	0.97843	0.02157	0.02099	15.39	73 363	1 141 517
60	72 556	1 689	0.97672	0.02328	0.02264	14.72	71 719	1 068 154
61	70 867	1 789	0.97476	0.02524	0.02450	14.06	69 982	996 435
62	69 078	1 909	0.97236	0.02764	0.02671	13.41	68 185	926 453
63	67 169	2 054	0.96942	0.03058	0.02946	12.78	66 155	858 318
64	65 115	2 215	0.96599	0.03401	0.03281	12.17	64 019	792 163
65	62 900	2 333	0.96291	0.03709	0.03620	11.58	61 744	728 144
66	60 568	2 456	0.95945	0.04055	0.03953	11.00	59 350	666 400
67	58 111	2 576	0.95567	0.04433	0.04331	10.45	56 833	607 051
68	55 535	2 691	0.95155	0.04845	0.04744	9.91	54 199	550 217
69	52 844	2 798	0.94706	0.05294	0.05196	9.39	51 454	496 018
70	50 047	2 894	0.94217	0.05783	0.05690	8.88	48 607	444 564
71	47 153	2 978	0.93685	0.06315	0.06232	8.40	45 670	395 957
72	44 175	3 046	0.93106	0.06894	0.06824	7.93	42 657	350 287
73	41 129	3 095	0.92476	0.07524	0.07472	7.48	39 585	307 630
74	38 035	3 122	0.91792	0.08208	0.08182	7.05	36 475	268 045
75	34 913	3 125	0.91049	0.08951	0.08959	6.63	33 349	231 569
76	31 789	3 102	0.90242	0.09758	0.09809	6.24	30 234	198 220
77	28 686	3 050	0.89367	0.10633	0.10740	5.86	27 155	167 986
78	25 636	2 969	0.88420	0.11580	0.11758	5.49	24 143	140 831
79	22 667	2 857	0.87394	0.12606	0.12873	5.15	21 228	116 688
80	19 810	2 717	0.86285	0.13715	0.14093	4.82	18 438	95 460
81	17 093	2 549	0.85087	0.14913	0.15429	4.51	15 803	77 022
82	14 544	2 357	0.83796	0.16204	0.16891	4.21	13 349	61 219
83	12 187	2 144	0.82404	0.17596	0.18491	3.93	11 096	47 870
84	10 043	1 917	0.80908	0.19092	0.20242	3.66	9 065	36 774
85	8 125	1 682	0.79301	0.20699	0.22159	3.41	7 265	27 709
86	6 443	1 445	0.77579	0.22421	0.24257	3.17	5 701	20 445
87	4 999	1 213	0.75737	0.24263	0.26553	2.95	4 373	14 743
88	3 786	993	0.73771	0.26229	0.29067	2.74	3 272	10 370
89	2 793	791	0.71677	0.28323	0.31819	2.54	2 381	7 098
90	2 002	611	0.69454	0.30546	0.34830	2.36	1 682	4 717
91	1 390	457	0.67100	0.32900	0.38127	2.18	1 150	3 034
92	933	330	0.64614	0.35386	0.41736	2.02	758	1 884
93	603	229	0.61999	0.38001	0.45685	1.87	481	1 126
94	374	152	0.59258	0.40742	0.50007	1.73	292	645
95	221	97	0.56396	0.43604	0.54734	1.59	169	353
96	125	58	0.53422	0.46578	0.59902	1.47	93	184
97	67	33	0.50347	0.49653	0.65547	1.36	49	91
98	34	18	0.47183	0.52817	0.71704	1.25	24	42
99	16	9	0.43948	0.56052	0.78404	1.15	11	18
100	7	4	0.40661	0.59339	0.85665	1.06	5	7
101	3	2	0.37344	0.62656	0.93487	0.97	2	3
102	1	0.69	0.34023	0.65977	1.01829	0.88	1	1
103	0.36	0.25	0.30725	0.69275	1.10578	0.77	0.21	0.28
104	0.11	0.08	0.27481	0.72519	1.19494	0.57	0.06	0.06

3.台灣地區鄉居民生命表（續）

女　　　　　　　　（民國五十五年－民國五十六年）

年齡 x	生存數 l_x	死亡數 d_x	生存率 p_x	死亡率 q_x	死　力 μ_x	平均餘命 $\dot{e}_x$	定　常　人　口	
							L_x	T_x
日 Day	100 000	496	0.99504	0.00496	0.32346	68.94	1 913	6 893 911
7	99 504	249	0.99750	0.00250	0.19526	69.26	1 906	6 891 999
14	99 255	134	0.99865	0.00135	0.10057	69.42	1 902	6 890 093
21	99 121	92	0.99907	0.00093	0.05960	69.49	1 900	6 888 191
28	99 028	308	0.99689	0.00311	0.04621	69.54	6 893	6 886 291
月 Month								
2	98 720	187	0.99811	0.00189	0.02847	69.67	8 218	6 877 398
3	98 533	403	0.99591	0.00409	0.02113	69.71	24 580	6 869 180
6	98 130	622	0.99366	0.00634	0.01518	69.75	48 901	6 844 600
年 Year								
0	100 000	2 492	0.97508	0.02492	0.32346	68.94	98 213	6 893 911
1	97 508	784	0.99196	0.00804	0.01119	69.69	96 449	6 795 699
2	96 723	471	0.99513	0.00487	0.00519	69.26	96 476	6 699 249
3	96 253	270	0.99720	0.00280	0.00367	68.60	95 105	6 602 774
4	95 983	154	0.99839	0.00161	0.00208	67.79	95 899	6 506 669
5	95 829	100	0.99896	0.00104	0.00125	66.90	95 776	6 410 770
6	95 729	77	0.99919	0.00081	0.00089	65.97	95 689	6 314 994
7	95 652	63	0.99934	0.00066	0.00072	65.02	95 619	6 219 305
8	95 588	54	0.99943	0.00057	0.00061	64.06	95 560	6 123 683
9	95 534	49	0.99949	0.00051	0.00053	63.10	95 509	6 028 126
10	95 485	48	0.99950	0.00050	0.00050	62.13	95 461	5 932 617
11	95 437	51	0.99947	0.00053	0.00051	61.16	95 412	5 837 155
12	95 397	56	0.99941	0.00059	0.00056	60.19	95 359	5 741 743
13	95 330	64	0.99933	0.00067	0.00063	59.23	95 299	5 646 384
14	95 266	73	0.99924	0.00076	0.00071	58.27	95 231	5 551 085
15	95 194	82	0.99914	0.00086	0.00081	57.31	95 154	5 455 854
16	95 112	91	0.99904	0.00096	0.00091	56.36	95 067	5 360 700
17	95 021	100	0.99895	0.00105	0.00101	55.42	94 971	5 265 633
18	94 921	108	0.99886	0.00114	0.00110	54.47	94 867	5 170 661
19	94 812	115	0.99878	0.00122	0.00118	53.54	94 755	5 075 794
20	94 697	121	0.99872	0.00128	0.00125	52.60	94 637	4 981 039
21	94 576	127	0.99866	0.00134	0.00131	51.67	94 513	4 886 402
22	94 449	131	0.99861	0.00139	0.00137	50.74	94 384	4 791 889
23	94 318	135	0.99857	0.00143	0.00141	49.81	94 251	4 697 506
24	94 183	137	0.99854	0.00146	0.00145	48.88	94 115	4 603 255
25	94 046	140	0.99851	0.00149	0.00147	47.95	93 976	4 509 141
26	93 906	143	0.99848	0.00152	0.00150	47.02	93 835	4 415 165
27	93 763	147	0.99843	0.00157	0.00154	46.09	93 690	4 321 330
28	93 616	153	0.99837	0.00163	0.00160	45.16	93 540	4 227 640
29	93 463	160	0.99828	0.00172	0.00167	44.23	93 383	4 134 100
30	93 303	169	0.99819	0.00181	0.00176	43.31	93 219	4 040 716
31	93 134	178	0.99809	0.00191	0.00186	42.39	93 045	3 947 498
32	92 955	187	0.99798	0.00202	0.00197	41.47	92 862	3 854 452
33	92 768	197	0.99788	0.00212	0.00207	40.55	92 670	3 761 590
34	92 571	206	0.99777	0.00223	0.00217	39.63	92 469	3 668 919
35	92 365	217	0.99766	0.00234	0.00229	38.72	92 258	3 576 450
36	92 149	228	0.99752	0.00248	0.00241	37.81	92 038	3 484 192
37	91 920	243	0.99736	0.00264	0.00256	36.90	91 800	3 392 154
38	91 677	261	0.99715	0.00285	0.00274	36.00	91 548	3 300 334
39	91 416	282	0.99692	0.00308	0.00296	35.10	91 277	3 208 806
40	91 135	303	0.99667	0.00333	0.00321	34.21	90 985	3 117 529
41	90 831	325	0.99643	0.00357	0.00346	33.32	90 671	3 026 544
42	90 507	343	0.99621	0.00379	0.00369	32.44	90 336	2 935 873
43	90 164	357	0.99604	0.00396	0.00389	31.56	89 986	2 845 537
44	89 806	369	0.99589	0.00411	0.00405	30.68	89 623	2 755 551
45	89 437	382	0.99573	0.00427	0.00420	29.81	89 247	2 665 928
46	89 055	399	0.99552	0.00448	0.00437	28.93	88 857	2 576 681
47	88 656	423	0.99523	0.00477	0.00462	28.06	88 447	2 487 824
48	88 233	457	0.99483	0.00517	0.00497	27.19	88 008	2 399 377
49	87 777	499	0.99432	0.00568	0.00543	26.33	87 531	2 311 369

3.　THE LIFE TABLES OF SHIANG OF TAIWAN　(*Cont.*)

(1966-1967)　　　　　　　　　　　　　　　　　　　FEMALE

年　齢	生 存 數	死 亡 數	生 存 率	死 亡 率	死　力	平均餘命	定　常　人　口	
x	l_x	d_x	p_x	q_x	μ_x	$\hat{e}_x$	L_x	T_x
50	87 278	545	0.99376	0.00624	0.00597	25.48	87 010	2 223 838
51	86 733	592	0.99318	0.00682	0.00655	24.64	86 441	2 136 828
52	86 142	634	0.99264	0.00736	0.00713	23.80	85 828	2 050 387
53	85 507	670	0.99216	0.00784	0.00764	22.98	85 175	1 964 559
54	84 837	704	0.99170	0.00830	0.00810	22.15	84 488	1 879 384
55	84 133	742	0.99118	0.00882	0.00858	21.33	83 765	1 794 896
56	83 391	791	0.99051	0.00949	0.00917	20.52	83 000	1 711 131
57	82 599	859	0.98960	0.01040	0.00995	19.71	82 176	1 628 131
58	81 740	948	0.98840	0.01160	0.01101	18.91	81 274	1 545 955
59	80 792	1 056	0.98692	0.01308	0.01238	18.13	80 273	1 464 681
60	79 736	1 174	0.98527	0.01473	0.01397	17.36	79 158	1 384 407
61	78 561	1 296	0.98351	0.01649	0.01572	16.61	77 923	1 305 249
62	77 265	1 413	0.98171	0.01829	0.01754	15.88	76 568	1 227 325
63	75 852	1 524	0.97991	0.02009	0.01936	15.17	75 100	1 150 757
64	74 328	1 642	0.97791	0.02209	0.02127	14.47	73 518	1 075 657
65	72 686	1 780	0.97551	0.02449	0.02351	13.79	71 808	1 002 139
66	70 907	1 923	0.97288	0.02712	0.02610	13.12	69 957	930 331
67	68 984	2 070	0.97000	0.03000	0.02893	12.47	67 961	860 374
68	66 914	2 220	0.96683	0.03317	0.03205	11.84	65 817	792 412
69	64 694	2 371	0.96335	0.03665	0.03548	11.23	63 522	726 595
70	62 324	2 521	0.95954	0.04046	0.03925	10.64	61 075	663 074
71	59 802	2 669	0.95537	0.04463	0.04341	10.07	58 480	601 998
72	57 133	2 812	0.95079	0.04921	0.04798	9.51	55 739	543 519
73	54 322	2 945	0.94578	0.05422	0.05302	8.98	52 860	487 780
74	51 376	3 068	0.94029	0.05971	0.05856	8.47	49 852	434 920
75	48 309	3 174	0.93429	0.06571	0.06466	7.97	46 730	385 068
76	45 134	3 262	0.92773	0.07227	0.07138	7.50	43 510	338 339
77	41 872	3 326	0.92056	0.07944	0.07877	7.04	40 214	294 829
78	38 546	3 364	0.91273	0.08727	0.08691	6.61	36 866	254 615
79	35 182	3 371	0.90419	0.09581	0.09586	6.19	33 496	217 749
80	31 812	3 344	0.89489	0.10511	0.10572	5.79	30 136	184 253
81	28 468	3 281	0.88476	0.11524	0.11657	5.41	26 821	154 117
82	25 187	3 180	0.87374	0.12626	0.12851	5.05	23 587	127 297
83	22 007	3 042	0.86177	0.13823	0.14165	4.71	20 473	103 710
84	18 965	2 868	0.84878	0.15122	0.15612	4.39	17 515	83 237
85	16 097	2 661	0.83471	0.16529	0.17204	4.08	14 748	65 722
86	13 436	2 425	0.81949	0.18051	0.18957	3.79	12 203	50 974
87	11 011	2 168	0.80307	0.19693	0.20887	3.52	9 905	38 771
88	8 843	1 898	0.78536	0.21464	0.23010	3.26	7 871	28 866
89	6 945	1 623	0.76633	0.23367	0.25348	3.02	6 110	20 995
90	5 322	1 352	0.74591	0.25409	0.27921	2.80	4 624	14 885
91	3 970	1 095	0.72407	0.27593	0.30754	2.58	3 401	10 261
92	2 874	860	0.70076	0.29924	0.33873	2.39	2 426	6 850
93	2 014	653	0.67598	0.32402	0.37305	2.20	1 672	4 434
94	1 352	477	0.64971	0.35029	0.41084	2.03	1 110	2 762
95	885	334	0.62197	0.37803	0.45244	1.87	707	1 653
96	550	224	0.59281	0.40719	0.49821	1.72	430	946
97	326	143	0.56229	0.43771	0.54858	1.58	249	515
98	183	86	0.53051	0.46949	0.60396	1.45	137	266
99	97	49	0.49760	0.50240	0.66479	1.33	70	130
100	48	26	0.46373	0.53627	0.73152	1.23	34	59
101	22	13	0.42911	0.57089	0.80449	1.13	15	25
102	10	6	0.39399	0.60601	0.88394	1.05	6	10
103	4	2	0.35864	0.64136	0.96977	1.01	2	4
104	1	0.92	0.32339	0.67661	1.06130	1.05	0.82	1
105	0.44	0.31	0.28858	0.71142	1.15672	1.38	0.54	0.61
106	0.13	0.09	0.25458	0.74542	1.25220	0.55	0.07	0.07

4.台灣地區居民生命表圖

圖1-1　台灣地區居民生命表死亡率

（民國55-56年）

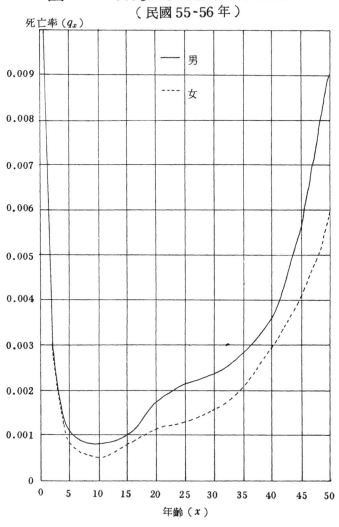

圖1-2　台灣地區居民生命表死亡率

（民國55-56年）

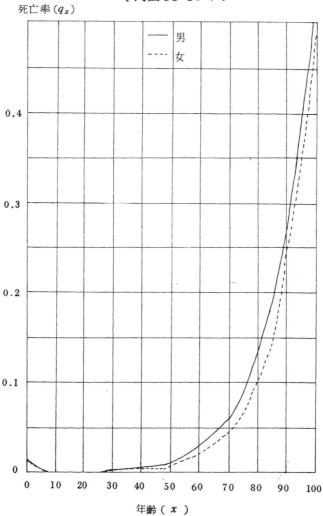

死亡率（q_x）

―― 男
---- 女

0.4

0.3

0.2

0.1

0

0　10　20　30　40　50　60　70　80　90　100

年齡（x）

圖2　台灣地區居民生命表生存數

（民國55-56年）

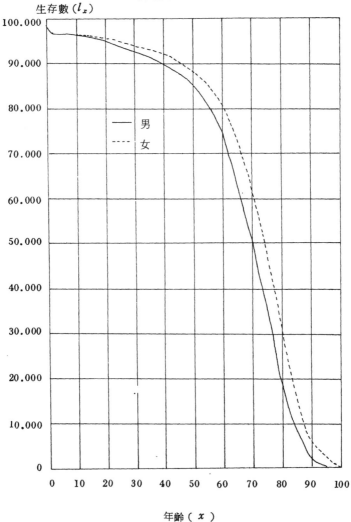

生存數（l_x）

年齡（x）

圖3　台灣地區居民生命表死亡數

（民國55-56年）

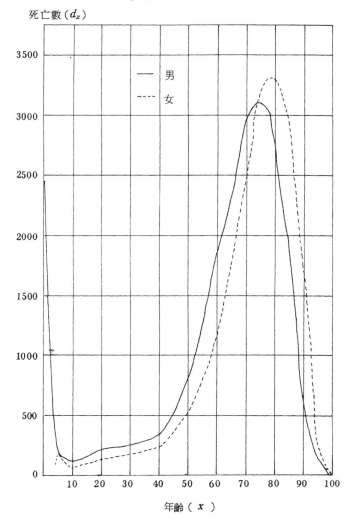

死亡數（d_x）

年齡（x）

圖4　台灣地區居民生命表平均餘命

（民國55-56年）

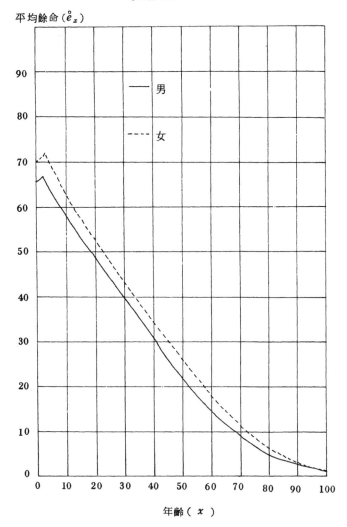

平均餘命（$\overset{\circ}{e}_x$）

年齡（ x ）

5　階乘函數及其對數

(1)　階乘函數

n	n!	n	n!	n	n!	n	n!
1	1	6	720	11	39 916 800	16	20 922 789 888 000
2	2	7	5 040	12	479 001 600	17	355 687 428 096 000
3	6	8	40 320	13	6 227 020 800	18	6 402 373 705 728 000
4	24	9	362 880	14	87 178 291 200	19	121 645 100 408 832 000
5	120	10	3 628 800	15	1 307 674 368 000	20	2 432 902 008 176 640 000

(2)　階乘函數之對數

n	log (n!)	n	log (n!)	n	log (n!)	n	log (n!)
1	0.000 000	6	2.857 332	11	7.601 156	16	13.320 620
2	0.301 030	7	3.702 431	12	8.680 337	17	14.551 069
3	0.778 151	8	4.605 521	13	9.794 280	18	15.806 341
4	1.380 211	9	5.559 763	14	10.940 408	19	17.085 095
5	2.079 181	10	6.559 763	15	12.116 500	20	18.386 125

6　二項係數

k	$\binom{1}{k}$	$\binom{2}{k}$	$\binom{3}{k}$	$\binom{4}{k}$	$\binom{5}{k}$	$\binom{6}{k}$	$\binom{7}{k}$	$\binom{8}{k}$	$\binom{9}{k}$	$\binom{10}{k}$	$\binom{11}{k}$	$\binom{12}{k}$	$\binom{13}{k}$
0	1	1	1	1	1	1	1	1	1	1	1	1	1
1	1	2	3	4	5	6	7	8	9	10	11	12	13
2		1	3	6	10	15	21	28	36	45	55	66	78
3			1	4	10	20	35	56	84	120	165	220	286
4				1	5	15	35	70	126	210	330	495	715
5					1	6	21	56	126	252	462	792	1287
6						1	7	28	84	210	462	924	1716
7							1	8	36	120	330	792	1716
8								1	9	45	165	495	1287
9									1	10	55	220	715
10										1	11	66	286
11											1	12	78
12												1	13
13													1

k	$\binom{14}{k}$	$\binom{15}{k}$	$\binom{16}{k}$	$\binom{17}{k}$	$\binom{18}{k}$	$\binom{19}{k}$	$\binom{20}{k}$
0	1	1	1	1	1	1	1
1	14	15	16	17	18	19	20
2	91	105	120	136	153	171	190
3	364	455	560	680	816	969	1140
4	1001	1365	1820	2380	3060	3876	4845
5	2002	3003	4368	6188	8568	11628	15504
6	3003	5005	8008	12376	18564	27132	38760
7	3432	6435	11440	19448	31824	50388	77520
8	3003	6435	12870	24310	43758	75582	125970
9	2002	5005	11440	24310	48620	92378	167960
10	1001	3003	8008	19448	43758	92378	184756
11	364	1365	4368	12376	31824	75582	167960
12	91	455	1820	6188	18564	50388	125970
13	14	105	560	2380	8568	27132	77520
14	1	15	120	680	3060	11628	39760
15		1	16	136	816	3876	15504
16			1	17	153	969	4845
17				1	18	171	1140
18					1	19	190
19						1	20
20							1

7　二項分配

n	x	p=0.1 f(x)	p=0.1 F(x)	p=0.2 f(x)	p=0.2 F(x)	p=0.3 f(x)	p=0.3 F(x)	p=0.4 f(x)	p=0.4 F(x)	p=0.5 f(x)	p=0.5 F(x)
		0.		0.		0.		0.		0.	
1	0	9000	0.9000	8000	0.8000	7000	0.7000	6000	0.6000	5000	0.5000
	1	1000	1.0000	2000	1.0000	3000	1.0000	4000	1.0000	5000	1.0000
	0	8100	0.8100	6400	0.6400	4900	0.4900	3600	0.3600	2500	0.2500
2	1	1800	0.9900	3200	0.9600	4200	0.9100	4800	0.8400	5000	0.7500
	2	0100	1.0000	0400	1.0000	0900	1.0000	1600	1.0000	2500	1.0000
	0	7290	0.7290	5120	0.5120	3430	0.3430	2160	0.2160	1250	0.1250
3	1	2430	0.9720	3840	0.8960	4410	0.7840	4320	0.6480	3750	0.5000
	2	0270	0.9990	0960	0.9920	1890	0.9730	2880	0.9360	3750	0.8750
	3	0010	1.0000	0080	1.0000	0270	1.0000	0640	1.0000	1250	1.0000
	0	6561	0.6561	4096	0.4096	2401	0.2401	1296	0.1296	0625	0.0625
	1	2916	0.9477	4096	0.8192	4116	0.6517	3456	0.4752	2500	0.3125
4	2	0486	0.9963	1536	0.9728	2646	0.9163	3456	0.8208	3750	0.6875
	3	0036	0.9999	0256	0.9984	0756	0.9919	1536	0.9744	2500	0.9375
	4	0001	1.0000	0016	1.0000	0081	1.0000	0256	1.0000	0625	1.0000
	0	5905	0.5905	3277	0.3277	1681	0.1681	0778	0.0778	0313	0.0313
	1	3281	0.9185	4096	0.7373	3602	0.5282	2592	0.3370	1563	0.1875
5	2	0729	0.9914	2048	0.9421	3087	0.8369	3456	0.6826	3125	0.5000
	3	0081	0.9995	0512	0.9933	1323	0.9692	2304	0.9130	3125	0.8125
	4	0005	1.0000	0064	0.9997	0284	0.9976	0768	0.9898	1563	0.9688
	5	0000	1.0000	0003	1.0000	0024	1.0000	0102	1.0000	0313	1.0000
	0	5314	0.5314	2621	0.2621	1176	0.1176	0467	0.0467	0156	0.0156
	1	3543	0.8857	3932	0.6554	3025	0.4202	1866	0.2333	0938	0.1094
	2	0984	0.9841	2458	0.9011	3241	0.7443	3110	0.5443	2344	0.3438
6	3	0146	0.9987	0819	0.9830	1852	0.9295	2765	0.8208	3125	0.6563
	4	0012	0.9999	0154	0.9984	0595	0.9891	1382	0.9590	2344	0.8906
	5	0001	1.0000	0015	0.9999	0102	0.9993	0369	0.9959	0938	0.9844
	6	0000	1.0000	0001	1.0000	0007	1.0000	0041	1.0000	0156	1.0000
	0	4783	0.4783	2097	0.2097	0824	0.0824	0280	0.0280	0078	0.0078
	1	3720	0.8503	3670	0.5767	2471	0.3294	1306	0.1586	0547	0.0625
	2	1240	0.9743	2753	0.8520	3177	0.6471	2613	0.4199	1641	0.2266
7	3	0230	0.9973	1147	0.9667	2269	0.8740	2903	0.7102	2734	0.5000
	4	0026	0.9998	0287	0.9953	0972	0.9712	1935	0.9037	2734	0.7734
	5	0002	1.0000	0043	0.9996	0250	0.9962	0774	0.9812	1641	0.9375
	6	0000	1.0000	0004	1.0000	0036	0.9998	0172	0.9984	0547	0.9922
	7	0000	1.0000	0000	1.0000	0002	1.0000	0016	1.0000	0078	1.0000
	0	4305	0.4305	1678	0.1678	0576	0.0576	0168	0.0168	0039	0.0039
	1	3826	0.8131	3355	0.5033	1977	0.2553	0896	0.1064	0313	0.0352
	2	1488	0.9619	2936	0.7969	2965	0.5518	2090	0.3154	1094	0.1445
	3	0331	0.9950	1468	0.9437	2541	0.8059	2787	0.5941	2188	0.3633
8	4	0046	0.9996	0459	0.9896	1361	0.9420	2322	0.8263	2734	0.6367
	5	0004	1.0000	0092	0.9988	0467	0.9887	1239	0.9502	2188	0.8555
	6	0000	1.0000	0011	0.9999	0100	0.9987	0413	0.9915	1094	0.9648
	7	0000	1.0000	0001	1.0000	0012	0.9999	0079	0.9993	0313	0.9961
	8	0000	1.0000	0000	1.0000	0001	1.0000	0007	1.0000	0039	1.0000

7　二項分配（續）

x	$n=9$	$n=10$	$n=11$	$n=12$	$n=13$	$n=14$	$n=15$	$n=16$	$n=17$
0	0.0020	0.0010	0.0005	0.0002	0.0001	0.0001	0.0000	0.0000	0.0000
1	0.0195	0.0107	0.0059	0.0032	0.0017	0.0009	0.0005	0.0003	0.0001
2	0.0898	0.0547	0.0327	0.0193	0.0112	0.0065	0.0037	0.0021	0.0012
3	0.2539	0.1719	0.1133	0.0730	0.0461	0.0287	0.0176	0.0106	0.0064
4	0.5000	0.3770	0.2744	0.1938	0.1334	0.0898	0.0592	0.0384	0.0245
5	0.7461	0.6230	0.5000	0.3872	0.2905	0.2120	0.1509	0.1051	0.0717
6	0.9102	0.8281	0.7256	0.6128	0.5000	0.3953	0.3036	0.2272	0.1662
7	0.9805	0.9453	0.8867	0.8062	0.7095	0.6047	0.5000	0.4018	0.3145
8	0.9980	0.9893	0.9673	0.9270	0.8666	0.7880	0.6964	0.5982	0.5000
9	1.0000	0.9990	0.9941	0.9807	0.9539	0.9102	0.8491	0.7728	0.6855
10		1.0000	0.9995	0.9968	0.9888	0.9713	0.9408	0.8949	0.8338
11			1.0000	0.9998	0.9983	0.9935	0.9824	0.9616	0.9283
12				1.0000	0.9999	0.9991	0.9963	0.9894	0.9755
13					1.0000	0.9999	0.9995	0.9979	0.9936
14						1.0000	1.0000	0.9997	0.9988
15							1.0000	1.0000	0.9999
16								1.0000	1.0000

x	$n=18$	$n=19$	$n=20$	$n=21$	$n=22$	$n=23$	$n=24$	$n=25$	$n=26$
0	0.0000	0.0000	0.0000	0.0000	0.0000	0.0000	0.0000	0.0000	0.0000
1	0.0001	0.0000	0.0000	0.0000	0.0000	0.0000	0.0000	0.0000	0.0000
2	0.0007	0.0004	0.0002	0.0001	0.0001	0.0000	0.0000	0.0000	0.0000
3	0.0038	0.0022	0.0013	0.0007	0.0004	0.0002	0.0001	0.0001	0.0000
4	0.0154	0.0096	0.0059	0.0036	0.0022	0.0013	0.0008	0.0005	0.0003
5	0.0481	0.0318	0.0207	0.0133	0.0085	0.0053	0.0033	0.0020	0.0012
6	0.1189	0.0835	0.0577	0.0392	0.0262	0.0173	0.0113	0.0073	0.0047
7	0.2403	0.1796	0.1316	0.0946	0.0669	0.0466	0.0320	0.0216	0.0145
8	0.4073	0.3238	0.2517	0.1917	0.1431	0.1050	0.0758	0.0539	0.0378
9	0.5927	0.5000	0.4119	0.3318	0.2617	0.2024	0.1537	0.1148	0.0843
10	0.7597	0.6762	0.5881	0.5000	0.4159	0.3388	0.2706	0.2122	0.1635
11	0.8811	0.8204	0.7483	0.6682	0.5841	0.5000	0.4194	0.3450	0.2786
12	0.9519	0.9165	0.8684	0.8083	0.7383	0.6612	0.5806	0.5000	0.4225
13	0.9846	0.9682	0.9423	0.9054	0.8569	0.7976	0.7294	0.6550	0.5775
14	0.9962	0.9904	0.9793	0.9608	0.9331	0.8950	0.8463	0.7878	0.7214
15	0.9993	0.9978	0.9941	0.9867	0.9738	0.9534	0.9242	0.8852	0.8365
16	0.9999	0.9996	0.9987	0.9964	0.9915	0.9827	0.9680	0.9461	0.9157
17	1.0000	1.0000	0.9998	0.9993	0.9978	0.9947	0.9887	0.9784	0.9622
18	1.0000	1.0000	1.0000	0.9999	0.9996	0.9987	0.9967	0.9927	0.9855
19		1.0000	1.0000	1.0000	0.9999	0.9998	0.9992	0.9980	0.9953
20			1.0000	1.0000	1.0000	1.0000	0.9999	0.9995	0.9988
21				1.0000	1.0000	1.0000	1.0000	0.9999	0.9997
22					1.0000	1.0000	1.0000	1.0000	1.0000

8　卜氏分配

x	μ = 0.1 f(x)	F(x)	μ = 0.2 f(x)	F(x)	μ = 0.3 f(x)	F(x)	μ = 0.4 f(x)	F(x)	μ = 0.5 f(x)	F(x)
0	0.9048	0.9048	0.8187	0.8187	0.7408	0.7408	0.6703	0.6703	0.6065	0.6065
1	0905	0.9953	1637	0.9825	2222	0.9631	2681	0.9384	3033	0.9098
2	0045	0.9998	0164	0.9989	0333	0.9964	0536	0.9921	0758	0.9856
3	0002	1.0000	0011	0.9999	0033	0.9997	0072	0.9992	0126	0.9982
4	0000	1.0000	0001	1.0000	0003	1.0000	0007	0.9999	0016	0.9998
5							0001	1.0000	0002	1.0000

x	μ = 0.6 f(x)	F(x)	μ = 0.7 f(x)	F(x)	μ = 0.8 f(x)	F(x)	μ = 0.9 f(x)	F(x)	μ = 1 f(x)	F(x)
0	0.5488	0.5488	0.4966	0.4966	0.4493	0.4493	0.4066	0.4066	0.3679	0.3679
1	3293	0.8781	3476	0.8442	3595	0.8088	3659	0.7725	3679	0.7358
2	0988	0.9769	1217	0.9659	1438	0.9526	1647	0.9371	1839	0.9197
3	0198	0.9966	0284	0.9942	0383	0.9909	0494	0.9865	0613	0.9810
4	0030	0.9996	0050	0.9992	0077	0.9986	0111	0.9977	0153	0.9963
5	0004	1.0000	0007	0.9999	0012	0.9998	0020	0.9997	0031	0.9994
6			0001	1.0000	0002	1.0000	0003	1.0000	0005	0.9999
7									0001	1.0000

x	μ = 1.5 f(x)	F(x)	μ = 2 f(x)	F(x)	μ = 3 f(x)	F(x)	μ = 4 f(x)	F(x)	μ = 5 f(x)	F(x)
0	0.2231	0.2231	0.1353	0.1353	0.0498	0.0498	0.0183	0.0183	0.0067	0.0067
1	3347	0.5578	2707	0.4060	1494	0.1991	0733	0.0916	0337	0.0404
2	2510	0.8088	2707	0.6767	2240	0.4232	1465	0.2381	0842	0.1247
3	1255	0.9344	1804	0.8571	2240	0.6472	1954	0.4335	1404	0.2650
4	0471	0.9814	0902	0.9473	1680	0.8153	1954	0.6288	1755	0.4405
5	0141	0.9955	0361	0.9834	1008	0.9161	1563	0.7851	1755	0.6160
6	0035	0.9991	0120	0.9955	0504	0.9665	1042	0.8893	1462	0.7622
7	0008	0.9998	0034	0.9989	0216	0.9881	0595	0.9489	1044	0.8666
8	0001	1.0000	0009	0.9998	0081	0.9962	0298	0.9786	0653	0.9319
9			0002	1.0000	0027	0.9989	0132	0.9919	0363	0.9682
10					0008	0.9997	0053	0.9972	0181	0.9863
11					0002	0.9999	0019	0.9991	0082	0.9945
12					0001	1.0000	0006	0.9997	0034	0.9980
13							0002	0.9999	0013	0.9993
14							0001	1.0000	0005	0.9998
15									0002	0.9999
16									0000	1.0000

9　常態分配函數

$$D(z)=\Phi(z)-\Phi(-z)$$
$$\Phi(-z)=1-\Phi(z)$$

z	Φ(-z)	Φ(z)	D(z)	z	Φ(-z)	Φ(z)	D(z)	z	Φ(-z)	Φ(z)	D(z)
	0.	0.	0.		0.	0.	0.		0.	0.	0.
0.01	4960	5040	0080	0.51	3050	6950	3899	1.01	1562	8438	6875
0.02	4920	5080	0160	0.52	3015	6985	3969	1.02	1539	8461	6923
0.03	4880	5120	0239	0.53	2981	7019	4039	1.03	1515	8485	6970
0.04	4840	5160	0319	0.54	2946	7054	4108	1.04	1492	8508	7017
0.05	4801	5199	0399	0.55	2912	7088	4177	1.05	1469	8531	7063
0.06	4761	5239	0478	0.56	2877	7123	4245	1.06	1446	8554	7109
0.07	4721	5279	0558	0.57	2843	7157	4313	1.07	1423	8577	7154
0.08	4681	5319	0638	0.58	2810	7190	4381	1.08	1401	8599	7199
0.09	4641	5359	0717	0.59	2776	7224	4448	1.09	1379	8621	7243
0.10	4602	5398	0797	0.60	2743	7257	4515	1.10	1357	8643	7287
0.11	4562	5438	0876	0.61	2709	7291	4581	1.11	1335	8665	7330
0.12	4522	5478	0955	0.62	2676	7324	4647	1.12	1314	8686	7373
0.13	4483	5517	1034	0.63	2643	7357	4713	1.13	1292	8708	7415
0.14	4443	5557	1113	0.64	2611	7389	4778	1.14	1271	8729	7457
0.15	4404	5596	1192	0.65	2578	7422	4843	1.15	1251	8749	7499
0.16	4364	5636	1271	0.66	2546	7454	4907	1.16	1230	8770	7540
0.17	4325	5675	1350	0.67	2514	7486	4971	1.17	1210	8790	7580
0.18	4286	5714	1428	0.68	2483	7517	5035	1.18	1190	8810	7620
0.19	4247	5753	1507	0.69	2451	7549	5098	1.19	1170	8830	7660
0.20	4207	5793	1585	0.70	2420	7580	5161	1.20	1151	8849	7699
0.21	4168	5832	1663	0.71	2389	7611	5223	1.21	1131	8869	7737
0.22	4129	5871	1741	0.72	2358	7642	5285	1.22	1112	8888	7775
0.23	4090	5910	1819	0.73	2327	7673	5346	1.23	1093	8907	7813
0.24	4052	5948	1897	0.74	2296	7704	5407	1.24	1075	8925	7850
0.25	4013	5987	1974	0.75	2266	7734	5467	1.25	1056	8944	7887
0.26	3974	6026	2051	0.76	2236	7764	5527	1.26	1038	8962	7923
0.27	3936	6064	2128	0.77	2206	7794	5587	1.27	1020	8980	7959
0.28	3897	6103	2205	0.78	2177	7823	5646	1.28	1003	8997	7995
0.29	3859	6141	2282	0.79	2148	7852	5705	1.29	0985	9015	8029
0.30	3821	6179	2358	0.80	2119	7881	5763	1.30	0968	9032	8064
0.31	3783	6217	2434	0.81	2090	7910	5821	1.31	0951	9049	8098
0.32	3745	6255	2510	0.82	2061	7939	5878	1.32	0934	9066	8132
0.33	3707	6293	2586	0.83	2033	7967	5935	1.33	0918	9082	8165
0.34	3669	6331	2661	0.84	2005	7995	5991	1.34	0901	9099	8198
0.35	3632	6368	2737	0.85	1977	8023	6047	1.35	0885	9115	8230
0.36	3594	6406	2812	0.86	1949	8051	6102	1.36	0869	9131	8262
0.37	3557	6443	2886	0.87	1922	8078	6157	1.37	0853	9147	8293
0.38	3520	6480	2961	0.88	1894	8106	6211	1.38	0838	9162	8324
0.39	3483	6517	3035	0.89	1867	8133	6265	1.39	0823	9177	8355
0.40	3446	6554	3108	0.90	1841	8159	6319	1.40	0808	9192	8385
0.41	3409	6591	3182	0.91	1814	8186	6372	1.41	0793	9207	8415
0.42	3372	6628	3255	0.92	1788	8212	6424	1.42	0778	9222	8444
0.43	3336	6664	3328	0.93	1762	8238	6476	1.43	0764	9236	8473
0.44	3300	6700	3401	0.94	1736	8264	6528	1.44	0749	9251	8501
0.45	3264	6736	3473	0.95	1711	8289	6579	1.45	0735	9265	8529
0.46	3228	6772	3545	0.96	1685	8315	6629	1.46	0721	9279	8557
0.47	3192	6808	3616	0.97	1660	8340	6680	1.47	0708	9292	8584
0.48	3156	6844	3688	0.98	1635	8365	6729	1.48	0694	9306	8611
0.49	3121	6879	3759	0.99	1611	8389	6778	1.49	0681	9319	8638
0.50	3085	6915	3829	1.00	1587	8413	6827	1.50	0668	9332	8664

9　常態分配函數（續）

z	Φ(−z)	Φ(z)	D(z)	z	Φ(−z)	Φ(z)	D(z)	z	Φ(−z)	Φ(z)	D(z)
	0.	0.	0.		0.	0.	0.		0.	0.	0.
1.51	0655	9345	8690	2.01	0222	9778	9556	2.51	0060	9940	9879
1.52	0643	9357	8715	2.02	0217	9783	9566	2.52	0059	9941	9883
1.53	0630	9370	8740	2.03	0212	9788	9576	2.53	0057	9943	9886
1.54	0618	9382	8764	2.04	0207	9793	9586	2.54	0055	9945	9889
1.55	0606	9394	8789	2.05	0202	9798	9596	2.55	0054	9946	9892
1.56	0594	9406	8812	2.06	0197	9803	9606	2.56	0052	9948	9895
1.57	0582	9418	8836	2.07	0192	9808	9615	2.57	0051	9949	9898
1.58	0571	9429	8859	2.08	0188	9812	9625	2.58	0049	9951	9901
1.59	0559	9441	8882	2.09	0183	9817	9634	2.59	0048	9952	9904
1.60	0548	9452	8904	2.10	0179	9821	9643	2.60	0047	9953	9907
1.61	0537	9463	8926	2.11	0174	9826	9651	2.61	0045	9955	9909
1.62	0526	9474	8948	2.12	0170	9830	9660	2.62	0044	9956	9912
1.63	0516	9484	8969	2.13	0166	9834	9668	2.63	0043	9957	9915
1.64	0505	9495	8990	2.14	0162	9838	9676	2.64	0041	9959	9917
1.65	0495	9505	9011	2.15	0158	9842	9684	2.65	0040	9960	9920
1.66	0485	9515	9031	2.16	0154	9846	9692	2.66	0039	9961	9922
1.67	0475	9525	9051	2.17	0150	9850	9700	2.67	0038	9962	9924
1.68	0465	9535	9070	2.18	0146	9854	9707	2.68	0037	9963	9926
1.69	0455	9545	9090	2.19	0143	9857	9715	2.69	0036	9964	9929
1.70	0446	9554	9109	2.20	0139	9861	9722	2.70	0035	9965	9931
1.71	0436	9564	9127	2.21	0136	9864	9729	2.71	0034	9966	9933
1.72	0427	9573	9146	2.22	0132	9868	9736	2.72	0033	9967	9935
1.73	0418	9582	9164	2.23	0129	9871	9743	2.73	0032	9968	9937
1.74	0409	9591	9181	2.24	0125	9875	9749	2.74	0031	9969	9939
1.75	0401	9599	9199	2.25	0122	9878	9756	2.75	0030	9970	9940
1.76	0392	9608	9216	2.26	0119	9881	9762	2.76	0029	9971	9942
1.77	0384	9616	9233	2.27	0116	9884	9768	2.77	0028	9972	9944
1.78	0375	9625	9249	2.28	0113	9887	9774	2.78	0027	9973	9946
1.79	0367	9633	9265	2.29	0110	9890	9780	2.79	0026	9974	9947
1.80	0359	9641	9281	2.30	0107	9893	9786	2.80	0026	9974	9949
1.81	0351	9649	9297	2.31	0104	9896	9791	2.81	0025	9975	9950
1.82	0344	9656	9312	2.32	0102	9898	9797	2.82	0024	9976	9952
1.83	0336	9664	9328	2.33	0099	9901	9802	2.83	0023	9977	9953
1.84	0329	9671	9342	2.34	0096	9904	9807	2.84	0023	9977	9955
1.85	0322	9678	9357	2.35	0094	9906	9812	2.85	0022	9978	9956
1.86	0314	9686	9371	2.36	0091	9909	9817	2.86	0021	9979	9958
1.87	0307	9693	9385	2.37	0089	9911	9822	2.87	0021	9979	9959
1.88	0301	9699	9399	2.38	0087	9913	9827	2.88	0020	9980	9960
1.89	0294	9706	9412	2.39	0084	9916	9832	2.89	0019	9981	9961
1.90	0287	9713	9426	2.40	0082	9918	9836	2.90	0019	9981	9963
1.91	0281	9719	9439	2.41	0080	9920	9840	2.91	0018	9982	9964
1.92	0274	9726	9451	2.42	0078	9922	9845	2.92	0018	9982	9965
1.93	0268	9732	9464	2.43	0075	9925	9849	2.93	0017	9983	9966
1.94	0262	9738	9476	2.44	0073	9927	9853	2.94	0016	9984	9967
1.95	0256	9744	9488	2.45	0071	9929	9857	2.95	0016	9984	9968
1.96	0250	9750	9500	2.46	0069	9931	9861	2.96	0015	9985	9969
1.97	0244	9756	9512	2.47	0068	9932	9865	2.97	0015	9985	9970
1.98	0239	9761	9523	2.48	0066	9934	9869	2.98	0014	9986	9971
1.99	0233	9767	9534	2.49	0064	9936	9872	2.99	0014	9986	9972
2.00	0228	9772	9545	2.50	0062	9938	9876	3.00	0013	9987	9973

10　常態曲線(密度函數之縱坐標)

$$f(x) = \frac{1}{\sqrt{2\pi}}\, e^{-x^2/2}$$

x	.00	.01	.02	.03	.04	.05	.06	.07	.08	.09
.0	.3989	.3989	.3989	.3988	.3986	.3984	.3982	.3980	.3977	.3973
.1	.3970	.3965	.3961	.3956	.3951	.3945	.3939	.3932	.3925	.3918
.2	.3910	.3902	.3894	.3885	.3876	.3867	.3857	.3847	.3836	.3825
.3	.3814	.3802	.3790	.3778	.3765	.3752	.3739	.3725	.3712	.3697
.4	.3683	.3668	.3653	.3637	.3621	.3605	.3589	.3572	.3555	.3538
.5	.3521	.3503	.3485	.3467	.3448	.3429	.3410	.3391	.3372	.3352
.6	.3332	.3312	.3292	.3271	.3251	.3230	.3209	.3187	.3166	.3144
.7	.3123	.3101	.3079	.3056	.3034	.3011	.2989	.2966	.2943	.2920
.8	.2897	.2874	.2850	.2827	.2803	.2780	.2756	.2732	.2709	.2685
.9	.2661	.2637	.2613	.2589	.2565	.2541	.2516	.2492	.2468	.2444
1.0	.2420	.2396	.2371	.2347	.2323	.2299	.2275	.2251	.2227	.2203
1.1	.2179	.2155	.2131	.2107	.2083	.2059	.2036	.2012	.1989	.1965
1.2	.1942	.1919	.1895	.1872	.1849	.1826	.1804	.1781	.1758	.1736
1.3	.1714	.1691	.1669	.1647	.1626	.1604	.1582	.1561	.1539	.1518
1.4	.1497	.1476	.1456	.1435	.1415	.1394	.1374	.1354	.1334	.1315
1.5	.1295	.1276	.1257	.1238	.1219	.1200	.1182	.1163	.1145	.1127
1.6	.1109	.1092	.1074	.1057	.1040	.1023	.1006	.0989	.0973	.0957
1.7	.0940	.0925	.0909	.0893	.0878	.0863	.0848	.0833	.0818	.0804
1.8	.0790	.0775	.0761	.0748	.0734	.0721	.0707	.0694	.0681	.0669
1.9	.0656	.0644	.0632	.0620	.0608	.0596	.0584	.0573	.0562	.0551
2.0	.0540	.0529	.0519	.0508	.0498	.0488	.0478	.0468	.0459	.0449
2.1	.0440	.0431	.0422	.0413	.0404	.0396	.0387	.0379	.0371	.0363
2.2	.0355	.0347	.0339	.0332	.0325	.0317	.0310	.0303	.0297	.0290
2.3	.0283	.0277	.0270	.0264	.0258	.0252	.0246	.0241	.0235	.0229
2.4	.0224	.0219	.0213	.0208	.0203	.0198	.0194	.0189	.0184	.0180
2.5	.0175	.0171	.0167	.0163	.0158	.0154	.0151	.0147	.0143	.0139
2.6	.0136	.0132	.0129	.0126	.0122	.0119	.0116	.0113	.0110	.0107
2.7	.0104	.0101	.0099	.0096	.0093	.0091	.0088	.0086	.0084	.0081
2.8	.0079	.0077	.0075	.0073	.0071	.0069	.0067	.0065	.0063	.0061
2.9	.0060	.0058	.0056	.0055	.0053	.0051	.0050	.0048	.0047	.0046
3.0	.0044	.0043	.0042	.0040	.0039	.0038	.0037	.0036	.0035	.0034
3.1	.0033	.0032	.0031	.0030	.0029	.0028	.0027	.0026	.0025	.0025
3.2	.0024	.0023	.0022	.0022	.0021	.0020	.0020	.0019	.0018	.0018
3.3	.0017	.0017	.0016	.0016	.0015	.0015	.0014	.0014	.0013	.0013
3.4	.0012	.0012	.0012	.0011	.0011	.0010	.0010	.0010	.0009	.0009
3.5	.0009	.0008	.0008	.0008	.0008	.0007	.0007	.0007	.0007	.0006
3.6	.0006	.0006	.0006	.0005	.0005	.0005	.0005	.0005	.0005	.0004
3.7	.0004	.0004	.0004	.0004	.0004	.0004	.0003	.0003	.0003	.0003
3.8	.0003	.0003	.0003	.0003	.0003	.0002	.0002	.0002	.0002	.0002
3.9	.0002	.0002	.0002	.0002	.0002	.0002	.0002	.0002	.0001	.0001

11 累積常態分配

$$F(x) = \int_{-\infty}^{x} \frac{1}{\sqrt{2\pi}}\, e^{-t^2/2}\, dt$$

x	.00	.01	.02	.03	.04	.05	.06	.07	.08	.09
.0	.5000	.5040	.5080	.5120	.5160	.5199	.5239	.5279	.5319	.5359
.1	.5398	.5438	.5478	.5517	.5557	.5596	.5636	.5675	.5714	.5753
.2	.5793	.5832	.5871	.5910	.5948	.5987	.6026	.6064	.6103	.6141
.3	.6179	.6217	.6255	.6293	.6331	.6368	.6406	.6443	.6480	.6517
.4	.6554	.6591	.6628	.6664	.6700	.6736	.6772	.6808	.6844	.6879
.5	.6915	.6950	.6985	.7019	.7054	.7088	.7123	.7157	.7190	.7224
.6	.7257	.7291	.7324	.7357	.7389	.7422	.7454	.7486	.7517	.7549
.7	.7580	.7611	.7642	.7673	.7704	.7734	.7764	.7794	.7823	.7852
.8	.7881	.7910	.7939	.7967	.7995	.8023	.8051	.8078	.8106	.8133
.9	.8159	.8186	.8212	.8238	.8264	.8289	.8315	.8340	.8365	.8389
1.0	.8413	.8438	.8461	.8485	.8508	.8531	.8554	.8577	.8599	.8621
1.1	.8643	.8665	.8686	.8708	.8729	.8749	.8770	.8790	.8810	.8830
1.2	.8849	.8869	.8888	.8907	.8925	.8944	.8962	.8980	.8997	.9015
1.3	.9032	.9049	.9066	.9082	.9099	.9115	.9131	.9147	.9162	.9177
1.4	.9192	.9207	.9222	.9236	.9251	.9265	.9279	.9292	.9306	.9319
1.5	.9332	.9345	.9357	.9370	.9382	.9394	.9406	.9418	.9429	.9441
1.6	.9452	.9463	.9474	.9484	.9495	.9505	.9515	.9525	.9535	.9545
1.7	.9554	.9564	.9573	.9582	.9591	.9599	.9608	.9616	.9625	.9633
1.8	.9641	.9649	.9656	.9664	.9671	.9678	.9686	.9693	.9699	.9706
1.9	.9713	.9719	.9726	.9732	.9738	.9744	.9750	.9756	.9761	.9767
2.0	.9772	.9778	.9783	.9788	.9793	.9798	.9803	.9808	.9812	.9817
2.1	.9821	.9826	.9830	.9834	.9838	.9842	.9846	.9850	.9854	.9857
2.2	.9861	.9864	.9868	.9871	.9875	.9878	.9881	.9884	.9887	.9890
2.3	.9893	.9896	.9898	.9901	.9904	.9906	.9909	.9911	.9913	.9916
2.4	.9918	.9920	.9922	.9925	.9927	.9929	.9931	.9932	.9934	.9936
2.5	.9938	.9940	.9941	.9943	.9945	.9946	.9948	.9949	.9951	.9952
2.6	.9953	.9955	.9956	.9957	.9959	.9960	.9961	.9962	.9963	.9964
2.7	.9965	.9966	.9967	.9968	.9969	.9970	.9971	.9972	.9973	.9974
2.8	.9974	.9975	.9976	.9977	.9977	.9978	.9979	.9979	.9980	.9981
2.9	.9981	.9982	.9982	.9983	.9984	.9984	.9985	.9985	.9986	.9986
3.0	.9987	.9987	.9987	.9988	.9988	.9989	.9989	.9989	.9990	.9990
3.1	.9990	.9991	.9991	.9991	.9992	.9992	.9992	.9992	.9993	.9993
3.2	.9993	.9993	.9994	.9994	.9994	.9994	.9994	.9995	.9995	.9995
3.3	.9995	.9995	.9995	.9996	.9996	.9996	.9996	.9996	.9996	.9997
3.4	.9997	.9997	.9997	.9997	.9997	.9997	.9997	.9997	.9997	.9998

x	1.282	1.645	1.960	2.326	2.576	3.090	3.291	3.891	4.417
F(x)	.90	.95	.975	.99	.995	.999	.9995	.99995	.999995
2[1 − F(x)]	.20	.10	.05	.02	.01	.002	.001	.0001	.00001

12 平方根，平方

n	$\sqrt{n}$	$\sqrt{10n}$	n^2	n	$\sqrt{n}$	$\sqrt{10n}$	n^2
1	1.000 000	3.162 278	1	51	7.141 428	22.583 180	2601
2	1.414 214	4.472 136	4	52	7.211 103	22.803 509	2704
3	1.732 051	5.477 226	9	53	7.280 110	23.021 729	2809
4	2.000 000	6.324 555	16	54	7.348 469	23.237 900	2916
5	2.236 068	7.071 068	25	55	7.416 198	23.452 079	3025
6	2.449 490	7.745 967	36	56	7.483 315	23.664 319	3136
7	2.645 751	8.366 600	49	57	7.549 834	23.874 673	3249
8	2.828 427	8.944 272	64	58	7.615 773	24.083 189	3364
9	3.000 000	9.486 833	81	59	7.681 146	24.289 916	3481
10	3.162 278	10.000 000	100	60	7.745 967	24.494 897	3600
11	3.316 625	10.488 088	121	61	7.810 250	24.698 178	3721
12	3.464 102	10.954 451	144	62	7.874 008	24.899 799	3844
13	3.605 551	11.401 754	169	63	7.937 254	25.099 801	3969
14	3.741 657	11.832 160	196	64	8.000 000	25.298 221	4096
15	3.872 983	12.247 449	225	65	8.062 258	25.495 098	4225
16	4.000 000	12.649 111	256	66	8.124 038	25.690 465	4356
17	4.123 106	13.038 405	289	67	8.185 353	25.864 358	4489
18	4.242 641	13.416 408	324	68	8.246 211	26.076 810	4624
19	4.358 899	13.784 049	361	69	8.306 624	26.267 851	4761
20	4.472 136	14.142 136	400	70	8.366 600	26.457 513	4900
21	4.582 576	14.491 377	441	71	8.426 150	26.645 825	5041
22	4.690 416	14.832 397	484	72	8.485 281	26.832 816	5184
23	4.795 832	15.165 751	529	73	8.544 004	27.018 512	5329
24	4.898 979	15.491 933	576	74	8.602 325	27.202 941	5476
25	5.000 000	15.811 388	625	75	8.660 254	27.386 128	5625
26	5.099 020	16.124 515	676	76	8.717 798	27.568 098	5776
27	5.196 152	16.431 677	729	77	8.774 964	27.748 874	5929
28	5.291 503	16.733 201	784	78	8.831 761	27.928 480	6084
29	5.385 165	17.029 386	841	79	8.888 194	28.106 939	6241
30	5.477 226	17.320 508	900	80	8.944 272	28.284 271	6400
31	5.567 764	17.606 817	961	81	9.000 000	28.460 499	6561
32	5.656 854	17.888 544	1024	82	9.055 385	28.635 642	6724
33	5.744 563	18.165 902	1089	83	9.110 434	28.809 721	6889
34	5.830 952	18.439 089	1156	84	9.165 151	28.982 753	7056
35	5.916 080	18.708 287	1225	85	9.219 544	29.154 759	7225
36	6.000 000	18.973 666	1296	86	9.273 618	29.325 757	7396
37	6.082 763	19.235 384	1369	87	9.327 379	29.495 762	7569
38	6.164 414	19.493 589	1444	88	9.380 832	29.664 794	7744
39	6.244 998	19.748 418	1521	89	9.433 981	29.832 868	7921
40	6.324 555	20.000 000	1600	90	9.486 833	30.000 000	8100
41	6.403 124	20.248 457	1681	91	9.539 392	30.166 206	8281
42	6.480 741	20.493 902	1764	92	9.591 663	30.331 502	8464
43	6.557 439	20.736 441	1849	93	9.643 651	30.495 901	8649
44	6.633 250	20.976 177	1936	94	9.695 360	30.659 419	8836
45	6.708 204	21.213 203	2025	95	9.746 794	30.822 070	9025
46	6.782 330	21.447 611	2116	96	9.797 959	30.983 867	9216
47	6.855 655	21.679 483	2209	97	9.848 858	31.144 823	9409
48	6.928 203	21.908 902	2304	98	9.899 495	31.304 952	9604
49	7.000 000	22.135 944	2401	99	9.949 874	31.464 265	9801
50	7.071 068	22.360 680	2500	100	10.000 000	31.622 777	10000

13　指數函數・常數

x	e^x	tanh x	x	e^x	tanh x	x	e^x	tanh x
0.00	1.0000	0.00000	0.40	1.4918	0.37995	0.80	2.2255	0.66404
0.01	1.0101	0.01000	0.41	1.5068	0.38847	0.81	2.2479	0.66959
0.02	1.0202	0.02000	0.42	1.5220	0.39693	0.82	2.2705	0.67507
0.03	1.0305	0.02999	0 43	1.5373	0.40532	0.83	2.2933	0.68048
0.04	1.0408	0.03998	0.44	1.5527	0.41364	0.84	2.3164	0.68581
0.05	1.0513	0.04996	0.45	1.5683	0.42190	0.85	2.3396	0 69107
0.06	1.0618	0.05993	0.46	1.5841	0.43008	0.86	2.3632	0.69626
0.07	1.0725	0.06989	0.47	1.6000	0.43820	0 87	2.3869	0.70137
0.08	1.0833	0.07983	0.48	1.6161	0.44624	0.88	2.4109	0.70642
0.09	1.0942	0.08976	0.49	1.6323	0.45422	0.89	2.4351	0.71139
0.10	1.1052	0.09967	0.50	1.6487	0.46212	0.90	2.4596	0.71630
0.11	1.1163	0.10956	0.51	1.6653	0.46995	0.91	2 4843	0.72113
0.12	1.1275	0.11943	0 52	1.6820	0.47770	0.92	2.5093	0.72590
0.13	1.1388	0.12927	0 53	1.6989	0.48538	0.93	2.5345	0 73059
0.14	1.1503	0.13909	0.54	1.7160	0.49299	0.94	2.5600	0 73522
0.15	1.1618	0.14889	0.55	1.7333	0.50052	0.95	2.5857	0.73978
0.16	1.1735	0.15865	0.56	1.7507	0.50798	0.96	2.6117	0.74428
0.17	1.1853	0.16838	0.57	1.7683	0.51536	0.97	2.6379	0.74870
0.18	1.1972	0 17808	0.58	1.7860	0.52267	0.98	2.6645	0.75307
0.19	1.2092	0.18775	0.59	1.8040	0.52990	0.99	2.6912	0.75736
0.20	1.2214	0.19738	0.60	1.8221	0.53705	1.00	2.7183	0 76159
0.21	1.2337	0.20697	0.61	1.8404	0.54413	1.1	3.0042	0.80050
0.22	1.2461	0.21652	0.62	1.8589	0.55113	1.2	3.3201	0.83365
0.23	1.2586	0.22603	0.63	1.8776	0.55805	1.3	3.6693	0.86172
0.24	1.2712	0.23550	0.64	1.8965	0.56490	1.4	4.0552	0.88535
0.25	1.2840	0.24492	0.65	1.9155	0.57167	1.5	4.4817	0.90515
0.26	1.2969	0.25430	0.66	1.9348	0.57836	1.6	4.9530	0 92167
0.27	1.3100	0.26362	0.67	1.9542	0.58498	1.7	5.4739	0.93541
0.28	1.3231	0.27291	0.68	1.9739	0.59152	1.8	6.0496	0.94681
0.29	1.3364	0.28213	0.69	1.9937	0 59798	1.9	6.6859	0.95624
0.30	1.3499	0.29131	0.70	2.0138	0.60437	2.0	7.3891	0.96403
0.31	1.3634	0.30044	0.71	2.0340	0.61068	2.1	8.1662	0.97045
0.32	1.3771	0.30951	0.72	2.0544	0.61691	2.2	9.0250	0.97574
0.33	1.3910	0.31852	0.73	2.0751	0.62307	2.3	9.9742	0.98010
0.34	1.4049	0.32748	0.74	2.0959	0.62915	2.4	11.023	0.98367
0.35	1.4191	0 33638	0.75	2.1170	0.63515	2.5	12.182	0.98661
0.36	1.4333	0.34521	0.76	2.1383	0.64108	2.6	13.464	0.98903
0.37	1.4477	0.35399	0 77	2.1598	0.64693	2.7	14.880	0.99101
0.38	1.4623	0.36271	0.78	2.1815	0.65271	2.8	16.445	0.99263
0.39	1.4770	0.37136	0.79	2.2034	0.65841	2.9	18.174	0.99396
0.40	1.4918	0.37995	0.80	2.2255	0.66404	3.0	20.086	0.99505

13 指數函數・常數（續）

x	e^x	tanh x	x	e^x	tanh x	x	e^x	tanh x
3.0	20.086	0.99505	4.0	54.598	0.99933	5.0	148.41	0.99991
3.1	22.198	0.99595	4.1	60.340	0.99945	5.1	164.02	0.99993
3.2	24.533	0.99668	4.2	66.686	0.99955	5.2	181.27	0.99994
3.3	27.113	0.99728	4.3	73.700	0.99963	5.3	200.34	0.99995
3.4	29.964	0.99777	4.4	81.451	0.99970	5.4	221.41	0.99996
3.5	33.115	0.99818	4.5	90.017	0.99975	5.5	244.69	0.99997
3.6	36.598	0.99851	4.6	99.484	0.99980	5.6	270.43	0.99997
3.7	40.447	0.99878	4.7	109.95	0.99983	5.7	298.87	0.99998
3.8	44.701	0.99900	4.8	121.51	0.99986	5.8	330.30	0.99998
3.9	49.402	0.99918	4.9	134.29	0.99989	5.9	365.04	0.99998
4.0	54.598	0.99933	5.0	148.41	0.99991	6.0	403.43	0.99999

Table 4c. Some Important Constants

$$e = 2.718\ 281\ 828 = 1/0.367\ 879\ 441$$
$$e^2 = 7.389\ 056\ 099 = 1/0.135\ 335\ 283$$
$$\sqrt{e} = 1.648\ 721\ 271 = 1/0.606\ 530\ 660$$

$$\pi = 3.141\ 592\ 654 = 1/0.318\ 309\ 886$$
$$\pi^2 = 9.869\ 604\ 401 = 1/0.101\ 321\ 184$$
$$\sqrt{\pi} = 1.772\ 453\ 851 = 1/0.564\ 189\ 584$$

$$\sqrt{2\pi} = 2.506\ 628\ 275 = 1/0.398\ 942\ 280$$
$$\sqrt{\pi/2} = 1.253\ 314\ 137 = 1/0.797\ 884\ 561$$
$$\sqrt[3]{\pi} = 1.464\ 591\ 888 = 1/0.682\ 784\ 063$$

$$e^\pi = 23.140\ 692\ 633 = 1/0.043\ 213\ 918$$
$$e^{\pi/2} = 4.810\ 477\ 381 = 1/0.207\ 879\ 576$$
$$e^{\pi/4} = 2.193\ 280\ 051 = 1/0.455\ 938\ 128$$
$$\log_{10}\pi = 0.497\ 149\ 873$$
$$\log_e \pi = 1.144\ 729\ 886$$

$$\sqrt{2} = 1.414\ 213\ 562 = 1/0.707\ 106\ 781$$
$$\sqrt{3} = 1.732\ 050\ 808 = 1/0.577\ 350\ 269$$
$$\sqrt{10} = 3.162\ 277\ 660 = 1/0.316\ 227\ 766$$

$$\sqrt[3]{2} = 1.259\ 921\ 050 = 1/0.793\ 700\ 526$$
$$\sqrt[3]{10} = 2.154\ 434\ 690 = 1/0.464\ 158\ 883$$

$$\log_e 2 = 0.693\ 147\ 181$$
$$\log_e 3 = 1.098\ 612\ 289$$
$$\log_e 10 = 2.302\ 585\ 093 = 1/0.434\ 294\ 482$$

14　希臘字母

大　字	小　字	名　稱	讀　韻
A	α	Alpha	ǽlfə
B	β	Beta	bíːtə
Γ	γ	Gamma	gǽme
Δ	δ	Delta	deltə
E	ε	Epsilon	épsáilən épsilən
Z	ζ	Zeta	ziːtə zéitə
H	η	Eta	iːtə éitə
Θ	θ, ϑ	Theta	θiːtə θéitə
I	ι	Iota	aióuta
K	κ	Kapa	kǽpσ
Λ	λ	Lambda	lǽmdə
M	μ	Mu	mjuː
N	ν	Nu	nuː
Ξ	ξ	Xi	zai, ksi
O	o	Omicron	óumáikron jmikron
Π	π	Pi	ɒai
P	ρ	Rho	rou

Σ	σ	Sigma	sigmə
Τ	τ	Tau	tau
Υ	υ	Upsilon	juːpsáiln
			júpsiln
Φ	φ,φ	Phi	fai, fıː
Χ	χ	Chi	kai, kiː
Ψ	ψ	Psi	psiː, sai
Ω	ω	Omega	óumigə
			omíːgə

參考書目

1. Erwin Kreyszig : Introductory Mathematical Statistics, 1970.

2. Donald L. Harnett : Introduction to Statistical Methods, 1971.

3. George W. Barclay: Techniques of Population Analysis, 1958.

4. Croxton, Cowden : Applied General Statistics, 2nd Edition.

5. A. M. Mood, F. A. Graybill : Introduction to the Theory of Statistics. 2nd Ed. 1963.

6. Morton D. Miller: Elements of Graduation, Published by the Actuarial Society of America, American Institute of Actuaries, 1946.

7. Dr. T. N. E. Greville : Actuarial Note ; Adjusted Average Graduation Formulas of Maximum Smoothness, The Record, American Institute of Actuaries Vol. XXXVI, Part 11. No. 74. October 1947.

8. Dr. T. N. E. Greville : Mortality Tables Analyzed by Cause of Death, The Record, American Institute of Actuaries, Vol. XXXVII, Part 11, No. 76, October 1948.

9. John E. Freund : Mathematical Statistics, October 1965.

10. Dr. E. Blaschke: Vorlesungen über Mathematische Sta-

tistik, 1906.

11.W. C. Merrill-K. Fox: Introduction to Economic Statis-
　tics, May 1969.

12.王士華：生命統計學概要，民國59年12月。

13.韓振學：生命統計學，民國61年9月。

14.台灣省政府統計處：台灣居民生命表(第二回)，民國36年6月。

15.台灣省居民生命表編算委員會編印：台灣省居民生命表(民國45
　年-民國47年)，民國54年5月。

16.內政部台灣地區居民生命表編算小組編印：台灣地區居民生命表
　(民國55年-民國56年)，民國61年6月。

17.祁和福：經濟統計應用數學，民國60年9月。

18.龜田豐治朗：保險數學，昭和40年10月。

19.守田常直：保險數學，上、下卷，昭和44年4月。

20.竹內端三：高等積分學，昭和25年3月。

21.竹內端三：高等微分學，昭和25年7月。

22.岩切晴二：微分積分學精說，昭和27年8月。

23.三戶森禮郎：最小自乘法，昭和15年2月。

24.竹內啓，新家健精：確率統計入門，昭和38年1月。

25.生命保險實務講座刊行會：生命保險實務講座，第五卷，數理編
　。

26.日本厚生省統計調查部：第12回生命表，昭和45年7月。

27.日本厚生省統計調查部：昭和44年簡易生命表，昭和45年9
　月。

28.生命保險協會：日本全會社生命表(1960～'63)，昭和47年12
　月。

29. 水島治夫：生命表の研究，昭和 38 年 12 月 。

30. 卜部舜一、矢部眞、他守昌幸、大平坦、阿部俊一 共譯：
確率論とその應用，1963 年 3 月 。

31. 村松廣吉：補整法に於ける實際上の問題に就て，1934 年 3 月。

索　引

A

Abridged mortality or life table　簡略生命表　274

Absterbeordnung　死亡程序　364

Accessive type　移入類型　26

Accidental error　偶然誤差　231,388

Active　健康　328

Age composition or distribution　年齡分配　25

Age-sex pyramid　年齡塔　27

Age-specific death rate　年齡組死亡率　46

Age-specific fertility rate　年齡別生育率　36

Aggregate table　總合表　170,323

Alternating series　交項級數　471

Annual rate of replacement　年代替率　61

Annual rate of total increase　年總增長率　61

Arithmetical progression method　算術級數法　14,108

Armed force　武裝勞動力　31

Ascending or backward difference　升差或後退差　496

Attak rate or morbidity rate　患病率　53

B

Bell shaped curve　鐘型曲線　74

Bernoulli number, Bernoulli 氏數　504

Bernoulli's theorem，Bernoulli 氏定理 390

Bessel's interpolation formula, Bessel 氏挿補式　501

Binomial coefficient　二項係數　401,407

Binomial distribution 二項分配　86

Binomial mean 二項分配平均值　91

Binomial series　二項級數　477

Binomial theorem　二項定理　490,500

Binomial variance　二項分配變異數 92,96

Biometric function　生命函數　143

Birth rate　出生率　34

Blaschke's graduation formula, Blaschke 氏補整式　231,388

C

Case fatality or fatality　疾病致死率 54

Cauchy's remainder, Cauchy 氏餘項 484

Central death rate　中央死亡率　146

Central-limit theorem　中心極限定理 103

Civilian labor force 平民勞動力　31

Closed population　封鎖人口 376

Coefficient of skewness 偏態係數　95

Cofactor　餘因子　445

Cohort infant mortality　同生年嬰兒死亡率　285

Cohort mortality 同生年死亡率　198

Commutation columns　計算基數　438

Complete expectation of life 完全平均餘命　161

Complete life table 完全生命表　177

Continuous distribution　連續分配　83

Convergent series 收歛級數 471

Correction of marriage rate 校正結婚率 52

Correction of birth rate 校正出生率 35

Correction of divorce rate 校正離婚率 53

Crude birth rate 粗出生率 34

Crude death rate 粗死亡率 44

Curtate expectation of life 概算平均餘命 162

Curve of death 死亡曲線 165

Curvature 曲率 419, 513

D

Decremental table of life 死亡生殘表 145

Deferred complete expectation of life 攔置完全平均餘命 163

Deferred life annuity 攔置生命年金 441

Descending or forward difference 降差或前進差 496

Determinant 行列式 289, 442, 456

Discrete distribution 不連續分配 83

Disease rates 疾病率 53

Divergent series 發散級數 471

Divorce rate 離婚率 52

E

Economic active population 經濟從業人口 31

Elementargesamtheit von Gestorbenen 死亡者基本集群 119

Emigration 移出國人 56

Empirical formula 實驗式 231, 398, 462

Employees 受雇人口 32

Employers 業主 32

Endowment assurance 養老保險 44C

Error (Residual) 誤差 (殘差) 459

Euler-Maclaurin's formula, Euler-Maclaurin 氏積分公式 267, 277, 503

Even number function 偶函數 65

Everett's interpolaton formula, Everett 氏挿補公式 501

Experience table 經驗表 143, 322

Exponential function 指數函數 484

Exponential series 指數級數 488

F

Factorial expression 階乘式 496

Fertility rate 生育率 35

Finite difference 有限差 494

Foetal death 死產 54

Foetal death rate 死產率 54

Foetal ratio 死產比 55

Force of mortality 死力 148, 327

Forty percent test 百分之四十審查法 35

G

Gathering index numbers 集中指數 24

Gaussian distribution, Gauss 氏分配 73

Gaussian interpolation formula, Gauss 氏挿補公式 500

General birth rate 普通出生率 34

General death rate 普通死亡率 44

General fertility rate 普通生育率 36

General in-migration rate 普通遷入率 55

General out-migration rate 普通遷出率 55

General sex ratio 普通性比例 23

Generating function　母函數　506

Geometrical progression　幾何級數　15

Gompertz-Makeham formula　高馬公式 235

Greville's graduation formula,
Greville　氏補整公式　400

Gross reproduction rate　粗繁殖率 38

H

Harmonic series　調和級數　472

Hauptgesamtheit von Gestorbenen　死亡人口集群 115

Hauptgesamtheit von Lebenden　生存人口集群 113

Hypergeometric distribution　超幾何學的分配 86

I

Immigration　移入國內 56

Indirect observation　間接測定 460

Industrial status or occupational state 從業身分 31

Infant death rate　嬰兒死亡率 46

Infant mortality rate of the life table 生命表嬰兒死亡率 45

Infinite series　無窮級數 471

Instantaneous rate of mortality　瞬間死亡率 148

Intercensal population　調查中間人口 106

Interpolation formula　補值法公式 414

Interval of convergence　收歛節 476

Invalid　廢疾 328

J

Jenkins' modified osculatory formula,
Jenkins　氏修正接觸插值公式 423

Joint life insurance　連生命保險 414

K

Karup's graduation formula, Karup　氏補整式 413

Karup-King's osculatory interpolation formula, Karup-King　氏接觸插值公式 421

Kth central moments　第K次中央動差 85

L

Labor force population　勞動力人口 31

Lagrange's interpolation formula,
Lagrange　氏挿值公式 502

Lagrange's remainder, Lagrange 氏餘項 479

Leading difference　首差 495

Legitimate fertility rate　配偶生育率 37

Life table　生命表 143

Limiting age　最終年齡 144

Limiting form of distribution　分配限制型 92,93

Limit of convergence　收歛限 476

Logarithmic function　對數函數 484

Logistive curve　羅吉斯曲線 16

Lotka's fundamental eguation, Lotka 氏基本方程式 59

Lower asymptote　下漸近線 18

M

Maclaurin series, Maclaurin　氏級數 479

Maclaurin theorem, Maclaurin　氏定理 477,480

Marital status　婚姻狀態 28

Marriageable population　可婚人口 29

Marriage divorce ratio　結婚離婚比 53

Marriage rate 結婚率 52

Married fertility rate 結姻生育率 37

Massachusetts bay company 麻州行政事務殖民公司 8

Mathematical expectation 數學的期望值 84

Maximum value 極大值 466

Mean 平均值 83

Mean population 平均人口 106

Mean value theorem 中值定理 477, 480

Method of least squares 最小平方法 457

Migration rate 遷移率 55

Minimum value 極小值 466

Minor 子式 443

Mixed fife 混合體 168

Modified geometrical progression 修正幾何級數 109

Moment-generating function of distribution 分配之動差產出函數 85, 91

Moments 動差 84

Mortality at advanced ages 老年死亡率 48

Mortality during childhood 幼年兒童死亡率 47

Morbidity frequency 患疾頻率 53

Mortality of working or reproductive ages 工作年齡或生育年齡死亡率 48

Mortality rate curve 死亡曲線 165

Most probable value 最確值 457

N

National office of vital statistics 聯邦生命統計局 9

Napier number, Napier 數 486

Natural increase 自然增長 57

Net migration rate 淨遷移率 55

Net reproduction rate 淨繁殖率 38

Newton's interpolation formula, Newton 氏插值公式 498

Newton's theorem, Newton 氏定理 496

Nominal annual death rate 名稱死亡比率 148

Non-economic active population 非經濟從業人口 31

Non-labor force population 非勞力人口 31

Normal distribution 常態分配 73

Normal equations 標準方程式 15

Normal values 標準值 71, 76

Number dying 死亡數 145

Number living 生存數 143, 479

O

Observation equations 觀測方程式 448

Occupation 職業 32

One generation 一代 385

Osculatory interpolation 接觸插值法 419

P

Pearl-Reed curve, Pearl-Reed 氏曲線 16

Pivotal points 關鍵點 424

Poisson distribution, Poisson 氏分配 86, 92

Population census 戶口普查 3

Population composition 人口結構 26

Population curve 人口曲線 165

Population density 人口密度 22

Population table 國民表 143

Positive series 正項級數 471

Postcensal population 調查後人口 106

Power series 冪級數 475

Precision 精度 388

Probability curve 機率曲線 457

Probability of eventually dying from a specified cause 特定死因未必死亡機率 357

Progressive type 增加類型 25

Proportionate mortality 對比死亡率 54

Public health service 公共衞生服務 9

Pure endowment assurance 生存保險 414

R

Radix 基數 144

Random sample 無作爲樣本 98

Random sampling 隨機抽樣 99

Rate of flow (velocity) of the migration stream 遷移流動率 56

Rate of illiteracy 文盲率 30

Rate of literacy 識字率 30

Reed-Merrell table, Reed-Merrell 表 296

Registrar-general 登記總監 9

Regressive type 減少類型 25

Replacement index 更新指數 60

Replacement rate 代替率 61

Reproduction 再生 38

Reproduction rate 繁殖率 38

Reproductivity 繁殖 38

Residual 殘差 459

Roche's remainder, Roche 氏餘數 484

Rolle's theorem, Rolle 氏定理 465

S

Sampled population 樣本母集團 98

Sampling distribution 抽樣分配 98

Sampling variance 抽樣變異 99

Secessive type 移出類型 26

Security agency 安全機構 9

Select life 選擇體 166

Select table 選擇表 169, 323

Separate conditions 分開的條件 403

Separation factors 分離因子 287

Sex composition 性分配 23

Sex ratio 性比(性比例) 23

Sex ratio at birth 出生性比率 23

Sex ratio at death 死亡性比率 23

Sex ratio by age-groups 年齡分組性比例 23

Shovelton's osculatory interpolation formula, Shovelton 氏接觸插值公式 422

Sicherheits-koeffizient 安全係數 334

Simple correction birth rate 簡單校正出生率 35

Simple random sample 單純無作爲樣本 98

Single life annuity 生命年金 435

Single life insurance 單生命保險 414

Single premium 一次繳付保險料 414

Skewness of Poisson distribution, Poisson 氏分配之歪斜度 95

Smoothness 平滑度 401

Social increase 社會增長 57

Specific death rate 特殊死亡率 45

Specific marriage rate 特殊結婚率 52

Spencer's 21 terms graduation formula, Spencer 氏二十一項補整式 413

Sprague's osculatory interpolation formula, Sprague 氏接觸插補公式 419

Stable age composition 安定年齡構成 376

Stable population 穩定人口 28

Standard deviation 標準差 74,84

Standard interval 標準時間單位 18

Standardized death rate 標準化死亡率 49

Standardized marriage rate 標準化結婚率 52

Standardizing birth rate 標準化出生率 41

Standardizing factor 標準化因子 42,51

Standardizing fertility rate 標準化生育率 41

Standard normal distribution 標準常態分配 70

Standard population 標準人口 25

Standard population method 標準人口法 25

State of population 人口靜態 22

Stationary population 定常人口或靜止人口 28,144

Stationary state 定常狀態 144

Stationary type 穩定類型 25

Still birth 息胎 54

Stirling's interpolation formula, Stirling 氏插補公式 500

Survival function 生殘函數 165

Survival rate 生存率 167

Symbolic operator 符號算子 497

T、

Target population 目標母集團 98

Taylor's series, Taylor 氏級數 479

Taylor's theorem, Taylor 氏定理 388

Tchebycheff's inequality, Tchebycheff 氏不等式 101

Tchebycheff's polynomial, Tchebycheff 氏多項式 402

Temporary life assurance 定期保險 436

Total fertility rate 總生育力 36

True geometrical progression method 真幾何級數法 108

True rate of birth 真實出生率 382

True rate of mortality 真實死亡率 382

True rate of natural increase 真實自然增加 59,376

Truncated table 截斷表 170,323

T. N. E. Greville's graduation formula, Greville 氏補整式 242,260

U

Ultimate table 終局表 169

Unpaid family workers 無酬工作之家屬 32

Upper asymptote 下漸近線 18

V

Variance 變異數 83

Vital events 生命事項 1

Vital statistics 生命統計學 1

W

Weak law of large numbers 大數弱法則 100

Whole life assurance 終身保險 437

Whole life annuity 終身年金 435

Whole life annuity-due 期始支付終身年金 436

Women of child-bearing age 育齡婦女 35

Woolhouse's graduation formula, Woolhouse 氏補整式 412

Workers on oun-account 自營作業者 32

Working life or reproductive life 工作或
生育年齡　45

中華社會科學叢書
生命統計學

1912

作　　者／林開煥　編著
主　　編／劉郁君
美術編輯／鍾　玟

出 版 者／中華書局
發 行 人／張敏君
副總經理／陳又齊
行銷經理／王新君
地　　址／11494 臺北市內湖區舊宗路二段181巷8號5樓
客服專線／02-8797-8396　　傳　真／02-8797-8909
網　　址／www.chunghwabook.com.tw
匯款帳號／兆豐國際商業銀行　東內湖分行
　　　　　067-09-036932　中華書局股份有限公司

法律顧問／安侯法律事務所
製版印刷／百通科技股份有限公司　海瑞印刷品有限公司
出版日期／2017年7月再版
版本備註／據1975年3月初版復刻重製
定　　價／NTD 500

國家圖書館出版品預行編目（CIP）資料

生命統計學 ／ 林開煥編著. -- 再版. -- 臺北市
　：中華書局，2017.07
　　面　；公分. --（中華社會科學叢書）
　ISBN 978-986-94068-3-3(平裝)

　1.生命統計學

508　　　　　　　　　　　　　106008207